节事管理译丛 | Events Management Series

节事营销传播

[美]盖伊·马斯特曼 [英]艾玛·H.伍德／著

范徵 张骏 李杨等／译

Innovative Marketing Communications:
Strategies for
the Events Industry

格致出版社 上海人民出版社

丛书序言

节事产业包括节日、会议、大会、展览、奖励旅游、运动会和一系列其他活动,是一个快速发展的产业,它为商业和与休闲相关的旅游业作出了重大贡献。随着法规的增加,政府和公司对节事活动干预的深入,产业环境变得复杂多了。目前,节事活动管理者需要识别广泛的利益相关者并为其服务,以平衡他们的需求与目标。尽管该行业的主要运作在国家层面,但是为满足节事活动以及相关产业和相关组织的需求,学术供应量增长很快。英语国家与主要的北欧国家已经设立了为未来的节事活动专业人士提供教育和培训的学习项目,可授予毕业证书和学士、硕士学位,其涵盖领域包括如节事策划和管理、市场营销、财务、人力资源管理和运作等。节事管理的内容还被包涵在了很多大学及学院里的旅游、休闲、娱乐和酒店等学位课程中。

这些课程的快速增加说明现在对于讲师、学生和专业人士来讲,这一方面的著作紧缺。因此,"节事管理译丛"出版了,以满足这些需求,为此领域提供一套专门规划的、有针对性的读物。

针对节事管理和相关研究的学术及管理发展情况,节事管理系列丛书具备以下特点:

- 提供了与管理发展各阶段需求相匹配的一整套课题;
- 是目前市场急缺的或目前不能满足需求的书籍;
- 开发了一整套既实用又令人感兴趣的书籍;
- 为研究项目打下了牢固的理论和研究基础;
- 全部具备高质量;
- 很快将成为作者和使用者的首选丛书。

译者序

(一)

节事管理(events management)产生于20世纪80年代,最早产生于美国。在很短的时间里,节事管理不仅成为一门实用性很强的科学,而且成为一个独特的行业。按照世界特殊事件协会主席戈特布莱特(Goldblatt)博士的定义,为了庆祝、教育、营销、宣传、娱乐的各种公共聚会就是节事管理行业的产品。节事管理行业涵盖了精心策划的文化、娱乐、营销、宣传、体育、政治和商业事件。从奥运会、世界杯、世界博览会、跨国公司全球巡回展到城市文化艺术节,从公园、广场和历史名胜地的演出到政府的公共聚会,从小型会议、婚礼到万人观赏的比赛,从公司促销到特殊事件旅游,从社区活动、慈善捐款到长城下的公演,节事管理以其管理的科学性与事件活动所具有的独特的魅力和文化内涵相结合,在迅速改变着受众的习惯、品位、记忆、理解的同时,也完成了对事件品牌、形象概念的成功营销。华盛顿、纽约、慕尼黑、维也纳、米兰、罗马、首尔、香港等这些全球事件之都,在政治、商业、娱乐、时装、艺术、会展、体育诸多领域中各领风骚,争奇斗艳。

在美国,仅节事管理产业中的国际会议与国际展览管理部分中,就有250家公司的营业额超过1亿美元。整个产业总产值高达2 000亿美元。1996年亚特兰大奥运会仅在城建项目中即有20亿美元的收入。拥有12 000多个国际机构、非营利组织、政府协会的华盛顿特区,节事管理业的重要地位已和旅游业、律师业不相上下,三大行业并驾齐驱。2000年悉尼奥运会雇用了近千名节事管理官员,使澳大利亚国民总产值增加了73亿美元,净增了15万就业职位。1988年汉城(已更名为首尔)奥运会使韩国的全年旅游人数净增5%。而知名度颇高的全球性事件给城市形象定位带来的潜在价值更是难以估算。戛纳电影节成就了一个闻名遐迩的浪漫迷人的法国小城,巴西的狂欢节、西班牙的斗牛节、维也纳的音乐节,都是成功操作的经典案例。在中国,博鳌亚洲论坛的创立与发展,是对节事管理概念完美的诠释。这个整合了旅游观光业、房地产业、交通运输业、会议展览业、文艺演出业、咨询业、建筑设计业等行业的特殊事件,反映了新一代事件策划管理人才全球意识的觉醒、对现代崭新管理理念的认可与创造性应用、对重大事件的经济和历史性视角的敏锐发现,以及对事件全球资源的整合与把握。节事管理学科已成为现代MBA教学体系中的重要组成部分,节事管理教育也成为管理学科中发展最为迅猛的领域。

当世界将目光转向伟大的中国,全球节事管理产业巨头也紧随世界 500 强在北京、上海等城市首先安营扎寨。我们看到很多熟悉的名字出现在各重大事件的制作商名单中:JACK-MORTON 制作的香港回归庆典;奥美、OCTAGON 等活跃在上海新建的新会展中心。登陆中国的节事包括全球选美大赛、嘉年华、NBA、F1、特奥会、奥运会、世界博览会、世界级体育赛事、西方节庆和其他数百种世界行业展会,令人目不暇接。节事亲吻中国,必然促成新意迭出的文化和时尚,成为改革开放中华夏的又一道炫目风景。

执全球节事管理教育之牛耳者当属美国。众多美国大学特别是美国名牌大学在节事管理领域设立了独立的、永久性专业系科。在这个对中国人而言尚十分陌生的领域里,众多节事管理学科的专家和学者聚集在美国高校,创立了全球节事管理教育的模式和标准。于美国华盛顿特区的国际节事协会建立了注册节事专家认证体系,该体系根据节事产业状况研究结果制定。国际节事协会将传统节事管理协调人的角色转化为现代节事产业中的全新职业,在欧美称为“节事管理师”、“节事管理经理”或“特殊节事专家”。这个认证得到了包括美国事件管理学会在内的欧美澳加等西方国家的一致认可。

在此背景下,由节事管理教育协会(AEME)的主席、《节事管理》杂志编委、英国节事管理中心事件策划方面的高级讲师——Clenn A. J. Bowdin 主编的“节事管理系列丛书”应运而生。本书即为该丛书中的一种。

(二)

《节事营销传播》一书,由纽约大学的提市(Tisch)中心专门负责商务接待、旅游和体育管理助理教授盖伊·马斯特曼(Guy Masterman)及英国利兹都市大学英国节事管理中心的事件营销的研究协调员和高级讲师伍德·H. 艾玛(Emma H. Wood)共同撰写。该书选择整合营销传播(IMC)的视角,融入对节事传播的全过程分析,具有独到之处。深刻的思想往往是简单的。为便于理解,在这里,我们将基于我们理解和发展的节事产业的创新营销传播策略的体系、内容和特色概述为下文的“一个核心理念”、“几对方法比较”、“三种关系处理”和“四种实现图式”。

■ 1. 一个核心理念: “整合节事营销传播” (IEMC)

马斯特曼的节事产业的创新营销传播策略,是建立在整合营销传播(IMC)基础之上的。正如作者在前言中所言,到目前为止,在整合营销传播方面的相关文献中,还没有将节事营销传播或节事产业作为一个整体来进行阐述和强调的。通过对本书的研读、翻译和理解,我们觉得,虽然作者在书中没有明确提出,但可以将全书总结为一个核心理念,那就是"整合节事营销传播"(integrated event marketing communications,IEMC)。

IMC 的开展,是 20 世纪 90 年代市场营销界最为重要的发展,整合营销传播理论也得到了企业界和营销理论界的广泛认同。美国广告公司协会(American Association of Advertising Agencies,4As)是这样给整合营销传播进行定义的:"整合营销传播是一个营销传播计划概念,要求充分认识用来制定综合计划时所使用的各种带来附加值的传播手段——如普通广告、直接反映广告、销售促进和公共关系——并将之结合,提供具有良好清晰度、连贯性的信息,使传播影响力最大化。"可以看出,这一定义是着重于促销组合的角度,强调了 IMC 是为了提供明确的、一致的和最有效的传播影响力。在信息爆炸的时代,大众对信息接受的模式是:遗忘和过滤 99%,记住的只有 1%。厂商以为通过广告等手段告诉了大众一个完整的产品信息,这只是厂商的一厢情愿。大众在超量的信息刺激下,对产品印象是零散和模糊的,所以厂商要把各种传播手段加以整合,使大众头脑中的一个个"零散的 1%"最终能在头脑中凑成一个厂商想要的 99%——这就是 IMC 理论提出的现实背景与理论依据。

"整合节事营销传播"基于"整合营销传播",又超越"整合营销传播"。借用 IMC 理论的先驱、全球第一本整合营销传播专著的第一作者舒尔茨(Schultz)教授的定义,可以给 IEMC 作如下定义:"整合节事营销传播是一种看待事物整体的新方式,它是通过一定的主题重新编排的信息传播,使各类利益相关者在节事参与过程中充分体验,并运用节事管理的独特工具,如商务接待(corporate hospitality)、赞助权利(sponsorship rights)、善因营销(cause-related marketing)等,来实现提升对品牌、产品、理念和组织的感知和认同。"

IEMC 相对 IMC,突出地拥有以下四方面的特点:

第一,项目的节事性。IEMC 中都有一个明确的节事,而 IMC 中则不一定。

第二,节事的主题性。IEMC 中的节事都有一个特定主题,而 IMC 中即使有节事也不一定要求为它设计明确的主题。为演绎该主题,节事策划方往往赋予节事过程以一定的艺术魅力和文化内涵。

第三,参与的体验性。节事从特征上讲是转瞬即逝的,出席节事的人也同样是节事的一部分,在节事被生产的同时即被消费和体验。参与者为产品作出了贡献,而旁观者同样也会影响到彼此。

第四,管理的综合性。节事的一个重要表现在于其对象的普遍性和所涉领域的宽泛性:它既可能是基于政府机构、企业、社会组织的大中小型活动,也可能是对家庭、个人提供的微观及个性化服务。节事发生的规模及其客体既可能是一个人,也可能是数十人、上百人或成千上万人。大型节事管理导演出气势恢弘博大、影响深刻的宏观社会节事;小型节事管理演绎出周到细腻、令人刻骨铭心的微观社会节事。节事管理是一门典型的多学科、跨学科的综合性的管理科学。

2. 几对方法比较：IEMC 与 IMC、广告、公关、品牌、营销等

关于广告、公关、品牌、营销间的比较，世界广告网站（Adsoftheworld.com）已有经典论述，结合中国人的理解，改编如下：

你在一个聚会上看见一个女生。你走过去对她说："我喜欢你，我们交个朋友吧。"我们称之为营销中的直复营销（direct marketing）。

你和一帮朋友去一个聚会，看见一个女生。你的一个朋友走过，指着你对那个女生说："他对你有好感，这个人不错，你们交个朋友吧。"我们称之为广告（advertising）。

你在一个聚会上看见一个女生。你站起来捋直自己的领带，走过去为她点了一杯饮料。你为她开门，为她拾起掉在地上的手提包，开车送她回家，然后说："顺便告诉你，我喜欢你。"我们称之为公关行为（PR）。

你在一个聚会上看见一个女生。她走过来对你说："听说你这个人不错，我们交个朋友吧。"我们称之为品牌效应（branding）。

在此，我们再将它延伸：如果你喜欢上了一个女生，你设法制造了多次与她见面的机会，不断增强她对你的知觉和好感，则是整合营销传播（IMC）；如果你专门为自己（或为她）设计了一场生日派对，创造你们两个共同见面机会，彼此增强好感，并当众表白自己对她的爱意，那样就是运用了整合节事营销传播（IEMC）的方法了。

3. 三种关系处理

整合节事营销传播新方法的运用需要处理好以下三方面关系：节事效率与效益的关系；创造与利用节事的关系；以及节事与日常活动的关系。

第一，节事效率与效益的关系。作者在前言中交代了本书在行文过程中的具体思路，即考虑了两个关键的方面：节事如何向其市场进行传播；事件如何成为企业的传播工具。前者涉及"效率"（efficiency）范畴，后者涉及"效益"（effectiveness）范畴。效率范畴，或"节事如何向其市场进行传播"，是一个"how to do"方面的问题，与"我们是否将此事做对了"命题有关；效益范畴，或"节事如何成为企业的传播工具"是一个"what to do"方面的问题，与"我们是否在做对的事"命题有关。如果我们非常有效率地实施了一次本不该做的节事，那本身是一件十分悲哀的节事。所以，"what to do"比"how to do"命题要难回答。首先要进行节事的开发，

确定"做什么",然后才是"怎么做"——节事的传播问题。

第二,创造与利用节事的关系。节事开发无外乎两种方式——创造新节事或利用现有节事。申奥、申博都是利用节事;中国在法国巴黎首度举办中国节,是创造节事。节事有双方——节事主办方和承办方,或节事主办方和赞助方。也可以说,承办方和赞助方都是在利用节事;而主办方是在创造节事。当然,也有例外,如果主办方是在重复进行一个节事,那么,也可以说是在利用一个例行的节事,如产品发布会(可能主题、产品不同)。如果非节事承办方和赞助方,在节事进行过程中"搭便车",就可称为节事借力方或"插花营销"行为(ambush marketing,或译埋伏营销、伏击营销)。如 2004 年欧洲杯之前以及期间,耐克在布拉格等数个欧洲主要城市中都置放了巨型的仿制足球。这种创新的战术,以活动本身和其赞助商阿迪达斯为目标,已越来越多地被使用并受到所有活动组织者和赞助商的关注。

第三,节事与日常工作的关系。全球一体化经济、科技的迅速传播、全球性文化的普及等,为节事产业提供了前所未有的机遇。节事管理是适应爆炸式增长的政府和非政府机构开展的各级各类的政治经济活动、体育赛事、主体旅游、会议会展、娱乐狂欢等需要而产生的一项具有鲜明的管理特征,既不同于普通政府行政管理,也不同于商业企业管理的跨组织的高度综合性的管理活动。节事管理是一门高知识与高技术含量的管理活动,是一项集创意策划、系统运筹、技术运用及社会经济与政治资源全面调动与协调的高智力管理活动。但无论如何,整合节事营销传播只是一种塑造组织形象的一种综合性的方式而已,具有明显的动态项目的特征,不能取代组织日常的形象与公关方面的活动。每个企业都不可能通过一次节事来传播所有的信息,也不可能使目标受众通过一次体验就完全理解企业的精神。因此,在企业确定了品牌的形象和定位,确立了企业的传播目标和方式后,需要确定每种方式的传播频率。从节事的角度来讲,即企业应该隔一段时间就举办或赞助一次节事,从而将统一的信息反复且具有规律地传递给公众。只有当节事具有了精神和持续力后,企业才能顺利地利用节事来获得传播的成功。

4. 四种实现图式

综上所述,我们认为,节事管理中最重要的六个元素即是:特殊的体验者(special experiencer)、特殊的地点(special venue)、特殊的体验(special experience)、特殊的主题名称(special name)、特殊的时间(special time),以及特殊的精神(special spirit)。这样,将六个英文单词的首字母拼在一起,又正好形成了"EVENTS"(即"节事"),由此可以形成"6S EVENTS模型":每个特定元素都由一个小三角代表(见图 0.1),而当 6 个三角聚合在一起,就形成了

2个六边形(见图0.2):小的六边形就是由特定元素组成的节事(events),而大的六边形代表节事效应的放大。也就是说,通过这6个元素的相互作用,能够将原有的节事效应放大,使原本转瞬即逝的节事效应得到延伸。同时,由6个单一的三角组合为复杂的六边形的过程,就是确定这些"特定元素"并选择最优的方式将这些元素整合在一起的过程,即节事管理的过程。

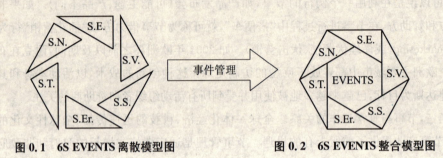

图0.1　6S EVENTS 离散模型图　　　　图0.2　6S EVENTS 整合模型图

节事有三方,节事主办方、赞助方和借力方。企业可以策划在合适的节事中担当合适的角色,通过各种节事来邀请合适的人士在合适的时间到合适的地点进行合适的体验,从而引起各方利益相关者的关注,实现企业的传播目标。整合节事营销传播的"IEMC 流程"如图0.3所示。

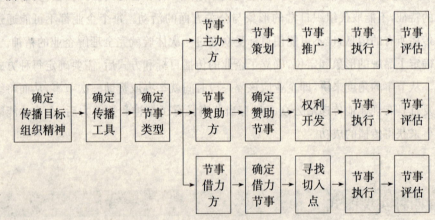

图0.3　整合节事营销传播的 IEMC 流程

由图0.1、图0.2、图0.3,便形成了一个基于"6S EVENTS 模型"、"IEMC 流程"的二维"IEMC 管理矩阵体系"(见图0.4)。节事主办方、赞助方及借力方的整合节事营销传播管理成功的关键分别在于基于 6S EVENTS 模型的节事策划:创造一个节事;基于 6S EVENTS 模型的权利开发:设计双赢关系;和基于 6S EVENTS 模型的节事切入:创新三赢事实。

	特殊的体验者（special experiencer）	特殊的地点（special venue）	特殊的体验（special experience）	特殊的主题名称（special name）	特殊的时间（special time）	特殊的精神（special spirit）
节事主办方	创造一个事件：基于 6S EVENTS 模型的节事策划					
节事赞助方	设计双赢关系：基于 6S EVENTS 模型的权利开发					
节事借力方	创新三赢事实：基于 6S EVENTS 模型的节事切入					

图 0.4　基于 6S EVENTS 模型的 IEMC 管理矩阵

（三）

　　本书的翻译是集体智慧的结晶。由上海外国语大学国际工商管理学院组织力量进行翻译。上海外国语大学自 1984 年开办复合型专业以来，目前已设有公共关系学、工商管理、信息管理与信息系统、国际经济与贸易、金融学、会计学、新闻学、传播学等复合型本科专业；在企业管理、新闻学、传播学等硕士点和国际关系博士点，下设有"整合营销与公共关系"、"战略沟通与国际公共关系"的研究方向。译者在翻译本书时对"event"一词的译法进行了多次的斟酌，译者倾向于将"event"一词翻译为"事件"，但因国内大部分出版物还是将其翻译为"节事"，同时考虑到整套书的统一性，故译者在本书中还是把"event"翻译为"节事"。目前我们已将"事件管理"、"事件传播"等课程列为相关专业的主干课程。

　　本书的主译，是上海外国语大学国际工商管理学院主持工作副院长、比利时鲁汶大学（K. U. Leuven）访问教授范徵博士。他出版有《核心竞争力：基于知识资本的核心能力》、《第三代 CI：企业形象的战略管理》、《跨文化管理：全球化与地方化的平衡》等专著；译著有《愿景引领成长》、《全球谈判：跨文化交易谈判、争端解决和决策制定》、《企业政府与国际经济：哈佛商学院经典案例》等。

　　本书的另外两名主译，张骏和李杨，均毕业于上海外国语大学国际工商管理学院，获得专业英语 8 级证书。张骏曾在信诺传播集团任副总经理，专门从事事件项目的策划与管理；李杨曾是上外整合营销与公共关系方向的研究生，现在外资企业从事事件公关策划工作。

　　参加本书翻译的还有朱丹虹、史学嘉、赵博、杨子华、李利芬、黄巧玲、曹姝婧、王英慧、戴俊鹏、江捷、李全喜、杨云波、张辰亮、尹尖尖、袁王珏、郭家堂、归一茜、范青矗等。

　　译事难，但我们力求通过我们所掌握的专业与英语知识，将本书译好。由于时间仓促，翻译中难免还有错误没有被校正过来，希望读者能不吝赐教，以便再版时修正。

译　者
2008 年 8 月
于上海外国语大学国际工商管理学院

目 录

　　2004 年摄于罗马,大角斗场。 在历史上,这个安静的地点曾是罗马帝国最盛大的节事的场地。2 000 年前,这个长约 530 米、宽约 140 米的大型竞技场最多能够容纳 25 万名观众。而该场地也足以证明了早期作为传播工具的事件的巨大威力。

　　将节事管理作为传播工具并不是刚刚开始的。事实上,早在希腊和罗马时代,就已出现过利用体育和文化来满足政治目的的活动了,且当时的活动场地在今天看来也是十分壮观的。在古罗马,竞技场的 5 万人和大角斗场的 25 万人每次都能欣赏到为满足贵族的政治目的而花费巨资举办的各种新颖的节事活动。其产品就是大众娱乐,但目的是为了获得大众的支持。2 000 年以后,事件依然以这种传播目的而存在。尽管如此,在当今这个消费者的期望和选择同时增长的时代,亟需一种能够作为传播工具来满足节事传播和节事管理的创新型方式。本书介绍了节事产业方面的战略型和创新型传播方式,并关注如何获得和保持竞争优势。本书的与众不同之处就在于提供了一种整合的方式。

这里需要解释几个问题:首先,传播的界定十分重要。传统上,营销组合的4P中包含着推广。许多推广的组合和传播的组合都是相同的。尽管如此,一个重要的区分在于"传播"会涉及目标受众。例如,营销成员不是唯一目标群体,还有其他受众。如果想要获得营销上的成功,需要关注广泛的受众群体:从利益相关者到受众,从企业内部到企业外部。

同时,还要对企业传播(corporate communications)与营销传播(marketing communications)进行区分。大多数的企业需要向其目标受众传播非营销方面的信息,但所有的营销传播同样也是企业传播,而企业形象传播的重要方面就是营销。因此,营销传播不仅仅要关注产品和服务的提供,它还需要关注企业形象的宣传。

本书主要关注一个产业,即活力四射、多姿多彩的节事产业。该产业的覆盖面极广,包括在地方或全球范围内为观望者、参与者、客户和消费者提供的体育、艺术、音乐和商业类等方面的活动。这个产业的形式包括竞赛、锦标赛、博览会、节日、晚会和接待、演出、展示、集会和典礼、会议和展览等。而其组织方包括政府、机构、营利和非营利组织以及个人。同样,许多例子都能展现出这个产业的多样性和全球性。

本义引用了大量欧洲人陆、美国、澳大利亚和亚洲等地方的重要事件案例,并通过案例分析来论述关键的要点,这些案例包括:利物浦市、2008年欧洲文化之都活动、吉尼斯Witnness音乐圣典、翠贝卡电影节和圣丹斯电视节、环法自行车赛、奥克兰运动家棒球队、当代艺术馆、巴恩斯展览、华东团、吉列、宝洁以及英国邮政等。

从整体上来看,这个产业的规模无疑是巨大的,但是却很难定量。复杂和多样的特征导致难以确定其产业的界限。例如,各个部门都在提升赞助的份额,通过市场数据能够确定在获得赞助权方面的花费,却难以确定在宣传上面的花费,这也导致在传播方面的花费数据更加复杂。虽然能够获得商务接待、展览和会议等部门的商业支出方面的市场报告,但是关于各个国家在体育、艺术和音乐传播方面的信息就少之又少。因此,本书只能列举具体创新活动的案例。

节事产业十分独特,其特点体现在诸多方面,因此,将节事营销和事件的使用作为传播的工具既富有挑战性又充满机遇。普遍的营销传播实践和理论都能应用在这个产业,同时,这个产业的部分要素需要特定的理论和实践。例如,事件从特征上讲是转瞬即逝的,出席事件的人也同样是事件的一部分,在事件被生产的同时即被消费和体验。参与者为产品作出了贡献,而旁观者同样也会影响到彼此。事件作为一种娱乐性产品也在主观上属于独立个体,成千上万的事件参与者的需求是不同的,而体验的感受也是不同的。因此,向各种类型的目标市场的传播是复杂的和独特的。

为了进一步准备传播策划,寻找产业内的合作者(尽管也会成为竞争者)也是十分常见的做法。这种例子到处可见,例如和运动员一起工作并宣传体育事业。同样,在艺术和音乐组织中也能够寻见类似例子。

以上的要素都会在实际的节事产品中被考虑到,而同时也有附属的产品提供其他的机会,比如记忆。虽然事件是转瞬即逝的,但是它留下的经验是长久的,营销者能够利用它来提升事件中的传播。事件的尺度是由许多机制构成的,例如通过预订系统在互联网上预订下一次的事件,就是一种机制。本书涉及了人们需要在事件计划的过程中融入各种类型的机会。

起初,在撰写本书时考虑了很多方面。而选择整合营销传播(IMC)视角是一个相对简单的决定。本书在第一部分讲述了这方面的内容。整合营销传播战略是为了实现营销目标而通过与一系列的目标受众(不仅是消费者,还包括员工)进行沟通形成的,而通过评估各种形式和各种组合的联系的有效性并选择其中最有效果的组合能够最好地实现整合营销传播战略。因此,这个过程能够确保选择的这些联系产生协同作用。IMC 是一种为得到更好的结果而向目标受众进行传播的方式,而它也成了本书的主线。

在撰写本书时,比较难以决定的是应该选择哪些与节事产业相关的要素来写。最终的决定考虑了两个关键的方面:事件如何向其市场进行传播;事件如何成为企业的传播工具。因此,本书既涵盖了节事营销传播的创新方式,也涵盖了其他产业通过事件来进行营销传播时的创新方式。

那么,什么是创新(innovation)呢?在营销传播中,创新并不仅仅指第一个采用新的做事方法,它还包括更新(renewal)和改变(alteration)。创新是更新、改变或引进新的方式(《韦伯新世界词典》,*Webster's New World Dictionary*,2000)。因此,并不是任何时候都需要新的想法、概念、工具、技巧和战略,如果重复的战略再次取得成功,它也可以被称为创新。本书关注有效的传播战略如何能够实现目标。如果全新的传播战略或在现有基础上进行更新和更改的战略达到了预期目标,那么创新就已经得到了应用。

本书分为四个部分:第一部分设定了背景,并通过研究事件如何接触市场,以及组织如何将事件作为传播工具,来具体解释为什么整合营销传播方式是有效的。

第一部分从营销策划入手,在第 1 章中对传播及策划过程和整合的重要性进行了综述。而在第 2 章、第 3 章和第 4 章中讲述了与营销策划有关的各个关键要素,包括调研和分析、传播目标与受众,以及传播策略。这部分是为了获得对传播策划过程和整合方面的认识。同时强调了研究组织现状、竞争对手动态和消费群体的重要性,而这些研究能够使组织了解到市场上的趋势、机遇和挑战。这种研究需要持续地进行，就像第2章中讲述的，在这个过程中还需要持续地评估。营销策划中的重要方面就是识别和了解受众群体。第3章涵盖了对受众和利益相关群体的识别，描述其特征并了解其传播偏好。同时，该章讨论了为每个事件和每个利益相关群体设定目标的需要，以及基于营销和企业目标设定传播目标的需要，并强调了利用那些原始的、在策划前所获得的信息，来发展各个层次目标的重要性。第4章介绍了在实现传播目标过程中能够使用的策略工具，并强调了在长期中整合各种活动的重要性。该章关注于各种技巧的战略性组合，而这些组合在节事产业中能够产生最显著的效果。

大部分通过独立的工具来传递的创新都在传播项目中得以应用。第二部分的各章依次介绍了节事营销中使用的各种工具。例如第5章、第6章和第9章介绍了向个人受众和非个人受众传递的工具。公共关系技巧（第5章）对于节事经理尤为重要。成功的公共关系往往能够降低成本，因此被广泛采用。公共关系的应用始于对各个利益相关群体的识别，包括消费者、供应商、地方团体、事件参与者等各个方面。该章节进一步介绍了公共关系的工具和技巧，特别关注两个领域，即媒体关系和使用创新媒体，并介绍了媒体合作者对于事件宣传的重要性。

电子营销传播（第6章）讲述了通过网络来营销事件的重要意义。网络能够通过传递定期的内容和常年的销售机会来延长事件的"寿命"，因而成为建立和维持忠诚度的工具。网络通过提供售票机制来吸引注意力，它能够提供事件的现场报道并获得来自全球市场的收益。同时，该章节还对电子邮件、SMS和其他电子形式的传播方式进行了介绍。

第7章关注的是广告及其向非个人市场的传播。事件的预算往往不包括无线广告，但是无线能够提供事件前期的宣传。广播同时能够提供有价值的事件活动内容和广播事件。例如它们能够在音乐事件中组织和提供人才。这种宣传所能提供的价值与印刷类媒体能够提供的价值类似。该章节具体讨论了设计广告的过程和如何通过广告来接触非个人目标群体。

第8章介绍了节事赞助方案的开发和如何通过招募赞助来提升节事传播平台。与赞助方的宣传合作使事件能够利用赞助方的资金进入之前无法涉足的市场，因此寻找和招募赞助方的过程十分重要。该章节重点介绍了与节事赞助项目相关的要素，包括建立赞助关系、签署和鼓励赞助方开展开发和宣传项目、进行赞助评估从而改进赞助方招募过程等。

促销（第9章）能够帮助节事经理利用激励项目来"推动"关键的分销商、合作者和赞助者的表现。同样，在与消费者互动的过程中可以直接应用"拉进"战略。该章阐述了如何以预售票的形式将奖励融入事件，并如何与精心挑选的商业伙伴进行密切的合作。

第10章介绍了具有显著优势的个人市场的直复营销和关系营销。为了取得成功，向特定的消费者/利益相关群体进行个性化传播的需求逐日提升。通过数据库和传播技术,这种需求被逐渐实现。该章节重点介绍了直接向消费群体进行传播的方法以及使用"一对一"传播来建立长期关系的方式。

第三部分介绍了节事如何成为企业的营销工具。通过三种主要的方式,企业能够参与既有的事件或利用具有特定目的的事件。第 11 章、第 12 章和第 13 章分别介绍了节事推广、节事赞助和商务接待方面的内容。第 11 章讲述了事件如何成为各类组织的宣传载体,如产品发布、展览和展示。在这个过程中为获得市场的吸引力而需要的创新水平相对较高。该章详细介绍了企业实践中的各个关键要素,并强调了各类成功的节事经理都会考虑到的各种要素。

第 12 章从问题"为什么节事赞助成为流行的传播方式"入手。30 年前这并不是一个无可非议的决定。今天,赞助成功与否依然难以衡量,但是已经能够通过某种过程来产生投资回报。这个过程的关键就是建立赞助"组合",即可衡量的目标体系、通过附加传播来开发赞助方的权利,以及对不断改进的绩效进行的评估。该章节考虑了各个要素从而确定了赞助如何成为可靠和有效的传播工具。

第 13 章介绍了传统的商务接待和招待如何能够成为与关键的消费者、供应商以及员工建立关系的工具。虽然研究无法清楚地表明这个事实,但是企业在此领域开销的增加足以说明主办企业认为商务接待是行之有效的方式。由于商业运行中形成的假设总是缺少说服力,该章节倡导更多地研究、建立可衡量的目标体系并进行后续评估。

最后一部分关注了极其重要的问题,即如何确保未来的成功。继第一部分强调了研究和战略对于营销策划的重要性,第二部分介绍了各种传播工具,以及第三部分介绍了事件作为传播工具被企业使用之后,第四部分关注于实施、评估与控制,以及对未来趋势的认识。第 14 章重点介绍了在策划阶段的传播策划管理。只有传播的影响能够被衡量,才能确保传播战略的有效性,因此需要基于目标体系对传播战略的各个方面进行评估。该章强调了实现评估的方法,介绍了大量的手段和数据资源,包括内部的运营数据、外部市场数据以及市场调研等。这些研究结果有助于确保未来传播策划的成功,同时能够为现行策划方案的修改提供控制数据。制定和遵守预算的过程是营销传播策划中的重要部分,它与评估和控制紧密相关。因此,该章节通过提供协商技巧和设定预算要求(包括传播方式的成本和策划执行前的媒体成本)进行上述方面的总结。该章节强调了按照预算进行持续的策划监控的重要性,并介绍了各种实现该目标的方法。

最后一章总结了本书所涉及的研究主题的发展方向和长期策划的需求。该章关注营销传播的现今趋势,以及未来可能遇到的机遇和挑战。特别强调了一对一战术的营销、对创新媒体不断提升的需求以及发生在目标群体、媒体和节事之间的后现代主义分化等。

在整合营销传播方面有许多重要的论述(Shimp，1997；Kitchen，1999；Pickton and Broderick，2001；Fill，2002；Hill et al.，2003；Clow and Baack，2004；Smith and Taylor，2004)，但是到目前为止，还没有将节事营销传播或节事产业作为一个整体来进行讲述和强调的。在推荐这些基本论述的同时，希望本书能够为实践和理论提供新的观点，并且能够推动该产业的进一步的研究和分析。

参考文献

Clow, K. and Baack, D. (2004) *Integrated Advertising, Promotion, and Marketing Communications*, 2nd edn. Pearson Prentice Hall.

Fill, C. (2002) *Marketing Communications: Contexts, Strategies and Applications*. Pearson Education.

Hill, E., O'Sullivan, C. and O'Sullivan, T. (2003) *Creative Arts Marketing*, 2nd edn. Butterworth-Heinemann.

Kitchen, P. (1999) *Marketing Communications: Principles and Practice*. International Thomson Business Press.

Pickton, D. and Broderick, A. (2001) *Integrated Marketing Communications*. Financial Times/Prentice Hall.

Shimp, T. (1997) *Advertising, Promotion and Supplemental Aspects of Integrated marketing Communications*, 4th edn. The Dryden Press.

Smith, P. and Taylor, J. (2004) *Marketing Communications: An Integrated Approach*, 4th edn. Kogan Page.

Webster's New World (2000) *College Dictionary*, 4th edn. IDG Books Worldwide.

第一部分

整合营销传播

    伦敦特拉法加广场(Trafalgar Square)。2004 年 7 月,自由事件开展月。由大伦敦市政局(Greater London Authority)组织协调的"广场中的夏日"由以下一系列事件组成:宝莱坞的脚步(舞蹈展示)、儿童艺术日、广场视角(透明舞台上的舞蹈)、特拉法加海岸(加勒比舞蹈、海滨木偶剧)、化装舞会(尼日利亚戏剧)、广场中的爱曲(音乐演出)、魔幻长笛(街头戏曲),以及诺维奇联合伦敦体育公园(运动员和教练表演)等。它们代表了在同一个主题之下共同举办的一系列多种多样的事件。

　　这一部分的 4 个章节提出了传播策划过程的概述和一套整合方法的重要性。目的是理解这些程的主要环节。

　　第 1 章将这个过程作为一个整体，通过对其在节事策划行业中的应用以及传播策划模型的介绍，说明了应用于营销传播中的整合途径。

　　后面 3 章主要侧重于营销策划中的三个主要元素：贯穿于整个过程的调研和分析；定位过程和目标制定；以及创新策略的形成。

营销传播策划

调研与分析

传播目标与受众

传播策略

第 1 章

营销传播策划

学习目标

■ 介绍整合营销传播的概念；

■ 讨论营销传播策划过程的需求；

■ 评价传播策划模型；

■ 关于传播策划过程关键阶段的概述。

引言

在涉及公司内部的营销传播和一个组织的营销战略时,十分有必要强化那些传播的长期性及其整合本质。这就要求考虑那些不可能在几年内实现的长期传播目标,比如品牌忠诚度或态度变化,而不是简单地着眼于短期,比如下次事件的销售数量等。本章强调了开发成功的传播计划的长期性特征,以及在计划中利用并整合广泛而多样的工具、技术和媒介的必要性。

整合营销传播

传播是这样一个过程,通过它可以使个体间或企业间相互表达想法、分享意图。图 1.1 给出了传播的一般模型。该模型描述了由于错误的编码/解码过程,以及过程中伴随的干扰因素,导致接收者在传播中获取与发送者原本意图不一致的信息。其强调了对于过程进行认真的计划和控制的必要,即使是高度可控的传播方法(如直复营销方式)也需要认真监控,以确保它们对于接收者的效果。

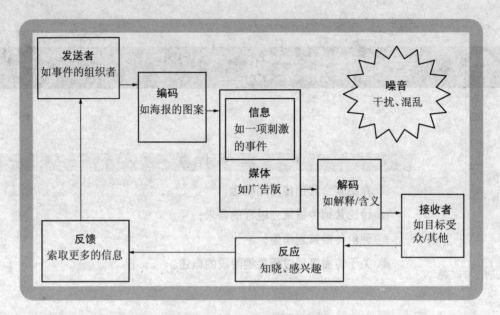

图 1.1　传播过程中的关键因素

　　节事营销很大程度上依赖于传播,即它的目的是要直接告知潜在顾客其提供的产品,在市场上树立品牌形象,或通过顾客反馈并进行市场调研。营销传播代表的是在品牌营销工具组合中所有要素的集合,该组合通过与品牌的利益相关者建立共同的理念来使交换更易于发生。此处的品牌可以指一个单独的产品(一个事件)、一组产品(一系列事件),或者大到一个组织的品牌(事件组织者、地点、赞助商)。利益相关者包括多个群体,如现有和潜在顾客、雇员、赞助商和当地社区等。

　　营销传播信息指向的受众可能会在不同的水平上完成对信息的解码或转换。沃恩林报告(*Wirthlin Report*,1999)将其描述成从传达者到接收者之间的阶梯。最低的等级由理性的要素、产品的属性(如地点、完成者、日期)以及使用产品的功效(如娱乐)组成;较高的等级由心理暗示或个人情感(如自我实现、和平理念、爱情)构成。影响所有等级的传播有可能在长期改变看法和行为中更为有效。

　　由于存在众多因素而导致了从营销传播的传统促销工具组合(人员推销、广告、促销、公共关系)向整合营销传播(IMC)的转变。整合营销传播的定义有很多种:

　　　　一个营销传播策划概念,它注重以下综合策划的价值,即通过评价一系列传播手段结合起来的战略作用,以达到明确、一致、最大的影响力(Duncan and Everett,1993)。

所有促销事件的协调者,以创造一个统一的、顾客为主的推广信息(Pickton and Broaderick,2001)。

一种顾客导向的推广信息的调和(Fill,2002)。

所有组织的利益相关者的一致行动(Schultz,1998)。

一个组织通过使用多种传播工具,"发出一致的声音",对一个品牌概念进行推广而付出的一致而协调的努力(Shimp,1997)。

这些定义显示了整合营销传播概念的持续发展。一般说来,业内一致认为整合营销传播在 20 世纪 90 年代开始崭露头角,并由于以下一些原因得以发展演进:首先,对于大众传媒效用的信心递减,导致向目标性更强的传播方法发展;其次,对营销传播的供应商的更高要求,及对以投资回报表现的增长需求;第三,需要协调和整合对于营销人员来说空前广泛的传播工具(见表 1.1)。

表 1.1 传统观点与 IMC 观点的比较

传统营销传播	整合营销传播
独立功能:分块	整合为一个战略:协同
开始于组织(目标、产品)	顾客导向
领域专家	通才
分块的传播计划	一致的传播策划
短期目标	树立关系/品牌目标
大众受众	目标为利益相关者群体

整合营销传播的复杂性在 Hartley 和 Pickton(1999)的"整合营销传播意境"(mindscape of integrated marketing communications)模型以及 Pickton 和 Broderick(2001)提出的"整合营销传播轮轴"(the wheel of integrated marketing communications)中得到了清楚地阐述。这些模型提出了广告、促销、公关及人员销售等传统范畴包括的营销传播工具,但是也表达了对这些工具的重叠及用于多种不同方式的要求。整合营销传播中一个至关重要的方面是对于"一对一"和"一对多"的传播手段的结合应用,用于形象和品牌管理,以及客户关系管理。在实现工具多样化时,由于大量的潜在目标,不同的目标受众以及其中的重叠,这些模型显示了整合营销传播的潜在好处,以及它没能在很多组织中被采用的部分原因。这些整合营销传播实施的障碍包括过程控制,以及选择内部操作还是借助于专门机构的困难。同时,在克服细分传统促销组成的习惯以及界定整合营销传播范围(如是否还应当包括公司和内部传播)时,仍存在一些问题。

为了克服这些问题，大量人士发展了策划模型，这将在下一部分中加以说明。

相对而言，使人们接受"任何传播策划都需要考虑和使用"的理念比控制整合营销传播的方法更为重要。在适合的情况下，任何的传播策划都需要考虑和使用一系列的传播工具，以确保信息（核心理念的共识）与其他补充方式的一致性。

策划程序的重要性

为了获取竞争优势以及确保为顾客提供的附加价值，传播过程需要以一种系统且可控的方式进行策划。由于可选择的传播手段及组合方式从未如此之多，使得任何基于准确的、最新的以及相关的信息而制定的决策变得十分关键。

在决策之前，任何流程的策划都要求管理者对其风险和回报进行评估。如果营销传播以一种盲目、分散的方式发展，那么对其目标、预算和回报的监控将变得十分困难。因而，可以通过仔细地策划来使大量的时间、专家和财力的投入所面临的风险最小化，并且通过实现那些经过谨慎评估策划程序而制定的明确且可衡量的目标，使所有的投入物有所值。更深层的利益在于如果采用了策划程序，即便是采用了错误的传播策略，也可以在早期被发现，在遭受更大损失之前，将其废置或更正。类似地，策划程序还有助于提早发现实施过程中的问题。

策划的一个经常被忽视的好处是它的周期性特征。每个新策划周期都可以从前期策划的经验中受益，即可以从之前的失误和成功中进行学习。同样，这也需要关于结果和先前传播策划程序的系统和客观的评估。更规范地使用这些过去的经验有助于确保未来的任何传播策划都更具效率和效果。为了确保传播在组织内部处于战略层次，而不只是战术层次，则需要设定长期的目标。策划程序有助于保证目标在组织内部资源和外部环境的约束之内，并为其制定长、中、短期目标。

要整合营销传播的众多方面，还要确保向所有利益相关群体传达一致的核心信息，这样的艰巨任务只有通过策划周全的传播事件才可能达成。要获得协同作用，以及提升顾客价值和竞争优势所需要的整合性、一致性和互补性，只有经过系统的、明确的流程才可能发生。

当然，正式的传播流程也会有一些缺陷。较大程度上，成功的营销传播依赖于创造和创新。过于正式或规范的策划体系也许会抑制创造力的尝试。对前期测试、反复测试、监控和评估的需要会延长一项事件开发和实施的时间，并且可能给竞争者提供情报，并为以消除任何影响为目的的"对抗事件"的启动赢得时间。因此,策划程序开发应当既不会抑制创造力,又不至过于正式和繁冗。

营销传播策划

一般说来,传播策划模型普遍基于的策划框架包括:态势分析、目标制定、战略开发、预算、实施和控制等(Cooper,1997;Smith et al.,1997;Tucker Knapp,2001;Fill,2002)。每个模型都有各自的优缺点。例如,Cooper(1997)清楚地介绍了计划的周期性特征,并强调了传播策划内所需要的创造力。然而,这个模型侧重于广告,无法显示其他传播手段的整合和协调。Fill(2002)提出了关于需要考虑的每个领域的一个有用的概述,将市场研究和公司引入态势分析,并识别了目标的不同层面(如公司、营销、传播等)。这个模型实用性地将推广战略分离为拉动战略(针对最终消费者)、推动战略(针对中间商)以及分类战略(接触目标群体中的一部分)。Fill(2002)的营销传播计划框架模型所涉及的主要元素是:

- 所处环境分析;
- 营销策划和定位;
- 营销传播战略;
- 推广组合的发展;
- 实施;
- 评估和运行监控。

然而,Kitchen(1999)指出,有组织的策划仍存在一些缺陷,可能会导致"跟随"(me too)的策略,因为它会鼓励将顾客看作目标,而不是伙伴,并且有时会造成对控制的一种危险的错觉。鉴于策划的早期阶段(目标和战略的形成)与实施、控制的密切关系,以及流程不一定非要是按次序的认识,策划程序中需要创造力和直觉。事件程序(Masterman,2004)显示了需要在事件组织的传播策划中被采用的策划的互动性特点。

一个非连续却富结构性的流程,即拥有整合营销传播的全部要素(一致性、整合性、互补性),并且考虑到节事产业的创造力、直觉和创新,这样的流程是理想的流程。一个模型可能很难包括所有这些特质,但它们支撑着事件组织的传播过程。

营销传播策划概述

态势分析

任何策划周期的初始阶段都是要获取对当前地位以及策划实施所处环境的认知。包括对大量资源进行信息的收集、分析和诠释。

最为重要的研究领域是那些将与组织打交道的利益相关者。不仅需要深入地理解每个群体对于组织及其品牌和事件的态度、意见和看法，还需要知道每个群体的购买行为和对竞争产品的看法，以及他们对于过去和未来传播事件的反应及媒体偏好等方面的具体信息。

其他需要研究的领域还涉及竞争者的行为，中间商、供应商、雇员的观点，以及更为宽泛的外部环境，包括与营销传播有关的法律和政治的变化、传播技术的进步和革新，以及可能影响传播偏好的社会普遍趋势等。

信息的收集尽管经常被放在第一阶段加以讨论，但它需要持续地进行下去，并且应当贯穿于传播策划的每个方面。对于传播具体问题的研究应当成为组织整体营销信息系统的一部分，包括竞争者和市场情报、环境扫描、更广的市场调研，以及由组织内部日常运营生成的数据。节事营销传播所需的调研将在第 2 章进行深入的讨论。

目标制定

一旦对于利益相关者、外部环境和组织内部环境有了全面的理解，接下来为事件制定传播目标成为了可能。这些通常被放在营销传播策划书的第一部分，并且用来指导其他部分的流程。传播目标应该在更宽泛的组织营销目标框架内加以制定，并反过来为实现公司目标服务。

传播目标不包括总体销售价值、利润率或市场份额，但是应包含对于传播的直接效果的具体目标，如品牌认知度、回应率、态度转变、接受度、个人推介等。

传播策划可以包括对每个利益相关者、目标受众和策划周期内一段期间的二级目标。不包括每个传播手段的独立目标，因为它意味着需要作出战略抉择，而且会影响整个传播战略的整体性。在第 3 章会详细介绍传播目标的制定。

目标受众

营销传播中的受众，或者说接受者的确定，需要在策划程序的早期阶段完成。此项工作最好在目标制定的前后分别进行。由于传播策划的制定是营销策划的一部分，目标受众最好也属于整体营销战略的一部分。如果这些预先指定的受众需要在调研阶段加以强调,并且在环境分析中详加描述,那么就可以为已经指定的每个群体制定目标。一旦传播目标确定下来,则有必要为这些群体进一步分类。例如,提高格拉斯顿伯里音乐节(Glastonbury Festival)网站互动功能的知晓度的目标,可能会要求目标市场的明确划分——过去的顾客、现有的顾客(持票者)以及未来的顾客(那些还没有得到票的人),而营销战略的前期目标可能是"那些18岁至25岁间的在线听音乐的年轻人"。

目标制定是一项成功传播的重要组成部分,因为它识别了不同群体的偏好和需求,这可以在选定的战略中加以体现。在不同的群体中(如赞助商、与会者和当地社区等),甚至同一个群体内部,这些偏好和需求都不尽相同。例如,理想家居展的参观者可能会包括夫妻、家庭或公司买家,而这些买家又可以进一步被划分为居住在英国的买家以及住在海外的买家,或者定期参加的买家以及首次参加的买家等。

首先识别目标公众,再进一步细分这些公众,然后详细说明各自的特征、偏好和行为,这要求根据各自的需求采取相应的传播手段,这样可能会成功地实现预期目标。创建具有不同目标的传播事件所导致的附加成本远远大于只以效率和效果形式衡量的收益。

定位和信息策略

为了保证所需信息的一致性和整合性,有必要为定位和传播信息确定主导策略(overarching strategy)。

定位(positioning)是指受众对组织形象的意识,即品牌、事件或者与竞争产品形象相关的服务。理想定位的形成应当基于态势分析所进行的调研、传播目标的重点,以及在某种程度上由营销策划目标和战略所提前决定。正因为定位反映了目标受众对于品牌的认知度,为每个目标群体制定合适的定位策略则非常重要。例如,公司事件组织者会意识到,对一些快速消费品客户(FMCG)来说,被认为发展最具创新性和创造力的事件可能是重要的;而对于金融领域的客户来说,被认为具有良好信誉、提供高水平的服务才是关键。如果要达到一致性和共同性,这些具体的定位策略需要与组织整体形象及品牌相匹配。于是,形成了主导的定位策略,并使之同包含的每个目标市场相适应。如果没有主导策略,受众则可能接受到混合的、困惑的或者质量差到相冲突的信息。

信息战略从定位论发展而来,向目标受众提供一致的、反复的形象。同样,在形式和风格上对于每个目标群体会有差异,但是整体信息是相同的。

可用的策略选择分别由下列因素决定:组织的竞争者地位(市场领先者、挑战者、追随者或者补缺者);产品或行业生命周期(引入、发展、成熟、衰退);组织的优势、劣势以及外部环境。然而,最重要的决定因素应当永远是利益相关者的需求和偏好。

手段和媒体策略

用来满足每个目标公众的需求整体信息的具体应用是通过使用广泛的传播手段和市场可用的媒体来实现的。

首先要决定采取推动还是拉动策略或者将两者结合。推动战略针对的是市场中间商(代理商、分销商、经纪人),而拉动策略则针对最终消费者。

一些手段包括如强调一个品牌和品牌形象的独特销售手段之类的选择,通过使用理性或感性的呼吁给公众创造一种理由。其他手段的选择需要基于"一对一"还是"一对多"传播、互动性还是被动性、信息导向还是形象导向等。

营销传播的手段传统可分为四大类:广告、促销、人员推销和公共关系。然而,随着整合营销传播的出现,以及新型和创新手段的发展,这些类别变得不再那么有用,因为各种手段相互重叠,从而适用于多种类别和情况。Pickon 和 Broderick(2001)的"整合营销传播轮轴"很好地解释了这点,并且清楚地展示了当前可用的多种手段。

很大程度上,所选的信息和手段将决定何种媒体是合适的,以及目标公众的特征和偏好。媒体的选择范围涉及从传统的报纸、销售人员、新闻发布会、颁奖典礼,到高度互动的网站、电脑游戏内置的产品、短信的使用或者更吸引眼球的推广事件等。事件作为被其他行业采用的传播手段的重要性和日益重要的地位将在本书第三部分中阐述。

传递一致性信息的众多手段和媒体的创造性结合将确保一项传播事件的成功。可用的手段和媒体的多样性意味着创造新型和创新的传播事件具有无限的可能,这对于一个愈来愈拥挤的市场来说十分必要。消费者变得越来越挑剔,对于营销传播的兴趣和反应也更有选择性,为了抓住和维持这些每天面对成千上万的营销信息的消费者的兴趣,更需要新颖和敏锐。事件利益相关者传播可用的手段的多样性将在本书第二部分中阐述。

传播预算

任何传播事件都将受到一定的组织约束,包括组织的管理风格,表现为风险的选择、创新和创造的自由度,以及配置财务资源的意愿等。整合营销传播预算的决定可能会引起争议,因为量化的投资回报很难以会计术语来检验。这种困难也强调了可衡量目标的重要性,因为这些目标的完成可以使投入的资源合理化,也可以用以保证未来的预算。

理想的预算制定形式是"目标—任务"。这个逻辑过程表示,如果目标的制定是令人满意的、现实的、可实现的,那么财务应当被用来使那些目标得以完成。于是,一旦传播策划决定了,预算协商过程就开始了,也就是说,这就是我们将要达成的目标,它将如何完成以及将花费多少。如果资源不足以满足提案计划的需求,那么必须要重新修改目标,尽管这也可能表明原始目标的制定没有考虑进组织的优势和资源。

尽管"目标—任务"预算制定受到推崇,多数组织仍更依赖传统的财务标准,而很少使用这种方法。这些很可能是基于去年销售额或者整体营销预算的百分比。如果预算的分配优先于目标和战略的制定,那么预算变成了态势分析的一部分,在它的限制内开发传播计划并制定目标。

理解如何以及何时协商并制定预算是营销传播计划程序的一个重要因素,一经决定,对于计划的实施、控制和监测都有意义。

实施

传播策划程序的这一部分通常未能受到足够的重视,而多侧重于强调策略开发的创新成分。然而,如果实施失误,最好的策略也是徒劳。

实施完全整合的营销传播计划的实用性需要通过组织内部的跨职能团队来体现,通常是采用代理以及其他外部专家来加以补充。这些角色及组织的协调与管理,要求制定对于职责和义务以及对于所要达成目标的共识方面的详尽计划和清晰描述。成功实施的关键在于有效的内部传播,因为在与利益相关群体的任何层面的接触中,所有的参与者必须都发出单一的正面信息。

Smith 等(1997)将实施的主要方面分为 3M:人(men)、财(money)、时(minutes)。这包括了计划中每个要素的角色和义务、花费的成本以及任务的时长和程序。

传播策划管理涉及流程管理、资源管理、内部营销和传播,以及包罗万象地强调各种资源和专家的整合与协调而制定的日程和预算等。这些将在第 14 章加以介绍。

测量方法、评估和控制

为了确保营销传播策划的成功,有必要对事件特定方面进行实时或事后的测量,并对照之前确定的标准进行方法评估。这些标准需要基于事件的目标,通常因为时间规模、目标群体或者事件战术而导致失准。对于这些标准的评估将提供用来控制目标的必要指标。控制是作为评估的结果而采取的一种行为,可能涉及维持或者修订既有计划的决策,以及作为未来计划发展的基础。

因此,控制包括两个部分:第一,确保计划按照应有的方式进行;第二,检查所实施的策略达到预期的效果,即对于实施过程的控制和对于结果的控制(或者说效率和效果的控制)。

例如,作为传播事件的一部分,一个音乐庆典在地方报纸上为免费票务热线做广告。中期调查发现,只有50%的索票有可能被使用。对于这项令人失望的调查结果的评估发现,主要原因在于顾客对于电话销售人员处理广告回应的态度不满,同时,他们相关知识的匮乏也打消了回应者对于参加事件的积极性。由此可见,此项评估揭示了问题出在实施,而不在于策略,那么便有可能调换更加专业的电话销售人员来实施事件的剩余部分。

用来测量和评估传播策略的方法是多样的,从大量的消费者调研到特别销售人员反馈,从复杂的数据统计分析到传闻迹象的直觉解释等。只要它们以客观、及时和系统的方式加以使用和解释,并且将事件目标作为评估的主要指标,那么所有手段都可能是有效和可用的。适用于研究事件效果的方法将在下一章以及第14章中加以介绍。

书面传播计划

书面计划是内部传播和实施的一个重要文件,至少应当包括以下内容:

- 目的;
- 目标;
- 公众;
- 时间表、工具和预算;
- 评估。

为了达成目标所需的共识和整合,该计划应当概括营销传播事件的主要议题和细节,显示相关背景信息和营销传播决策(Pickton and Broderick,2001)。

案例分析1.1是关于传播策划程序的一个具体例子。这个案例显示了一项策划周全的传播策划是如何帮助一个小规模庆典获得全国范围的知名度的。

案例分析1.1

双镜头纪录片电影节

态势分析

该项以美国北卡罗来纳州为基地的纪录片电影节首创于1998年。此项电影节的影迷基础十分窄小,出于这个原因以及地区性的形象,没能吸引到赞助商的投资。缺乏赞助意味着公司用来建立品牌以吸引更好的导演的投入会更少,而这又正是吸引更广泛的影迷基础所需要的,于是进入了恶性循环。因此,问题的关键在于改变利益相关者的观念,把他们所认为的地区性的电影节发展成为娱乐产业的一个主要成员。

宗旨:扩大电影节的吸引力。

目的

- 将过去影片的预售额提高50%;
- 将整体上座率提高15%;
- 增加赞助金额;
- 争取成为美国主要的电影节之一。

目标公众

- 主要焦点:主流娱乐发烧友(新目标公众);
- 次要公众:现有的忠诚粉丝(不会因新的事件而疏远);
- 现有和潜在的赞助商;
- 行业出版社和协会。

创新战略

- 定位:研究表明带有花边的怪异情节最具吸引力。需要提供"符合人们口味"的资料,例如娱乐类的,并让人们觉得只有在"双镜头纪录片电影节"上才能够体验这种娱乐感;
- 信息:"真实的现实比电视台制造的现实更具娱乐性";
- 方法:小型纪录片展示了荒诞刺激的真实生活写照;
- 媒体:媒体预算较低,所以采用低成本而定位准确的电缆频道,如 MTV、P、喜剧中心以及 NBC 报道。这些电视广告辅以地方报纸和半周刊的平面广告,以达到重塑主流公众对于纪录片的认识的目的。

整合传播

主要事件以电视为基地,通过网络、直接电邮、对点购买以及赞助销售套装延伸至所有的领域。同时为赞助商提供海报宣传作为回报。

媒体预算:500 000 美元。

评估

- 过去影片的预售额上升177%;
- 上座率上升33%;
- 赞助上升 26%并且为下一年创收;
- 获取国内的知名度。

资料来源:根据 Effie Awards:Brief of effectiveness(2003)改编。

本 章 小 结

　　整合营销传播为一对一营销和客户关系管理的大部分持续利益提供了基础，并为传播中整合、关联、测量和责任的概念的集中提出提供了可能（Baker and Mitchell，2000）。这些理念融合成为一种方法，这种方法认识到并利用了传统和新型交互性营销手段的交叉，无疑是营销传播的发展方向。

　　一项整合营销传播策划包括同利益相关公众的书面的、口头的和电子的互动。这些互动用来创造对组织、事件、策划、人员、服务和产品的知晓、兴趣和关联。

　　对于各种传播手段的整合确保了信息保持集中，进而达到比传统的分散推销手段更加深入的影响。

　　一项成功的传播策划将建立在对于目标公众需求理解的基础上，并且要求组织花时间分析他们的目标市场并决定目标。通过这项分析，策划程序鼓励新型营销技巧、手段和媒介的使用。对于合作和协调的要求有助于在公司内外发展团队、承诺和重点，改善所有的内部和外部传播。一个设计和实施甚好的传播策划将有助于通过测量和评估进行持续改进，并将确保朝着长期传播目标的方向有效前进。

　　为了确保这些利益的实现，整合营销传播策划的流程需要包括以下内容：

- 态势分析；
- 目标制定；
- 瞄准受众；
- 定位和信息战略；
- 手段和媒介战略；
- 传播预算；
- 实施；
- 测量、评估和控制。

　　事件组织的传播策划程序需要包括一个分期的过程，涉及对当前目标市场进行研究、制定目标、确定目标受众以及通过多种手段和媒介传递传播信息。该策划需要通过对进入下一个策划周期的结果加以实施、测评和控制。整个过程应当由连续的调研和评估跟进，并考虑形成有效营销传播所必需的灵活性、创造力和创新性等方面。图1.2提供了体现这些要素的一个模型：

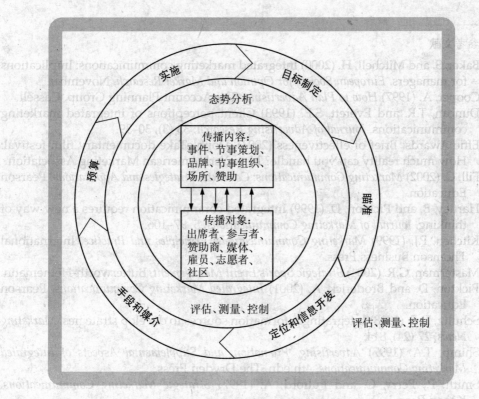

图 1.2 营销传播的整合策划模型

Baker, S. and Mitchell, H. (2000) Integrated marketing communications: Implications
for managers. European Society for Opinion and Marketing Research, November.
Cooper, A. (1997) How to Plan Advertising. Account Planning Group. Cassell.
Duncan, T.R. and Everett, S.E. (1993) Client perceptions of Integrated marketing
communications. Journal of Advertising Research, 33(3), 30.
Emerald Insight of effectiveness as marketing and documentation: the festival.
How much really can you handle sooner overseas. Marketing Association.
Fill, C. (2002) Marketing communications. Context, Strategies And Applications. Pearson
Education.
Haytko, B. and Duncan, D. (1999) Integrated communication requires a new way of
thinking. Journal of Marketing Communications, V, 106.
Kitchen, P.J. (1999) Marketing Communications. Principles and Practice. International
Thompson Business Press.
Masterman, C.R. (2003) How to think Marketing. Reach Builder Worth Education
Pickton, D. and Broderick (2001) Integrated marketing communications. Pearson
Education.
Schultz, D.E. (2002) Integrated marketing communications: Status and future marketing.
Marketing 27, 184.
Smith, T.A. (1999) Advertising, Promotional and Other Aspects of Integrated
Marketing Communications. 4th edn. The Dryden Press.
Smith, P.R. and Taylor, J. (2002) Marketing Communications. An Integrated Approach.
Kogan Page.
Tucker, Ralph (2001) www.nexusapp.com (accessed October 2004).
Williams Report, 1999. Communications share of market. The fire line News, 9(6).

1. 结合案例分析1.1以及你自己的例子,概括整合营销传播策划的主要因素。

2. 识别并比较在以下组织中应用正规化营销传播策划程序的优缺点:

   (a) 大型会展场馆;

   (b) 社区节日委员会;

   (c) 国际体育锦标赛组织;

   (d) 婚礼策划组织;

   (e) 你另选一个相关事件的组织。

参考文献

Baker, S. and Mitchell, H. (2000) Integrated marketing communications: Implications for managers. *European Society for Opinion and Market Research*, November.

Cooper, A. (1997) *How to Plan Advertising*. The Account Planning Group. Cassell.

Duncan, T.R. and Everett, S.E. (1993) Client perceptions of integrated marketing communications. *Journal of Advertising Research*, 33 (3), 30–39.

Effie Awards: Brief of effectiveness (2003). DoubleTake documentary film festival: How much reality can you handle? New York American Marketing Association.

Fill, C. (2002) *Marketing Communications: Contexts, Strategies and Applications*. Pearson Education.

Hartley, B. and Pickton, D. (1999) Integrated communication requires a new way of thinking. *Journal of Marketing Communications*, 5, 97–106.

Kitchen, P.J. (1999) *Marketing Communications: Principles and Practice*. International Thomson Business Press.

Masterman, G.R. (2004) *Strategic Sports Event Management*. Butterworth-Heinemann.

Pickton, D. and Broderick, A. (2001) *Integrated Marketing Communications*. Pearson Education.

Schultz, D.E. (1998) Integrating information sources to develop strategies. *Marketing News*, 27 (24), 814.

Shimp, T.A. (1997) *Advertising, Promotion, and Supplemental Aspects of Integrated Marketing Communications*, 4th edn. The Dryden Press.

Smith, P., Perry, C. and Pulford, A. (1997) *Strategic Marketing Communications*. Kogan Page.

Tucker Knapp (2001) www.tuckerknapp.com (accessed October, 2004).

Wirthlin Report (1999) Communications strategy toolkit. *The Wirthlin Report* 9 (6).

第 2 章

调研与分析

学习目标

■ 理解调研和分析在事件营销传播有效性方面的重要性；

■ 识别传播策划中需要调研的领域；

■ 评估和挑选合适的信息来源及实施调研的基本方法；

■ 理解持续调研及营销信息管理的必要性。

引言

　　任何战略性的决策都建立在多种信息来源的基础之上。本章阐述了信息对成功营销传播战略的发展如此重要的原因。实践的开展基于信息和技术，这些信息和技术可作为储备相关数据之用。对信息和技术的应用贯穿于传播策划的整个过程：事件开始之前要进行信息收集，事件进行之中要进行信息管理，事件结束后还要对信息进行整理。只有这样才能创造、监测和完善营销传播战略。

获得营销传播决策的信息

　　为了发展和保持具有创意的传播战略，事件组织者需要利用多方渠道收集、分析和使用信息。现有目标群体的需求和行为、市场趋势、竞争对手的产品及其效果都将成为影响传播成功与否的信息因素。在计划流程的初始阶段，以上信息形成态势分析的基础。然而，在整个流程中，集中精力、持续不断地收集、分析和使用这些信息才是更重要的。同样，这也成为衡量传播目标是否达到效果的基础。

随着技术的发展，信息比以往任何时候都容易获取。只需轻轻按下按钮，人们便可收集、储存、分析和传播信息。摆在营销传播策划者面前的困难已不再是如何获取信息，而是怎样筛选到最合适的信息来解决问题，并开发一个系统，在决策者需要解决问题的时候提供相关的信息。

了解利益相关者

根据营销理念，了解组织的利益相关者是相当重要的，因为组织存在的目的是为了达到组织目标并将以顾客为中心的理念贯穿在所有活动中，从而满足利益相关者的需求。这些利益相关者将会成为营销传播中潜在的受众或信息接收者。因此，当达到组织传播目标时，需要开发这些传播以满足利益相关者的需求。了解受众的需求，为营销者提供了一个优于其他竞争对手的优势。因为这些信息有助于决策者作出理性决策，并帮助他们在使用有限资源中降低无效率风险。

根据对利益相关者的区分，信息可被分成多种类型和不同层次，并且这些信息应该提供营销数据库的中心焦点。

识别利益相关者

了解利益相关者的第一个任务是在营销传播过程中识别已经存在及潜在的受众。这些受众可能是一些有不同需求、偏好和特点的利益相关者群体。识别出存在及潜在受众后，接下来要做的是收集所需信息来了解组织的利益相关者。首先，由于出现的新群体或已存在群体的相对重要性可能会有变化，所以，最基本的是要识别关键利益相关者；其次，了解每个群体和子群体正在寻求什么，然后与组织的目标相对比，这是很必要的；最后，评估需求和预期是否合适，以及由消费者和组织目标组成的每种关系是否在同一水平线上（Mitchell，2002）。这一步有助于组织识别任何预先关注的利益相关者群体，而且可以鉴别初次识别的相似群体的需求差异。例如，当地赞助商的传播需求将会因国家或国际组织的不同而不同；一台大型音乐会的主办方可能包括支持音乐会的和反对音乐会的，因此，与每个群体的沟通都需要有不同的传播策略。

Reid 和 Arcodia（2002）将事件利益相关者定义为："受事件影响或可能受影响的群体或

个人"。根本利益相关者(primary stakeholders)是指那些群体或个人,如果没有他们的支持,这个事件就将不复存在了。他们包括员工、志愿者、赞助商、供应者、观众、出席者以及参与者;次要利益相关者(secondary stakeholders)是指那些群体或个人,虽然未直接参与事件,但是会严重妨碍事件的成功。例如,次要利益相关者可能包括主办方、媒体、商业组织、旅游组织、政府和应急供电服务商等。

事件利益相关者的范围、事件组织及其彼此之间相互关系的复杂度,显示了存在的多种多样的传播机会。为了理解传播效果,组织需要识别和描绘这些利益相关者的传播点,而且要尽可能地管理这些传播效果。

最初对每个利益相关者群体的识别和概括,可作为从营销传播的角度对最根本的重要群体的进一步分析的一个起点。表 2.1 描绘了一个会议组织者所关注的利益相关者及其传播偏好的结构。

表 2.1　营销传播利益相关者分析表

会议组织者								
利益相关者	目前的关系	期望的未来的关系	利益相关者的需求	利益相关者的重要性	来自组织的传播		来自利益相关者的传播	
					信息	媒体	信息	媒体
演讲者				非常高				
代表				非常高				
赞助商				高				
员工				一般				
专业组织/协会				一般				
媒体				高				

注:填完上面的表格后,这张表格会显示出一个总体的传播活动,这个活动与第一列里列出的可识别的利益相关者相关。

描述利益相关者的特征

确定了利益相关者群体后,接下来要进一步分析利益相关者。分析一般包括每个群体的数量和位置。但是,理论上讲,还应该包括人口统计分析的信息,提供可能出现的传播方面的问题。例如,潜在的赞助商可以扩延到其他地方或全国吗?参与者可以以会员的身份或个人名义参加吗?出席者的年龄和性别界限又是什么?

分析利益相关者的历史

曾经与组织有过联系的利益相关者都有一个历史性分析资料,组织可以使用以往的传播反馈和评估结果对这些利益相关者进行分析。大多数组织都有一个顾客数据库,用来进行传播研究,这个数据库还含有对过去的赞助商、媒体和其他相关者的相关传播记录。虽然这个顾客数据库很可能只是些数据处理,但它也能通过附加的相对简单的信息给组织提供一些有用的视角。比如,顾客的预定情况,他们是如何听说这个事件的,他们买了多少票等。如果目前还没有建立这样的数据库,那么创建和实施一个与此类似的数据库是至关重要的。因为像"利益相关者信息档案"这样的数据库应该是营销决策的中心,所以它对于营销传播策划也同样具有中心位置的重要意义。

了解利益相关者的主张、信念和态度

使用通用营销信息的同时,还要生成更加具体的传播数据。对受众心理背景的详细了解有助于开发有意义的信息,可以和目标群体产生共鸣。对每个利益相关群体的生活方式、兴趣、活动及主张的区分,易于建立一个可供参考的传播框架,也能考虑到更加精确的细分和瞄准。同样地,组织的利益相关者(赞助公司、贸易展览商、运动主体等)对组织的使命、风气和管理方式的了解也是必需的。

识别利益相关者的动机、影响力和行为

这里包含对每个利益相关群体是否对产品、传播或者竞争者的产品感兴趣的动机的调查。动机和需求是连接在一起不可分开的。如果能识别利益相关者的基本动机,然后很好地定义它,那么就能满足这些利益相关者的需求。动机与下列事物相联系,如成就、财产、地位、爱、尊敬,及重要的传播信息偏好等。举个例子,在英国会议代表中进行调查,结果显示了许多不同的基本与会动机,包括人际关系需求、教育需求和职业需求(Tum and Wood,2002)。这项传播信息调查的目的在于通过了解每个群体的需求,反映出与会者的参会动机,结果与曾经假想的不同,所有代表参加这个特殊会议的理由并非都是一样的。

为了能和利益相关者进行有效的传播,了解他们的决策过程也是必要的。任何营销传播的受众都要作很多决定:第一,是否注意到此信息;第二,是否被牵涉此信息中,是否对该信息的内容有兴趣;第三,是否记得此信息或者将此信息消化;第四,该信息是否改变了他们的态度、信念、意图或行为。这个过程将决策过程模型或消费者行为 PIECE 模型与广告效应模型联系在一起。PIECE 模型涉及以下几个阶段,即发现问题、信息搜索、备选方案评估、选择和最终选择、事后评估。在营销传播中,我们并不关心最初的购买决定,我们关心的是在传播信息的影响下的决定。表 2.2 显示了决策过程与营销传播的联系。

表 2.2　传播受众的决策过程

信息接受者的决策流程	传播参照例子
识别问题的信息搜寻	具有娱乐性;听起来有趣;那很与众不同。 它正在讲述什么? 我对此感兴趣吗?
备选方案评估 选择 结果	渠道转换、快速翻页,是否继续阅读、收听、观看。 记住、忽略、误解、告诉其他人、搜寻更多的信息、改变态度和信念、直接作出反应。 认知 兴趣 欲望 态度或行为的转变
事后评估	与其他传播进行比较,重复监测,回避。

在特定营销传播信息的前提下,利益相关者的能力和愿望是受若干因素影响的。这些因素包括:在购买决策过程中所处的阶段;他们的信息程序方法;他们现有的态度、价值观、信念和一系列内外在的影响等。内在影响是与个人以及包括生活方式、个性、个人资源、生命周期阶段、年龄和性别在内的因素相联系的;外在影响与社会上的参照群体、社会阶级、文化、经济相联系。这些因素大量地影响了利益相关者对营销传播信息的注意力、感兴趣程度以及持久性。因此,对每个利益相关群体的影响因素进行鉴别,将会有助于确保传播的有效性和对潜在目标受众的细分。

作为决策程序的一部分,获取谁是相关"决策单元"的信息也是很重要的。决策单元是指主动参与决策的人或群体,他可能是一个人、一对夫妇、一群朋友、一个组织或一个家庭。因此,营销传播需要识别不同的决策单元在决策过程中所扮演的不同角色,并且要以适当的传播方式与他们进行传播。

例如,沃尔特·迪士尼乐园在加拿大进行市场调研,意图得到加拿大人来迪士尼乐园游玩人数下降的原因。其中一项结果显示,父母认为迪士尼乐园是儿童的乐土,但对于父母本身却意味着压力和高消费。几乎达成百分百的共识,多数加拿大家庭表示在特殊的日子会去迪士尼玩,但实际上他们并没有去。在另一个分隔的房间里进行同样的试验,将被测儿童与父母分开。结果,儿童对去迪士尼游玩非常感兴趣,而父母的反应却非常消极,并把这看成是拥挤的人群、排着长队以及无止境的推销经历。总之,"这并不是节日,而是为孩子所遭受的某种经历"。然而,同样的实验在迪士尼乐园现场进行的调查显示,虽然他们开始是因为孩子才来的,但身临乐园时,父母们也体验到了其中的乐趣。儿童们还表示他们看到自己的父母已和平时不一样,父母与他们一样享受迪士尼带来的欢乐。全家享受同一件事——

"同乐"。在加拿大传播调查的基础上,迪士尼乐园在路边、酒店、水上乐园、海滩、米老鼠等方面进行宣传的电视广告、平面广告主题都发生了变化,"我们都在里面"——展现父母和孩子们一样拥有快乐的时光,并让父母认同了乐趣、假日和共同分享的关键信息(Thompson,1997)。在这个案例中,父母和儿童在决策流程中扮演了同一个角色,不同的是儿童是主要影响因素,而父母是决策者和购买者。虽然他们相当于同一个决策单元,但是每个单元成员在营销传播中有着不同的需求和视角。

利益相关者的传播偏好

了解每个利益相关群体的传播偏好需要更具体的信息。这种信息不可能通过业务系统或者内部记录简单地生成,也不会是正在进行的一般意义的营销调研的一部分。为了能够确保把传播信息有效地传递给每个目标群体并成功地满足目标需求,组织要了解目标群体的风格、设计、活动频率以及媒体偏好。这需要从利益相关者的视角、组织过去和现在的传播信息以及竞争对手的信息中进行考察。媒体偏好信息可以通过媒体读者群和收视率获得。不过,消息风格、内容以及是否喜欢设计形式等内容的获得则比较困难;而且将会涉及更多的数量研究技术方法,诸如讨论小组和深度采访。这些需要在整个传播运动的各个阶段实施:从概念测试到信息开发,再到活动后评估。

对目标受众的研究比开发极具创意的信息更重要。这一点已在格雷厄姆(Billy Graham)1989 年伦敦会议的广告活动中展现出来。1988 年,富康广告公司(Foote, Cone and Belding)负责进行一次传播运动调查,目的是吸引比较年轻的受众参与"1989 比利·格雷厄姆会议"。在这场传播运动开始之前,先对 21 岁至 34 岁的人进行分组,实施定性研究。该研究共有 400 个受访者。这项调查结果显示,教堂通常被视为举行婚礼、葬礼和洗礼的场所,宗教则被看成是"令人厌烦和与生活无关"的事情。这项调查还显示,虽然这个受访群体对格雷厄姆知之甚少,但他们宁愿去参加一个活动,听一个特殊人物的讲演,也不愿意去听一场专门主题演讲。这项研究结果帮助人们在举办活动时避免使用"神"或者"宗教"这样的词汇,人们应把注意力都集中在更加中立的"生活"上。分阶段揭示活动主题的广告(广告开始以趣味吸引观众,但故意留下含糊不清的信息),激起了人们对该事件以及对格雷厄姆个人的兴趣(Wolrich, 1990)。

提前测试创意概念是必要的,这一结论在 WCRS 创意代理公司为梅卡·宾戈(Mecca Bingo)在英国所作的广告代理中体现出来。由于广告法规发生变化,允许宾戈开展广告活动(参与乐透游戏*赢取现金奖励),于是,梅卡·宾戈请 WCRS 创意代理公司为其策划这场活

---

* 一种赌博游戏。——译者注

动,目的是要找回女性顾客并增加销售量。梅卡强调"连续的中奖机会",活动主办方可以帮助拥有这个机会的参与者梦想成真。由于时间跨度小,研究规模受限,WCRS 创意代理公司选择使用观察参与者的定性研究工具,即通过直接观察,进一步洞察参与游戏的消费者动机。这项实验的结果是广告口号发生了变化,由"让你梦想成真"变为"再次感受赢者的刺激体验"(引起肾上腺素升高)。之后,这个主题在一个参与宾戈游戏的小组中进行了讨论,这个小组的成员都是受游戏"反复的声音"(repeat buzz)的特点的吸引而来的。然而,进一步的讨论也揭示了参与游戏者的其他兴趣。这项体验被高度仪式化,游戏者都有幸运笔及幸运耳饰,他们一直坐在同一个位子上,并在进入宾戈大厅之前进行准备仪式。传统的宾戈语言不再适用,而游戏者们也都敏锐地注意到游戏中其他参与者的负面形象。这项研究的第二阶段是以杂志广告的形式向北伦敦宾戈小组展示一些成型的想法。这个广告展现了一个值得受人尊敬的宾戈形象,其中保留了一些成型的传统。然而,这点却让他们的创意偏离了宾戈真正的形象。看过广告的人对此广告深表"失望",她们说这是"我们的丈夫所看到的宾戈",并不是她们所体验到的。这个广告强加了一些负面形象,让这些宾戈用户几乎成为"封闭的"游戏者。组织者通过进一步了解受访群体的感受,更清楚地认识到,女性消费者的丈夫认为这些女性很好笑,丈夫们把这些女性消费者对宾戈的热情视为一种狂热和沉迷,把她们在游戏中进行的仪式和准备当作笑柄。通过这些讨论,组织者清楚地了解到宾戈游戏者把对宾戈的热爱比作她们的伴侣对足球的狂热。这个实验说明,组织者还需要对宾戈游戏者的真正动机进行鉴别。参与宾戈游戏与看一场足球赛有很多相似点。相似点包括了与同性组成一组分享些许饮料,以及共同体验活动的高潮和低谷。然而,不同于许多足球迷的是,宾戈女性消费者可以嘲笑她们的游戏,无论胜利还是失败都在游戏过程中度过了愉快的时光。这项实验通过与其他体育广告进行模拟和类比,描绘了宾戈体验(Hutson, 1998)。梅卡·宾戈实验非常成功,但组织者如果不对信息和方法概念进行提前测试,实验则很容易失败。

　　案例分析 2.1 是一个在开发有效性和创新性活动方面体现研究重要性的例子。

案例分析 2.1

当代美术馆(ICA)

　　当代美术馆(ICA)位于伦敦购物商场,由咖啡厅和艺术展览中心组成。该美术馆是在政府艺术基金的支持下开办的,它是世界艺术的标志性建筑,并因此获得商业收益。那些所谓

"有前途"的英国艺术家,只有与该建筑联系才是真的拥有"光明的前景"。然而,在20世纪90年代晚期,这个概念已不存在。负面影响导致了 ICA 赞助基金的减少,于是,1997年 ICA 决定重新定位。

ICA 开展了广告战略,开始是为了获得更多的基金支持;之后则是帮助其树立信誉的形象以及提高知名度。

态势分析

美术馆竞争者的威胁已经逐步显现,同名艺廊(Serpentine Gallery)、泰特英国美术馆(Tate Gallery)和伦敦当代艺术画廊(Saatchi Gallery)都对艺术家们和观众产生了很大的影响。另外,来自大英博物馆和国家美术馆的竞争也正在加剧。

然而,这些美术馆的业务范围是有区别的。竞争对手既主办当代艺术家的展览也主办已逝去的艺术家的展览,而 ICA 则只为当代艺术家开展。

目标

重中之重是要识别潜在的基金赞助者。一些中坚力量的艺术家已经在其他美术馆开展览,虽然他们的地位很重要,但是他们已不再是首选的目标对象。解决办法一方面要锁定传媒公司的艺术总监,但为了成功地接触到目标,传播手段必须具有创意,在众多寻求赞助的竞争者中表现突出;另一方面要调研。为了建立一个目标纲要,首先要对 ICA 会员进行采访。结果,目标市场可能会是赶时髦的伦敦艺术爱好者、工作跟时尚相关的人,甚至可能是同性恋人群。他们有高收入,乐于在私人俱乐部里消磨时间。ICA 把他们定义为"赶时髦的文化人",他们是充满活力、热爱生活的人。

聚焦

我们要在 ICA 只展览当代艺术家作品的政策和上面提到的目标之间构建一种联系。为此,我们花时间考察 ICA 和其他美术馆。从 ICA 的设置和参观者的反应可以看出,这其中存在一种"成人操场"的精神,一种互动和自发的精神。例如,在所有的美术馆中,ICA 提供了一种讨论的气氛。相反,其他美术馆则创造了比较正式的气氛。这就决定了这场活动将是"活着的艺术"。

传播

在以上研究的前提下,我们决定采用生动的广告。

直投男主角:一个男人,身高180 cm,身穿莱卡,脚踩平底靴,带着一个防毒面罩。这些"报信者"将会把 ICA 包裹和10张邮寄的免费招待票送到目标办公室内。这些招待票会被赠与朋友。之后,组织将会和目标群体取得联系,接着就有了和他们讨论赞助的机会。

印刷品:生动的广告印刷品将会散布在伦敦的大街小巷、ICA 门口以及竞争对手的门口。印刷品承载着诸如"有什么问题要问"、"看,生活的艺术"等信息。

户外:6个穿制服的男人在一个三角形面板中同步移动。这个"活动的广告板"上写着"你在未被发觉之前不可以死去,ICA——活着的艺术",并会在伦敦时尚周和伦敦同性恋自豪日中出现。

活着的图标:表演者表演裸体的逝者,并被装在半透明的袋子里,这些静态广告在伦敦繁华街道展出,并且标有"艺术家"、"词曲作者"、"雕刻家"的字样。

电影院:在伦敦主要的电影院中播放该广告,广告形式涉及上述内容,主要是观察观众的反应。

结果

活动的结果是,艺术媒体和艺术家对此都表示赞赏,而且,这场活动重新燃起了信誉热潮、激发了活动参与者并增加了新的赞助经费。这些都是超出既定目标的意外收获。

这场活动的创新性是显而易见的,而它的可行性在于利用了有效的调研、目标定位和周全的计划。

资料来源:ICA(2004),Account Planning Group(1997)。

认识竞争对手

虽然受众传播运动毫无疑问地将重点放在信息积聚、研究和分析上,但是,还有其他的方面需要关注。如果没有对竞争对手活动的基本了解,预测和评估营销传播的影响是很困难的。与研究利益相关者类似,竞争者也需要被识别和监测。对竞争对手的识别需要有一定的广度,不仅包括提供近似产品的直接竞争对手,还包括生产可能成为替代品的竞争者。从消费者获利的角度,识别竞争对手可以帮助组织识别那些以不同方式运作而容易被忽略的竞争对手。这也有助于企业认识到竞争对手会随着消费者群体的变化而发生变化。例如,英国伯明翰国家展览中心有不同层次的顾客、事件(诸如摩托展)、参展商以及参观者。如果要寻找每个群体的替代者,那么就要从不同的视角看谁是这个场地的竞争者。例如,摩托展组织者可能会找英国其他大型的场地进行展览;而参展商可能去其他展会参展,或者采用其他促销手段,在其他方面花费营销预算。参观者在周六可能以其他方式与家人打发时间,以其他方式消费,或者去看轿车展。表2.3从品牌角度、产品形式角度以及消费者需求角度列出了几种竞争者。在做任何竞争者分析时都必须考虑到这些竞争者因素。

表 2.3   竞争的层次

组织	品牌类竞争者	形式类竞争者	需求类竞争者
美国网球公开赛	其他网球锦标赛	其他体育赛事	其他休闲方式
爱丁堡节	英国其他艺术节	其他节日	剧院、园林展、周末休息
莫斯科芭蕾舞	俄罗斯其他芭蕾舞剧院	其他芭蕾舞剧院	其他剧院表演群体
伯明翰国家展览中心	英国其他大型展览场地	所有的会议场地	网络直销展

一旦识别了竞争者以后，要对竞争者的举动，特别是他们的营销传播活动，进行持续监测。这方面的市场信息是相对容易获取的，因为这些信息是比较开放性的。通过媒体扫描，可以评估网站、分析媒体活动、监测公共关系活动。直接的营销活动比较不容易监测，但是可以通过促销反响、电视曝光度、代金券使用和网站的访问数量来了解情况。一旦所有的传播资料都收集好了，接下来就要分析竞争对手的传播目标、目标群体、信息和媒体策略。根据开发的定位及提供产品、提取较好的比较点或者了解竞争对手活动的直接反馈，为今后开展活动提供参考。对竞争对手监测的方式越多，就更容易预测他们的战略，从而可以积极地参与竞争而不是被动地应付竞争。

在深入了解竞争对手的时候，分析他们过去的反应模式，特别是评估他们是否对一个组织的营销活动战略作出反应以及作出怎样的反应。这些反应模式对于更精确地预测组织自己的战略效果是非常有效的，因为竞争对手反应结果的负面效果在计划阶段都要被考虑的。

竞争对手的反应将部分取决于他们的优劣势。这些优势和劣势也会显示竞争对手的弱点，并提醒组织在做某些产品供应传播时哪些领域需要回避。例如，一个竞争公司事件的组织者在一些区域办公室投资的消息可能反映了你的直邮活动是否锁定了竞争对手没有选择的目标区域，或者组织是否在那些区域里给自己的销售力量部署了额外资源。

竞争对手的其他行为也会影响活动计划的制定、发展和传播效果。例如，竞争对手突如其来的新品上市、降价或者分销渠道扩张，都可能对当前的传播活动产生负面影响。因此，诸如此类的活动也需要进行监测，并预测可能发生的情况。

了解外部环境

当消费者和竞争者不在组织的控制范围之内时，他们与外部环境极度相关。因为他们的行动经常会直接对组织的成败产生影响。除了上述的两个需要考虑的关键外部力量外，还有其他的外部因素需要监测。PEST 分析模式经常显示这些因素，它们是影响组织绩效的政治（P）、经济（E）、社会（S）和技术（T）力量。

政治、法律环境

政治环境主要通过法律和税收政策影响营销传播。无论是国家还是地方政府的变动，都经常会导致政策、法律、指令和投资重点的修改。这些可能直接对组织活动和营销传播的选择产生影响。在梅卡·宾戈例子中，英国政府对于娱乐性质的博彩法规的改变，可以允许宾戈再次在媒体做广告。类似的，"89 比利·格雷厄姆"的案例中，对于广告信息的选择，也因宗教推广的法规限制而再次受限。其他特殊领域的活动传播是指儿童消费品促销方面的法规、烟酒产品的促销和赞助规定、政治和宗教观点以及关系推广条件等。这些限制条件必须根据不同国家的国情以及政府更替和社会压力作不同考虑。因此，需要对这些因素作经常性的监测，任何可能发生的会对未来传播活动产生影响的政治变化也要考虑在内。

经济环境

经济环境经常会对财务资源和组织的信任度、竞争对手和消费者产生影响。了解当前的经济环境、过去的经济模式以及对未来经济的预测将会有助于发展合适的传播计划。高失业率、低收入市场的传播方法将与就业率高、收入不断增加的市场不同。提醒、再确认和"回到基础"的活动将比较适合前者，而极富冲击力和促进品牌形象的活动将可能比较适合后者。

经济因素也会对不同行业产生不同影响。因此，对传媒空间或者代理服务来说，发挥经济因素中的市区优势，可以谈判到较好的价格。所以，经济市区可能对于某些活动组织者来说是一个很好的传播机会。

社会因素

社会因素包括社会总体趋势的转变、人口因素变化、文化和价值观的转变。这些变化可能会对传播计划中的目标受众产生直接影响，对未来规划也是重要的一部分，因为他们暗示了未来的传播偏好、购买行为和目标分区。

例如，以调研为代表的明特（Mintel，2002）国际集团有限公司认为，较年长的消费者承受的是接收信息的负担，而非作决策的负担。年老的成年人通过坚持知名且可信的品牌，并识别行为模式来处理大量信息，就是为了简化决策过程。较年轻的消费者的做法则相反，对他们来讲，作决策的负担远大于接收信息的负担。他们可以轻松处理面前的大量信息和建议,但却对管理决策数量和范围略显乏力。年轻人很难形成品牌忠诚,更愿意尝试新产品和新品牌。他们简化决策的方法是不让自己的选择受限。这些研究发现表明,营销传播的目标若是年老消费者,要有选择性地释放信息,并集中精力弱化信息负担的负面影响;而传播目标是年轻人时,则要对决策过程给予支持和简化。

用传统营销方法处理老年消费者问题遭到了越来越多的讥讽和怀疑,而要求将营销传播作为年轻消费者文化一部分的声音也越来越多,这就引起了传播形式的变化。这种变化表现在营销传播方面,就是模糊传播方法、产品和消费者之间的界限。例如,通过观众的出场和参与,让他们和产品一样成为电视音乐活动现场的一部分。如果他们直接体验赞助商的品牌,那这个过程也是对品牌的形象进行传播。

如果期望信息被目标接受并被有效地接受,对伦理相关事物的监测和预测也是必要的,因为它们将会影响整个传播过程。有关组织社会责任的问题,导致了组织与他们的主要利益相关者传播组织社会责任项目时传播重点发生变化。类似地,"隐私保护"已不再是谈谈而已,它已成为组织门户网页上的关键部分。了解社会伦理观点的变化将在优先选择法律需求时有帮助。例如,社会对烟酒消费品以及数字消费品关注的增加,引发了一些法规的修改,从而影响了活动组织者的行动,如足球赛、摩托竞赛和撞球赛等。

变化的社会因素中,最容易监测和预测的就是人口因素。在许多国家,组织可以从政府部门免费获得该国家的人口数据,这些数据经常会涵盖预测未来变化的信息。组织可以使用这些数据选择目标群体,准备未来活动,预测未来的消费形式和媒体偏好。例如,大部分西方国家的人口正在老龄化,年轻人的数量越来越少,在总人口中的比重正在下降。

预测人口因素的变化会有助于传播策划者适应传播需求改变传播策略。比如说,在下一个 20 年,英国人口将转向单身/无家庭的后现代家庭生活状况,这种趋势会使单身人数增加。人口老龄化和单身人数增加的趋势,可能会产生负面影响,导致消费者的更多细分(Mintel,2000)。

组织还要把握媒体偏好的总体趋势,这能帮助组织选择曝光媒体,决定曝光的形式、频率、时机以及预估产生什么样的影响。最近几年,要求专业媒体满足细分受众的趋势加强,这在生活方式/业余爱好杂志、电子期刊、数字电视频道和广受关注的周边媒体中都有所体现。这种与大众媒体的偏离意味着,要求新的营销传播战略来适应,传播策划师则要持续不断地关注媒体的发展动态。

技术环境

技术因素已经给营销传播产生了极深的影响,以后也是被重点考虑的因素。技术的发展为传播方法和媒体的创新,以及加强对目标群体的影响带来了机遇。信息技术、互联网、电信和数字电视的发展,允许人们采用更多个性化的传播信息,这些信息可以通过直邮、电子邮件、短信和直销电视来实现。蓝牙、无线技术的引入在传播方面允许有更多的创新。例如,可以使用蓝牙手机接收活动的具体信息,这一过程只需简单地点一下活动所在的手机广告栏,然后就可直接接收到信息了。

国际环境

一个组织只将自己的业务领域锁定在国内已不再可行。无论活动组织有没有主动把国际消费者作为目标群体,它也是生存在国际环境之中的。即使一个小型活动组织者在自己的家乡为本土客户服务,他也面临与国际组织共同竞争,而且他也可以通过互联网看到国际市场的形势。互联网扫除了传播和分销的国际障碍,让跨国公司与国内企业在同一个平台上竞争。许多小型活动组织者已经开始利用互联网做生意了,而且这些生意占他们生意的大部分(Wood et al. ,2003)。因而,组织要监测国际环境中竞争对手的活动、市场和社会的趋势,以及政治、经济和法律的变化。

认识组织自身

最后,要研究和认识的是组织自身。这包括对组织目标、风气、管理风格以及优势和劣势的理解。因为这些因素给传播计划提供了一个模式和资源。组织内部分析应该包括:

- 理解组织的风气以及在风险、创造力和传统方面的管理风格;
- 认识组织的使命和组织的事业与营销目标;
- 分析之前的传播活动,得出活动效果,并找出产生这种效果的原因;
- 审计可获资源:财务、时间、经验和专业化;
- 通过分包商、外包、网络、供应商、分销商和任何其他合作伙伴,评估可获得的技术和资源。

总结从这几个方面得到的结果,有助于清晰地识别组织的优势和劣势。组织的发展应基于这些优势,并强化优势、传播优势。认识到自身的劣势,就可以识别、弱化和克服组织的局限性。

二手数据

为了提供更多前面章节中列出的信息，利用不同类型和来源的数据是很重要的。最廉价和最容易获得的数据就是组织日常运作时产生的数据。对营销传播计划最有用的数据类型是通过数据库和问询处理软件进行系统化和持续化的数据。例如，一个活动预定系统可以很容易地把营销传播产生的查询信息组织起来，而媒体计划也可以根据门票的销售和查询率来设计。这些内部数据通常只是大部分调研的开始。由于很容易过于依赖内部数据而忽略重要的外部资源，所以，组织在此阶段要很谨慎。

定量的内部数据包括出票信息、客户、消费者记录、媒体成本、销货和饮料销售情况等。内部产生的定量数据包括推销员记录、赞助价和反馈、开会总计时间、客户反馈、客户投诉以及友好反馈等。

外部数据的收集可以从已经存在的信息入手。存有大量这方面的二手数据，比如政府统计数据、在线数据、行业调查、市场调研出版报告、商业或行业协会数据、出版的财务数据等。也可以在新闻报道/社论、商业周刊、其他媒体、竞争对手销售文献、商业字典、CD和网站上找到这方面的数据。持续监测可鉴别的关键外部资源可以得到跟踪数据，这些数据可以用来预测消费者趋势、竞争对手反应和选择合适的媒体。这些数据最重要的作用是组织通过预测来做长期的计划决策。

原始数据

作为现存资源的补充，以及为给组织提供一个广阔的宏观环境（消费者、竞争者、供应商和公众）图景，获得原始数据也是非常必要的。由于这个过程的成本会相对高些，因此，组织要有一个清晰的调研目标，并能确保这些数据（内部和外部）是财务和时间范围内所及的。原始数据可以是定量的也可以是定性的，或者是两者的结合。定量数据可从大规模的调查、常驻小组及参观者资料中获得。定量数据还要确保样本选取和调研的有效性和可信性。定性数据通常是较小规模的调研结果，但却能提供较有深度的信息，对了解民意、感受和态度很有用，还可以为进一步调研提供可识别的初始问题。可以利用多种研究技术收集大量的信息，比如观察，焦点小组，对参与者、来访者和赞助商进行深度采访，员工记录，志愿者反馈,管理备忘录,评论等。

　　图 2.1　给出了不同的传播计划在市场调研方面的总结。

二手数据研究		原始数据研究(外部)	
内部 (定量或定性) 票房情况 成本账户 重要报道的评估	外部 (定量或定性) 政府报告 辛迪加调查 市场研究报告 行业压力 网站 媒体目录和排名 (BRAD, JICNARS)	定量 调研 市场测试 实验 观察	定性 采访法 焦点小组 案例研究 观察

图 2.1　营销信息来源

　　虽然组织可以使用以上所有领域的数据获得市场的总体概况,并能在传播计划中对消费者和竞争对手有一个深度理解。但是,仍然需要重点研究要传递的信息和媒体。传播研究的具体类型包括对活动中每个因素和整体效果的预测试和后测试。

　　预测试要在传播计划的不同阶段中进行,并在整个传播活动开展前进行。凭借预测试中发现的问题,组织开发和展开活动计划。组织可以利用可接触到的媒体,研究最初的传播理念、草案和形象。表 2.4 列出了一些预测试中可利用的方法。

　　例如,组织要准备一个邮寄广告活动的预测试,就需要给消费者测试评判团准备几种不同版本的邮寄广告,还要为每个广告准备一些可能的大标题。然后,把每个版本展示给与目标市场有相同特征的消费者,以此来测试他们对广告的反应。

表 2.4　预测试方法

方　　法	说　　明
理念测试	用文字、图片、象征体现主题,测试目标消费者样本的反应。使用焦点小组、采访法或者调研法。
粗测试	基于一些标准,让一些观众对完成的传播草案进行评定。
现场测试	在广告播出之前和之后衡量品牌偏好(在一个节目中与其他品牌同时进行测试)。
组合测试	实验室测试法,通过测试传播和控制传播来评估被测者的回忆。
消费者评判团	通过分级和配对,让潜在观众评估潜在传播。通常选取 50—100 个参与者。

（续表）

方　　法	说　　明
生理测试/反应测验	测试皮肤反应、瞳孔放大、眼球运动、脑电波,对不同的传播类型进行精确反应测试。
可读性测试	用于书面传播,如弗莱（Flesch）测量法,测量每 100 个单词的音节、SMOG 句子的长度以及音节数量。
理解力测试	区别于对偏好和回忆的测试,理解力测试是测试信息传送的准确率。
测试市场	在一个小型市场中,应用传播计划进行测试,以此评估产品的知晓度、偏好度和销售情况。
无线测试	在具体的市场进行广播测试,该测试在传播计划全面开展前进行。

下面列出了几种调查样本需要回答的问题:

1. 如果你收到很多邮寄广告,你很可能去读哪些?

1. 主题传播和理解
   a) 以下哪个短语很好地描述了这条信息
   很容易理解＿＿
   很难理解＿＿
   b) 这条信息主要想向你传递什么样的主题?
2. 喜欢/不喜欢
   a) 关于这条信息,是否特别值得记忆?
   b) 关于这条信息,你特别喜欢什么?
   c) 关于这条信息,你特别不喜欢什么?
3. 可信性
   a) 这条信息有没有什么地方让你觉得不可信?
   b) 用下面的词语评判这条信息
   高度可信　可信　不是很可信　不可信
4. 个人相关性
   a) 这条信息谈到的
   - 某人像你
   - 某人不像你
   b) 这条信息涉及
   - 所有人
   - 所有人,但特指年轻的运动迷（目标受众）
   - 只是年轻的运动迷（目标受众）
5. 反应
   太短　　太长
   简单　　复杂
   有趣　　乏味
   不同　　相同

图 2.2　标准现场测试问题

2. 哪些标题会吸引你进一步阅读这封邮寄广告?

3. 哪些邮寄广告会让你信赖或者质疑活动的质量?

4. 你认为什么样的邮寄广告设计版式会最有效地促使你购买?

5. 你以前最喜欢哪个邮寄广告?

6. 你觉得以前哪个邮寄广告是最有趣的?

预测试法告诉组织什么因素可能对特定的观众起作用。一条看上去对成年人很有说服力的标语,对未成年人来讲可能会是个模糊的概念;一张海报可以抓住未成年人的注意力,但其他群体可能一点都不感兴趣。因此,对不同类型的受众进行仔细的预测试将帮助组织在确定要传递的信息和战略之前发现一些新的问题。

图 2.2 是根据备选传播信息给受众提出的几种类型问题的例子。

媒体调查包括了解媒体信誉、媒体影响和媒体类型。这可以通过对利益相关者进行直接调研获得，也可以从一直跟踪报道组织情况的媒体那里得到二手数据来完成媒体调查。

传播信息系统

从本章的讨论中，我们可以看出，制定一个传播计划需要使用各种方法，并从多种信息来源中获取信息。其中，有些信息要以一种持续不断的方式获取，而有些信息则有必要以某种特殊的方式得到。掌控好这一点，就能保证传播决策者以正确的方式、在合适的时间得到准确的信息。这需要组织有一个可以以合适的方式，整理、储存和传播信息的系统。这个系统应该利用好信息技术，特别是在收集定量信息时会发挥很大的作用。然而，也要将定量信息与可获得的定性信息进行整合，这样传播决策者可以更好地洞察传播计划，还能激发决策者有创造力和创新性的想法。因此，营销信息系统应该在所需的创造力和自由不受限制情况下，保证为传播计划者提供一个持续相关的信息流。在考虑活动行业本质特点和整合营销传播的情况下，组织也需要一个非正式的系统。

本 章 小 结

本章讨论了在开发有效营销传播时调研和分析的重要性。基于准确信息的传播决策，会更具有效性，而且更能在预算内完成传播活动。传播所需的信息主要来自目标受众，但是组织也要了解竞争对手、其他外部因素和组织内部环境的信息。获取有用信息的来源是多种多样的，既包括组织内部和外部产生的数据，又包括定性和定量的原始数据和二手数据。营销传播计划在调研和分析时面临的最大的挑战之一是如何管理好已获得的不断增加的数据。这些数据来自于日常的收集，也来自于原始数据和二手数据调研的结果。为了减轻信息量负担，组织需要建立营销信息系统，这个系统将能确保决策者在他们需要信息时得到所需的信息。

讨 论 问 题

- 请你讨论如何使用组织内部产生的数据支持下列组织的营销传播计划：

- ○ 会议场所
- ○ 运动组织
- ○ 社区节日组织者
- 请利用互联网识别上述组织二手数据的来源,并评估这些数据来源的相关性、准确性、及时性和局限性。
- 请讨论,有哪些预测验方法适合区域广播广告活动。

参考文献

Account Planning Group (1997) The ICA – From living art to living ads. www.warc.com (accessed October, 2004).

Hutson, A. (1998) Mecca Bingo: It's football Jim, but not as we know it. *Creative Planning Awards 1998*. Account Planning Group.

ICA (2004) www.ICA.org.uk (accessed October, 2004).

Mintel (2000) 2020 Vision: Tomorrow's Consumer – UK – March 2000.

Mintel (2002) Marketing to Tomorrow's Consumer – UK – April 2002.

Mitchell, A. (2002) Mapping stakeholders: In search of win-win relationships. *Market Leader*, 19, Winter, pp. 36–40.

Reid, S. and Arcodia, C. (2002) Understanding the role of the stakeholder in event management. *Event and Place making Conference*, 15–16 July 2002, Sydney, University of Technology Sydney.

Thompson, B. (1997) Walt Disney World: 'Not just a theme park'. *Canadian Advertising Success Stories 1997*. Canadian Congress of Advertising.

Tum, J. and Wood, E.H. (2002) Understanding motivation and maximising satisfaction of conference delegates. *UK Centre for Event Management Seminar* (September). Leeds Metropolitan University.

Wolrich, C. (1990) Bringing life to Billy Graham's Mission '89. Advertising Effectiveness Awards 1990. Institute of Practitioners in Advertising.

Wood, E.H., Blackwell, R., Bowdin, G. et al. (2003) *The national survey of small tourism and hospitality firms: Small firms in the events sector*. Leeds Metropolitan University.

第 3 章

传播目标与受众

学习目标

■ 理解建立事件传播目标的过程；

■ 识别与这些目标一致的利益相关者目标受众；

■ 理解用消费者行为理论来理解目标受众偏好的重要性；

■ 解释每个目标受众的分目标是如何发展的。

引言

制定一份营销传播计划，最重要的是确定目标。这些目标是计划的重点，因为它们规定了战略决策的界限与方向，确定了衡量与控制程序，而且一定程度上决定了预算。目标既要传达给组织内部的其他人，也必须传达给牵涉传播过程的外部机构。这样，通过目标，计划中共同的愿景就传递给了涉及计划实施的各个方面。

产品的复杂决定了组织必须拥有许多不同等级的营销传播目标。组织的传播目标，通常涉及企业形象和母品牌。然后，给组织中的每个项目都设置目标，项目中的每个事项也都要分目标。一旦各等级的目标确定了，就可以识别出目标受众，并对每种受众类型设置独立的目标。

本章首先将通过态势分析与传播效果理论来阐述市场与企业目标框架下传播目标的发展。在项目等级的分目标确定后将介绍确定目标的过程，这包括识别合适的市场细分并掌握其营销传播的偏好与行为。在此基础上，可以设置各目标群体的目标(见图 3.1)。

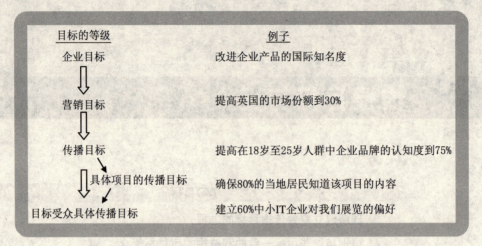

图 3.1   目标层次

设定传播目标

态势分析

研究态势分析是为了通过利用机会与优势，避免威胁与劣势来确定合适的目标（详见案例分析 3.1）。

案例分析 3.1 中所列的目标考虑了展览和地点的低知名度、有限的预算这些问题，并利用了该活动独特的方面和潜在的目标受众所能创造的机会。

案例分析 3.1

世界新闻图片展

2002 新西兰惠灵顿世界新闻图片展情况分析如下：

优势

● 最具声望的国际专业新闻照片比赛

● 2001 年人们生活的写照

- 激发人们强烈的情感
- 获奖作品来自 200 名顶尖摄影师
- 以前从未在新西兰举行过
- 免费

劣势

- 对当地是个新鲜事物
- 非营利性组织提供的媒体预算低(新西兰荷兰基金会)
- 时间有限,只展览 3 周

机会

- 惠灵顿的文化多样性
- 当地居民定期参观博物馆和美术馆

威胁

- 展览地点(新西兰美术学院)知名度低
- 竞争激烈,同时有 3 个展览在高知名度的地点举办
- 展览的知名度低
- 时间安排,旅游淡季

展览的传播目标是协助完成在展览的 3 周内吸引 2 万参观者的营销目标(尽管该展览地点的标准参观人数是 1 万人)。

指定机构设定的传播目标是:

1. 使该展览成为当时惠灵顿最受关注的展览;

2. 在短时期内提高展览的知名度;

3. 利用 1.3 万新西兰元的预算创造较高的价值。

资料来源:改编自新西兰传播机构协会(The Communication Agencies Association of New Zealand, 2003);世界新闻照片展(World Press Photo Exhibition)(CAANZ, 2003)。

符合更高等级目标

传播计划的一个约束是企业目标或是营销目标已经确定。例如在世界新闻图片展这个案例中,营销目标和预算都是难题,而且还需根据态势分析来制定现实可行的传播目标。案例分析 3.2 深入介绍了这一情况。

案例分析 3.2

千禧年体验

优势

- 千禧穹顶（Millennium Dome）的创新设计
- 一生难得的盛事
- 政府支持

劣势

- 时间有限
- 目标难度大（吸引 1 200 万名游客）

威胁

- 国内反应冷淡
- 媒体嘲讽
- 人们对千禧年的误解

市场目标

吸引 1 200 万名游客（国内最著名的三大旅游胜地游客数为 800 万人次）

传播目标

深入研究发现，主要是由于人们没有意识到千禧年的独特性与重要性才导致了国内反应冷淡和媒体的嘲讽。因此，首要的目标是让全国人民知道什么是"千禧年"，并且希望能通过一种独特的方式来庆祝它。例如，去参观"千禧穹顶"。主要的传播目标是启发人们认识到"千禧年"的重要。

资料来源：改编自 McCann，B.（1999）。

起初，市场目标与传播目标似乎并不一致，但通过态势分析和更深入的调查，就能找到主要的问题，把活动的重心从产品千禧穹顶转向品牌千禧年，从而解决了国内反应冷淡和媒体的嘲讽等问题。

目标设定工具

一般目标设置的战略工具可以用于传播目标的设置，必要时也可以修改。例如，目标差距分析可以确保传播目标是可行的,并且识别出在现有的传播战略中必要的变化。差距分析技术通过把以前的传播成果按时间绘制成图表来预测将来的情况。如果继续实施现在的战略,根据差距分析技术就可以知道能取得怎样的成果。任何预测数据的增加表明现有的传播战略需要变化以填补战略差距(见图 3.2)。

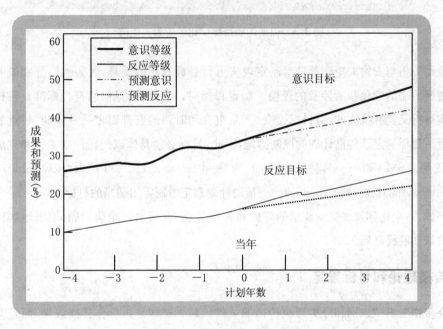

图 3.2 传播目标差距分析

安索夫矩阵 (Ansoff, 1989)通常用于设定市场目标,但经过改变也可用于确定传播目标。该方法通过分成四个象限的矩阵来设定目标。原始矩阵由现有产品和新产品、现有市场和新市场四项联合组成。这些组合表明目标的重点取决于已取得的成果、市场饱和等级、竞争程度和组织资源等。

市场渗透(现有产品/现有市场)风险最小并且使用的是已有的专长。把现有产品推广到新市场(市场发展)或者把新产品推广到现有市场(产品开发)是将现有的能力运用到新的领域中,把新产品投入到新市场(多元化)因其风险最大而成为最后考虑的备选方案,但如果其他方案都无法促成足够的增长额,那就必须采取这种方案。

根据图 3.3 传播目标矩阵可知,如果营销目标是开发新市场,那传播目标就要把重心放在受众发展和传播多样化上。了解目标受众的偏好就可确定是否要采用新的传播方法。矩阵把焦点集中在能实现增长的各种方案及与之相关的风险上。

	现有传播方法	新传播方法
现有受众	受众渗透	传播发展
新受众	受众发展	传播多样化

图 3.3　根据传播目标变化的安索夫矩阵

差距分析与安索夫矩阵都是对制定现实可行目标有用的工具，因为他们分别说明了就目前情况所需的变化和所涉及的风险。制定目标时，一定要确保他们符合标准。目标必须是现实可行又具有挑战的，对目标受众、产品组合和时间的安排而言是具体的，最重要的是可衡量。目标确定了传播计划的控制措施，因此，目标必须具体以便在计划实施和完成后来评估成果。SMART——具体（specific）、可衡量（measurable）、可控诉（actionable）、现实（realistic）、时间具体（time specific）——帮助计划制定者制定出适当的目标。

例如，一个达到发展受众要求的好的目标应该是：在活动开始前一周，使当地居民对该活动的认知度提高到 75%。

传播理论和目标设定

许多作者尝试识别和分类影响传播的关键区域。这些常被称作传播效果，而且与顾客决策过程密切相关。认识到这些效果的术语和等级制度有助于确定传播目标。

最常用以及最古老的传播分类是由斯特朗（Strong）在 1925 年提出的，它和直销有关。这个模型叫 AIDA，分为四个阶段，即意识（awareness）、兴趣（interest）、渴望（desire）和行动（action）。与它相似，并进一步发展的模型有 DAGMAR 理论（Colley，1961），它可分为未知、知名、理解、确信和行动五个阶段；拉维吉和斯坦勒（Lavidge and Steiner，1961）提出的影响力等级模型（hierarchy of effects model），分成知晓、了解、喜欢、偏好、信服与购买五个阶段。这些模型都与目标受众的心理活动有关，并有助于传播目标取得预期成果。表 3.1 举例介绍了与传播效果模型有关的传播目标。

传播目标的范围可以归纳为几大类。这些分类改编自罗斯特和珀西（Rossiter and Percy，1987），布恩和卡兹（Boone and Kurtz，2001）的理论。

- 提供信息，创造品牌意识；
- 通过改变组织、产品或是品牌的感觉来增强品牌态度；
- 建立产品类别需要和促成购买来影响购买意愿；

● 增加或稳定需求。

综上所述,更广泛的传播目标需要在企业和市场目标的约束下,考虑到态势分析所确定的关键成功因素和可实现的传播效果范围下设定。这些目标是以衡量传播计划是否成功为目标,因此他们需要被传递给所有涉及计划开发和实施的人。

表 3.1　传播效果模型和目标

AIDA	DAGMAR	拉维吉和斯坦勒	传 播 目 标 范 例
		受众心理	
		未知	在活动的 3 个月内,知晓度在 18 岁—25 岁群体中达到 50%
注意	知名	知晓	在活动的 2 个月内,网站点击率提高 20%
兴趣	理解	了解	10% 的活动手册需求来自当地报纸广告
		喜欢	成为 60% 的 18 岁—25 岁群体最喜欢的 3 个全国性活动之一
渴望		偏好	在 3 个月内,成为 18 岁—25 岁群体认为最有趣的活动
	确信	信服	10% 的 18 岁—25 岁人群会考虑参加活动
行动	行动	购买	活动结束的 1 个月内 75% 的参与者注册成为"活动之友"

目标受众的确定和描述

为了使一般的传播目标具体,必须先确定利益相关者。一旦确定了,就可以制定最终的目标等级。由于每个群体的传播偏好不同,所以需要针对每个目标群设定目标。

他们是谁?

首先必须找出所有潜在的目标受众,并对他们进行细分,这样才能选出目标群。市场必须要细分,只有这样才能区分不同类型顾客的需要并更好地为他们服务。把细分用在营销计划是个很好的开始,但可能还需作进一步的细分,确定不同群体的传播需要。

市场细分可以被用于基础的水平,例如简单地分为消费者/组织市场,男性/女性市场,本地/国内/国际市场。如果用在客户分类上,它会更有效。这涉及人们的心态,即用生活方式、态度、想法和兴趣,或使用消费者行为理论,如产品参与程度、关键影响因素及购买决策过程中的阶段等,来确定细分市场。

许多组织的利益相关者范围很广,既有个人顾客又有其他组织。细分市场的第一步是找出这些潜在的利益相关者。实例见表 3.2。

在表 3.2 中每个利益相关者团体都有许多子群体。例如,展出者(组织市场)可以按国内与国际分,按企业规模分,按以前出席情况分,按产业类型分,或是把这些标准合在一起,从而找出在媒体、信息方面最可能共享传播偏好的群体,这对传播目标受众的定位是很重要的。例如,按产业细分是为了产生贸易杂志上具体的信息,按地点分是为了计划直复营销活动。

不论市场是由组织还是个人组成,细分现有的/以前的客户和新的/潜在的客户都是很有帮助的。这样才能认识到顾客过去的购买行为,利用搜集到的信息并对以前的忠实顾客进行奖励,提供介绍和关于新顾客更具体的信息。

表 3.2　事件组织的目标受众

艺术类事件	展览/会议	曲棍球
基金机构	现有和潜在的参观者/出席者	**国内**
赞助商	现有和潜在的参展厂商	潜在的曲棍球选手
捐助人	贸易协会	与曲棍球有关的人员
供应商	本地/国家/国际媒体	喜爱曲棍球的人群
地方/国家政府	赞助商	与其他运动相关的人
经理/董事会	工作人员	政府组织
成员("朋友")	承包商	赞助商
工作人员/志愿者		前国际曲棍球选手
现有的和潜在的顾客		大众
艺术家		媒体
学校		**国际**
地方社团		国际曲棍球联合会(FIH)
地方/国家/国际媒体		国家管理机构
		国内参赛队伍
		参赛队伍的大使馆
		国际奥林匹克委员会
		国际媒体

资料来源:艺术类事件信息来源于 Hill 等(2003);曲棍球比赛信息来源于 Donia(2002)。

在选定目标人群前,首先必须知道潜在人群的规模、增长率、出席/使用频率及花费和竞争者的活动。组织可以用这些信息来选择符合市场目标的群体,在对选定的群体进行深入研究后,确定它们的特性、偏好和行为。

我们可以看一下泰特美术馆(Tate Gallery)是怎样确定目标受众的。2000 年泰特开了一家新的美术馆,他希望参观者的数量能从 200 万人增加到 400 万人。现有的三个市场分别是游客(占 20%)、艺术爱好者(占 30%,他们在过去的一年内至少来美术馆参观过 3 次)以及上层人士(占 50％,他们以前从未来美术馆参观过)。可以肯定的是,游客按照旅游指南的介绍一定会来美术馆参观,而艺术爱好者不论如何宣传也不会再增加参观次数。因此,为了完成目标,剩下的那些上层人士就成了主要目标细分市场。这部分人的数量足够多到实现增长额,他们对艺术感兴趣但并不精通,一贯习惯高消费,而且容易被适当的宣传所影响。这些人本应出席著名画家名为"巨型炸弹"的画展,在假日参观有名的美术馆。对这个目标群体的偏好和行为的深入研究能确保新的泰特美术馆的传播活动成功地开展(Alexander, 1999)。

特性、偏好和行为

选定目标人群后,就需要知道他们的特性、传播偏好和行为。虽然许多需要门票的事件活动可以通过他们的售票处和订票系统收集信息和研究目标人群的偏好,但这些信息很少能被充分利用。例如,通过售票处能知道客户真实的信息,他们是谁和他们怎么知道这个活动的。还能知道每个群体中都有哪些人与售票处相关,他们直接或间接通过中介去购票(Tomlinson, 1992)。

细分目标受众

目标受众的特性包括人口统计学的、地理的和心理的信息。这些信息可以通过顾客研究或是某个商业细分系统获得。众所周知的预先细分消费者市场方面有 ACORN 和 VALS (www. caci. co. uk 和 www. sric-bi. com/VALS)。他们用市场调研数据来确定具有共同特性的消费者细分市场。ACORN 利用地理数据结合房屋类型、经济状况和人口统计数据按邮政区域来细分顾客;VALS 重点在心理状况信息上,用消费者行为、兴趣和想法来细分市场。还有许多营销机构提供替代的细分系统或是根据现有的顾客数据库进行细分。

虽然预先细分是有用的,但他们对需求较高的产品有更大的作用。服务业的具体性质要求细分方法必须适合市场。在许多情况下,并不需要细分市场,每个顾客都以一种个性化的方式进行交流。

确定哪些特性对组织市场而言是重要的取决于产品的本质和市场。例如,一个在欧洲举行演奏会的乐团关注的是目标受众的音乐品位、地点、旅行行为、生活方式和参照人群,年龄、性别和经济状况可能就不太重要。一个企业事件组织的注意力可能集中在顾客过去的购买行为、组织的规模和预算上,而不关注其顾客所在地及所属的行业。"消费者时间分配方式"最近被认为是细分休闲服务市场的有效方式。研究显示,消费者认识和安排时间的方式对他们选择的休闲活动有很显著的影响,并识别出"安排时间方式"的独特人群以更好地理解他们的休闲服务(Cotte and Ratneshwar, 2003)。

虽然目标受众的特性不能从市场细分信息中明确得到而要再深入研究,但他们在一定程度上决定了传播偏好。消费者喜欢怎样的招待方式? 什么因素能影响他们? 他们对什么语言和语调有所反应? 他们如何获知消息以及他们听谁的? 这些信息都是必须要掌握的。

消费者决策制定

消费者行为和传播理论的几个方面有助于对每个目标受众进行正确的传播。恩格尔等(Engel, 1995)提出的消费者决策制定模型对于确定在受众传播有效的情况下需要了解哪些区域很有帮助。对这个模型最重要的就是决策制定过程。

决策制定过程

决策制定过程反映的诸多阶段可以在传播效果模型中看到。购买决策制定始于对需要的认识,然后进行信息搜索。消费者从现有知识或是外部来源得到信息后,对现有的几个备选方案进行评估。消费者以评估的结果进行选择,购买、使用过产品后,根据自己的体验来肯定或是改变想法和态度。掌握这些阶段有助于设定传播目标,因为这些阶段会被营销传播所影响,需要不同的传播方法。

虽然信息搜索时代越来越注重营销传播,这是因为客户更倾向于积极搜索信息并且是最可被人接受的信息,但是其他阶段仍然不可以被忽略。如果目标受众知道某件商品正在出售,那这个信息就已经是消费者内部信息搜索(记忆、知识和经验)的一部分了。在这种情况下,营销传播是为了通过强调产品独一无二的特性来确保它的评价比竞争对手产品的评价高。处于购买后评价阶段的顾客想要确信自己的选择是正确的,对这次的消费感到满意。这可以通过许多传播方法来达成。例如,询问顾客对活动有何感想的电话、为以后的活动进行的宣传或是对某活动正面的回顾,这些都是以购买了商品的顾客为目标的。购买及体验商品后的营销传播对促进客户态度有益的变化很重要,这些变化使顾客对企业忠诚。

决策制定类型和消费者参与度

决策制定过程是指消费者收集他们想要购买的产品信息,评估各备选方案后,合理地作出的决定。当然,并不是所有决策都是这样做出的。这些过程常会被省略或是不经过理智思考就作出冲动性购买。区分目标受众的有效方法就是通过他们的决策制定行为来分类。某些人或组织的决策制定更倾向于以情感标准为基础,或是由于习惯、缺乏好奇心或是忠诚度而习惯性购买。在这些情况下,消费者不再搜索信息、评估方案,而是直接从发现问题到购买。决策制定的类型与购买需要解决的问题等级有关。

如果在决策制定中财务风险或个人风险较大,对产品的熟悉度较低且对购买很有兴趣,那将有更多的问题需要解决。这些问题会在不同类型的消费者购买不同类型的产品时变化。例如,对一个狂热的球迷而言,去观看本地球队的主场比赛是件很平常的事,但要想让一个只在小镇上呆上一天的游客去看比赛则有许多问题要解决。

确定顾客参与度可以更有效地去确立传播目标,参与度大的顾客更容易接受来自不同方面的信息。而参与度低的顾客为了迅速决策,需要简明、容易接受的信息。因为越是对产品感兴趣的顾客越是可能产生品牌忠诚度,所以可以把提高顾客参与度作为一项传播目标。这可以激发顾客对产品的兴趣,使顾客通过音乐体验、体育赛事或者是搞笑的广告、网站、行业期刊等,参与到互动沟通中去。

组织决策制定

组织常采用一个为客户决策制定过程开发的模型。这个过程的形成随着组织细分的不同而不同,而且在进行传播前知道消费者购买行为是很重要的。一些组织会搜集和评估备选方案后进行理性消费,而另一些则会以个人的性格、经历以及偏好为依据。

决策制定单位

明白决策制定的过程后,目标的另一个很重要的方面就是明确决策制定单位以及参与的角色。决策制定单位可以是参与决策制定过程的个人或是群体。在消费者市场,决策制定单位可能是个人、夫妻、朋友或是家庭,如我们在第 2 章的迪士尼诉讼案中讨论过的。

在理解决策制定单位后,组织可以更加清楚地明白客户并更好地关注营销传播。仅关注那些购买公司产品的顾客的公司可能会忽略与产品使用者的交流。比如说,有些是大人为小孩购买礼物,或者是为家庭成员购买。这些购买者及使用者的角色在决策制定单位中被进一步完善。

在决策制定单位中的潜在角色,就是"发起者"。他们通常先提出一个要求或问题;"影响者"在信息搜索和评估上更可信;"决定者"作出最终的选择;"购买者"执行交易;"使用者"直接使用产品。个人可能在这个过程担任多重角色,不止一个人参与购买的各个阶段。

比如说,如果一对夫妇考虑如何度过这个周末,一个人会作为发起者建议这个周末做什么,在讨论的时候双方都可能是影响者。一方会作出最终决定,购买门票,然后两个人一起出席活动。在一个家庭的决策制定上,孩子可能会作为发起者、影响者和使用者,而父母两方或一方作为决定者和购买者。其实孩子影响力的重要性已经被许多营销者肯定了,而且这并不仅局限在为儿童购买的产品上。比如说,在超市孩子硬缠着父母买东西的性格就被市场利用,通过与流行卡通片相关的宣传与包装促销洗衣粉。汽车零售商也意识到孩子的重要性,他们在传播中更加积极鼓励孩子陪伴潜在客户参观及试驾。足球、板球、橄榄球队长期把学校当作他们的目标,在他们的社团活动中发展年轻球迷,这样他们的父母就会买票来陪伴他们的孩子观看比赛。

由于许多事件是社会性质的,所以其决策制定常涉及一群人。不论是朋友一起去听音乐会,还是一家人去看游行或夫妇看一个艺术展览,掌握决策制定中每个成员的角色以及适当的传播都是很重要的。

在组织市场,决策制定单位通常更加正式,被称为购买中心。组织购买中心内的角色通常包含一个或多个守望者、影响者、决定者、购买者和使用者。在消费者市场,明白决策制定涉及许多个人以及根据他们不同的角色进行传播是很重要的。守望者在影响者和决策制定者评估信息之前先过滤信息。守望者可以是那些剔除销售电话的接待员,或是一个区分非垃圾邮件与垃圾邮件的助手。不同程度地,可能是没有决策制定权的赞助经理为市场总监过滤信息。了解这些角色可以帮你实行营销传播方法。组织中的影响者在一定程度上是由管理方式以及组织结构确定的。在某些机构中,这可能会包含工会和委员会,也可能是中级管理层或董事会其他成员。同样地,决策制定人会变动,他可能涉及不只一个人。购买者可能是可以签支票的人,也可能是采购经理或财务总监。使用者可能很少参与购买决策制定,但是他们会参与购买评价和反馈,因此他们对于今后销售是非常重要的。

比如说,小型工程公司销售总监会认为她的销售团队能从团队拓展训练中获利。她从邮件中知道很多公司提供此类服务。她的助手(守望者)会给她筛选一个公司并过滤其他邮件。一些销售人员(影响者)在以往工作中参加类似活动,他们会分享他们以前的经验。人力资源经理(影响者)也有这方面的经验,接触过这类服务。销售经理(决策者)在与这些公司沟通并且与执行董事讨论过备选方案后会选择一个公司。采购经理会申请订单并同意(购买者),这个团队拓展训练会有 25 名销售人员参加(使用者)。在这个案例中,组织中的不同层级的人会参与决策制定。每个组织消费者必须明白个体扮演的角色以便有效地在正确的时间用正确的信息作正确的定位。

态度与信念

营销传播目标中的一些普通组成部分与对品牌、产品和组织的态度的形成、变化与增强有关。这是因为态度是决策制定过程中的重要组成部分,而且态度也暗示了人们的行为意图。消费者对现有的产品组、品牌和组织会有一种先觉态度,这种态度一旦形成就很难改变。态度是由学识、知识和感受形成的。它分为三部分：认知部分(信息与知识)、感情部分(感受与情感)和行为部分(倾向行为)。营销传播目标是以这些部分为基础修改或建立得来的。例如，前面提到的千禧年案例(案例研究 3.2)就是利用千禧年的重要性这一信息来改变人们的态度，特别是他们用知识(认知部分)来影响感觉(感情部分)。态度的三个组成部分可以被概括为"思考"、"感觉"和"行动"。在一些购买情况中，态度就是按这个顺序形成的。然而，利用营销传播来鼓励消费者初次购买某个产品，然后才产生了对这个产品的认识与感受，这是一个"行动"、"思考"、"感觉"的顺序。促销活动常用这个方法来鼓励新顾客尝试产品。例如，学校提供某些体育比赛的门票，鼓励孩子和他们的家人一起去看比赛。冲动购买是按"行动"、"感觉"、"思考"的顺序进行的，而品牌形象好的产品会使人们按"感觉"、"行动"、"思考"的顺序购买产品。在这种情况下，与众不同、引人注目的海报和传单能使人在不知道剧目的具体内容时就去观看表演。

目标市场对组织产品现有态度以及其竞争对手产品的现有态度，都有助于进一步细分群体。对于持有肯定态度的忠诚顾客要让他们的态度加强，而对于持有负面态度的顾客要给他们一些理由来重新思考。组织应该通过好的体验与信息来引导新的受众形成正面的态度。

既有的态度影响了决策制定过程的各个阶段，正面或是负面的偏见也会在一定程度上决定寻求信息和评估信息的方法。营销传播从活动中得到经验，再反过来把这些经验用于影响顾客的态度。

在某些方面，改变态度是最难完成的传播目标之一，因为态度具有自我保护的本质。一旦我们的态度形成，就会去过滤信息，只接受那些支持我们态度的信息，而忽略那些与之相反的。我们通过接触以及媒体积极寻找与自己看法一致的人。改变人的态度通常是一个渐进的、漫长的过程，因此不能把它作为一个短期的营销目标。

对决策制定的影响

目标受众的态度和购买决策制定过程常受各种因素影响。这种人际和个人的影响超出了市场营销人员能控制的范围，但还是要明白这些影响力，因为他们很大程度上确定了受众想要的传播方式。决策制定过程中人际的影响是由消费者的文化、亚文化、社会地位和家庭(对他人的影响)造成的。个人的影响是由个体的动机、需要、学识、自我概念、态度、感知以及经济情况、个性、年龄和性别造成的。

在与目标受众沟通的时候，必须要知道他们对信息的接受、理解、记忆和响应，在很大程度上是由这些人际和个人的影响决定的。因此这些决策制定过程中的影响也给细分市场提供了标准。依据目标受众选择产品的不同原因,动机和需要可被用在利益细分上。然后通过营销传播来强调各细分方面寻求的利益。例如,观众喜欢纽约歌剧院的歌剧《波希米亚人》可能有很多不同的原因。很多人可能只是把它当作娱乐,但是也有一些人会是抱着受教育的目的、社交的目的,或是只是想让人意识到他们的存在(对地位的追求)。同样,人们出席会议的动机也可能包括教育利益、商业网络和社交等。

从营销传播的观点来看,最有用的影响就是那些涉及其他人,如家人、朋友、同事和同龄人的影响。认识到这些影响力是怎样影响目标受众的,才能利用好模范人物和名人的支持,但更重要的是识别出了意见领袖并形成了口碑。

参照群体与意见领袖

参照群体是一个能以自己的价值观、标准和行为来影响他人行为的群体。这个群体可能是消费者所在的群体(真实参照群体)或是他们希望属于的群体(向往参考群体)。一个毕业的学生可能属于学生、朋友、家庭、体育队和同事所在的参照群体。他们也希望能加入法律行业、富豪、名人或曲棍球队的行列。这些参照群体,不管是当前群体还是渴望群体,都会影响他们的购买决策。想要属于法律行业的渴望可能会影响教育选择,也有可能影响衣着风格和品牌、汽车的选购和休闲活动的选择等。

参照群体的影响力与归属感的激励因素有关。要想属于某个特别的群体,就必须穿某种风格的衣服、听特定的音乐或去特定的地方听乐队表演。这种类型的影响力在孩子和年青人身上特别强。要想属于某一群体,就要离开原来的群体。营销传播利用渴望群体与疏离群体的特点在目标市场建立一个积极的形象。一家伦敦的音乐公司"Ministry of Sound",成功地提高了年轻人中投票参与活动的比例。有些广告描绘了一些目标市场不想被联想到的群体中的人物。例如,一个电影院广告表现一个种族差别主义者大声表达自己的看法。最后一行写着"请投上你的一票,你知道每个人都有自己的选择"〔创意策划大奖(Creative Planning Awards),1997〕。

参照群体对许多消费者产品影响特别大,尤其是那些与体育、艺术和音乐有关的。这些群体有地位、归属感、集体意识和远大抱负,我们可以轻易地在表演家、运动员和名流中找到这种角色楷模。这些角色楷模被用来向目标受众传递向往参照群体中的完美榜样。在这种情况下,这些杰出人士对活动的支持就成了一个强有力的传播工具。

虽然,参照群体和角色楷模在进行有效的营销传播时很有用,但意见领袖的影响力最大。意见领袖是那些因为具有与某一特定产品组相关的知识、经验或地位而有影响力的人。他们被看作某一领域的专家或创新者,因此,他们常被参照群体的成员或潜在的成员观察、学习和模仿。

　　由于意见领袖能影响他人,所以他们是极重要的目标受众。他们常是创新者,尝试新产品,而且他们会把与他们兴趣及专业知识相关领域的经历告诉他人。

　　如果可以成功地和这个群体沟通,那将极大地改善信息的抵达与有效性。因为意见领袖与那些组织及宣传活动没有关系,所以他们的意见被认为是很可信的。这种可信度在消费者越来越不信任传统宣传方式的市场上是极有价值的,例如青少年市场。怀特(White,2001)研究的结果显示,透彻理解青少年市场(15 岁—24 岁)是很重要的,原因如下:

- 细分部分数量与强度上的复杂性;
- 短期趋势与潮流变化快,主要趋势还是很持久、无处不在的;
- 被认为是某些关键市场的创新者;
- 可能在这个细分市场进行全球地区性销售;
- 代表了未来的人生观。

青少年细分部分被认为是超越国界、价值观共享的一群人。他们以音乐偏好和其他的态度标准为特征。

　　为了研究青少年市场,开发了一些技术来确定意见形成者和早期接受者。在这个对潮流敏感、关注媒体的市场,处于前沿是特别重要和具影响力的。然而,这些意见领袖往往倾向于具体分类而不是笼统概括。

　　案例分析 3.3 成功地把 18 岁—24 岁人群作为目标,证明了在形成有效的传播方法时了解目标受众的重要性。

案例分析 3.3

维特力士音乐节

　　维特力士(Witnness)音乐节是由健力士啤酒(Guinness)创办的,在 2000 年至 2003 年举办了 4 年。这个为期两天的音乐节聚集了当代顶尖的团体与艺术家。音乐节的场地是爱尔兰米斯郡(County Meath)的仙女屋马赛场(Fairyhouse Racecourse)。在 2003 年,它的特色是在 5 个主要舞台的 100 场表演。

　　这个活动的主要营销目的是在健力士品牌的故乡改变人们对它的感觉。1999 年,啤酒制造商研究发现,60% 的 18 岁—24 岁的人不接受健力士品牌。他们的任务是在不失去现有顾客的情况下改变这一状况。

他们的策略是以音乐节的形式开发一个叫维特力士的副品牌。副品牌代表的是一种近乎街头文化的号召力,针对并且只针对已有的目标市场。用维特力士这个名字一方面是表示作为一名目击者见到一些奇妙甚至是不正常的事;一方面是因为它与健力士拼法相近。持续一年的整合传播计划分为三个阶段,每个阶段都有明确的目标:

● 第一阶段:8 个月的活动使人们对品牌的认识达到一定程度。

● 第二阶段:以更直接的传播为目的,利用媒体的 4 个月的活动。目标是推动门票销售同时通过宣传加深人们的认识。维特力士与健力士之间的关系将更趋于明朗化。

● 第三阶段:2 天的音乐节,目的是通过高品质的节目使人们在爱尔兰享受到最好的音乐活动。这包括最大程度的宣传和达到 300％的媒体投资回报。

要想维特力士能成功,目标市场的定位过程是极为关键的。对目标市场综合的理解能让传播计划塑造一个良好的活动形象。计划,尤其是第一和第二阶段的计划,创新地使用了许多公共关系的组合技巧。具体如下:

● 为了强调目击者这一主题,主办方设计了警方风格的事故/意外告示牌,并把他们放在整个爱尔兰的路边。他们还设计了密码信息使人们去维特力士的专门网站。网站上有更清楚的关于音乐节的信息,包括节目和购票方法。告示牌经常被移动使更多人能看到而且也能保持信息的及时。因此,许多告示牌被人偷去做纪念品。

● 许多地方都有涂鸦。

● 主办方聘用、培训年纪较大的女性。这些被戏称为"老奶奶"的人故意在酒吧含糊不清地谈论一个神秘的事件。她们之所以能保守秘密,是因为给这些老奶奶的剪报故意含糊不清。

● 与虚构的会议相关的报告被故意留在了酒吧。这些报告上显示了与音乐节模糊的关系并记载了带正负符号的可能进行也可能不进行的表演。

资料来源:Masterman(2004);Virtual Festivals(2004)。

输入与信息加工

上文所说的那些影响虽然可以被营销传播计划制定者理解及运用,但却不能被他们直接控制。输入是由那些与消费者传播的个人与组织确定的。从市场角度看,决策制定过程的输入是由消费者接触到的所有信息组成的。这包括组织的宣传信息、其竞争对手和媒体曝光情况等。输入的数量也就是目标受众中的每一个人每天接触到的信息量,他们并不都能受到关注。由于接受人的需要和性格,输入的信息被处理了,许多会被忽视、丢弃或者遗忘。英国、澳大利亚或美国的孩子一年平均接触的广告数量在 2 至 4 万个之间（Caulkin，2003）。对信息必要的过滤表明任何营销传播都必须与他们的目标受众相关，而且还要除去信息中凌乱和干扰的部分。本书将在与信息和媒体战略相关的第 4 章中进一步讨论属于消费者行为一个方面的信息加工。

目标完成

目标市场确定后，就可以根据以下因素精炼目标：

- 他们的参与程度
- 他们的购买行为
- 在效果层次所处的阶段
- 影响力的水平
- 信息的加工方式

一个目标越是能被具体地确定，就越容易通过有效的战略来达成。然而，这可以被用于所有事件和确定的受众，但并不被推荐给所有的媒介。目标对媒体应该保持中立的态度，因为如果把整个活动分割成一个个部分，会减弱协同效应和有效性。

目标越是具体，越是难以区分目标与战略。所以记住目标是要取得"怎样的成果"，而战略是"如何去实现"，明白这一点，是很有用的。

下面的这些词有助于描绘传播目标：保持、建立、取得、提升、创造、设立、增强、改善、掩饰、完成和产生等。

传播目标及其制定实例

下面的例子都是选自各种不同组织的营销传播或商业计划。

沃里克郡（Warwickshire）和沃斯特郡（Worcerstershire）保龄球协会（WWCBA，2003）
目标：

- 提高人们对协会的绿色皇冠保龄球比赛的愿景、宗旨和目标的认识；
- 通过媒体评论当前的问题和活动，反馈意见和成员价值来对协会进行规划；
- 把协会的形象改善为友善、容易接近、乐于倾听的形象。

目标受众：

- 参与、支持绿色皇冠保龄球比赛的当地居民；
- 能影响 WWCBA 形象的人（媒体、其他协会、大众）；
- 潜在的大赞助商；
- 未来的顾客群（如学校的孩子、妇女）。

美国网球公开赛（US Open，2000）

目标：

- 使美国网球公开赛成为全能的世界范围的赛事；
- 至少提高收视率 10 个百分点；
- 至少提高纽约州、新泽西州和康州的门票销售额 10 个百分点。

目标受众：

- 传统的网球爱好者；
- 兴趣广泛的体育爱好者。

悉尼狂欢节（Sydney Mardi Gras，2003）

目标：

- 保持狂欢节作为全国性及国际性的同性恋、变性人和双性恋庆典的形象；
- 设立和维持一个多样化的会员及志愿者基地。

目标受众：

- 会员和志愿者；
- 年轻人；
- 参加过狂欢节的国际人士；
- 国际同性恋媒体。

威尔士的美恩迪节（Maindee Festival，Wales，2002）

目标：

- 增加参加活动的群体与摊贩的数量；
- 增加参观者出席人数达到 5 000 人；
- （非公共的）基金组织从 2 家增加到 4 家。

目标受众：

- 助手、表演者和摊贩；
- 社区和居委会；
- 上述人群的朋友和家人。

可以看出,上述案例在具体的性质、目标的可衡量性和目标受众的细节上各不相同,然而他们都为营销传播方法的形成提供了一些有意义的起点。

本章小结

任何组织的传播目标都要以态势分析和组织更高等级的目标为背景来制定。传播目标一开始要设定得大一些,包括企业品牌建设,然后再按不同的目标受众针对每项事件活动具体实施。为了使目标具体,就必须细分利益相关者,包括他们的特性、行为、影响和态度。这些信息在确定向不同群体传播的最合适的方法、媒体和信息时会更有用。

问 题 讨 论

- 确定下列活动主要目标受众:
  a) 北京奥运会
  b) 历史事件巡回展
  c) 全国车展
- 用 SMART 法来评价 WWCBA、美国网球公开赛、悉尼狂欢节和美恩迪节的目标和目标受众。
- 选择一个活动,然后写出四个可能的营销传播目标。

参考文献

Alexander, R. (1999) *Changing the Perspective: Developing brand advertising for the Tate gallery*. Creative Planning Awards: Account Planning Group, London.

Ansoff, I. (1989) *Corporate Strategy*. Penguin.

Boone, L. and Kurtz, D.L. (2001) *Contemporary Marketing*. 10th edn. Southwestern.

CAANZ (2003) World press photo exhibition. The Communications Agencies Association of New Zealand. WARC.

Caulkin, S. (2003) A brand new kind of advert: Kids are king and schoolyards the new marketplace. *The Observer*, London. 6 April, p. 9.

Colley, R. (1961) *Defining Advertising Goals for Measured Advertising Results*. New York: Association of National Advertisers.

Cotte, J. and Ratneshwar, S. (2003) Choosing leisure services: the effects of consumer timestyle. *Journal of Services Marketing*, 17 (6), 558–572.

Creative Planning Awards (1997) The Ministry of Sound. Use your vote, or redefining the value of the vote. Account Planning Group.

Donia, L. (2002) Guidelines to develop a communications plan. Federation of International Hockey. September.

Engel, J.F., Blackwell, R.D. and Miniard, P.W. (1995) *Consumer Behaviour: International Edition*, 8th edn. The Dryden Press.

Hill, E., O'Sullivan, C. and O'Sullivan, T. (2003) *Creative Arts Marketing*, 2nd edn. Butterworth-Heinemann.

Lavidge, R.J. and Steiner, G.A. (1961) A model for predictive measurements of advertising effectiveness. *Journal of Marketing*, October.

Maindee Festival (2002) 2003 Marketing Plan. www.maindee.org (accessed September, 2004).

Masterman, G. (2004) A strategic approach for the use of sponsorship in the events industry: In search of a return on investment. In *Festivals and Events Management: An International Arts and Cultural Perspective*, Yeoman, I., Robertson, M., Ali-Kinight, J., McMahon-Beattie, U. and Drummond, S. (eds). Butterworth-Heinemann.

McCann, B. (1999) Turning a moment in time into a turning point in history. Account Planning Group. Creative Planning Awards.

Rossiter, J.R. and Percy, L. (1987) *Advertising and Promotion Management*. McGraw-Hill.

Strong, E. (1925) *The Psychology of Selling*. McGraw-Hill.

Sydney Mardi Gras (2003) New Mardi Gras 2003–2004 Business Plan. www.mardigras.org.au (accessed September, 2004).

Tomlinson, R. (1992) Finding out more from the box office. *Journal of the Market Research Society*, October. 34(4), 10–24.

US Open (2000) US Open Excitement. Effie Awards Brief of Effectiveness. NY Marketing Association.

Virtual Festivals (2004) www.virtualfestivals.com/fesivals/festival.cfm (accessed March, 2004).

White, R. (2001) Communicating with youth. Best Practice, World Advertising Research Center, November.

WWCBA (2003) Communications Plan 2002/3. Available from www.wwcba.com/communications_plan.htm (accessed September, 2004).

第 4 章
传播战略

学习目标

■ 明确用于决定传播战略和定位陈述的一系列工具；

■ 了解信息处理模式和感知，以及他们在形成有效传播中的重要性；

■ 认识品牌作为一种战略营销传播工具的价值；

■ 了解用于传播信息形成开发的过程和理论；

■ 鉴别各种可利用的传播方式和媒介。

引言

为了实现预定目标，有效传播取决于多个部分的整合性和协调性。这就要求有一个明确的战略方向，同时要有详细的辅助战略来说明不同的目标层面。一旦目标市场确定了，那形成战略的第一步就是定位陈述的制定。从定位陈述中，可能有多个战略选择可用来实现期望的定位和结果。这些不同的战略选择需要被评估，然后选择最好的战略并加以发展完善。这可能导致活动信息、富有创造力的战略和包罗万象的主题等。这就有必要选择最恰当的方式和媒介把信息传达给所选的目标群体。

因此，传播战略被定义为"预先确定的用以区分你和竞争者产品的一系列行动，它必须是积极的，并与关键顾客切身相关"（Wirthlin report, 1999）。

感知、信息处理和品牌建立的理论为制定有效的传播战略提供了重要的价值基础。

战略和定位

对每项制定的传播目标,有多种可能的方式来达到期望的结果。这些可供选择的战略需要经由态势分析、顾客/目标市场分析中所搜集的信息而形成。这个过程涉及对来自不同来源的信息的处理,包括来自可预见的设想和对可能会出现的一些假想情况。这项工作的复杂性已促成了多个营销工具、营销模式和营销理论,以帮助营销计划者制定和选择恰当战略。尽管这些方式无疑是有用的,但是,重要的是要牢牢记住:成功的战略的形成和选择还是需要创造力、洞察力和经验的运用。

下文是讨论支持传播计划决策的战略工具和模式。

竞争地位

在决定传播计划的环境背景时,一旦开始着手进行竞争者分析,明确和分类组织(或竞争者)的当前市场地位是有可能的。这个过程利用市场份额趋势来确定组织是否是一个市场的领导者、市场的挑战者、市场的追随者或者只是市场补缺者。一个在市场份额上具有领导地位的组织,根据其重点是针对这个领域内的利基市场还是有较小操纵作用的市场,会有不同的战略选择。一个市场的领导者倾向于采取保持他们当前市场地位和防止市场挑战者进入的战略。从传播观点来看,这就倾向于采取一个巩固性战略,该战略集中于品牌巩固、品牌信任、品牌忠诚和关系建立。市场的挑战者为市场的领导地位而竞争,因此,为了获得来自于市场领导者,或市场跟随者、利基市场的市场份额,他们会采取先发制人的战略。传播可能是通过和竞争者直接或间接的比较,来强调他们与众不同的地方。那些利基市场通过采取避免和市场操纵者的直接冲突的战略来实现自己的成功。这个竞争的避免是通过在特定领域(产品、服务水平及销售等)的专业创造力而实现。假如目标市场被恰当地选择,在所选择的领域内,它们的专业技术使它们免受攻击并为之提供足够的发展空间。比如,一些地方性运动队可以被看成是利基市场。他们的目标市场在地理上受到限制,因而减少了他们和其他地方运动队的直接竞争。来自于其他运动队和替代性娱乐活动的竞争还是存在的,但是这些地方性运动队可以重点发展地方运动迷的忠诚度。因此,发展不是通过扩大市场而是通过市场渗透(可能通过更多的曝光率)和产品范围扩大(例如通过销售和展销)来实现的。另一方面,比如曼彻斯特国家足球俱乐部,通过对于品牌和形象的强调,已经能够扩大他们的国际和国内市场。案例分析 4.1 显示了新加坡中国管弦乐队是如何利用营销传播从一个利基市场转变成主要的国际市场份额的占有者的。

案例分析4.1

新加坡中国管弦乐团

新加坡中国管弦乐团（SCO）成立于 1996 年，前身是人民联合文化剧团（The People's Association Cultural Troupe），其使命是组建一个享有国际名望的管弦乐队。他们已经实现这个目标，现在他们计划未来的目标是巩固地位，使之成为华人地区乃至国际管弦乐中具有领导性地位的专业管弦乐队之一。20 世纪 90 年代后期，SCO 为了当前的市场地位而奋斗，重新声明了他们的目标和战略。

态势分析

SCO 处于具有一定优势的位置，它是唯一的一支在新加坡本土成立的专注于中国音乐的管弦乐队，这就使得该乐队拥有利基市场的听众并且得到资助。作为一支同样年轻的管弦乐队，它有着年轻的音乐家，它的音乐富于创意，以此来努力满足听众的期望。尽管成立时间不久，为了更实际而有效地满足听众的期望，乐队努力让自己拥有独特的音乐风格和管理运作。

由于缺乏来自于新成立并进入该行业的管弦乐队的任何威胁，这就有利于巩固他们的地位。

尽管这样，在这个利基市场中定位自己，SCO 还是变得越来越处于不利的地位。在新加坡，对艺术的感知力，尤其是中国管弦乐，向来是比较欠缺的，SCO 在表现这个不足时也相对比较迟钝。这是一个几乎没有品牌资产或品牌意识的组织，它依赖于资助和商业收益。作为一个非营利组织，它由相对无形的运行标准所引导，比如音乐质量、听众满意度等，这些让它变得更难评估并得到改善。因为 SCO 没有固定的表演场地来举办音乐会，所以规模经济也很难实现。

SCO 目标和战略的分析显示了 SCO 如何着手利用一些机会所带来的优势。

营销目标（2002—2004）

SCO 的使命是成为一支具有国际地位的管弦乐队。为了努力实现目标，它不得不在战略上首先在新加坡发展更本土化的、更强大的优势地位：

- 增加现有市场和新兴市场对 SCO 和中国管弦音乐的认识；
- 减少资金上的弱势；
- 通过听众规模的开发来增加音乐发行量。

目标观众

在 2000 年,SCO 发现学校中存在对中国管弦乐的意识有所增强的迹象,主要形式是青少年管弦乐队的出现。同时它对自己的听众做了一番分析,分析显示他们现有的最大市场是学生(占 60%)。学生的组成是涵盖各种年龄层的,从中学到大学,都是懂技术、懂网络和说汉语的人。

为了增加对中国管弦乐的认识和增加音乐的发行量,SCO 制定了自己的发展战略以期进一步深入学生市场。它的目标市场相对较小,是那些讲英文的游客和华侨。

场地

2001 年,SCO 有了一个固定的场地:新加坡会议大礼堂。这个机会可以让这支乐队计划更多的音乐会,并且在计划制定中有更多的灵活性,因此增加了乐队的艺术作品,同时也增加了收入,减小了经济上的弱势。

这个机会也帮助乐队建立了传播发展的坚实基础,同时树立了一个新的形象,以此来发展听众对管弦乐的认识。

经济补助

由于乐队的目标市场主要集中于学生,因此从 2000 年开始,SCO 具有了新的优势,增加了融资机会,有助于减轻经济上的弱势。这包括申请并且获得来自于信息艺术部(Ministry of Information and Arts)和国家艺术理事会(NAC)的补助,用以发展国家音乐教育和开发当地的音乐人才。

传播

有了越来越多的经济来源,SCO 同样能够进行更广泛的音乐交流。

乐队利用大众媒体来加强对管弦乐的认识。乐队主要运用了报纸和艺术杂志,还在激情 99.5 FM 的广播频道上,做了广告和与此相协调的访谈。

为了发展听众关系和听众规模,乐队制定了一系列的赞助者和会员计划。这一系列的优惠待遇不仅提供了折扣以及和音乐天才接触的机会,还在大厅里提供赞助者的名单,这些名单或者是打印的,或者是发布在新建立的网站上。

为了与现有的和新开发的市场保持联系,乐队同时用中英文版本建立了网站。这样设计的目的是表现一种技术的特征,这种技术可以吸引学生,比如运用电子技术传单及下载视频片段等方式。

为了加强对管弦乐的认识,特别是学生,乐队着手采取了很多基于教育的行动,以此来增加对 SCO 和中国管弦乐的认识,确保乐队能得到政府的资助。比如,"社区系列"的行动由和国家公园理事会(the National Park Board)联合举办的户外音乐会组成,这些行动为那些对乐器学习有兴趣的人提供了互动和参与的机会。"学校系列的团体音乐会"顺应了 NAC 的教育项目的直接规定,这些行动包括吸引听众的流行音乐的表演。其他主题还包括允许学生观摩的"中国交响乐专场"排演等。

公园音乐会也是扩大"艺术接触"项目范围活动的一部分,目的是吸引那些讲英语的观众。

资料来源:Singapore Chinese Orchestra(2004);Cheng et al.(2001)。

产品生命周期

产品生命周期理论认识到产品和服务是有生命期限的,以及在此期限中产品将经历的一系列不同的阶段。产品在生命周期中所处的不同阶段,会影响其最适合的战略类型。四个阶段是"导入"、"发展"、"成熟"和"衰退",这四个阶段随着时间的推移是按照行业或销售的产品群的划分来确定的(非个别品牌销售)所决定的。产品生命周期时间的长短可以随着高的流行性而改变,衰退的产品只有较短的生命周期,另外的一些大批生产的生活必需品拥有相当长的生命周期。周期的长短经常很难预期,尽管一部分可以通过营销活动所决定,但它也会受到社会、经济及技术发展趋势的很大影响。比如,不同音乐流派的生命周期变化很大。摇滚音乐可以持续 40 多年,而朋克(punk)音乐成为主流音乐的时间才不到 10 年。有很多关于生命周期理论的评论,其中一个理论是说有很多产品似乎并不跟着一条标准曲线来变化运动,甚至不经过 4 个周期。策划销售很大程度上取决于行业或产品群的定义以及新产品相对于改良或衍生产品的定义。产品生命周期的战略的有效性依赖于对产品已经从一个阶段发展到下一个阶段的时段性的识别。和变化发生时相比,变化完成后来识别这一变化要简单得多。尽管存在这些评论,产品生命周期理论在战略营销传播中依旧有它的作用。大致的产品生命阶段有助于将传播重点、市场现实需求、产品由于衰落而需要在所有领域更新营销组合的意识等联系起来。比如,过去几十年,英国的板球活动已经濒临衰退。为了对这个情况作出反应,已经引进多种活动项目以延长其生命周期。这些包括引入只需 1 天的赛事,最近引进了一个在晚间活动中进行的板球比赛。这些创新对于延长现有产品的生命周期和开发新产品以替代这些在衰退中的产品来说是必要的。一些产品生命周期的传播战略的含义在图 4.1 中有概括。

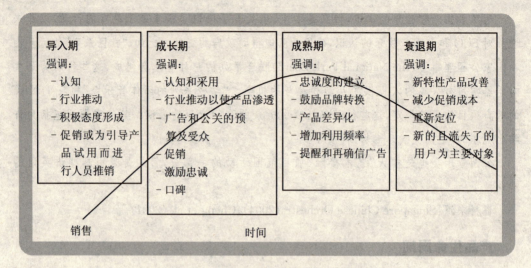

图 4.1　营销传播战略和产品生命周期

投资组合分析

　　和产品生命周期密切相关的是产品的投资组合分析。这些分析方法运用一系列的标准规划企业的产品群或战略经营单位。分析的结果是对经营各方面的总体评价,暗示每个产品的发展趋势,这一趋势反过来又暗示了应采取的战略行动。

　　波斯顿咨询矩阵(BCG)利用产品的相对市场份额的标准和市场增长率把产品归为四类:"金牛类产品"是指有高市场份额但是增长率较低的、成熟的并且成功的产品;"明星类产品"是有高市场份额和高增长的产品;"问题产品"是有低市场份额但具有高增长空间的产品;最后是"瘦狗类产品",该产品是那些公司有低市场份额并且市场增长空间很小的产品。波斯顿咨询矩阵为每种产品概括了具体可供选择的战略方向,如擦亮明星类产品,补充金牛类产品的营养,培育问题类产品,摒弃瘦狗类产品等(Hill et al. , 2003)。从此,许多其他的组合分析矩阵也发展了起来,比如通用电器或麦肯锡的矩阵运用企业强势和行业吸引力这两个标准进行分析。这些组合模式的目标是说明产品范围内的动态变化。对融资方面产品间如何相互支持和互相补充的理解可以帮助在所有涉及产品领域内决策的制定。尽管这些矩阵模型由于过分规定而受到评论,但是当这些矩阵和产品生命周期放在一起看时,它们就能通过投资组合分析,提供一个对每种产品运动过程的理解和预测,强调对投资组合管理(而不是简单的品牌管理)的需要,同时也强调研发新产品的需要。

　　对一个产品相对较少的小组织,投资组合分析实际作用可能不大。尽管这样,这项技术能被用于描绘市场的细分,或者真正地让单个顾客集中关注市场开发而不是产品开发上。

　　通过进一步修改矩阵坐标轴,这些模型可以被进一步完善,从而和特定产业有更多的相关性。比如,希尔等(Hill et al.,2003)建议用"可靠的顾客吸引"和"生产成本"来创造一个用于计划剧院年度艺术表演的四象限分析矩阵。

　　为了集中进行营销传播,可通过产品的"个体吸引力"相对于"大众吸引力"以及"现实市场对产品的认识水平"来规划产品。细分市场可以利用顾客的传播偏好来加以策划,比如,"理性吸引"相对于"感性吸引"和"产品参与度"等(见图4.2)。

	低参与度	高参与度
理性吸引	一次性参与者:买票作为礼物	专业者、狂热者
感性吸引	冲动性购买者	爱好者、支持者、会员

图 4.2　基于投资组合矩阵的传播分类

创新运用

　　传播目标通常集中于在新顾客群中建立产品意识和鼓励新产品的试用。在制定战略以实现这些目标的过程中,很重要的一点是要理解新的构思、意见、态度和行为通常是怎样传播到市场和社会中的。由罗格斯(Rogers,1962)进行的一项研究得出结论:根据采纳新产品或新构思的倾向的不同,市场可被分为五个不同的群体,在导致一个创新过程的传播时,每类市场的接受性是有顺序的。过去这五类市场是随一条正态曲线分布的,这条曲线带有根据正常的 Z 分布(涉及数据偏差衡量的概率论)而得出的每类群体所占的百分比:第一组接受新事物或新概念的群体是创新者,占整个市场的 2.5%。该组人群通常年轻、自信并受过良好的教育。尽管对于强势的意见,他们也表现谨慎,但是他们一样会因为陌生的事物而兴奋,乐于冒险。对于任何一个新事件或已存在的事件要想进入一个新市场,确定并重视最初营销传播的创新者十分重要。对于创新群体来说,一次正确的经历将会产生较好的口碑,并提供一个进一步发展的平台。初始的创新动力将带动下一群体,也就是早期接纳群体。早期接纳者构成了整个市场的 13.5%,这对于活动的推广来说是必不可少的。虽然是在一个熟悉的领域内,但是他们也有各自新的想法,有很好的教育背景,在这些产品类别中有很高的参与度。该群体包括了所有重要意见的发起者,对于好口碑的形成起到重要的推动作用。早期的大多数人(34%)和晚期的大多数人(34%)直到当早期接纳者的经验确信该新事物是正确的时才会愿意冒险尝试新事物。他们的价值观比较陈旧和传统,他们最初对新事物表示怀疑,但是当他们看到其他人接受了新事物时,也会屈从接受。积极的媒体报道、非专业领域的评论及公共关系使得这类人群相信这些产品如今是主流产品,并接受它们。最后一个采纳新产品的群体叫"落后者",他们占市场的16%。这些人可能以前从未尝试过其他类似产品,对这些新产品是完全陌生的,因此承担了最高程度的意识风险。尽管他们很难被吸引,但通常是进入一个新的细分市场首先要攻克的群体,他们还能为一个饱和的市场带来发展。

波特的一般战略

传播战略需要在公司和组织的营销战略中确定下来,理解这个战略对于考虑组织所采取的一般战略方向是很有用的。波特(Porter,1986)坚持自己的主张,认为在这个层面上只有三种可以选择的战略:"成本领先战略"、"差异化战略"、"集中化战略"。一个组织努力采取两个或者更多的战略被认为是陷入"中间困境",不太可能取得成功。成本领先战略要求组织目标是通过规模经济和标准化来降低成本。降低成本可以增加利润,这个增加的利润反过来可以用于生产增加,或者可以作为价格竞争的有利条件;差异化战略提出企业应生产非标准产品,从而每个产品都有特定的目标市场。这就允许组织可以更好地满足目标市场的需求,并以此作为竞争的优势;集中化战略要求组织的产品限制在一个专业领域内。可能通过注重产品、顾客或者服务水平来实现。

这三种一般战略已经应用于营销传播:成本领先战略要求标准化传播,在大众传播上表明传播重点;差异化战略要求对每个目标市场分别加以传播;集中化战略可能就要求个体化的传播。

细分策略

对于市场细分的策略选择来说,与波特的三种一般战略有很多的相同之处。一旦市场分割标准确定,市场细分经过调查和形成后,就有必要进行战略和营销方式的选择。假如一个组织选择为所有的目标市场提供一个单独的营销组合,这就叫做无差异营销或大众营销。尽管这种营销方式在降低产品成本上有很明显的好处,但对于一个能更好地满足某个特定市场特定需求的竞争者来说,这种战略是很容易受到攻击的。很少有公司能很成功地维持这种无差异化的营销方式,即使那些提供全球性产品的公司(如麦当劳或者可口可乐),他们已在为不同的目标市场调整产品种类、价格结构、传播和分销方式了。这种无差异营销或大众营销战略只适合竞争者很少、垄断或者寡头的市场。

大多数竞争组织会选择差异化或者集中化战略。通过运用不同营销组合或集中于单个市场分区,企业服务于多样化市场从而更好地满足顾客需求、应对竞争。比如,一个大的地方性的剧团能通过提供包括吸引家庭的舞剧、流行音乐喜剧、传统的芭蕾舞和学前秀的年度表演来确保他们的地位。这些表演能根据目标市场的需要来定价和促销。其他的小剧团可以集中于一个特定的领域,比如芭蕾舞、歌剧或喜剧作品等。

　　进一步的市场细分是"一对一"市场或小型市场,包括将营销组合运用于每个个体顾客,也就是说,每个顾客都是一个小市场。这种战略在消费者市场中比组织市场中更难实现,当产品具有较高价值时,这种方式比较适合。提供预定产品、定制产品或服务的企业就是遵循了"一对一"的营销战略,虽然最初的营销传播仍然运用了大众传媒。比如,公司事件的策划者可能通过在行业杂志上做广告来建立意识,但是一旦显示了最初兴趣,则会更多地关注于人员推销和账户管理。

TOWS 矩阵

　　TOWS 矩阵(Weihrich,1982)在把态势分析转换成一系列战略选择来说是一个很有用的工具。这个四象限的矩阵通过在 SWOT 分析中所确定的优势、劣势、机遇和挑战构成,通过它们的组合来形成不同战略(见图 4.3)。

　　运用这个矩阵,一旦考虑到了所有可能的战略组合,则可以通过结果预期、风险、目标、战略导向和管理方式等来对不同战略加以评估。

TOWS	优势 1 优势 2 优势 3	劣势 1 劣势 2 劣势 3
机遇 1 机遇 2 机遇 3	最大—最大战略 例如, 用优势 1 来利用机遇 2	最小—最大战略 例如, 克服劣势 2 来利用机遇 1
威胁 1 威胁 2 威胁 3	最大—最小战略 例如, 用优势 3 来克服威胁 3	最小—最小战略 例如, 克服劣势 2 来避免威胁 1

图 4.3　TOWS 矩阵框架

定位

定位指你的产品相对于竞争产品来说,在顾客心目中的位置(Ries and Trout,1982)。它是指在和其他产品比较中,顾客是怎样看待你所提供的产品的。从战略观点来看,对每个目标市场确定一个理想中的定位是很重要的。期望定位能促成对于该目标群体的营销组合。营销传播通常是策略性地使用,以期改变产品或品牌的现有定位。采取重新定位来吸引目标市场,获取市场份额或者使衰退的产品重新焕发生机。传播的作用是通过利用新的产品形象、信息和产品间的比较来改变顾客对产品的当前所持态度。

一个定位战略需要基于对当时所在地位的正确理解。这就需要对每个目标市场进行市场研究,以此来评估当与竞争者比较时,你的产品是怎样被看待的。这些研究的结果被概括在定位图表里。这是一张考虑两个任意维度,并描绘了每个竞争产品而得到的简单图表。由于评价产品需要好几个标准,所以需要许多这样的图表。比如,一个体育协会可能将根据它自身的形象——"进取"抑或"保守",或者成员利益的感知价值来定位;一个音乐会地点可能根据在进入场地的舒适程度、气氛或表演来选择。当研究一个产品的当前地位时,确定对目标市场来说哪个标准最重要是很重要的。比如,一个较小的公司可能把会议组织者的花费成本看成是重要标准,而一个较富裕的顾客可能会认为服务水平是最重要的标准。定位图表的例子在图 4.4 中给出。

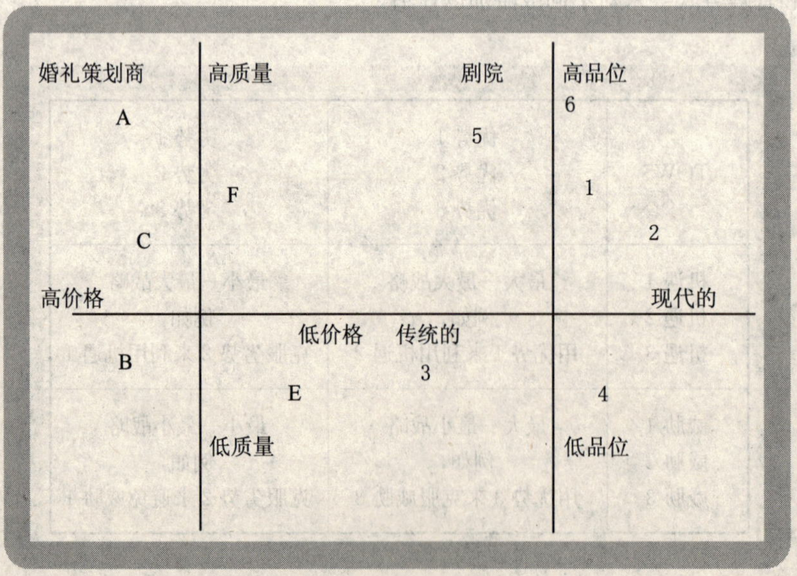

图 4.4　定位实例图

在图 4.4 中,为婚礼策划商制定的主要标准为价格和质量。图中已标出了市场上现存的五位竞争者及他们目前的位置:本例中,公司 A 占据市场的最顶端;公司 E 则代表预算底线;公司 F 为值钱商品;公司 B 为廉价商品。如果一个公司要进入此市场,必须针对现存竞争和市场需求进行准确定位:如果存在平均质量的缺口,则可以有更低的价格空间。若公司 C 已经着手进行过此项调查,发现自己显然需要对自身进行重新定位。它与公司 F 直接竞争,似乎价格更高、质量更低。要解决这个问题,要么提高质量,要么在别的标准上显示公司的差异性,如创新想法和个人服务方面等。

针对剧院的图表则采用了相对无形的标准:演出和影像的可接触性。在这个实例中,我们认为大多数剧院针对的都是迎合有文化的高级知识分子,而忽略了普通大众(或许服务不周全)。剧院 1 应重新定位,提供更有特色的服务,使之区别于剧院 2 和剧院 6。

定位图是评估现存竞争和制定未来战略方案的有效工具。关键的是,做此用途的定位图必须是基于可靠的客户调查。调查首先要确定衡量竞争对手所能提供的产品和服务的标准,接着搜集分析资料,在此基础上,再按照选定的标准给每个竞争者打分。

英国卡门歌剧院的一项研究(Currie and Hobart,1994)为再定位提供了一个实例。该研究证实,通过重新定位可以使歌剧院吸引更为广泛的观众。为实现这一目标,具体可借鉴的传播策略包括:通过参观教育机构使较年轻的目标观众能接触并且了解戏剧;利用流行媒体对歌剧进行广泛宣传,鼓励广告和电视节目等使用歌剧材料;采用"平民化"策略以打破传统观念,提供更宽泛的参考群。总之,为了吸引这些新的目标群体,歌剧应定位为独特的娱乐活动,能让观众花钱后觉得物有所值。

市场细分、目标确定和定位的过程是营销计划的关键步骤,由此常形成一个定位陈述。定位陈述重点关注营销传播规划,因为传播是影响目标观众认知的最主要的市场因素。

定位陈述"使公司面对市场时能够具备清晰、一致性和持续性的特点"(Kanzler,2003)。它明确表明了公司(其产品和品牌)通过任何媒介所希望被目标顾客认识的形象和所要传播的核心信息。

认知和信息处理

为了实施定位陈述中制定并予以总结的战略计划,有必要理解和影响目标观众的感知情况。感知是指五官接收到的刺激与过往的经历、动机和期待共同作用而产生的意义。因此,感知并非完全取决于信息的输入,也受制于个体对输入的理解。大多数人都很熟悉的非常简单的图像，不同的人却会有不同的理解，比如感知心理研究中常用的人脸和花瓶。除了感官刺激，其他因素也会对目标观众的感知能力产生影响，这表明，理解这些其他的、个人的因素（如主观性、选择性、过往经历和分类等）以及目标观众信息处理的方式是很有必要的。

信息处理指的是接触到的刺激如何被转化成或不被转化成有用的知识，这个过程包含五个阶段：曝光、关注、理解、接受和拒绝（McGuire，1976）。曝光是指确保目标观众能和相关信息相接触。从媒体选择、覆盖面和重复率的角度来说，这显然是很有必要的，并且是传播战略的一个不可或缺的重要部分。然而，在保证信息的效用性上，光有曝光是不够的，因为大多数观众每天都曝露在大量的市场营销和其他刺激之中。消费者对所有的这些刺激予以关注是不可能的，而是会筛选出那些相关的或感兴趣的信息，以分配他们有限的信息处理能力。因此，市场营销传播者必须通过以正确的方式对待正确的客户来确保观众的这种注意力选择朝着对自己有利的方向发展。可以采取一系列技巧打破消费者的感知屏障，从众多营销刺激中脱颖而出。这些对顾客的吸引可分为两极：满足享乐（愉悦的情感的）需求的吸引和满足认知（理性的逻辑的）需求的吸引，它们构成了客户处理模式（Customer Prosess Model，CPM）和享乐经验模式（Happy Experence Model，HEM）两种信息处理模式（Kitchen，1999）的基础。大众营销传播中，很多的形象都是通过满足顾客的享乐需求来吸引其注意，例如性场面、家庭场景、爱、享受等都被很多产品采用。

认知诉求倾向于通过文字来传达潜在客户需要的信息。这种理性的吸引应专门针对那些与产品相关联和有较大可能查找此类信息的人。享乐诉求可以通过有意识的关注来吸引客户，也可以通过新奇紧张的刺激吸引客户。

要确保传播活动的作用，仅仅获取人们的关注是不够的，虽然这个关注是希望得到的。一个不同寻常的、吵闹的或是让人苦恼的信息可能会引起观众的初步兴趣，但如果信息没有按照预想的方式被理解，那它就是失败的。人对信息的理解和他的感知联系最明显。正是在信息处理的这个阶段，目标观众对这些自己注意到的刺激给予解析并赋予其意义。也是在这个阶段，个体的个性、经历、现有态度和期待综合作用于对信息的理解。这些个人因素影响众多：信息被看成是积极还是消极的，哪些方面最受关注，以及该信息是否被理解了等等。如果在信息的形成过程中考虑到了目标客户的特性，客户在接受时就会和某个参照系相联系，从而使信息能按照所希望的被理解。举个例子：针对年轻顾客的夜总会的一份宣传可能就无法被老年顾客所理解，因为对行业外的人来说，所有关于场所、DJ的姓名、音乐风格和活动名称的细节都难以辨识。换句话说，他们缺少正确的参照系和先前的经验。

当信息被潜意识但是也是有意的误解时,选择性感知阶段就产生了。采用的是不恰当的参照系,通过这样的方式,顾客以符合自身经历和理解的方式感知某个信息,来赋予信息一定的意义,因而就形成了选择性感知。例如,偶尔抽烟的人看到政府宣传吸烟有害的广告时,会认为它针对的只是那些重度吸烟者,而与自己没有多大关系。

信息被理解之后,紧接着就是对信息内容的接受——如果信息是被正确地执行了的话。信息处理的这个阶段所涉及的是:顾客对自己所消化的信息要赞同。认知与顾客的接受与信息来源的可靠性、所利用的媒介和图像语言的吸引力等相关联。由两个不同的销售人员传播同一条信息,根据两人的受欢迎程度、可信赖度和专业水准,就会有两个不同的接受程度。一个报道写得天花乱坠的新的舞蹈产品,发在该舞蹈公司的网站上所得到的接受程度,就远不如发在一家有影响力的报纸上。

只要信息被正确地理解并且接受,消费者就会形成积极态度的转变。也就是说,顾客现在可能偏向于我们的产品。然而,要保证顾客在购买决策中,在所有可供选择的产品中考虑到我们的产品,仅仅是对信息的正确理解和接受是不够的。要做到这一点,就必须使在曝光、关注、理解和接受阶段中获得的知识留存在顾客的记忆中。信息处理模式的最后一个阶段决定了顾客是否会将获得的信息用在做购买决定前的信息搜寻过程。为了使顾客记住我们的信息,从而在做决定时,这些信息能重新出现在顾客的脑袋里,我们可以使用一些技巧。具体化过程包括使无形变得更有形,例如用吉祥物或名人来反映产品的特点;易于记忆、琅琅上口的歌曲、韵律和警句妙语都有助于增强记忆;对相同信息的重复可以延长记忆时间,但是作用有限,太多的重复会引起消费者对这个信息精神上的拒绝或者消极的感觉。加强信息力度的一种更可取的方法是通过不同的媒介传播完整一致的信息来延长记忆时间,但也不应过多重复使人厌烦。还有一种非常有效的增加对信息的记忆保留时间的方法是树立品牌。品牌名称、标识、颜色和相关形象都被各种媒介和信息方案所利用,使顾客在选择性记忆存留和信息反馈时形成启发式的状态(大脑短路)。在申办奥林匹克运动会时,各申办城市最先采取的就是为自己设计一个标识及相关的形象。

说服

在信息处理的暴露、关注、理解、接受和保留各个阶段不停地打动顾客,最终目的就是在一定程度上影响他们的态度和行为。这种营销传播上的影响被称作说服,它是指通过感性和理性的吸引引导顾客接受某个信念、态度或行为。说服并不一定是强制性的,但采用的一些技巧可以是强制性的。为了说服顾客,已知的营销传播手法就有夸张、无根据的声明甚至说谎等手法。例如,电话销售人员常向电话接听者假称自己在进行市场调查和促销活动,这样常促进了消费,却不给顾客许诺的奖品。当然,这些不道德的做法只是少数,长期来说会形成不良的影响。

西奥迪尼(Cialdini,1988)提出了六种可用于营销传播和其他说服活动的方法。它们是报答、承诺和忠诚、社会证据、喜好、权威性和缺稀。报答方法是指对他人的恩惠回报。当顾客觉得某家公司对他们做了一些事时,就会觉得自己应该来这家公司消费。热情好客的公司法则由此而来,希望通过热情招待客户或潜在客户而赢得他们的再次光顾。当然,报答不是自动的,它取决于顾客感受到的公司所提供服务的真诚度。

承诺和忠诚作为一种影响方式,就是利用人们一旦作出决定就会坚持到底的倾向。一旦做了某个承诺就会产生一种倾向,即人们会改变态度和行为来和自己所做的决定相一致。增加顾客对产品的参与度就是强化承诺的一种方法。

社会证据是指模仿他人得体的可接受的行为的一种渴望。当我们不确定应该采取怎么样的行动时,就会参照他人的做法,跟随他人的引导。新产品上市时利用舆论造势,就是采用这种方法。

喜好和权威被用来在传播者和顾客间建立和谐和尊重。营销传播采用富于魅力的声音和人物以及和目标客户有共同性的东西来促进顾客对产品特性的喜爱,进而产生对产品的喜爱。同样,不管顾客感受到的形象是真实的还是虚构的,只要在目标客户中具有威信,都可以提升产品可靠度。

当某个产品似乎供不应求时,就会增加人们对产品的兴趣。例如,有个事件活动在预售票,如果人们认为票要卖完了,售票额就会增加。这种做法可能使人们的购买行为提前,但不一定能实现更高的销售额,有时甚至事与愿违——当人们觉得票难买时,也有可能就不买了。

■ 树立品牌

树立品牌是营销传播中很重要的一个方面,因为它和形象、感知及态度有着紧密的联系。品牌不仅仅是名称和图标,它是顾客对产品所有有形和无形的两方面的感知的总和。

品牌可以被看成四个互相联系的部分组成:功能(品牌的作用)、特性(人们对它的感觉)、差别(比别的好在哪里)和发源(怎么来的、母公司、谱系)。当四个部分相互协调使得品牌具有一致性并投放市场时,品牌才能树立最有效的形象。由于品牌会产生感性和理性的两方面的吸引,它在人们的长远态度和行为变化中起着至关重要的作用。因此,任何营销传播战略的一个重要方面是树立一个品牌形象的忠诚度。

例如,1986 年,为了区别于其他三家伦敦乐团,伦敦爱乐管弦乐团艰难地奋斗,不得不依靠知名指挥和著名演唱家的表演来吸引观众。萨奇(Saatchi)和萨奇公司受雇来改善乐团的状况,他们很快意识到应该建立一种强而有力的品牌认同感,赋予乐团个性和附加值,才能使其在众多乐团中独树一帜。他们做到了这一点:乐团统一被称作"伦敦爱乐"乐团,并通过宣传活动使"全心的付出,全心的回报"这个概念深入人心。这在乐团和观众之间建立了一种双向的情感联系。从此,乐团的内部特征得到开发并应用到许多广告宣传中(Moss and Nunneley,1990)。无疑,该策划之所以成功,应归因于综合考虑品牌的四个方面后建立了一致性的品牌形象。

信息开发

传播信息的开发从目标和定位陈述开始。活动的宗旨要简洁中肯,并在此基础上运用每个传播方法和媒介来宣传特定的信息。下面是一些富有创意的活动宗旨:

"我们全心付出,给予你全心回报。"——伦敦爱乐;

"活得有意义。"——比利·格雷厄姆;

"工作去,每一夜。"——底特律活塞;

"大家都来玩,什么都是娱乐。"——贝尔法斯特巨人;

"一起来发展我们都喜爱的游戏吧!"——美国网球协会(USTA);

"讲述火车的故事。"——英国国家铁路博物馆。

虽然创造力是成功的营销传播的一个重要方面,但要保证这个营销传播的有效性,仅仅有创造力是不够的。有效的传播必须建立在发展完善的营销策略、对目标顾客详细的了解和明确的目标之上。传播要有说服力,能吸引顾客的注意力。传播同样也要诚实可信,像希姆普(Shimp, 1997)说的,要"避免片面追求创造性而忽略了营销策略本身"。

弗雷泽(Frazer, 1983)认为主要有七种不同的信息战略。"通用策略"在描述产品或其好处时并不会暗示它相对其他同类产品的优势。这种策略适用于市场领导者,可用来使公司的品牌成为某个产品的通称,如胡佛(电动吸尘器)、Coke(可乐)、施乐(复印机)和 Tippex(修正液)。体育上通常把伦敦网球冠军赛称作"斯特拉",因为该大赛由斯特拉·阿托伊斯公司赞助。

当某个市场被原先的市场领导者垄断时,该市场后来的挑战者可以采取"先发制人信息战略",借助普遍声明作为其产品优越性的基础。或许他们的声明和对手所提出的并没有差别,但由于是最先提出的,因此对手提供的选择自然受到限制。吉列刀片的"我们提供最好的"就是先发制人声明的实例之一,它并没有将自身和对手的产品的好处作比较,而是占据了相对优越的地位。

有的信息强调产品提供的独特好处,以区别于竞争对手,这种做法称作"独特销售主张"策略。而利用人的心理而非实体因素来区分自身的战略叫做"品牌形象战略"。例如,"苏格兰理想之家展览会"就是用了"就在你身边"这一传播信息,借此向目标市场强调一个便利居所的独特好处;而格拉斯坦勃利音乐节采用的则是强有力的品牌形象策略,用了情感上的纽带,即原先音乐会观众的感想、经历和媒体报道。

基于定位的信息战略应通过强调自己的长处来最大能力地突出自己的竞争力,它也是很多其他战略的重要部分。伯明翰国家展览中心称自己是"欧洲最繁忙的展览中心",借此暗示自己是最受欢迎的。为了区别于其他街道/社区和国定节日,诺丁山狂欢节强调自己是"欧洲最盛大的街道派对",暗示人们要参与其中。

"共鸣策略"指的是选择和目标观众有高度共享的信息。观众将所描述的产品与自身相联系,从而产生一种与所提供的产品的亲近感。在已提到的为得到更广泛的目标观众进行的歌剧院重新定位的这个例子中,采用强调"普通大众"的共鸣策略就比较合适,以此来打破歌剧是给上了年纪的、富有者的、上层阶级看的现有认识。

弗雷泽所认为的最后一个策略是"情感策略"。人们购买很多休闲产品是出于情感而不是理性因素。因此一个情感吸引策略更合适。情感吸引既可以使用正面的信息,也可以使用负面的信息,或同时使用多种人类感情因素,如爱、思乡、兴奋、恐惧和愧疚等。音乐团队(Ministry of Sound)为了鼓励年轻人参与投票而举办的活动中就使用了负面情感吸引:它描绘了宗教狂徒和暴力分子参加选举的情况,并打出条幅——"投出你的一票吧,反正他们可是会投的",从而引起人们的恐惧和愧疚。体育活动中常使用正面情感吸引大众,宣扬爱国主义、自豪感和激动等,使目标观众参与进来。1996年欧洲杯在英国举行时,使用的标语是"足球正赶回家",传达了足球运动回归发源地的形象和希望英国再次夺冠的愿望。

情感吸引对宣传那些满足人们较高层次的动机或需求的产品特别有效。很多产品之所以能被购买或者被注意是因为它满足了人们的各种需要,如自尊心(看得到的地方、网络工作、会议中的社会地位、芭蕾和展览),归属感(处于同龄人中、听音乐会和看足球赛),自我实现(获取知识、拓宽视野及文化教育艺术上的进步)等。

符号学和标志

信息形成过程中,根据媒介的不同,可能会出现不同图像、词语(书面和口头)、声音和其他刺激物(嗅觉和触觉)的结合。因此,信息传递时,这一系列刺激应被信息的设计者转换(编码)成符号,再由目标观众理解(解码)。这些术语符号指的是"任何在某方面(语境)对某人(接受者)代表某物(物体)的东西"(Pirece,1995)。符号学是指研究符号和它们被怎样理解,它是营销传播制作、测试和评估上的有利工具。符号学研究的一个重要方面是符号的外延意义和内涵意义的差别。外延意义是一个符号对所有人代表同样的意思;而内涵意义却因个体的经历、知识和情况的不同而有所不同。在设计传播信息时,一个很重要的方面是,切不可认为对某个信息会有共同的理解,因为不同的目标群体和个人会赋予信息不同的内涵意义。因此,要深入了解信息接受者,确保信息按照原本的意思被理解,避免使用引起消极内涵意义的标志。内涵意义在不同文化中差别最明显,但在同一民族、文化甚至同一家庭中也可能会有差别。例如,笑脸表情符号一般都代表着快乐,但在某些亚文化中也含有吸毒的快感之意。西方文化中,黑色常和哀悼联系在一起,但也可指精干(商务服装)、扮酷(青年文化)和哥特亚文化的成员身份(头发、化妆和穿着等)。

信息传播常常使用造句法技巧,用为数不多的词语或象征表达复杂的信息。明喻就是其中之一,它可以将产品和某个含有美好品质的实物相比较,如"以牙还牙"、"让你玩个够"和"如丝般光滑"等;暗喻更将产品和某个良好形象相对不明显地相联系;寓言是暗喻的延伸,使用与信息本身无关的意向,在顾客头脑中形成联想。2004 年雅典奥运会就同时使用暗喻和寓言,将现代体育和古代体育及希腊的悠久历史和灿烂神话相联系。

欢迎度、吸引力和可靠性

很明显,营销传播的信息和方法的受欢迎度是和销售额紧密相连的因素之一(Pickton and Broderick,2001)。有趣的是,有时候对销售影响更大的不是产品而是广告的受欢迎度。另外,当人们对某个产品和自己的相关或对它感兴趣,产品的广告也可能随之受到欢迎。

当然也有这种情况:即使目标顾客觉得广告很有意思,对产品还是兴趣不大或者就没有兴趣。很多人都喜欢看为哈姆雷特牌香烟长期播放的幽默广告,但从没打算购买或抽这个香烟。各种营销传播形式中的复杂性和艺术性,让人感到乐趣,从而也吸引了更多关注,拥有更强的可记忆性。有的信息传播运用幽默,有的传递温暖,有的被认为手法聪明,或者与众不同,人们不仅会记住它们,而且还会谈论它们,进而产生更多的报道和兴趣。

还有其他技巧可以用来提高信息的受欢迎度或吸引力,如音乐、性别和名人。音乐能使顾客情绪改善,更易于接受新事物,可以传达产品的某些特色。不过,在喧闹的场合,利用宁静也可以在获得关注上起到很好的效果。很多媒体都采用性别吸引来对各种产品进行信息传播,但如果和产品特点或益处直接相联系,而非无根据地吹嘘,那效果是明显的。借助名人的特色可以用来提高信息的可靠性。这些名人也可以使产品更加有吸引力:你所知道的某某名人也用这个产品,看来不错,虽然这个名人只是在媒体上见过。

其他的吸引方法可能强调不使用某产品的坏处,以人们的害怕心理为动机。例如,Specsavers 眼镜的广告里,显示有人因戴的眼镜风格而被看成是滑稽可笑,接着是条标语:"你应该去 Specsavers"。

预测试

在进行到最后一步前,信息策划的所有方面都必须进行测试。测试信息概念、图像和文字的技术方法有很多,包括焦点小组、访谈、实验和观察等。概念小组描绘其他信息选择的主要内容,可用来在所选目标顾客中进行讨论,或者是个人,或者是群体。测试内容应包括:顾客如何感知该信息、怎么理解该信息以及所用词语和图画会引起什么样的联想等。某个信息受欢迎的可能性,可以通过对顾客进行抽样调查,然后把他们的偏好划分等级,分析他们对每条信息喜欢什么不喜欢什么。顾客被说服的程度和态度的改变方面很难衡量,但在一定程度上还是可以用类似的方法分析的,同时应集中讨论这些信息让顾客对产品有什么样的感受。实验和观察可用于衡量当人们看到或听到大量信息时,其注意力和兴趣的分配。

测试在优化信息和保证创意有效性中是必不可少的。一旦已经着手测试,下一步的策略选择就是如何利用不同传播方法和媒介来最好地执行。

方法和媒介选择

创意完整形成后,它的有效性很大程度上取决于执行创意的方法和媒介的选择。在这个阶段,在选择出新颖的方法和媒介以得到最多的报道,产生最大的影响和最好的效果上,创造力同样重要。一个完整的营销传播活动会运用多种方法和媒介来传达一个一致的信息。活动要"中立于媒体"指的就是:信息的形成不要局限于某种特定的媒介,从而保证信息在任何场合任何形势下都始终如一(Wigram,2004)。

运用哪种传播方法和媒介决定于很多因素,包括目标客户、其对传播的偏好和媒体的覆盖面和决策制定过程的阶段等。产品特点也是一个影响因素。例如,一个复杂昂贵的产品如海外会议和一个地方酒吧举办的每周喜剧之夜活动,它们所要求的和目标顾客间的传播方式是不同的。此外,还有一些其他因素要考虑,如产品的生命周期、目前的和期望的品牌形象和公司的资源和专门技术等。

传播方法

有很多可用于传播理想信息的方法。具体有:人员推销、广告、促销和公共关系等传统促销方法,除此之外还包括口头传播、公司形象、赞助活动、商务接待、电子营销、展览、竞赛和商品展销等。这些方法可一种单独使用,也可几种组合使用。

为了创造品牌协同作用力,有必要使用多种方法和媒介。一场综合性活动,其传递的信息和经验应该"和不同的顾客群相关联,对多种不同渠道和环境有敏感性,并能准确地传达品牌愿景"(Wigram,2004)。

主要传播方法归纳在表 4.1 中,并将于第二部分作深入讨论。

表 4.1　传播方式

方　　式	定　　义
公共关系	公司和任何相关机构、人员的传播,如社区、职员、供应商之间的传播。
宣传	发新闻供媒体报道,新闻空间免费。
公司形象	形成一个公司整体统一的形象,体现在办公用品、制服、图标和内部发行物等。
游说	与有影响力的实体保持联络来产生影响,如政府、管理部门和体育协会等。
内部营销	公司内部传播,宣扬忠诚、义务和共同愿景。
公司事件	一种用于奖励、信息提供、激励和培训的内部营销方式。
直接销售	生产者和购买者直接接触,没有中间商。
电话营销	用电话一对一的传播。
人员推销	一对一、面对面直接接触的传播。
客户服务	售前、售中、售后和使用中提供给客户的额外服务。
口头相传	鼓励目标市场顾客之间一对一的交流。
展览	在一个让购买者与销售者聚在一起的场所内,展示产品的机会。
促销事件	与所选群体交流公司和产品情况的活动(如新品发布会、新品试用及开幕式等)。
商务接待	使现有和潜在客户感到愉悦。
商品展销/销售点	零售店内商品摆放,刺激销售点购买。
搭配促销	与核心产品搭配促销(如戏剧、纪念品、T 恤衫和照片等)。
促销	增加产品短期价值的传播活动(如抽奖、买二送一、免费奖品和竞赛等)。
广告	购买大众传播空间,成为公司、品牌或产品的宣传基地。
直接反馈广告	顾客可以通过传播媒介对广告作出及时反馈。

（续表）

方　　式	定　　义
产品摆设	用于公司产品的摆放的场所,供参观和报道。
名人认可	通过和名人或权威人士的传播来传播产品的优点和特色。
顾客推荐	使用现有顾客的意见,如满意的评语和评论摘选,可与名人认可相结合。
赞助活动	用一个组织来赞助(金钱或实物)某活动(常为体育、音乐或艺术类),借以宣传公司名称、品牌或产品。
直邮/电邮	书面形式的大众传播,能用私人化形式接收邮件。

表4.1将这些方法罗列在一起,希望给出这些方法间的相似之处,同时有些方法之间有重叠。例如,名人认可可以用在很多其他方法中。在所用的传播方法和媒介之间也有重叠,如电话销售就包含方法(人员推销)和媒介(电话)两方面。尽管该表所罗列的不同方法体现了彼此的相似性,但其他的一些联系并没有表现出来,如赞助活动和促销活动或促销活动和宣传之间的联系。电子和网络销售也未在该表中列出,因为这些技术方法更适合归于媒介类型。

媒介选择

传递信息的媒介的种类繁多,媒介的选择随传播方法的改变而改变,也和传播方法紧密相连,同时受其限制。因此,方法和媒介的选择应互相协调,搭配出最佳方案。表4.2详细列出了可用的媒介和它们的作用。

表4.2　媒介选择

媒　　介	描　　述	用　　途
电视 本地、地区、国内、国际	影响大,可接触大量观众;数字电视允许直接反馈;频道猛增,目标更明确	广告宣传 公共关系 促销 赞助 植入式广告
电影院	集中观众注意力上影响非常大,按地点和影片来确定目标	广告 植入式广告 促销 赞助
广播 本地、地区、国内、国际	低影响、低媒介成本,制作和传播速度快,因而具有局部性;按地区和听众特点来定位	广告 促销 公关 赞助

(续表)

媒　介	描　述	用　途
印刷媒体 报纸、杂志、商务期刊、姓名、地址录	低影响和成本,目标准确;部分寿命长(姓名地址录和高质量杂志)	广告宣传 公关 促销
海报 户外广告牌、交通工具、室内运输、购物中心	低成本影响时间短,多重复,地理定位,要求强烈视觉冲击、篇幅简短来吸引注意	广告
周边媒体	独特的外部媒体来产生影响和宣传。可有戏剧性(40 英尺足球),或轻描淡写(图腾,交通灯)	宣传 促销活动 广告
短信文字、图片信息、蓝牙	以个人形式发送非私人文字短信。高注意力,可能的侵犯性,可能的直接反应	直销 促销 客服
电话 私人电话留言、电话广告	一对一个人化媒介,也可通过留言广泛传播。可传递复杂信息,直接反馈	广告 个人销售 客服
邮件 传单信件、电邮	如有数据库,可高度私人化;设计得当则有大影响;针对性强,直接反馈	广告 直销 促销
网页 私人网页、其他组织网页、搜索引擎、广告页幅、流行告示、网址链接、搜索引擎目录、网页参考、点击链接	低成本传递复杂信息给国际顾客 目标不明,难控制	广告 公关 直销 促销 客服 国际销售
当面交流	高成本高效果;可解释复杂信息;直接反应,保证互动	个售 客服 口头传播
展览和活动 交易会、客户展览、公司事件、产品发布会、新闻发布会、其他活动(体育、音乐、艺术)	目标明确,影响大;多功能:促销、宣传、交友	直销 宣传 内销 赞助 植入式广告 促销 客服

　　选择恰当的媒介时,有必要考虑不同媒介类型的特点,再分析某种类型提供的具体选择。例如,鉴于电视的覆盖面和影响,假设已经选择了电视广告作为此次活动的主要宣传方式之一,那接下来就该选择频道和时段了。

　　选择最恰当的媒体组合应该以关注已确定的目标顾客为出发点。因此,媒介的选择最初受到媒体覆盖范围的限制,所能采用的只是那些能够覆盖目标顾客的媒体。下一个标准将会是用于传送信息的媒体的恰当性。这就有必要评估哪种媒体会产生最强烈的影响、作用和可信度,哪种允许信息的反馈,哪种会增强产品形象,并且和期望价值相联系。

假如已经选择了最好的媒体和方式来实现所定目标,接下来就要考虑成本,之后就应该是做出可行的预算。假如预算不够,那应该对目标加以修正。这就是理想的目标和任务预算。但是,在很多案例中,预算的决定没有考虑到可能的结果,这也是媒体选择的一个限制因素。

世界新闻图片展给出了一个很好的关于利用多种媒体传递单个信息的例子。活动的目标观众是最初的新西兰惠灵顿(展览的已举办地点)的居民,其次还有流动性游客、出差的人和居住在郊区的居民。信息的概念被概括为"通过最好的新闻摄影者的眼睛看世界"。媒体战略是为期三个礼拜的短期战略,并且整合了五个组成部分。这五个部分是:

1. 电视利用一种重大感和强烈的情感吸引来产生一种广泛的认知。选择区域和渠道来和目标观众的地理和人口特点相匹配。电视广告在展览结束前播了三天。

2. 在产生意识和好奇心的过程中,利用地方媒体来支持电视广告。整个版面的广告用了 1 000 个词来描述图片,而不是用图片来描述 1 000 个词。较短的广告在展览结束前还在播放用以提醒顾客。

3. 户外广告被安排在公车等候处和零售店的海报上来引起好奇心,并确保一种强烈的视觉冲击,使人们去参观展览。

4. 通过在参观者的图片夹上安放展览照片(照片背面带有信息),在出租车上安放清晰的模拟镜头广告的方式来运用周边媒介。

5. 摄影机镜头概念也用在了网络的在线弹出广告上。鼠标移动模拟摄像机镜头,当你点击鼠标时,模拟摄像机镜头会变成一个横幅广告。

这种完整的多样化媒体活动,既保证了对关键地方性顾客的高覆盖率和高影响率,同时通过运用周边媒体策略,也包围了目标群体并且引起好奇。最后有超过 3.2 万人参观了这个展览,超过场地标准容纳量的 2.24 万人,超过预定目标 1.24 万人(CAANZ, 2003)

一旦选择了恰当的方式和媒体,就要求再一次预先测试以确保信息能够传递给期望的观众并达到预期的效果。这些要求可以通过引导该活动在有限领域的各个方面,或再一次通过集中群体、采访、观察和实验来实现。

本 章 小 结

传播战略必须基于充分的态势分析、顾客研究和组织目标。在提出一个恰当的战略时要考虑很多问题,要求理解提出一个明确的定位陈述并把它传达给目标顾客的重要性。这个传播过程涉及一个有创新构思、信息、方式和媒体的产生及测试,以确保活动对顾客的需求有吸引力,并通过信息传递过程,让他们有所行动。

沃思林(Wirthlin)报告(1999)显示在决定一个战略是否适合时,应该根据下面的标准来评定:

1. 传播信息必须相互一致,强调相对于竞争信息和产品来说,本组织产品最有利的地方。

2. 传播战略必须建立在产品过去发展的积极部分上。

3. 参考的战略框架和产品的定位战略一定要能够经受住较长时间和各种情况的考验。

4. 传播战略在取得外部可信度前,先要在组织内部获得可信度。

5. 组织应该通过信息传递来保证加强并实现对产品的认识和期望。

6. 传播战略一定不能被媒体或竞争对手轻而易举地颠覆,应该在竞争者进行定位时采取先发制人的行动。

问 题 讨 论

● 为下面的情况选择恰当的定位标准:

a) 会议计划

b) 展览组织者

c) 运动场所

d) 社区节日组织者

● 找四个关于产品的营销传播信息的例子(传单、海报、广告、网站和直接电邮等)。根据以下情况加以正确评论:

a) 谁可能是目标顾客?

b) 有创意的构思;

c) 根据决策制定阶段和信息处理程度得出的信息客观性;

d) 信息吸引(理性的及情感的);

e) 影响、信任度和媒体运用的持久度。

参考文献

CAANZ (2003) World press photo exhibition. The Communications Agencies Association of New Zealand. WARC.

Cheng, L., Lam, K., Kim, M., Sim, N. and Ching, T. (2001) Case study: Singapore Chinese Orchestra. www.asiacase.com/sco_text4.htm (accessed April, 2004).

Cialdini, R.B. (1988) *Influence: Science and Practice*, 2nd edn. Scott Foresman.

Currie, G. and Hobart, C. (1994) Can opera be brought to the masses. A case study of Carmen the opera. *Marketing Intelligence and Planning*, 12 (2), 13–18.

Frazer, C.F. (1983) Creative strategy: A management perspective. *Journal of Advertising*, 12 (4), 40.

Hill, E., O'Sullivan, C. and O'Sullivan, T. (2003) *Creative Arts Marketing*, 2nd edn. Butterworth-Heinemann.

Kanzler, F. (2003) The positioning statement: Why to have one before you start communicating. www.marketingprofs.com (accessed 2004).

Kitchen, P.J. (1999) *Marketing Communications: Principles and Practice*. International Thomson Business Press.

McGuire, W.J. (1976) Some internal psychological factors influencing consumer choice. *Journal of Consumer Research*, 2, 302–319.

Moss, S. and Nunneley, C. (1990) The London Philharmonic – A great performance. Advertising effectiveness awards. Institute of Practitioners in Advertising.

Peirce, C.S. (1995) Some consequences of four incapabilities. *Journal of Speculative Philosophy*, 2, 140–151.

Pickton, D. and Broderick, A. (2001) *Integrated Marketing Communications*. Pearson.

Porter, M.E. (1986) *Competition in Global Industries*. Harvard Business School Press.

Randall, G. (1999) *Branding: A Practical Guide to Planning Your Strategy*, 2nd edn. Kogan Page.

Ries, A. and Trout, J. (1982) *Positioning: The Battle for Your Mind*. McGraw-Hill.

Rogers, E.M. (1962) *Diffusion of Innovations*. Free Press.

Shimp, T. (1997) *Advertising, Promotion, and Supplemental Aspects of Integrated Marketing Communications*, 4th edn. The Dryden Press.

Singapore Chinese Orchestra (2004) www.sco.com.sg/english (accessed October, 2004).

Weihrich, H. (1982) The TOWS matrix: A tool for situational planning. *Long Range Planning*, 15 (2), 54–66.

Wigram, J. (2004) Media-neutral planning – what is it? Account Planning Group. www.apa.org.uk/content/articles (accessed February, 2004).

Wirthlin Report (1999) Communications strategy toolkit. *Current Trends in Public Opinion*, Wirthlin Worldwide, August, 9 (6).

第二部分
传播工具

　　万圣节快乐 2004 年第 31 届纽约格林威治村(New York Village)万圣节大游行让广大群众痛快地娱乐了一把。每年的 10 月 31 日是万圣节之夜,2004 年的万圣节大游行刚好是第 31 届。共有 5 万人参加了此次狂欢游行,他们经过精心打扮,游走在曼哈顿下区第六大道上,吸引了约 200 万的不同年龄阶段的人驻足观看。这次的万圣节游行咨询委员会由 60 个社区领导和政府官员组成,这样得以确保该游行事件不仅具有社会和文化效益,而且对经济也有影响。据估计,这次游行事件为纽约带来了 6 000 万美元的收益。这次事件关键的传播工具之一就是它的网站。游行参与者、旁观者以及发起者们全年都可以通过网站了解有关游行事件(www. halloween-nyc. com)。

　　本部分对用于事件传播的个人的和非个人的传播工具进行了评价。讨论了对于事件经理来说当前最新、最优的实践和创新方法。

　　每一章都通过对理论构架、调查研究的回顾以及把它们与行业实践之间进行比较、对比,提出了一种不同的传播方法。

　　整合营销沟通方法的核心是,结合营销目标的完成来选择沟通工具。在本部中,虽然这些沟通工具是逐章讨论的,但还是显示了公共关系、网络营销、广告、赞助、促销及直复营销和关系营销是怎样相互协调以相互作用从而完成目标的。

公共关系

电子营销传播

广告

节事赞助项目

促销

直复营销和关系营销

第 5 章
公共关系

学习目标

- 理解公共关系在事件管理中的角色和价值；
- 理解公共关系在整合营销传播中的作用；
- 识别公共关系计划的过程和要求；
- 识别公共关系技术和手段的创新方法。

引言

在一个行业中，传统的大众传播媒介和方法通常是一个比较昂贵的选择，这样公共关系的价值无论对大众传播还是个体的媒体沟通来说，都是比较高的。本章力图通过对基本概念、角色和作用，以及怎样制定公共关系计划的关注，建立一个关于公共关系事件开发、计划和实施的理论框架。公共关系计划的制定由一系列的技术和手段组成，这些技术和手段全部被整合到整个传播组合中。

事件传播经常由公共关系活动来支配，因为它能够提供相对比较便宜的选择，并且还能获得最高水平的可信度。因此，公共关系毫无争议地成为传播事件的一个非常关键的组成部分了。

什么是公共关系？

布莱克(Black，1993)认为公共关系(public relations，PR)致力于营造良

好的信誉和达成组织与公众之间的深层理解。杰夫金斯和亚丁（Jefkins and Yadin，1998）论述了公共关系是如何通过知识取得相互理解的。因此公共关系可以被描述为双向的沟通过程。组织能够传递信息，但也需要公共关系的反馈才得以成功。

如果说组织是这种关系的一边，那么另一边是谁或者是什么呢？一个组织需要知道那些可能对他们的行为有影响的政党、个体及团体。这些人是事件的利益相关者，他们可以被定为组织的首要目标，称为目标公众。为了改变这些公众的观点，与公众之间的沟通必须小心量身定做。传统的目标是，不仅要把不好的观点转变为好的观点，并且要把好的观点变得更好。例如，即使现在的观点被认为是好的，但它还需要保持，可能的话更加好。然而，因为这些观点都是主观得到的，很难确定到底什么是比较好的观点。还有，也很难顺利地察觉到某些情况，例如那些有关人类灾难的形势等。因此，公共关系更为可靠一些的角色是，通过信息的传播取得更好的相互理解，以此来影响观点的转变（Jefkins and Yadin，1998）。

另外一个有关公共关系的普遍的观点是，它只和媒体关系有关。公共关系也是一个公司、财务、营销、社区或一个内部活动。公共关系事件的一个主要角色是改变那些能够影响到事件的成功与否的团体的观点，因此他们包括一系列不同的公众群体和公司。

因此，公共关系关注诚信、信誉和外部形象。它与一个组织怎么看它自己无关，而与它的目标公众对它的印象如何有关。因此，为了改变形象，一个组织必须辨别它是怎么被感知的。这里更进一步强调了为什么公共关系是一个双向的沟通过程。

虽然公共关系有这种功能但它无法单独起作用，它必须成为整合传播策略的一部分，这种整合传播策略具有贯穿于各种沟通形式的紧密相联的共同主题。从这种意义上来说，公共关系能够和广告、直复营销、促销、人员推销相互支持和相互作用（Yeshin，1998；Pickton and Broderick，2001；Fill，2002）。但如克洛和巴克（Clow and Baack，2004）所说的，这在实践中并不总是那么容易的一个过程，因为许多组织都有各自独立的公共关系部门和营销部门，公共关系角色并不只是关注营销沟通。然而对于很多小组织，这并不成为问题。例如，在小组织中，一个人扮演几个不同的角色是很正常的事，虽然这未必意味着他们正在实施整合营销沟通。

公共关系拥有两个重要的角色：一方面，它以促销的形式支持营销活动，并且是事件营销组合的有利促进工具，为营销创造更为有利的环境（Jobber，1998）；另一方面，它也是向组织的其他重要目标公众传播非促销信息的工具（Jefkins and Yadin，1998）。对于事件，公共关系扮演了一个比营销促进支持作用宽广得多的角色。它管理那些对事件的成功实施起重要作用的机构、团体、个体与组织之间的沟通（Yeshin，1998；Pickton and Broderick，2001；Fill，2002）。皮尔西（Piercy，2000）把公共关系称作与各类公众息息相关的组织形象的创造者和维护者。这可能涉及有关观点的变化和信息提供的沟通,这些观点的变化和信息的提供是以当地的施压团体、社区领导、财政机构和事件参与者为目标的(见图 5.1)。

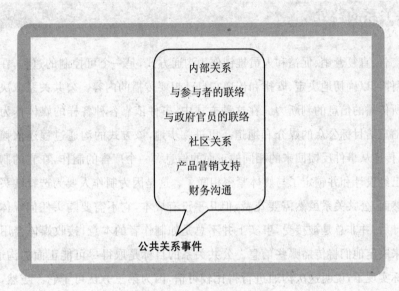

内部关系

与参与者的联络

与政府官员的联络

社区关系

产品营销支持

财务沟通

公共关系事件

图 5.1　公共关系的作用

资料来源:Masterman(2004)。

公众

　　不管事件在引发公共关系的过程中有多活跃,公共关系都无法像利益相关者团体形成自己对事件的观点那样具有自由选择权(Jefkins and Yadin, 1998)。因此,目标应该在于通过公共关系的积极作用促进相互理解和认识。如果利益相关者形成他们自己的观点,那么组织没有多少选择,只有尽力去影响他们的观点。组织可以采用两种最基本的方法:一方面,他们可以主动出击,在对目标公众的信息传播中占主导地位;另一方面,他们可以对新信息反复补充并回答目标公众的要求及需要。不管哪一种方法,他们最终将几乎无法控制他们的公众如何感知他们。例如,我们可以告知目标受众,通过事件发生场所的改变,下次事件会变得好一点,但不管公共关系活动计划得多么好、多么周密有用,结果都是无法支配的。组织没有最终的社会舆论控制权,所以它所能做的最好的是尽量影响最终印象和促进相互理解。因此,不管是主动出击还是后续补充,公共关系是一个双向的沟通过程,在制定任何公共关系计划之前,要先对相互理解的感知的水平进行评估,这一点非常重要。

公共关系的益处

使用广告、直复营销、促销和人员推销作为沟通方式，是一个可控制的过程，在这些沟通方式中，事件可以确切地决定、安排和传递它自己想要传播的内容。公共关系取决于第三方和他们对所传播的信息的判断力。在这种方式中，事件依靠各种各样的媒体作为传递主要公关沟通信息给目标公众的媒介和通道。更进一步地，该方式的沟通过程还依赖于那些媒体来接收、传递从事件反馈回来的相同的正面的信息。一个广告的制作，在它的制作人开始计划时就已经设计和并锁定了与媒体紧密相联了。这是因为制作人要为选择购买广告空间而付费。然而，公共关系虽然需要花费，但几乎没有成本，它不需要购买任何媒体空间。公共关系设计后，并非总是被接受，事实上并不总是如制作者的本意，接收媒体会用他们自己的判断力来决定他们将传播哪些信息。公共关系的目标是取得尽可能正面的沟通结果，如果这个目标实现了，说明这次沟通进行得比较可信，因为第三方认可了它。当然，相反的结果也有可能。

可信度成为一种竞争优势资源，它能够产生正面的结果。使用公共关系能够发展顾客、增加投资，与消费者和购买者在讨价还价中取得地位优势，处理员工关系并拓展新的业务，这些将导致组织的竞争优势并超出顾客预期的事件结果。

公共关系的使用

公共关系的使用可以归纳为以下几种：

● 顾客保持：使用事件、发布会及媒体联络等公关活动可以支持营销，促进顾客的保持、推动销售增长和扩大市场份额。

● 投资：通过发展投资者关系，使用如友好合作等公关活动，可以鼓励新的或更大的投资。

● 谈判地位：利用公关树立品牌，以与供应商和顾客取得更好的关系。

● 员工关系：利用公关塑造一个健康的组织文化，以吸引和保持一批高质量的员工。

● 业务拓展：通过如事件、商务接待、B2B沟通等公关活动，拓展和建立新的业务，从新的或现有的客户中发展新业务。

公共关系的功能

为了完成以上提到的那些功能,公共关系具有几方面作用,它们可以被归纳为以下几点:

观点形成

每个人对生活的各方面都有自己的观点。当然,这些观点可能是极端的,甚至疯狂的,但很多是与社会相适应并且被广泛接受的。有些观点可能是自己推导得知的,但也有可能受其他重要的观点形成者影响。这些观点形成者包括家庭、同龄人、同事、显要人物和偶像等。从研究中我们也得知,观点也受营销传播包括公共关系的影响(Wirthlin Report,1999)。观点以不同的接受程度存在,特别地,一个人可能拥有坚定的观点,并且这些观点很难受到影响。公共关系技术被用以试图影响观点,因为它们比起其他沟通方式,具有更高的可信度。当沟通被扭曲或者拒绝时,他们可能更有能力铲除那些更大的障碍,这些障碍深受现在的信念影响,被牢牢把持着。

某些媒体可能被认为具有较高的可信度,所以公共关系管理的技能就是为特定的目标公众选择合适的信息、技术和工具。牢固的观点很难被很快改变,作为整合营销传播的一部分,公共关系需要保持长久的努力。例如,1990 年,要使英国足球的目标公众相信足球场和足球比赛是可行安全的公众娱乐项目的目标,显然存在很多障碍。1985 年在布鲁塞尔海瑟尔(Heysel)足球场举行的欧洲杯决赛和 1989 年在谢菲尔德希尔斯堡(Hillsborough)足球场举行的 FA 杯半决赛中发生的事故,造成了普遍的对足球场安全的不信任。另外,再加上1970 年、1980 年的流氓事件,最终使各种各样的机构和组织集体认为,他们有必要采取措施了。足球作为一项娱乐产品是随着全坐席足球场的发明、家庭影院的引进、更多的政策的出台以及更卓越的管理的出现而发展的,但它经历很长一段时间才完成。这一发展必须经过不同水平的长时间的沟通。特别是对于足球俱乐部和他们自己的目标公众来说,这包括利用媒体传递信息,以显示越来越多的妇女和儿童参加了比赛,努力证明足球是安全的。

研究证明,经过编辑加工的内容比广告更具有可信度。通过活动被赢得的媒介如消费者报告、同行的推荐、新文章和杂志文章介绍等,普遍比支付媒介如商业电视、促销人员和直接邮寄的宣传册更有信任度(Wirthlin Report,1999)。因此,改变观点特别是改变牢固的信念,需要利用如公共关系这样的工具。

内部关系

公共关系技术在组织内部也是非常重要的。管理层需要与员工沟通,通过使用内部沟通工具在雇员和管理者以及他们自身之间制造更加和谐的氛围:首先,管理者想要与员工沟通的想法促进他本身采取措施(公共关系)来达到目的,于是像公司事件如晚会、研讨会和讨论会等活动的使用,需要被用来提高为执行服务的组织价值观的共享程度。政策、管理方针和控制也是通过发布会、会议、简报、预算、备忘录和报告在内部进行传播的。

雇员们也想知道他们的工作如何得到保障,雇主如何满足他们的个人与职业期望。通过沟通告知雇员们关于公司所占的市场份额、公司所进行的新投资、新产品和销售增长等能够达到上述目的。在公司不景气时,关于组织如何进行交易的信息也是很重要的。

内部关系不只是关于从上至下的沟通。咨询管理也是很重要的一个方面,清楚的沟通在化解争论、提出新项目和报告执行情况方面起着关键的作用。

员工对于成功的整合营销传播的重要性也突显了发展内部关系的重要性,因此,必须强调公共关系的内部作用角色。

参与者

一个事件的参与者是该事件的目标公众。雕塑展里的雕塑家们、三项全能运动的参加者、管弦乐队的成员,还有夜店里的 DJ 主持人都需要特别沟通。他们想知道事件的大概,如都有哪些其他参与者? 牵涉了哪些媒体和主办者? 他们也想知道该事件是由参与者主导还是观众主导(哪一方提供更多的数量)。如果参与者对他们就本次事件的选择很满意,并准备下一次选择的话,这种类型的信息便非常重要。公共关系也能帮忙招募优秀的参与者,这对于由观众主导的事件是很重要的。

政府官员关系

公共关系不只关注群体沟通,个体也是同等重要的目标公众。对于需要任何许可证形式的事件来说,那些控制市政决策的公共机构是非常重要的目标公众,例如,与酒精消费有关的许可证、唱片或演出的执照等。当地的治安、消防、警局、医疗和残疾组织还有它们的官员,都是可能需要发展的主要关系群体。

如果事件会重复或者甚至成为永久固定的活动,这些沟通将需要通过长时期的保持。与市政官员和公开选举出的代表保持关系是很有必要的。对于新场馆这样的有形建设,主要公众包括计划、拥有控制决定权的官员;对于要牵涉拍卖过程的事件,议员和国会成员也是重要的目标公众,当然也包括其他具有表决权的政府机构官员。

其他重要的公众包括任何对事件起关键作用的政府机构或协会。例如,颁发奖项的文化机构、其他提供资源或者成员关系支持的机构、用以颁发体育方面许可和提供资源的国家和国际政府机构,还有拍卖事件过程的协调员等。

社区关系

当地社区或者组织所在的社区代表了另一类目标公众。这主要是因为社区可能是组织员工的主要来源。另外,还有一些压力团体可能也需要沟通。这种类型的公共关系活动通常以对当地的赞助的形式发生(Irwin et al. , 2002)。对当地体育队、艺术和社会活动项目的赞助有利于与社区发展更亲密的联系,事件组织者自己就能够有效地使用这种公关工具。美国德拉维尔州的威明顿蓝岩小棒球俱乐部(Winmington Blue Rocks minor baseball club),赞助了当地学校的棒球队,积极送它的队员去当地学校接受训练,还赞助了一些社区驱动项目。

产品支持

这种功能指的是公共关系在沟通组合中所扮演的角色(营销组合的促销元素)。实际上,该功能是客户关系发展的表现。在客户关系管理中,沟通是关于产品和品牌信誉度和美誉度的沟通。公共关系用于沟通与广告、人员推销、直复营销活动所传播的相同的信息,凭着这点功能,加上其他传播方法的综合的努力,公共关系能够提供支持力量,即帮助推动企业的市场定位和差异化战略。更进一步地,不仅经过编辑的新闻报道会提供事件的有关细节,如事件发生的时间及入场券的获得等,而且它能够提供正面的评论报道,能够进行其他传播方式所不能达到的深层次的可信的沟通。让顾客了解组织是如何对他们的需求负责,如何承担起社会责任的也是很重要的。通过事前报告和回顾已发生的新闻报道也可以建立起信任和提高忠诚度。

产品支持的沟通也需要考虑与事件参与者、其关系成员、经理的关系,还涉及与关键资源提供者同等重要的事件合作者和关系人。这些包括场地提供者、次承包商、促销商、生产商、营销部和门票代理商,以及他们与产品、价格、分销和促销组合之间的联系。

财务关系

所有的组织都需要这种或那种形式的投资,事件组织者可以从银行、政府、赞助商和股东那里获得资金。大多数情况下法律也规定,组织当前的投资者需要得知组织的运营情况,以对他们的投资和回报保持关注。虽然公共关系被用于传播有关以往组织运营情况的信息，但事件组织者对于从现有的或新的投资者那里吸收更多的投资也很有兴趣。于是，当组织运营支出高涨而筹措资金的时间又比较紧张时，为了显示组织的稳定性和超前眼光，必须利用积极信息的传播把关注焦点转移到未来的发展战略上。

危机管理

组织要具有超前眼光和迅速反应的能力以渡过危机，这种能力也很大程度上依赖于投资者、财经媒体和股东之间的沟通，向他们描述组织是多么的稳定，将来也是多么的安全。有一个方法可以用来预防危机。酷玩乐队（Glastonbury Festival）一直都利用媒体来传播安全措施的信息。例如 2002 年，该乐队创造了一种"超级围栏"以阻止一些不速之客，这是一条从未有过的很有新闻价值的信息，它被用于事前控制上，以阻止那些无票闯入者（Resident Advisor，2004）。

报刊、电视和广播关系

最后但并非不重要的一个职责是，与报刊、电视和无线广播、新媒体发展良好的关系。这些媒体是帮助获取其他目标公众的通行证。这说明公共关系并不是可以任意选择的，因为记者将按他们自己所认为的合适的时间和方式来报道新闻。他们将对目标公众传播那些他们认为有新闻价值的信息。因此，为了对报道的内容产生影响，与那些媒体保持联络是很关键的一项工作。

在整合营销沟通的方法中，整个组织处于一种融洽、和谐的氛围当中，这样信息得以产生协同效应。因此，不管发布什么信息，选择哪些为目标公众的过程中总蕴含着营销的作用，理解这一点是非常重要的。以上这些作用都可能直接或者间接地与产品支持相关，但更多的是与整个沟通目标有关。总之，它们都与组织的发展相联系，这样它才能成功地把它的产品提供给它的目标市场。

公共关系的过程

不管沟通和作用的哪些方面将被实现，都需要对目标进行识别。这可以通过一个目标分析过程来完成，它是公共关系传播计划过程的第一步。该分析涉及对所有事件的利益相关者、公众和他们接收信息的方式的识别。在这一步骤里，确保传播的信息是整个沟通计划的一个内在组成部分,并且肯定不会与计划冲突,这点是非常重要的。结果是得到一系列什么人将会收到什么样"信息"的清单。

为了确保辨别到更多的具体公众群体,辨别主要公众的过程要先从抛弃普遍公众这个概念开始,接下来是逐步地对广泛公众进行直接的分类,这可能涉及对"守门人"的辨别,还要考虑有些公众可能重叠了,这样才能保证沟通过程的连贯性。"守门人"是那些处于组织内部的个体、团体和组织,它能直接接触到组织的公众,结果他们也成为他们的目标公众。整个目标识别过程可以从图 5.2 看到,它由布莱克(Black,1993)改编而成。举一个例子,对于艺术事件,想要到达所有或全体公众是不切实际的,所以它只辨别可以到达的公众。广义的公众群体包括艺术爱好者、政府和艺术管理机构,更加明确的公众是团购方、地方艺术委员会和当地的艺术团体。更进一步分类,可能会产生各自更具体的目标:以前就购买过票的团体购票者、当地艺术委员会市场部和当地艺术团体成员等。"守门人"可被分别视为这样一个代理机构:全体人员姓名的数据库、营销主管的私人助理,或者当地一个艺术团的秘书。重叠可能会在一个或多个群体里的那部分人群当中发生。可以看出,该分析过程使得事件沟通变得更加快速和有效。

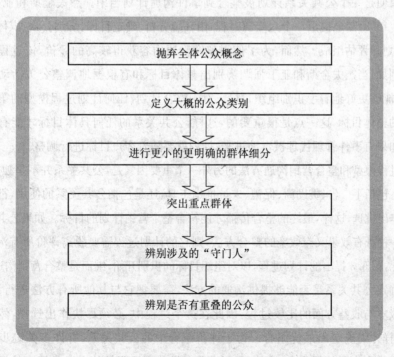

图 5.2 公众的识别

资料来源:改编自 Black(1993)。

　　如前所述,一个事件组织的公众可能由媒体、客户、员工、股东、供应商、政府机构和所在当地社区的成员和各种各样的团体组成(Boone and Kurtz,2002)。因此,如果想要把正确的信息传递给正确的接收者,那么每一个组织辨别它自己公众的方法都变成一项个别的、特有的任务。2004 年初,利兹联合股份有限公司(Leeds United plc)开始投入运营。该公司所任命的管理者厄恩斯特和扬(Ernst and Young)努力把公司的一些资产[包括利兹联合足球俱乐部和它的运动场埃兰路(Elland Road)]卖给新的业主。有一封信送给了所有的股东,告知他们执行的结果。随信附上了一篇新闻报道的复印稿,描述了关于公司形势的进一步细节信息,包括怎样确保足球俱乐部的财务安全(Ernst and Young,2004)。这个关于两个简单的公共关系工具使用的例子——"一封信"和"一篇新闻报道",说明了怎么确定公众目标,还有什么情况下会出现公众重叠:首先,这封信只以股东为目标;其次,该新闻报道也被送往目标媒体,这些目标媒体确保了关键信息顺利传递给其他重要公众,包括俱乐部球迷、市民、企业债权人和领导机构,如 FA、第一联盟、俱乐部赞助商和供应商等。

　　由于经济和效率的原因,不大可能到达所有要求的目标公众,所以分析过程还应该包括进度计划、成本控制和优先权考虑,这样,沟通信息内容才可能被传送给每一个目标公众。如此的结果便是一个公共关系计划被整合到事件沟通计划当中。杰夫金斯和亚丁(Jefkins and Yadin,1998)随之提出一个六步骤过程,由环境分析、确定目标、辨别公众、媒体和技术选择、预算计划和评估组成。然而,为了使得整合沟通内容获得较高的评价,该过程需要进一步调整。例如,当杰夫金斯和亚丁强调辨别出整体目标和有根据地调整公关活动的重要性后,他们将能够更好地着手识别组织目标。对于整合计划,任何计划过程模型的第一步都是识别组织的整体目标,这一点是很重要的,这样,公共关系的任何具体目标才能有根据地得到调整。如果有事件管理代理被牵涉进来,计划就要随着客户目标进行调整。

　　计划过程模型和整合营销沟通方法的另外一个重要因素是,公共关系并不是独立计划的。不管它们是包括了广告、赞助商、促销、人员推销工具,还是包括公共关系的使用,都需要对沟通的方式作出挑选,这样,最终的整合传播才能符合整个营销计划的目标。如果公共关系技术能够提供一种既有效果又有效率的整合方法,则它的计划过程需要脱离评价所有沟通选择的过程。因此,图 5.3 提出的计划过程,以对组织目标的识别开始,继而是整合营销沟通方法。

　　为了确定公共关系是否能够提供沟通的方法,需要把它与其他所有方法进行评价比较。这是一个成本与收益方面的比较过程,因此在这个过程中,必须尽快作出选择,然后进行衡量比较,这样才能确定出最优组合。为了评价组合中的公共关系,有许多关键步骤需要注意:首先,需辨别出内外部公众;接着,为每个公众挑选出适当的信息以及用来传播这些信息的手段和方法,包括选择适当的大众传播媒介、个体传播媒介或者规定了测量标准的互动媒

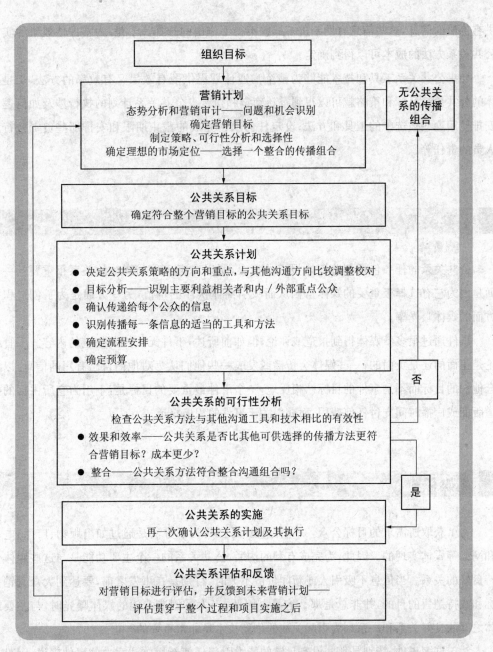

图 5.3 公共关系策划过程:整合节事营销传播中的 PR 策划过程

体的选择。在这一步中,还需要的其他信息包括,对任何打算选择的出版商、网络、广播和电视新闻等媒介的记者的语气、风格和政策的辨别,包括有关出版和广播的详情,如文章截止日期、出版繁率、发行量或者读者数量、目标读者/听众/观众概况等。研究这些领域可以提供有价值的信息,这些信息有助于进行那些不得不作出的选择。于是,为了评估效果的实施公共关系方法的成本可以得到确定。

如果公共关系工具和技术能够为整个沟通计划提供既有效果又有效率的方法,于是具体的公共关系目标和策略就可以得到重新确定和执行。公共关系计划的执行涉及如何逻辑安排使用这些被选中的工具和方法;设定任何项目完成的截止期限和安排那些负责执行的人员的责任等。

公共关系与事件

公共关系的任务包括创造媒体报道的机会,所以考虑事件与媒体的关系很重要。一方面是因为它有选择极重要的媒体搭档从而吸引商业伙伴的价值,另一方面是为了创造积极方面的媒体曝光率。

事件通过很多新媒体得到报道或评论,但如前所述,事件无法控制报道的内容。不管评论是正面的还是负面的,一些媒体会传播或发表一些他们认为对他们自己有用的信息,以符合他们的目标而不是事件的目标。相反地,一个事件最重要的目标是:不用为它所占据的报道版面或广播时间支付任何费用,而获得关于事件的积极报道。

新媒体

为了获取所需求的目标公众,一些最重要的公共关系方法是通过如出版物、广播、电视和网络等媒体实现的。因此,为完成有利的沟通,公共关系的一个主要功能是与这些媒体保持良好的关系。当信息不吸引人或新闻价值不大时,特别是在事发之前,要达到大众营销目标和支持销售的目的,并非总是那么容易。因此,当为了创造希望的媒体曝光时,与主要媒体之间的良好关系和一系列为引起关注的创新技术是非常重要的。

对于许多事件,特别是那些没有足够的能力引起任何新媒体注意力的事件来说,困难在于如何开始。新事件的挑战在于创造有新闻价值的东西和建立起重要的媒体关系。

一旦关系被建立起来,保持关系是比较容易的,但它需要维护。就如大多数关系一样,它通常采取折衷的办法,或者可能是给予你本不想给予的东西,这样能有比较好的回报。幕后信息、开放夜间入场券和商务接待都可以用于完成此目标,定期地给新媒体提供特写有助于建立私人的和组织间的关系。

选择媒体搭档是建立媒体关系的另外一个方法。从这种角度上来讲，他们是目标公众，因此事件需要通过特殊的信息来获取他们。与报社、当地电视台和广播台签定合作协议能为事件提供一整套的事前宣传活动。例如，2004 年，在伦敦的维多利亚和阿尔伯特博物馆举行的薇薇恩·韦斯特伍德（Vivienne Westwood）时装展，与英国的《泰晤士报》建立了伙伴关系。结果，一个关于门票在线预订或网络预订方面的内容，占据了 1/4 的版面，它还刊登了本次展览的一件展品的照片。另外，媒体伙伴也能为事件免费投稿，它们为事件进行实况播报和发布产品。利用这种方式，事件可以通过双方的一些协议规定获得对媒体报道方面的一些控制。然而，这里有一点需要注意的，事件越大，疏远那些与事件没有协议的媒体的风险就越大。因此，一个事件必须在签定任何要求获得独家报道的协议之前，充分估量这种风险发生的可能性，因为这种协议是有利于媒体伙伴的。

还有一点需要进一步考虑的是，把与媒体之间的关系发展成赞助商的关系，于是，再一次需要提醒注意的是，其他媒体的利益可能会被掏空。

新闻媒体获取信息的一个传统方法是通过其他媒体或新闻发布。更进一步的信息可能包括适当的计划、日程、图片、视频片段和数据光盘等。当这种信息被整体发送时，寻找新的目标媒体仍然是很重要的，新的目标媒体可以帮助获得新的预期的目标公众。如果存在更亲密的媒体关系，这种信息也可以通过个人的私人关系得到传播。

新媒体可以利用许多种方法去传播事件、沟通信息。这些技术方法可以大致地归纳为以下几种（Jefkins，1994）：

社论式广告（指常作为杂志中心插页的正式广告文字）

社论式广告要为它所占据的广告空间付费，但被设计成读起来像评论一样。因此，它未必是一种公共关系技术。然而，公共关系的撰稿能力对于制造社论式广告是非常有用的，因此它显示了不要在广告工作和公共关系工作之间产生分割的重要性，要采取整合的方法。2004 年雅典奥运会运用了社论式广告来减轻那些由于破坏性的媒体报道而产生的问题。这些报道的内容是有关推迟奥运会几个场馆建设方面的（Mewshaw，2004；*The New York Times*，2004；*The Observer*，2004），所以称赞到希腊旅游特别是在奥运会时到希腊游览的好处的社论式广告产生了。这些社论式广告在 2004 年英国《观察家》和《纽约时报》上以章节式出现，它还包括了关于这次奥运会美丽漂亮的设施建设的报道。

特别报道

特别报道是发表事件代表者，或对事件进行过认真总结陈述的署名记者文章的一次性稿件或定期专栏。如果有需要的话,报道的篇幅可以是很长的,所以允许报道有深度和有质量的信息。

提前报道

利用图片、消息和比赛等进行提前的事件报道能够提供简短的信息。例如,新奥尔良爵士及传统节(The New Orleans Jazz and Heritage Festival)利用新闻发布随时更新重要的新闻媒体,这样他们能够向作为目标观众的门票购买者传送信息。2004 年的节日,一份有关桑坦那(Santana)乐队并载有莱利·克拉维茨和斯蒂文·温沃德(Lenny Kravitz and Steve Winwood)行程变化内容的宣传物发行了(New Orleans Jazz and Heritage Festival,2004)。

发言人和专家

有些节事经理人曾经创造过强大的社会舆论,利用这些经理人的做法,是非常受新闻媒体欢迎的。当媒体想要对一个事件作出反应时,这些节事经理人会立即被招来,所以他们必须随时候命。因此,为了能够充分利用任何一次额外的曝光机会,目标媒体需要时刻知道如何快速地联系到这些人。

终局发布

重要的体育盛事总有专门的机制来发布分数、报告和总体排名等方面的信息。这种终局服务在不同的水平上都是很有吸引力的新闻。

目录

有一种专门提供娱乐向导的新闻媒体,它们提供读者所感兴趣的每日、每周或每月的目录清单。固定向这类媒体报告是非常重要的,它可能需要提供完整的事件描述。然而,当英国《乐》(Time Out)英文杂志向目标观众提供有价值的细目时,它们也提供相关的评论,正反方面的报道都非常客观。

为目标受众提供方便和制造竞争

事件产业中一个比较流行的机制就是预售事件入场券和提供商务接待,从而为目标受众提供便利和制造竞争。促销技巧,例如制造竞争可以包括事件的各个细节和售票热线,从而在事件前期促进入场券的销售。这是一种互利互惠的安排,因为安排售票或接待的媒体也希望自己能够为目标受众提供增值和服务。

创造新闻

当没有机会运用以上这些传统手段时,有一种称之为"诱饵"的方法可能可以创造有新闻价值的事件。为了吸引媒体的注意,这种方法需要对事件的各方面调研并进行有创造性的利用。

新闻媒体本身对调研是很有兴趣的。关于调研的事件会得到报道,并且在报道的同时传播重要的事件信息。所有公共关系传播手段都需要有明确的针对性,这样媒体的选择和调研主题就自然会得到最佳的选择。例如,有关市场调研的数据将针对与行业相关的媒体。又如,调查结果显示一个事件的很大部分展出者要求更为友善的用户技术,这一信息将对某相关行业非常有用,所以可能被相关媒体所关注。

制造和其他事件之间的联系是另外一种"诱饵"。即使没有正式的合作伙伴或友好关系,在与他们的沟通过程中,通过事先公共关系也可能创造与其他事件的联系。为了创造一个"诱饵",一个当地的事件某一主题或仅仅利用一个较流行的事件攀上关系来扩大影响。例如,一个村庄盛会如果充分利用与 Henley 赛舟会、阿斯·科特皇家(Royal Ascot)赛马比赛或温布尔登(Winbledon)网球公开赛的联系,它将可以获得当地媒体的报道。"2008 利物浦文化之都"即策略性地利用了与一些事件的联系,如安特里国家大赛赛马运动、利物浦国际网球锦标赛、世界读书日和 Noel Coward 作品展,所有这些事件早在 2004 年就事先发生过。(见案例分析 5.1)

案例分析 5.1

利物浦:2008 年欧洲文化之都

英国的主要城市之一利物浦,获得了举办 2008 年欧洲文化之都的权利。它的投标打败了英国的很多其他城市从而获得了举办这次活动的机会。自从 2003 年 6 月 4 日宣布以后,该事件为利物浦市的城市改造建设提供了动力支持,包括机场扩建、一条新的轻轨线、体育场和会议中心等。该市利用此次事件作为文化、工程建设的焦点,另外,还成立了一个用于驱动此次事件的新的组织——利物浦文化机构(LCC)。

LCC 的传播策略如下:

● "2008 年欧洲文化之都"的主题被用作许许多多其他不同类型、不同规模的事件的中心主题。

● 在该事件开始的前六年准备期里,每年都以"文化之都"为主题举行活动,并在2004年,推出了一系列用于庆祝利物浦的多元文化和宗教信仰的整合事件。一艘名为"友谊之舟"的轮船一直环绕着利物浦市行驶,以宣传该主题。该年以"回忆"为主题结束,那天晚上节日的灯光照亮了利物浦市一些最著名的建筑物。这艘轮船巡访了利物浦市的每一所学校,吸引了4万个孩子。系列主题之年活动显示了利物浦对公共关系权益的使用:

○ 2003年,学术庆典:标志着利物浦大学的百年历史,包括鼓励15万人去学习一门新的技术。

○ 2004年,城市的信仰:包括国教大教堂建立百年庆。

○ 2005年,海洋利物浦:包括墨西河节(Mersey River Festival)。

○ 2006年,活动之年:每两年一次的,第三届国际高尔夫球赛重返利物浦。

○ 2007年,传统节日:利物浦市的第800个生日,出版了一本新的有关利物浦历史的书。

● 开通了一个专用网站,这个网站有关于投标的过程、解释城市更新建设的目标、工程项目事件的细目和表扬来自各方的支持等方面的内容,所有这些都用于驱使获得更多的参与。

● 一本叫做 *Culturewise* 的时事通讯也被设计为目标在于提高事件的知晓度和驱使获得更多的参与。在事件的投标过程中,最初通过一个签名支持方式建立了目标数据库,通过网站和下述方式搜集了15万个名字。

● "装起你的文化"(bottle your culture)。利用名人来鼓励各种各样的利物浦市民把信息装入瓶子当中。这个主意的目的是让人们把他们对利物浦市的观点看法写下来。该主意被用于激起人们竞标的主人翁意识。

● 教育联系不仅通过学校访问,而且通过课程计划材料的方式进行整合,这些课程计划材料可以从网上下载得到。

● 形成了合作关系,一些市政机构也被整合到事件当中,包括利物浦博物馆、利物浦海事博物馆、利物浦图书馆、埃弗里曼剧院、皇家利物浦爱乐乐团、Sport Linx和泰特美术馆(Tate Art Gallery),这样他们能够在自己的活动中利用该主题,从而促进事件的发展。还有另外一些支持组织,包括英国西北旅行者委员会(North-West Board)、爱华顿足球俱乐部(Everton Football Club)、英国电信公司(British Telecom)、维京火车(Virgin Trains)和媒体搭档《利物浦回声报》(*Liverpool Echo*)等。

资料来源:Liverpoolculture. Com(2004a-d)。

第100万个客户诱饵是一个被广泛使用的创新性的手段。2008年利物浦首都文化节再一次提供了一个如何利用此手段的例子——它利用了与利物浦国家博物馆的联系及后来的

2004年3月的第150万个访问者的事件。这种方法能够利用任何数字记录,新闻媒体可以定期采用之前提到过的数字,如英国夏季运动会(Henley Regatta,Ascot and Wimbledon)上所售出的草莓、香槟、鲑鱼等消费记录数字等。2002年12月,伦敦船舶展(Boat Show)为新闻媒体提供了一张50英尺长的游艇照片,该游艇在事件发生之前被从陆地上运到Earls Court展览馆。此次事件的组织者希望通过媒体传达给群体公众的信息,包括展出日期、暂定的场馆和2004年展览场馆的变化等,这些信息通过该照片和新闻发布得到传播。再一次,可用的"诱饵"还包括已显示的数据,如消费了5万品脱的健力士啤酒。

其他创造技术包括开发任何事件能够与之联系上的善意活动。例如,通过这种方式实现的与慈善和社区项目的联系可能是很有用的。创造一个奖项,然后把它奖给一些有名望的人或至少是媒体感兴趣的人等。这些善举用于吸引目标公众,因此被认为是有新闻价值的。2004年7月,可口可乐公司发起了一场与其宣布赞助英国足球联盟有关的活动——"追求100万目标"。如果联盟中的72支球队在2004/2005季赛中,总的能够创造4 500分或者大于4 500分的记录,这100万英镑将分季度用于为每个俱乐部中年轻的、成长中的、即将成名的足球学徒们提供资金支持。这一活动把记录作为目标,以吸引球队和他们的球迷的注意,以此通过电视、广播和报纸引起媒体的报道。《泰晤士报》(2004)甚至用它自己的方法为关于这次事件的文章提供一个贴切的标题——"目标才是赞助者真正想要的"。尽管如此,并不是所有的媒体报道都能够被控制,例如当年的下半年,英国《卫报》在足球赛季的第一天报道了这样一则新闻:可口可乐公司将参加足球联赛的各个俱乐部的颜色作为限量版易拉罐的颜色,这样的想法很好,但是这个软饮料巨头似乎忘记了易拉罐是不能被带入足球场的。

事件公关工具

除了新闻、电视和广播,公共关系也利用如事件、赞助、网站和各种通过私人关系联系的方法等媒介。像大多数方法一样,这些方法也有其优劣势,这取决于对它们的利用点在哪里。

事件

如前提到的,事件本身也是一种公共关系工具,一种常见的沟通形式。它要求明确的目标公众,为相互的社会作用创造机会,这种相互的社会作用有利于加强沟通。事件在时间和成本方法上可能都是非常昂贵的。媒体发布、展览、会议、研讨会和公共咨询都是能够有效地与目标公众沟通的事件。当 2004 年 7 月,足球联赛在英国透露消息,可口可乐是它的冠名赞助商时,它也在英国皮卡迪利广场(Piccadilly Circus)通过媒体发布这一事件。这一冠名赞助商的位置,使得新闻摄影师和其他全体摄影工作人员得以在可口可乐公司巨大的荧屏广告面前,从各个组织当中辨认出典型代表来。可口可乐的广告位于建筑物的高层,该屏幕用于展示在竞争中最新投放的主题。

赞助

当赞助商是事件资金的一个主要提供者时,它也可以被用作事件公关工具。一般说,当赞助产生信誉时,这里也有公关关系的因素(Jefkins and Yadin, 1998)。有些事件经常看来是一种很奇怪的组合,一个很普遍的例子是,全国性的重要组织却赞助地方的体育队。这种赞助的目标是让组织员工深入到当地社区。不管组织有多大,一旦它开始运行,就意味着它有大量当地的重要利益相关者,而赞助能帮助其接触到那些群体。

网站

各种各样的事件通过其他组织的网站提供信息给感兴趣的公众,同时,这些网站也提供其他信息资源的链接。俱乐部、体育队、社会团体、政府组织和权力机构、文艺和音乐促销者和电影制作者也通过这种方式使用网络。它们被当作营销沟通工具使用,来传播预订信息和有关门票销售的直接订购信息。然而,它们也被用于传递历史信息、结果、实施详情和互动交流机制,如为获取狂慕者的竞争。事件网站也被媒体用于获取新闻报道,被企业用于联络信息,被股东用于了解执行结果。有些为热诚的媒体联络提供安全的接触通道。

私人关系

私人关系可以以会议、谈话甚至干涉的方式进行,或者只是在街道上拦截或给潜在消费者打电话。他们可以面对面,通过电话、视频联系,或者通过电子邮件或短信进行电子交谈。如今口头评议被认为是一种非常有价值的工作,因为它能达到一种非常私人的交谈效果,在交谈过程中有机会来说服别人,或消解反对意见。由于提供了面对面的交流媒介,这样有机会使得双方建立起关系。

为了能进行更好的目标定位,搜集适当的数据资料,使得定期与公众沟通的机会变得越来越容易。数据资料的搜集可能是通过从竞争机制或者之前的门票购买记录中搜集人员姓名和联系地址来完成的。

把口碑营销当作一种工具是一项有计划的公共关系活动。通常我们把它看作正在发生的事情，而非正在策划的宣传工具。然而，病毒性营销正在逐渐扩大，有计划地利用个体代表去创造口碑营销的机会是非常强有力的工具之一。例如，在维特力士事件沟通项目过程中，利用经过训练的代表有计划地访问酒吧，这种方法被用于创造一种事件很隐秘的感觉，然后利用那些电视节目的播出来挑起稍纵即逝却又模棱两可的解答信息。很重要的一点，该种方法只是整合传播过程中几种工具中的一种（见案例研究 3.3）。

公共关系创新

公共关系计划过程中很关键的一个步骤是态势分析。在这一步骤中，因为每一个事件都是独一无二的，所以事件的价值得到评估，吸引目标公众的注意力的优势也可能得到确认。这是创新得到发展的一步。

节事经理必须辨认出什么对事件是有独特的新闻价值和有趣的，这实际上等于节事的公共关系权益（Masterman，2004）。图 5.4 给出了如何通过对参与者、产品、项目和合作伙伴的分类，来获得公共关系权益。

为了获得权益，必须要先创造能够最大化目标公众利益的有价值的东西。公共关系的创新方法是在计划过程中获得的。为了获得有竞争力的成功沟通，对公共关系权益的辨别是非常重要的，但是利用正确的方法与正确的公众进行正确的传播这个目标也是同样重要的。

形成事件的公共关系权益的独特的各种利益为传播提供了中心点。通过利用那些能引起最大兴趣的点，能够使每个目标公众都能够获得特定的传播。

2002 年 10 月，微软的 MSN 8.0 版在全世界范围内投放，引起了全世界媒体的报道（*The Guardian*，2002）。大家对该产品期待已久，但是为使媒体能够拍得到照片，微软公司并没有做太多的宣传工作，只是利用比尔·盖茨在纽约的一个新闻发布会舞台上的照片。该舞台本身只不过是一个用来演示产品的大屏幕。但它利用公司主席来进行一次广告促销以获取广告价值。另外，那一次宣传也使用了一位著名电视明星 Rob Lowe。

F1 赛事经常利用媒体发布会来吸引媒体的注意。除了主要的赛车手和赛车所有者，关于披露新的参赛车辆和它们的最新技术的信息也能引起媒体寻求有关照片的兴趣。例如，2002 年，法拉利、捷豹和雷诺利用这种公关方法，完成了在许多报刊和杂志上的重要报道，这些报道都附有照片（Event，2002；*The Mirror*，2002）。

公共关系权益

参与者

　　艺术家、流行乐队、全体演出者、工作组和演员，不管它们是单独的还是集体的，在当时特定的时间里，对于任何一个事件来说都是独一无二的。他们的名望、威力、专业技术或者其他技术和个性。

　　　　　　例子：

　　利用一个或多个艺术家，把他们当作营销传播计划中的人物领袖或者发言人。一些特别的活动可能包括媒体的专访、特殊事件出席等。

产品

　　数量、种类和门票的有效性、商务接待及商品，不管是免费的还是要钱的。

　　　　　　例子：

　　使用脱销策略、限时销售、计量销售、独家产品、限制商品购买或参与权。

程序

　　当前观点：竞争的本质和前景，下一次事件提供的娱乐点方面，它的内容、持续时间、使用规则、技术、日期、价格，与其他产品的竞争（直接或间接的竞争），显要人物和名人参与等。

　　　　　　例子：

　　可能打破的记录、期望的重要参与者，最新技术和试验中的新规则、新日期、时间表和门票价格，势均力敌的竞争和竞争优势方面等。

　　历史的观点：事件过去的程序、竞争和所提供的娱乐方面、完成的记录和成就、数据、事实和与竞争有关的数据及事件执行情况等。

　　　　　　例子：

　　打破记录，绩效卓越，记录提供服务的香槟酒和草莓的数量，确保安全的最大数量的服务人员。

合作伙伴

　　赞助商、提供资金的股东和提供支持的利益相关者。

　　　　　　例子：

　　确认的赞助商在他们的活动过程中制造新闻。

　　支持伙伴可能包括当地或全国的显要人物、媒体、官员和名人。

　　对当地压力团体作出反应或者与评论抗争。

图 5.4　公共关系权益

资料来源：Masterman(2004)。

　　2002 年，伦敦马拉松赛（Flora London Marathon）利用一篇特别的报道作为宣传噱头。无数的报纸报道了该次比赛的最后一名参赛者劳埃德·斯科特（Lloyd Scott）。劳埃德·斯科特是一名癌症患者，他正在为白血病研究筹措资金。在比赛开始五天后，他完成了整个比赛路程。在这五天比赛过程中，他一直穿着一套深海潜水服、戴着防卫帽。事件的组织者模仿制造了一次拍摄劳埃德·斯科特完成比赛时的照片的机会，然后在照片上印上弗洛拉赞助商的身份和《泰晤士报》的标记。此次事件和照片的报道占据了好几份英语报纸的封面和体育版块(*The Guardian*,2002b;*The Mirror*,2002b)。

公共关系的评估

　　传统的公共关系评估内容包括测量媒体报道的频率和篇幅。从图5.5中可以看到一个大致的清单。几种具体的方法总结出大量评估顾客投诉率和问询率的增长或下降的机会。市场份额的增长或下降的评估也被普遍使用,但其充其量只和公共关系活动有着间接联系。评价价值影响是另外一种评估方法,但这种方法武断地对每一媒介的重要程度进分配,因此是很主观的,存有争议。

出席数据	测量事件的出席率、赞助商和参与者的数量和质量——为了和公共关系活动产生直接的联系,如果可能的话,和之前的结果联系起来。在多方面的任何改变,充其量只能间接地与公共关系的变化相联系。
相等的广告成本或相等的媒体价值	能够看起来印象深刻,因此被广泛使用。广告和公共关系起不同的作用,所以他们不能基于相同的假设进行比较。
在知名度和知名质量上的变化	意见投票可显示知晓度是提高了还是下降了,其他的调研工作可以显示理解将深度是提高了还是下降了。
媒体影响价值	需要用价值来形容媒体,然后通过报道的频率来扩大其价值。可以将较高价值的信息分配给那些对事件最重要的媒体,然后再对所有媒体进行比较。此种为相关媒体进行武断的主观价值分配使得该法不可信。
收到的投诉或咨询	那些产生疑问的报告和公共关系活动有直接关系。收到的投诉可以显示公众是怎么接收或感知事件沟通信息的。
媒体报道的频率	当预测哪个媒体最可能发布报道时,测量事件被报道次数是很有价值的指标。
曝光率和被看到的几率	出现在不止一种媒介上的文章可能被大量的读者、听众和观众传播扩大。那些媒体必须测量报道的总数。充其量这只是可能的曝光率,理解的质量和深度是无法测量的。
市场份额数据	在公共关系活动过程中市场份额可能会提高,但只能推断它们之间有间接联系。
跟踪——用于改善所需的时间	比上面任何一种都更为可信的方法是,保持记录习惯,然后对记录结果进行比较。

图5.5　公共关系的评估方法

使用最常用的一种评估方法也是存有问题的,就是很难定量地评估它在空间/时间上与广告的相比较的价值。这包括测量公共关系活动在出版物、电视和广播等媒体上所占的空间,然后计算如果它要购买这些空间的话所要花费的成本,公共关系活动在出版物、电视和广播等媒体上所占的空间分别以英寸或厘米/栏目、分钟/栏目来衡量。使用这种方法存在两个问题:首先,并没进行过真正的商谈,所以只有广告费用成本可以应用。然而,在这个行业里,广告费用成本几乎不用支付;第二个问题是广告需要为所占的空间支付费用,而公共关系活动不用,所以它们之间并没有可比性。但是,使用这种方法——换算广告购买成本(Equivalent Advertising Costs,EAC),也许能够成功地评估公共关系活动的频率和数量。使用EAC方法至少可以看到公共关系活动增长了多少还是一点没增长。

在一个投资回报率日见增长的行业里,最保险的评估方法是市场调研。为了对一个成功的公共关系活动进行有效的评估,要求使用调查和访谈的方法。例如,调查目标公众在多大程度上受公共关系活动的影响,是一个比较可信的评估方法。调查研究是一个比较昂贵的过程,所以它在这一行业里并未被普遍使用。然而,公共关系被认为是一种很重要的工具,可以证明,它是事件用于沟通目的最重要的工具,所以任何有关它的有效性程度的反馈都是很重要的信息。因此,必须进行彻底的调研工作。

本 章 小 结

在一个竞争性行业中,传播的创新方法是很重要的。公共关系的创新使用能够创造出其他类传播方法无法获得的必要的可信度,因此,无可争议地,它是一个事件进行过程中最重要的传播方法。

公共关系所扮演的角色作用超过其他所有传播方式,它对产品和销售有明显的支持作用。虽然公共关系是促销组合一个非常重要的因素,但它在传播其他沟通信息给公众方面仍比其他方法起到更大的作用,这些公众对事件的成功与否起着很重要的作用。一个事件的目标公众包括投资者、压力团体、员工及合作伙伴等,与这些公众之间的沟通不仅仅在于产品的促销方面。

创新沟通可以根据事件的属性来开展。这是一种比较客观公正的方法,它为每一传播形式、风格和内容提供了依据。另一方面,用来传播这些沟通方法的工具也有很多种。公共关系工具能够同时接触大众传播媒体和个人媒体,因此它能提供一个比较宽广的事件传播机会。传统的方法随着技术发展可以得到创新。网络沟通和未来无线网络沟通发展的希望创造了一个额外的可喜的创新机会。然而,公共关系技术的成功需要策略性地选择。显而易见,为了改变目标公众的观点而发展的沟通技术是很重要的,但它们能否成功取决于是否从战略的角度,利用正确的工具为正确的目标公众选择正确的传播方法。

问 题 讨 论

- 从任一媒介上找一重大新闻事件
  - 思考是谁发动了这一新闻,为了什么目的?
  - 辨别用于制造该新闻的技术类型
  - 分析编者的立场和确定这条新闻在多大程度上对该事件有利。
- 识别出"2008 年利物浦欧洲文化之都"活动所有目标公众类型,确认对每一公众来说最有趣的传播内容。
- 假设你是一家大型跨国展览和会议场馆管理集团的公关总监。你们公司刚接管了一家位于该国的另外一家地方场馆公司,该公司已经成立了很久了,但只是一家中型的并且面临危机的场馆公司。虽然并不是很有必要改变公司的业务,但是你又真的想要投资新的业务,希望拓展业务。然而,这样做的后果是短期内将会有一些人失业,因为组织想要提高效率和公司的竞争力。
  - 识别你重要的目标公众。
  - 你想要传播什么信息?
  - 你怎么处理员工失业问题?
  - 在短期跟长期内,你都将采用什么技术?
- 假设你是一个省级大城市的公关顾问,该市想要参加举行世界体育锦标赛的投标活动,它为体育运动和竞标一些重要体育项目准备了一个长期战略。自从 8 年前,在这相同的项目竞标中失败后,该市对城市的基础设施建设做了很大的建设改进:
  - 你需要考虑什么重要因素?
  - 你需要做些什么调研?
  - 你将采用什么技术以及传播什么信息给你的目标公众?

参考文献

Black, S. (1993) *The Essentials of Public Relations*. Kogan Page.

Boone, L. and Kurtz, D. (2002) *Contemporary Marketing 2002*. Thomson Learning.

Clow, K. and Baack, D. (2004) *Integrated Advertising, Promotion, and Marketing Communications*, 2nd edn. Pearson Prentice Hall.

Ernst and Young (2004) Letter to all shareholders of Leeds United plc, 19 March, 2004.

Event (2002) 100% Renault. March.

Fill, C. (2002) *Integrated Marketing Communications*. Butterworth-Heinemann.

Football League, The (2004) Breaking News/League News www.football-league. premiumtv.co.uk (accessed 30 July, 2004).

Guardian, The (2002a) MSN8 Launch. 2 November.

Guardian, The (2002b) Flora London marathon. 20 April.

Guardian, The (2004) The soft drinks giant Coca-Cola, to help celebrate their sponsorship. . . 7 August.

Irwin, R., Sutton, W. and McCarthy, L. (2002) *Sport Promotion and Sales Management*. Human Kinetics.

Jefkins, F. (1994) *Public Relations Techniques*, 2nd edn. Butterworth-Heinemann.

Jefkins, F. and Yadin, D. (1998) *Public Relations*, 5th edn. FT/Prentice Hall. Ch 5.

Jobber, D. (1998) *Principles and Practice of Marketing*, 2nd edn. McGraw-Hill.

Liverpoolculture.com (2004a) www.liverpoolculture.com/newsletter/2004/index. html (accessed 31 March, 2004).

Liverpoolculture.com (2004b) www.liverpoolculture.com/get-news-and-events/ faith-in-one-city.htm (accessed 31 March, 2004).

Liverpoolculture.com (2004c) www.liverpoolculture.com/get-news-and-events/ friendship.htm (accessed 31 March, 2004).

Liverpoolculture.com (2004d) www.liverpoolculture.com/get-the-lowdown/ byc.htm (accessed 31 March, 2004).

Masterman, G. (2004) *Strategic Sports Event Management: An International Approach*. Butterworth-Heinemann.

Mewshaw, M. (2004) Olympian orphosis. *The New York Times Magazine*. 7 March.

Mirror, The (2002a) Irvine's axe threat. 5 January.

Mirror, The (2002b) Worth the weight. 20 April.

New Orleans Jazz and Heritage Festival (2004) www.nojazzfest.com/pr (accessed 8 April, 2004).

New York Times, The (2004) Greece advertising supplement. 7 March.

Observer, The (2004) Greece: Going for Olympic Gold. 29 February.

Pickton, D. and Broderick, A. (2001) *Integrated Marketing Communications*. Pearson Education.

Piercy, N. (2000) *Market-led strategic Change: Transforming the Process of Going to Market*. Butterworth-Heinemann.

Resident Advisor (2004) www.residentadvisor.net/news.asp?ID=5432 (accessed 18 November, 2004).

Times, The (2004) Goals are the real thing for sponsor. 29 July.

Wilmington Blue Rocks (2004) Marketing partnership opportunities. www. bluerocks.com/MKTG%20Brochure%202004.pdf (accessed 18 November, 2004).

Wirthlin Report (1999) Current trends in public opinion from Wirthlin Worldwide. March, 9 (3).

Yeshin, T. (1998) *Integrated Marketing Communications*. Butterworth-Heinemann.

第 6 章

电子营销传播

学习目标

■ 了解使用新的电子媒体对各种事件传播的帮助；

■ 认识到网络作为一种面向大众和个人的媒介的重要性；

■ 理解新媒体、新的传播方式的使用方法和局限性。

引言

大部分的电子营销传播方法均可以与各种传统的传播方法相配合，例如网络可以作为大众广告的另外一个媒介，又如电子邮件为直复营销提供了一种更为经济的投递方式。随着人们对于电子工具和媒体的使用量几何数级增加，并且根据需要日益增强电子媒介的复杂性和先进程度，需要对电子营销传播作深入的探讨。

本章主要介绍电子营销传播是如何为针对实际消费者的节事营销创造良机的。网站可以通过展播一个活动事件的录制影片来延长事件的寿命，为整年的销售提供机会从而建立起消费者的忠诚度。此外，网站上的售票装置也会吸引相当多的注意力。这些影响不仅覆盖整个事件，同时也会带来另一种来自世界的另一端的虚拟市场的收益趋向。因此，可以说网络模糊了产品、促销活动与分配之间的界线，促进了高度创新性的事件营销战略的产生。

交互性、精准的目标市场容纳量以及相对较低的成本是电子媒介所具有的优势。这些优势让这种新媒介在传统媒介的竞争压力下得以逐渐发展。而当营销者将电子传播工具与传统传播的方式配合使用，为事件提供额外的内容并强化一致性信息的时候，营销者会获得更大的收益。通过这种协同作用的方式,每一个工具都产生了更大的效益。

下面的内容将向大家描述那些可以被应用到事件产品中的电子营销工具,并针对其用途及优缺点展开讨论。

网站与"产品宣传册软件"

一个节事组织的网站会根据目标受众群的不同设立不同的功能。这些功能主要是指那些提供给职员、投资者、赞助商、调查员以及现存或潜在消费者的信息源。网站通过一种互动的方式来传播关于组织及其所提供的产品的信息。这种互动方式实际上就是网站让网络用户收集他们想要访问的信息类型,并在必要时实现组织与用户之间的对话。现在有很多网站上的内容只不过是一些产品宣传印刷品的图片。实际上,为了充分利用网络的独特性,一个网站所应涵盖的信息要比之前所提到的要复杂得多。它不仅要有针对不同目标受众的兴趣而时常更新的产品信息,还要通过多媒体的图像、文字和声音来展示这些信息。从访问者那里收集信息,回答咨询的问题以及确认订单等方式都可以用到网站的交互性的特点。建立起一个行之有效的网站可以吸引来一些忠诚的访问者,这些访问者会时常回访网站以获得新的信息。这也许并不意味着这些访问者会忠诚于这家公司或者这个公司的产品,但是这种现象表明一种可能会在将来发生作用的公司与访问者之间的关系已经被建立起来了。

在事件中的用途

一些主营创造性事件的组织通常会在自己的网站上运用产品宣传册软件来展示他们的服务。网站的内容通常包括在产品宣传手册中提到的服务内容、活动细节等。此外,网站还会通过展示照片、视频剪辑、客户列表证书以及客户网站链接等方式来提供相关服务的详细信息。对于那些需要这类服务的人来说,产品宣传册软件所提供的信息已经足以吸引他们来访问该网站了;但如果该网站还想吸引那些没有意识到需要这样服务的人的话,它所提供的内容是远远不够的。具体的操作方法要根据事件的具体情况来分析。比如说,一个组织专长于团队建设和内部激励事件,它就会在网站中提供相应的信息来证明其进行团队建设和动机研究的重要性,即日常更新一些报刊和学术界方面关于工作动机方面的文章以及一些获得成果的实例。这种具有附加价值的信息必须具有高度的客观性。并且为了保证其可信度和长远价值,此类信息应该让人读后感受不到商业促销的影子。又如,一个网站的虚拟服务系统会提供一些细节化的服务,包括一些网站对老顾客的实例研究以及在线咨询等。

网站还通过"组织事件的 10 个步骤"的网页来为事件组织提供建议。针对动态的事件,网站设立 VIP 特区提供给注册客户一些可下载的讲演、照片、事件后反馈等其他额外的服务。

展会的组织者和会场主办方用模拟"虚拟的展会"的方式向参展商和参观者展示他们的成果。在这里,展会已经通过一种在线的方式而被再创造了,并且会被当作一种真实存在的东西而被大众感知。这种电子展会已经开始逐渐取代现实意义上的展会。在本书的第 11 章中将会具体阐述这方面的内容。

事件会场主办方的网站满足一些独特的利益共享者的需求。这些利益共享者涉及过去的和潜在的参观者、参展商、赞助商、促销商、参演者以及媒体。参观者需要获取"这里正在展示什么?"的信息;促销商和参演者既需要知道一些与该事件相关的以往和即时信息,还需要了解场地的位置、容纳量以及场地设备的情况;媒体需要获取最新的新闻发行物的信息;潜在的赞助商则需要获取关于目标受众、赞助额以及利润等方面的信息。因此,为了满足不同的需求,任何一个会场主办方网站的主页都要引导相应的访问者访问合适的区域,要确保网站的链接可以给每个访问者他们所需要的信息。对于参观者来说,他们经常访问网站以了解最新的事件项目信息。他们是剧院、音乐厅以及会展中心的目标市场,并且经常会形成购买行为。对于这些用户来说,网站应把设计重点放在如何让用户更为便捷地搜索到关于日期、事件类型以及事件项目中的信息内容上。此外,网站上的信息还应包括对事件的描述、回顾以及对于参演者和事件参加者的访问等。除此以外,另一关键点是在线购票装置。一项关于体育产业的研究报告指出,该产业对于网络营销的交互性方面极不重视。在在线的消费者与销售者之间关系建立方面,特别是在线售票系统方面,体育组织远落后于其他娱乐产业(Brown, 2003)。

网站应特别注重网站上链接的实用性和趣味性。这些链接也许不会直接鼓励购买行为,但是它们确实鼓励消费者重复访问并乐于访问网站。例如,一个剧院的网站也许会有一些其他正在上演剧目的剧院的链接或一些艺术社团的链接,甚至还有一些同一地区的其他会场主办方网站的链接。尽管这些链接可能会造成同业竞争,但通过制定行业内的互惠协议方法可以有效地把彼此的竞争者转化为合作伙伴,促进整个市场的发展。网站通过支持消费者进行搜索信息、比较评估信息可以培养消费者的忠诚度,从而使得消费者乐于访问网站,对该组织产生好感。

凭借一定数量的网站,很多事件都可以在网络上进行。比如说,欧洲一个非常有名的乐团的链接可能同时被节事组织者/促销商的网站、会场主办方的网站以及参演者的网站列出来。这些链接并不需要增加新的内容,都只是一些雷同的内容而已。确保事件中所有相关的网站都向外界提供一致的有效的信息是网络营销传播应当注意的一点。

总的来说,一个好的商业网站主要具有以下几个特性(Hart, 2003):

1. 网站具有一个清晰的战略目标,同时这个战略目标还适用于其他的传播方式;
2. 根据消费者的不同来选择网站的内容,并划分不同的区域给不同的消费者;
3. 针对不同的用户群制定网站内容,并定时更新有价值的内容;
4. 加强网站内容的管理,确保动态信息,防止网站一成不变;
5. 数据质量管理;
6. 专业化的设计,突出使用一个固定的企业形象;
7. 高度交互性和功能性,从而保证消费者能与组织中的关键人物的相互沟通;
8. 易于操作,并可以快速地下载日常可用的测试;
9. 用电子传播战略完善网站;
10. 对于网站进行有效地营销。

优点

对于节事组织来说,网站是一种可以获得更多的目标受众且相对廉价的媒介。如今网民的数量正迅速增加并在人口组成上日趋国际化。网络是影响着旅游事业的发展主要因素之一。体育迷、节日观光客以及会议代表们可以很便捷地在网上获取全世界范围的旅游公司的信息。

网站被广泛应用的另一点原因是,营销者可以直接对网站的效用进行评估。网站上的软件不仅仅可以用来计算访问网站的人数,同样也可以通过了解访问者使用网站的方式,即他们从什么地方点击进入网站,他们在网站上点击了哪些链接等,来勾画出一个完整的访问者。一种广泛应用于网站上的小程序(cookies),可以确保让进入网站点的每一个访问者在他们浏览网站时能够获取到他们所需要到的个性化信息。网站还通过在线竞争、信息咨询以及要求用户在注册网站时提供信息等方式来收集消费者的信息,并把这些信息运用于其他的传播方式中去。组织营销者通常会发现在非售票事件中,维持与参观者之间的联系会比较困难。这时,组织营销者可以在网站上放些照片来鼓励参观者访问网站,这些访问者需要留下联系方式才能下载他们的照片。

与传统媒体相比,网站的另一个优势就是它的灵活性。传统媒体通常要花数月的时间来更换内容,而一个网站几乎可以在瞬间完成它的信息更新或修正,及时地对时事问题作出反应,提供即时照片并对用户的提问作出回答。

通过网站的电子商务设备、预售票系统、网络社区、聊天室、系列问答以及在线现场直播等方式可以充分利用网络的交互性。用户可以自主决定是进行即时互动,还是通过在线的数据收集来享受个性化的服务。

如果将网站与其他的营销传播方式相结合,这个网站的经营必定会成功。例如,利用诸如标题广告、网站链接、广告活动以及售卖印刷有网站地址的产品等线上和线下的方式来鼓励浏览者访问网站。通过广告活动和对相关内容、下载、游戏以及竞赛的销售推广,网站可以被利用到更多的事件中去。那些经过用户的许可,在网站上收集到的消费者数据可以应用于直复营销活动,而网站上的内容可以服务于公共关系目标。这里举一个实际的案例。在塔斯马尼亚州(Tasmania,位于澳大利亚)的温亚德(Wynyard)举办的郁金香节活动中,举办者运用了许多科技手段来为其网站创造利益,并且把网站与活动的其他方面结合了起来。通过在网站上展示一株郁金香的生长过程,网站吸引了许多访问者的回访。同时,网站在在线购物装置的帮助下,在网上出售种植在林阴道旁的郁金花丛的郁金花鳞茎,以此进一步增加了事件的关注度。此举同时也从世界范围的目标市场中筹集到了资金,即便这些目标市场中的一部分受众并没有真正参与到郁金香节当中来。为了赢得利益,吸引参观者注意力以及获得访问者数据,网站还使用了在线竞赛的方法。网站的内容还与其他常用的营销手段广泛整合——这些常用的手段包括体验式的电视运动、城市标志、电视、广播、报纸特刊以及在飞机场内分发郁金香等。在重塑品牌形象"盛开的郁金香"的节日活动中,所有的活动都与网站结合到了一起(Wynyard Tulip Festival,2004)。

网站营销的一个重要的优势就是可以与其他传播方式结合并产生附加值。

一个结构合理、易于访问的网站,可以贯穿于一个潜在消费者从需求认知到实际购买,再到购买后的放心以致最后成为忠诚消费者的整个决策过程的所有阶段。例如,爱丁堡的国际音乐节的网站为访问者提供试用版的视频剪辑从而创造可能的娱乐需求,并且在整个音乐节事件范围内提供大量的资料供访问者选择。网站上的这些信息都可以通过在网上搜索相关的日期、时间、艺术类型以及艺术内容来获取。音乐节的票可以通过网络进行购买,并且购买过票的参观者可以发表他们自己的意见和评论,阅读其他人的评论以及浏览音乐节的照片。网站的这种多功能的特性使得网络营销成为一种独特的传播方式、一种非常强有力的营销工具。

劣势

虽然网站作为营销工具有很多优点,但其缺点也不应该忽视。一个网站,无论它是属于哪一种技术领域,都不能被用于取代其他的传播手段,或者是作为一种减少使用其他类型的媒体的借口。这主要是由固有的媒体和消费者的购物习惯所决定的(Reedy et al. ,2000),也是由一个成功的网站仍需要依赖于用户的访问这一事实决定的。因此,组织需要利用其他线上和线下的媒体来推广网站。也正是基于这个事实,网络营销至少会在短期内增加整个传播活动的预算。尽管网站本身的成本比较低,但是那些被用来吸引访问者来访问网站的附加成本确实相当可观。

组织需要对网站进行日常维护，经常性地更新和修改网站上的内容和特别报道。那些一成不变的过期信息和内容会对组织的形象造成负面影响。因此，如果手头的资源不足以维持一个网站的话，组织最好积累到足够的资源后再建立网站。在必要的时候删减网页也是非常重要的。有时一些去年的相关信息可能会给今年的潜在代理商们带来误解——这时就需要删减涉及相关内容的网页了。许多地方当局的节事网站每年都会为他们的节日庆典活动增加新的网页，且往往忽略了删减旧的网页。这些过期的信息很容易被潜在消费者从网上搜索到，而潜在消费者则可能会因为这些过期的信息而对事件产生误解，认为其不够专业。

网站是处于公众范围内的，因此放在网站上的所有信息（除了那些需要用户注册才能获取的）可以被任何人获取。这带来了一种比通常意义上更为开放的商业哲学，并且以更积极的姿态来面向消费者和员工。但是这一点同样意味着竞争对手也可以通过浏览网站获取那些在制定战略上有用的信息。因此网站应当重视一点的是，在向那些需要信息的人提供开放而又诚实的信息的同时，要慎重考虑是否要提供敏感信息。一般观点是，对于那些主要客户是企业的事件组织者的网站来说，价格信息通常是敏感信息。这类的网站也许很乐于向公众提供他们的事件想法，甚至提供那些可能被竞争对手利用以占得先机的商业计划和未来战略。一般来说，总的战略意图不需要特别细化，但是在战术策略方面，如价格和产品的信息，却需要尽可能多地提供给客户。这些战术策略对于竞争对手来说用处不大。即使是已经预订好了产品，网站上也只会根据具体事件的担保和总比率给出一个含糊的价格标准而已。而那些主要客户是个人消费者的事件公司则通常会在他们的网站上列出价格表以促进在线预订。不管怎么样，这并不适用于所有的事件产品。如那些事件网站往往会使用一种带有"签约并付款"提案的赞助商协议细则，而这种协议细则的内容要比实际上所应有的内容要少得多。

因此，网站的缺陷之一就是会被竞争对手利用，成为竞争对手的情报来源。但与这一点相比，网站更大的一个劣势就是它展示的是组织者自己的产品，而不是大量的相互竞争中的此类产品。在网站搜索的消费者是很容易访问不同的网站，比较并加以选择的。对于很多早期的网络公司来说，网站的这一劣势引发了价格战并致使很多原本成功的公司以失败告终。不管怎么样，这一点要求组织需要发展和传播一种可承担的竞争优势，这种竞争优势是基于产品或服务本身的，而不是建立在价格基础上的。那些以利基营销、专门化市场、创新、质量或者服务水平为基础而建立的竞争优势比较容易维持，相对来说，更能承受来自其他方面的竞争压力。

网络中存在的大量而又全面的信息会对网站上内容的影响力造成影响。由于在网络上，是由用户自己来选择信息，因此，与传统媒体相比，网络上的这种信息冲突造成的影响简直不值一提。但除此以外，网络用户通常是变化无常的。他们不会把宝贵的时间花在乏味的网站上。他们忙于下载并可以从容地在网络上操作。主页的设计重点应放在吸引用户的注意力并说服他们访问更多的网站信息上。

尽管网络具有可以覆盖广阔的国际市场的优势，但也正是这一点会带来如何确定必需的受众的问题。这个问题可以通过仔细地选用选择条件列表以及与其他网站的链接，运用网络目录来解决。这些内容将会在本章的后半部分进行详细的阐述。

最后一点忠告是关于网络的无政府主义。在网络上并没有像其他媒体中固有的监督网站内容真实性、可靠性以及社会道德的实体存在。在网络上，网络公关与口头信息有了更为密切的关系，而这些都会影响网站的内容。在不经意间，在网站拥有者还没有察觉的情况下，网站上的一些具有攻击性的或者误导性的内容就会消极地影响网站的访问者。一些真实的例子就是：有些网站的目标受众是成年人，网站上的内容就会有些偏成人化的东西，但是这些网站有可能被未成年用户浏览。例如，一些针对音乐事件的网站，可能会让表演者以性感或者暴力表现方式来体现歌词的内容。因此，针对这些事件，网站需要在相关内容上适当地加上警示性方面的内容。

其他网络工具

除了利用网站，网络还提供了其他的传播方式。一般的形式就是网络广告及包含了很多其他网站链接的门户网站。网络广告运用了大量的技术手段，其中包括标题广告、弹出式广告以及直接点击式广告。它也包含了利用搜索引擎列表和目录从而鼓励访问者访问网站的方式。更进一步说，网络为那些以联合或联盟网站、推荐网站以及在线代理人或者电子股票买卖的方式形成的合伙营销创造了良机。

在事件中的用途

网络广告的主要目标是引导人们访问网站。策略性网络广告可通过载体网站和目录的精细选择来确保合适的目标受众。这些广告，不管是弹出式的、标题式的还是链接式的，都具有可以让用户直接点击进入网站的直接响应特性。尽管线下的推广也可以鼓励访问者访问网站，但是其效果远不如这种突然性访问的效果好。不管怎么样，直接响应数字电视确实已经配备了这种功能。

事件的组织者会利用很多其他网站来为他们的产品做广告。这类商业网站主要包括诸如会场主办方的、承办方的，地方的、全国的乃至全球的旅游网站的票务代理的、贸易团体的以及政府代理的网站。以 Ticketmaster.com 网站为例。网站为大量的事件刊登标题广告，如为音乐会展览刊登企业联合广告等。英国的 Ticketmaster.com 还会刊登软文广告，为特定的展会提供公众宣传信息，并为旅游公司及信用卡公司提供边栏广告。

这些网站对于那些诉求面比较广的事件来说是很有用的，但是标题广告和弹出式广告往往比较昂贵而且通常会被访问者忽视。对于许多事件组织来说，更为常用的在线推广方式就是运用目录和搜索引擎来鼓励访问者访问网站。通常情况下，这样做比在一个大众网站上做广告要便宜得多，而且能更好地聚焦于他们的目标市场。目录可以圈定类型和范围，包括地方性商业目录、旅游指南以及某个特定行业的国际贸易目录。例如，Medicalconference.com 网站会为全球范围内的同类型会议制作一个专门的网站，并且为任何想要注册其事件的会议组织者提供免费的公众信息。另一个关于目录的例子可参见图 6.1。

成本

网　页	大小	×1（$）	×3（$）	×12（$）
主　页	300×60		1 350	4 000
组织者	300×60		1 100	3 250
服务供应商	300×60		825	2 475
时事通讯赞助商		500	1 400	4 500
时事通讯名录		350	950	3 150

注：上述的广告尺寸大小是按照像素的宽高比计算的。通常是按月计算。价格单位为美元。
给广告商的特别附赠：广告商主页的链接(仅限在线广告)，免费在 exihibitions-world.com 上刊登广告商名录。

读者分析		区域分析	
贸易和行业决策者	32%	欧　洲	33%
市场营销主管	25%	北　美	29%
制造商	19%	泛亚洲	26%
会展组织者	9%	中　国	10%
贸易和行业社团	7%	其　他	2%
信息中心	4%		
外国商务办事处	2%		
产品经理	2%		

图 6.1　国际在线目录实例

注：全球会展(Exhibitions Round the World)是一个涵盖了 100 多个国家的 6 000 多个展会内容的搜索目录——既可以提供印刷版本也可以提供在线版本。对于贸易展览的访问者和展商来说，它是一个参考工具。它为组织者、会场主办方以及展会服务供应方提供了推广的平台。

资料来源：www.exhibitions-world.com。

搜索引擎也会提供类似"特色网站"的付费广告。"特色网站"主要是指当用户在搜索条件中输入了"广告字眼"的时候，一些付过费用的网站链接会出现在搜索结果列表的较为显著的位置。这种广告相对比较昂贵，但是对于那些刚刚建立的网站来说非常有用。这些购买搜索条件的行为带来的额外收益就是网站只需为点击付费（用户在列表上看到并点击进入网站）而不需要为他们反复被浏览的次数付费。因此，搜索引擎营销（search engine marketing，SEM）需要将对用户搜索行为的理解从网站的设计角度移向网站的营销角度（Smith and Taylor，2004）。

通过搜索引擎获取原始列表信息的技术或搜索引擎最优化（search engine optimization，SEO）已经成为一种商业代理活动。这种商业活动是通过利用各种不同的搜索引擎方式进行搜索并最终形成结果列表的独特的网站设计来实现的。搜索引擎供应商会不断地精简他们的系统，以防止一些网站通过不道德的手段来使自己的网站出现在列表的顶端。比如说，在划定搜索网站的范围时，其较为注重的重要因素之一就是一个网站链接相关网站的数量。搜索引擎供应商会反感那些满是链接的、相互链接从而会引发大量无相关性链接的网站，并把此类网站从搜索列表上删除。但是，鼓励组织者在网站上展示相关的、有用的链接仍是可持续性网站管理进程不可分割的一部分。大部分的网站都会免费展示那些对他们的访问者有价值的或者已经链接了该网站的网站链接。这个过程的另一个方面就是要减少网站上的无关链接。一些较大的组织会通过法律的手段来进行管理以防此类问题的发生。但是，这一点仍是很难进行遏制的。以环球工作室（Universal Studios）为例，它已经有效地阻止了其他网站直接链接其网站的电影剪辑和图片，但无法阻止其他网站添加他们的主页的链接。

你只需在链接后面输入搜索引擎的网站 URL（Uniform Resources Locator，在 Internet 的 WWW 服务程序上用于指定信息位置的表示方法），通过检查链接到你的网站上的网站的数量和类型，就可列出所有与你的网站相链接的网站。比如说，输入 link：www. mardigras. ory. au，会显示出添加了悉尼狂欢节主页链接的网站共有 121 个，其中包括旅游公司、同性恋网站以及预定住宿的网站。通过谷歌（google）搜索爱丁堡的国际音乐节，显示有 540 个网站添加了该网站主页的链接，其中包括旅游向导、媒体、酒店以及有独特兴趣的音乐和艺术类网站。

尽管有很多种因素可以融合进网站的设计当中，以使网站可以在搜索引擎结果列表中获得一个较好的位置，但大多数的搜索引擎网站也在逐渐完善自己以识破各种不道德的诡计并会对那些采取不正当手段的网站加以处罚。因此，"内容为王"就成为了黄金原则。如果网站的内容合适，那么其在搜索引擎上的位置自然就会好些（Grant and McBride，2000）。

在做网络链接和网络广告的取舍时，往往会用到推荐网站。组织会选择一个在事件中可以聚焦理想受众市场的网站,并通过协商出售推荐链接。每个链接是通过单个用户点击进入事件组织者网站的次数来计算收费的。通常情况下是按照点击次数或者实现购买行为的次数来进行计费。这种类型的推荐协议鼓励相关的链接网站把链接放在更为醒目的位置,以此来鼓励访问者访问网站。并且组织仅需要为有效的点击付费,这样的话可以大大削减成本。如一个事件网站的推荐链接可能会出售给住宿或旅游供应商、特殊兴趣团体或网站的其他事件。

为了更好地利用在线目录和代理商,较小的节事组织可能会选择加入一个网站的合伙营销或者类似的相关组织的网站,而不是建立自己独立的网站。这种选择对于小型节事组织来说不仅降低了成本,而且通过这种让访问者在一个地方可以方便地获取一定范围内信息的方式也提升了小事件组织自身信息的含金量。在线的事件票务销售也可以为事件的推广带来良机,提供一定的信息。现在有很多在线的票务代理商。他们的服务要么是由消费者支付一定数额的钱作为票务加付款,要么按照票价的百分比来收取服务费,或者是兼而有之的。在 B2B(Business-to-Business)的事件中,很多贸易团体会在网站上为他们的团体成员提供网络平台。

优势

网络,作为一种广告媒介,其有利的方面在于可以通过删选刊登广告的网站来精确地聚焦目标受众群。一般情况下,通过在线广告、网络链接以及推荐访问者访问网站等方法可以在一定程度上控制和监督网络上的目标市场,从而克服网络缺乏目标性的弱点。

网站的公制程序①(metric program)可以通过简单的计数等方法来表现在线用户的行为。组织者可以通过运用不同的网站公制程序对在线广告的效用进行监管。

与传统媒体传递的信息相比,反感媒体的消费者更信任那些他们从搜索引擎上得到的完整的搜索结果列表,以及那些来自值得信任的网站上的链接。因为这样出现的信息看上去更为客观,而不是充满了推销的意味。

拥有网站链接、具有推荐性和共享性的网站,作为一种更为有效的削减成本的手段,同时也可以帮助组织构建有价值的合作关系。

最后一点,通过出售组织自己网站上的广告空间和链接,还可以补贴设计和维护网站方

---

① "公制",是一种单位制度,通常是十进制,在计算机/通讯行业中,计算数据传送速度也使用每秒传送公制数据量来计算。公制程序就是基于公制数据来编制的程序,通过这些程序,网站能够监控网站的访问者的一些行为,从而有效地监管网络广告的效用。——译者注

面的花费。

劣势

在线广告主要的缺点之一就是,作为一种由用户自主选择信息的媒体,这种主动出现的广告往往会被认为是惹人讨厌的,特别是弹出式广告。目前,网络上对于弹出式广告的使用呈下降趋势。弹出式广告会延迟访问者对于网站的访问,比较难关闭并且会妨碍到网站上其他信息的传达。这时,访问者也许不只是对广告本身失去耐心,可能也会对整个网站失去耐心。因此,如今很多网站都不再使用这种类型的广告了,而是把广告范围限制在标题广告和富媒体广告①——这些可以与网站内容更切合的广告类型上。这样做表面上也许会少一些由于弹出式广告而带来的网站点击率,实际上却增加了那些因为真正对网站内容感兴趣产生的点击。

网络广告另一个不利因素就是,它会导致大量廉价或者免费的供给网络用户使用的广告阻拦软件的出现(O'Connor and Galvin, 2001)。这种软件可以阻拦弹出式广告并删除标题广告中的广告内容,阻止标题广告的显示。网络用户可以从中获益,因为他们可以省去下载图片广告的时间。但是对于网站的广告代理商们来说这可不是个好消息。他们在传播预算中对网络广告的花费越来越多,结果这些广告却可能从未被网民看到过。

网络公关

网络除了作为一种广告媒体以外,也应当作为公共关系的一个重要平台,被运用到传播方案当中。

在事件中的用途

特别报道、评论以及围绕组织和事件所发生的新闻通常都应当以一致的方式提供给其他网站,就如同面向报纸、电视和广播媒体的一致性一样。这些网站会把信息加进他们的网站内容中去,使得网站更具曝光率、趣味性和可信性。新闻中,组织网站应当具有一个固定

---

① 现在许多网站,为了吸引目标受众,用"富媒体广告"来代替传统的弹出式广告,网站在网页中间幻化出或美轮美奂、或出其不意、又或是妙趣横生的广告画面。"富媒体"是一种不需要受众安装任何插件就可以播放的整合视频、音频、动画图像、双向信息通信和用户交互功能的新一代网络广告解决方案,具有高点击率、高转化率、高访问率等优点。——译者注

的形象,还需要包含来自所有现行媒体发行的相关新闻中的信息。这样的话,这些新闻就会在访问者中产生额外的价值。

为了确保告知相关的公众并使曝光率和影响力最大化,组织需要发展维护相当数量的网络媒体。这如果仅仅是指传统媒体(报刊、电视频道等)的在线版就显得没有必要了。组织需要的是更广的触及率,可覆盖到其他事件相关组织网站的网络媒体。这些网络媒体包括文艺体育类团体、城市导游、教研机构、展馆、俱乐部以及客户的网站等。网站需要将那些关于企业成就、员工活动以及事件本身的新闻尽可能多地发布出去。网站可以通过组织内部生成信息或者浏览已有的媒体来收集信息。比如说,一个刊登在本地报纸上的对事件有利的新闻可以通过在网络上的传播来实现全球的曝光。网络媒体上信息的发布规则与日常公共关系中运用的规则是一样的,只是需要在适当的时候加入一些多媒体的内容而已。

优 势

像传统媒体一样,网站写手们仍一直在寻找可以为网站增色、提高点击率的内容。因此,那些拥有合适受众群的媒体发布方就尤为受网站欢迎。并且一旦这种关系建立起来,网站将积极地选择合适的媒体发布方。

网络公关的一个主要优势就是,信息可以在瞬间实现上传,传达给全球的受众。在这里,没有因印刷制作而产生滞后的时间,因而新的信息自其产生后即刻便可以被上传,不需要再花费额外的成本(Ihator, 2001)。这一点在抢占先机、对抗负面宣传的时候尤为有用。

任何媒体发布的内容都会包含一个相关网站的链接,以便获取更多的信息。这个链接同时可以被用作提高网站的访问量。这样不仅可以鼓励新的目标市场,而且可以再次刺激曝光率和兴趣的增长。

劣 势

公众信息的劣势之一就在于组织对于额外的内容缺乏控制力。比如,信息可能已经以一种可直接套用的形式提供给相关网站了,后来却发现还需要进行编辑,还需要加入很多其他的内容以使得信息更具客观性。这种后续的工作会增强网站作为信息来源的可信度,但是这样做同样意味着信息中可能也会包含负面宣传。这种问题在传统媒体中也会遇到,但是网络的无政府性和未过滤性会使得问题更加恶化。对网络上发布的关于组织和事件的信息加以监督和控制难度非常大。组织想要阻止虚假的流言蜚语的出现是不可能的。因此,监督者需要对这些虚假信息加倍重视,并在必要的时候,尽可能快地通过有公信度的网站向每一个目标受众对虚假信息作出反应。

■ 电子邮件营销

目前,利用电子邮件来与潜在和现存消费者进行相互交流的营销传播组织正以指数级的速度增长。如今,几乎大部分的国际性节事公司都采用电子邮件这一方式,并且世界范围内大多数国家的大部分人都可以通过他们的工作或者家庭的电子邮件地址来联络到。电子邮件营销往往会和网络营销联系起来。用户访问网站、注册网站、回答信息问询或者在线提问、预定产品等行为都会形成用户与网站的互动,这也促成了网站向用户发出第一封电子邮件的内容。不管怎么样,可以在相互接触的任何一个环节向目标受众询问电子邮件地址,如参与促销活动及平时的组织与用户的例行接触等。

由于电子邮件营销会面向每一个目标受众传达个性化的内容,因此它可以被看作是直复营销的一部分,是直复营销中对于电子媒体的运用。

在事件中的用途

很多节事营销者会利用电子邮件来联络具体的事件参与者,发放事件信息并获得反馈。为了进行电子邮件营销,节事组织者需要得到用户的电子邮件地址,并获得通过该地址与用户取得联系的许可。获取那些进行过网站注册的用户的电子邮件地址并取得相关许是很容易的,诸如在线购票者及组织事件的客户等。但是如果那些人是自己购票的或者通过电话购票的,抑或是这个事件就是非售票事件的话,获取电子邮件并取得许可的工作就显得难多了。这种情况下,组织就需要运用其他方式来收集电子邮件地址。例如,在事件中会拍摄一些数码照片,那么作为对参与者给予电子邮件地址的回报,可以将参与者的照片放在网站上展示。又如,在促销中往往会用到比赛这种形式,网站可以利用电子邮件来向获奖者通知领取奖品。如果用户允许组织通过这种方式与他取得联系的话,这些被收集到的电子邮件地址就可以被用以营销的目的。之后,组织还需要让用户选择是"决定加入"还是"决定退出"来给予发送许可。如果用户选择了"决定加入",网站还会经常性地发送邮件来询问是否"决定退出"。在很多国家,这个步骤不仅仅是出于法律上的考虑,也是出于要与用户建立良好的关系的考虑。那些非客户索要的邮件会让潜在消费者对产品产生反感。就算有些用户原本选择了"决定加入",他也可能会忘记这回事,所以需要经常性地发送确认邮件。通过向用户发送一封关于评估以往事件的电子邮件,组织可以获得用户的发送许可,并可利用这一点进行电子邮件营销。但是,参与者向组织方提供他们的电子邮件地址并不意味着他们允许用这个地址来接收非索要邮件。

成功的电子邮件营销会采用详细的目标信息来确保邮件接收者只会收到他们所感兴趣的信息。其中还包括使用图片和音效来吸引接收者的注意力。但是在营销中要慎重使用这些手段，因为这对文件的类型以及公司附件过滤功能都有一定的要求。网站要对那些索取信息、寻求建议、询问价格以及票务等方面要求的电子邮件迅速地作出回复，并提供个性化的服务。在很多人看来，用电子邮件的方式和用电话联系的方式差不多，它不同于传统邮政系统。因此，他们认为网站应该对电子邮件迅速作出回复。

优势

电子邮件营销可以根据消费者的个人需求来定制信息。这一点在消费者的整个购买决策过程中都非常行之有效。不管怎么样，如果邮件接收者已经知道了组织或者该事件的部分信息的话，组织对其邮件的回复会加深这种认识。邮件接收者可能是以前的老客户，也可能是通过访问网站，或者看到相关的广告，或者促销了解到部分的信息的潜在客户。因此，电子邮件营销可以跟其他的传播活动结合起来，用来使组织保持一种一致的全面的形象。

发送电子邮件是一种将个人化的信息传达给大量信息接收者的最廉价和最快速的方式。另一个有利之处就是它可以对信息作出直接回复。

劣势

过度和错误地使用电子邮件是导致电子邮件营销出现问题的主要原因。当目标受众看到收件箱里一片混乱时，他往往会不假思索地按下删除键。为了减少这种情况的发生，发送方需要发送一些接收者的详细信息来取得接收方认可。邮件的主题应当能够吸引读者的注意。邮件的内容要简短，并且应当含有一个网站的相关链接以便于读者在需要时可以获取进一步的信息。邮件中通常包含签名、名字和内容的细节应当避免雷同。邮件中还应当提供"取消预定"或"决定退出"的选项。

用于电子邮件营销的数据库需要经常性地进行更新和清理，以保证与用户之间联络的合法性，保证将信息有效地传达给正确的目标受众。反复地询问是否"决定退出"以及新的发送确认信息可有助于进一步地筛选潜在客户。

与传统的直邮方式相比，发送电子邮件的劣势在于电子邮件的无形性和信息留存的短暂性。营销者可以通过电子邮件发送图片，却不能用它来发送样品和赠品。电子邮件中的文字和图片可能被客户看过以后就删除了，信息只驻留了几秒钟而已。但是通过传统的邮递方式发送的信件、产品宣传册、项目计划以及促销品等则可以在客户的家里或者办公室里

"陈列"数天,甚至数周。

节事公司如果用电子邮件来取代其他个性化的售卖方式的话可以节省不少开支,却有可能丧失关系建立及由电话或者面对面交谈带来的好处。这一点在 B2B 的传播中尤为突出。电子邮件会发挥一定作用,但不能完全取代打电话和私人访问带来的效果。

最后一点忠告是给那些准备好进行大规模的电子邮件活动却没有建立信息回复系统的组织的。设计和执行的速度以及采用电子邮件营销的低成本的特性决定了这种大规模的活动是由许多相关的小型活动激发的。一石激起千层浪,这往往会引发令人难以处理的受众反响。一旦组织对于受众的反响处理不当,就会造成恶劣的公众宣传、消极的口碑,进而损害公司形象。

电子病毒营销

利用电子邮件作为管道进行口碑活动比较类似于用电子邮件进行直复营销。病毒营销是一种以激发口碑传播进行营销的方式。病毒营销(viral marketing)的前提条件是,在运用得当的情况下,市场本身会传播信息。为了达到这样的效果,组织需要创造一个于组织或者事件相关的理念,然后将这种理念传达给经过精心挑选的一小部分受众(以个人、群体或者网站形式存在的观念领导者)。一段文字、一个图表、一段视频或者音频剪辑、一个网站的链接都可以被用作电子病毒营销理念。但重点是可以吸引人们的注意力。这可以通过使用幽默、惊悚、启发、提供信息、特别提议以及互动等手段来实现。源种(seed)发现想法中的趣味性,然后将信息散播给其他人,而其他人也会以这样的方式继续散播——病毒就传播开了。用电子邮件来散播病毒是进行口碑传播的最快捷的方法。每一个接收者都可以在零成本的条件下迅速地将信息传递下去,传递给更多的接收者。

在事件中的用途

电子病毒营销是一种高效的激发大众对事件产生兴趣的方法,这一点在青少年市场中表现得尤为明显。在青少年市场中,事件的"内部"信息和表演者要比那些明显的营销传播手段更具说服力。以一个植根于专门的音乐和娱乐网站的活动为例。观念领导者通过网站来展现和传达理念。理念会以事件中拍摄的可笑的照片、一段与广告活动有关的试用版视频以及一段简单的主题笑话的形式来表现。在活动中,传递的电子邮件应该与事件保持一定的关联性。比如说,联邦游戏网站(the Commonwealth Games website)会让访问者使用它的互动电子贺卡来与其朋友们发送信息,而贺卡上会包含一张以前游戏的图片(Common-wealth Games Federation,2004)。尽管一些更为明显的鼓励手段,诸如游戏、竞赛等,可以在与用户接触过程中获得更多的信息,但这种只是在传播的信息中不动声色地加入一个网站链接的手段往往会被传播得更广。最早的病毒营销的实例是在 2003 年美国超级碗(Super-Bowl——橄榄球总决赛)期间的百威(Budweiser)广告。广告在超级碗和百威的网站上播放的同时,在短短的几天里就被发送到数以千计的欧洲人的电子邮箱中。

一个 B2B 的病毒营销的实例是一场由电子牵引力(e-traction)引发的活动。这项活动起先是为无局限联通会议(Conference Calls Unlimited)服务的,之后又服务于一个名为 Convoq 的网络会议服务供应商。活动用一个名为"@work"的图像来生动地展示在一个办公室里正在工作的上班族的工作状况(Anderson,2004)。观看者可以通过点击"增加人员"往图像中添加更多的员工,并且可以向他的朋友描述网站上的内容。营销者通过电子邮件把图像发送给 9.7 万个符合其受众标准的同意接收的人。结果,在几周内,"@work"的访问量达到了 2.3 万人次,有 8 000 个推荐人 2.8 万个推荐链接并且其中有一半访问过"@work"的网站。更重要的是,还有 6 500 人次通过链接直接点击进入公司的网站主页(Anderson,2004)。

一些网站上集中了病毒营销的实例(www.viralbank.com 和 www.viralmeister.com)。这些网站也延续了这些病毒营销活动的生命周期,增加了曝光度。

优势

那些来自朋友和同事的电子邮件比较容易通过邮箱过滤软件,并且能够引起收件人的注意力。信息来源的可信度增加了赞助商的可信度,同时也增加了品牌的认可度。这种自发的传递信息的行为让信息能以几何数级的速度传播,并自我延续曝光度。这样做成本较低并且可以在数周的传播过程中触及大量的全球受众。全球大概有 8.91 亿的电子邮件信箱(Perry and Whitaker,2002),而且随着全球范围内越来越多的人学会使用这一技术,这个数字仍在增加。

劣势

尽管这种方法可以省去隐性媒体的成本,但是在发展电子病毒营销初期还有其他的花费。其中一部分是用来确定合适的"源种"或者观念领导者,了解他们的行为表现和内容,并得到发送给他们关于理念的电子邮件的许可。另一部分就是花费在开发合适的理念上。为了开发出有新意、有价值的东西,理念需要非常契合目标观念领导者的个性。

在做理念创意的时候要谨慎小心,避免做出的创意与产品间的关联度不高。一个成功的创意理念能让信息呈指数级的速度散播开来,并带来用户对于信息的兴趣度、专注度以及忠诚度的增加,且并不需要改变用户对于品牌、产品或者组织的态度和行为。如果一个理念是让人记忆深刻、招人喜欢的,那么这个理念是成功的,但是这种成功与产品本身的关系却不是很大。

电子病毒营销的一个潜在劣势就是它可能会在邮件收件箱中丢失,更糟糕的是它可能会被认作兜售信息的广告邮件、连锁邮件或者其他类型的垃圾邮件。使用一种播种程序(pull-seeding mechanism)可以避免这一点。这种程序利用那些集中展示病毒营销信息的网站(如:The Lycos Viral Chart, Viralbank and punchanbaby.com)来让信息受众自愿地发送信息(Howell, 2003)。

阿迪达斯的"打橄榄球"(Beat Rugby)活动体现了将电子病毒营销与其他的在线传播方式结合运用的重要性。阿迪达斯结合橄榄球活动,与新西兰的一个名为全黑人(the All Blacks)的团队合作开发出了一个在线的活动。它让阿迪达斯与全球的核心受众相互交流。这些核心受众是年龄在12岁至20岁之间的体育迷。活动主要是一个网络互动游戏。阿迪达斯还通过一些辅助媒体活动来鼓励体育迷们访问"打橄榄球"网站。

这个活动主要有以下几个组成部分:

- 游戏开发本身;
- 在全球范围内的有关橄榄球的网站上刊登付费在线广告;
- 全面的在线病毒营销;
- 利用阿迪达斯的分支机构作为推广的渠道;
- 利用全黑人团队来推广游戏的在线 URL 地址。

通过对这个与品牌相关的在线传播手段的整合营销,来自20多个国家的4.3万名橄榄球迷下载了这个游戏,成为一个全球化的橄榄球社团的成员,并于阿迪达斯品牌有了一定的互动接触(CAANZ, 2001)。

网络社区

创建网络社区要比建立一个组织网站复杂得多,也更多地利用网络的特性。一个网络社区在多维空间中复制了个体的社会行为(Hoey, 1998),使得个体可以通过分享兴趣来相互影响,可以收集需要的信息并进行相互间的学习。一个网络社区中会有"一站式购物中心"来为日常的访问提供所需的一切,并对特定的主题、品牌或者事件作出说明(Wills,

1997）。一些拥有共同受众群的组织可以一起开发出一个这样的网络社区，并且通过利用组织网站的一部分促进网络社区的发展。

在事件中的用途

网络上的论坛或者社区是依据共享兴趣的特性而建立起来的。共享兴趣是指事件中的受众为了一个共同的兴趣而聚集起来。这一点为事件组织带来了很多好处。阿迪达斯的例子就是对橄榄球共享兴趣以及全球化在线游戏社区的早期尝试。类似的实例还有：利用爱好者或者支持者的网站将受众与体育、音乐以及影视等方面的内容联系起来；会议组织者利用在线讨论组或者论坛来选定会议的主题，拓展网络社区的运用范围，吸纳更多虚拟的会议参与者。这样的做法还增加了受众对事件的进一步的关注度，对事件及其内容有更多的了解，鼓励更多的人在今后的一段时间内参与其中。

鉴于越来越多的人开始接触网络，人们需要利用网络社区来丰富社区节日庆祝活动。一些社区团体或者当地政府作为发起方，在更大的范围内鼓励人们分享自己的知识和经验。这些计划、评论以及内部知识不仅会使参与者获益，也是召集参与者、志愿者和赞助商的行之有效的方法。通过介绍世界上其他人的经验，论坛可以帮助组织成员提高技能和知识水平。

格拉斯顿伯里音乐节（www.glastonburyfestivals.co.uk）在其网站上开发了一个感官社区。社区的内容包括消息平台、信息公开以及网络模拟。在消息平台，那些曾经参加过音乐节的人、第一次参加的人以及那些没有买到票的人可以进行相互间的交流。消息平台被分成了一些主题板块，包括"趣事综合"、"提示与建议"、"让我们相识"、"互助分享"、"你的经历"和"询问信息"。这些消息平台帮助格拉斯顿伯里音乐节有限公司以一种有效的方式从广大的受众群中获取信息。平台也可以被用于避免无票者参与其中而引起的麻烦。通过将票务中的一部分捐献给慈善团体可以促进消费者购票。网络模拟使得那些没有办法来参加音乐节的人获得身临其境的感觉。当这个节日在2001年被取消的时候，网络模拟就愈加体现了其功效。

在 www.virtualfestivals.com 和 www.efestivals.co.uk 这两个网站上可以找到一些其他的在线节日传播的例子。网站上提供的不是带有品牌背景的节日活动，而是一种通用模式的活动。此外，网站上还提供了一些重大节日的网络社区的链接。

优势

网络社区为口碑传播提供了场所，且组织者可以对传播的内容进行适度控制和监督。此外，对讨论平台和论坛的监管可以被看作对营销调查工具的新的补充（Poria and Harmen, 2002），其为快速回复用户评论提供了便利。

用户们会把那些对信息感觉敏锐的虚拟社区看作一种有用的资源。因此,这类虚拟社区就为组织的品牌创造了额外的价值。用户认为这些虚拟社区上提供的信息是客观有效的,并不会想到会和组织有直接的关系。也正是因为这样,这些信息可以更有效地传播给目标受众。

劣势

为了防止不当地使用论坛引起用户的反感,论坛上的内容需要进行日常监督管理。对论坛上张贴的信息进行审查只是一种消极地保证论坛内容可信度的方法。因此,一种更为积极的方法就是公开地告知用户,制定一些条理清楚的行为准则。大多数的消息平台都需要用户进行注册以保证其可以匿名访问的安全性。在注册时,论坛会要求用户必须同意遵守网站的相关准则。下面是一段摘自电子节日论坛的条款:"用户必须同意不发布任何会引起误导的、诽谤的、不正确的、辱骂他人的、猥亵的、憎恨的、骚扰性的、淫秽的、亵渎的、有性倾向的、恐吓性的、侵害他人隐私的或者其他任何违反国家法律规定的内容。"(efestival,2004)。这类论坛通常是由一个中立的独立团对来监管论坛上发布的所有内容。

网络社区并不像网络公关那样需要对网络上的传播信息进行全面控制。那些论坛上的帖子和聊天室里的评论可能会包括一些否定的评论。但是,在一个公众环境中对这些否定的评论进行回复有利于塑造企业形象,有助于组织在信息公开和回复客户方面树立一个长期的积极的形象。

数据库营销

概述

我们将会在第 10 章对数据库营销进行更为深入的阐述。在这里,主要是向大家介绍一些促使直复营销使用率上升、效率提高的先进技术。数据库营销(database marketing)是对诸如个人销售、直邮以及电话销售这类直接营销方法的延伸。它对信息进行收集、分析,运用计算机化的客户数据,从而提高了直接营销的效率。营销者通过从交易系统、市场营销调查、促销反响以及咨询投诉等方面不断地收集客户数据,得以全面了解市场的状况。这种迎合了每一个目标受众需求的营销传播方式必然会使营销活动更好地瞄准目标市场。数据库直复营销并不是一次性的投递传单、进行上门推销或临时性的分发宣传页;它是一种长期的过程,它实现了双边的交流发展,持久地维护了组织与每一个客户、预期客户之间的关系。

在事件中的用途

大多数节事组织通常是从事件或事件后的售卖点收集其客户数据的。这些售卖点可能是他们自己的预定系统、售票处或者组织代理商的售卖处。收集数据的方式包括进行接触个人访问、客户管理和投诉系统以及市场营销调查评估。大量的客户数据是简单易用的,稍加分析就可以帮助组织的直复营销提高效率。售票处系统可以被用于给那些已经参加过组织的相关事件的客户发送直邮。这些老客户的数据既可以用在一些类似内容的促销事件中,也可以与促销活动结合,为一个从未开展过的事件类型招揽新的目标受众。那些每年都会参加同一展会的展商们会收到一些根据他们以往的资料而预先准备好的材料;会议代表们则会被告知一些相关领域的会议或对话。以识别营销传播中客户的以往记录为起点,组织可以逐步将客户培养成为忠诚客户。一个一年后又参加同一会议的会议代表可能会收到"欢迎史密斯先生再次光临"的问候、同样的报纸、特制的菜单以及他去年采用过的交通服务,所有的这些都会让这位代表感受到会议方记录了他的消费习惯,并且很重视他。通过将用户的以往的购买历史记入软件,并及时有效地记录下每一个用户的交流过程,组织可以完成用户的信息资料,从而为老客户的再次光临做好充分的准备。这些用户信息资料将会成为组织营销信息系统中的重要组成部分,为该用户与组织之间将来的所有交流活动服务。

优势

使用经过精心管理和维护的数据库可以让每一次交流都符合接收者的需要,从而减少了直复营销的工作量。这样做也可以减少由于组织提供用户不需要的内容,发送垃圾邮件而引起的负面影响的可能性。

数据库的使用使得在一个大范围的目标市场中发展一对一的客户关系成为可能。因此,对于那些拥有大量用户的组织或那些无法进行其他方式个人接触的事件来说,数据库非常有帮助。

数据库本身也具有价值。在资产评估平衡表中,数据库被当作一种资产。数据库中的信息可以被出租或者出售给其他的组织,从而为组织增加收益。但是,这种做法必须征得数据库中每一个用户同意。

劣势

如果组织和用户之间只有少量的"正式"的接触的话,组织就很难为数据库营销搜集所需的信息。这通常会发生在非售票、免费或者开放式的事件中。这些事件类型的用户数据需要以一种更为有目的性的方式来进行，而不能仅仅依赖于现有的系统。事件组织可以收集竞赛、下载图片、免费礼品以及领取奖品等推广活动中所获得用户信息来作为数据。在事件评估调查问题中可以放入"加入投递列表"的选项。组织还可以鼓励参与评估调查的人访问、注册事件的网站。

　　数据库营销中的一个主要难点不是如何去收集数据，而是如何将收集到的信息物尽其用。组织在开始创建数据库时会保持系统的简单易用性，但随着组织对于数据库的运用技巧的增加会使数据库愈变愈复杂。这种做法尚存争议。有些组织会疏于对数据库进行日常的清理工作，不能及时地将那些已经对公司和产品不感兴趣的数据从数据库中清除出去。使用这样的数据库会使得直复营销活动针对性差，从而对公司的形象造成损害。

　　近几年，许多国家通过制定更为严格的数据保护和隐私权法案，加强了对数据库使用的管理。尽管各个国家对于合法使用数据库的规定各有不同，但从合法性和市场营销的双重角度来看，一个最好的做法就是获得用户的许可，并经常性更新该许可。

　　最后一个劣势就是，过度的使用电子数据库和自动化的个人传播方式会破坏个性化认知和接触。这一劣势在那些拥有利基市场的小范围商业中尤为突出。与那些不在这个商业范围的组织节事部门相比，小范围的商业活动中运用数据库营销更容易引发问题。

移动电讯传播

　　随着科技的发展，越来越多的营销者开始用手机来作为一种营销媒介。全球有超过数以百万计的手机可以用来收发信息、图片和视频，可以通过无线应用协议（wireless application protocol，WAP）和蓝牙技术来与网络连接。这样的手机越多，手机营销带来的营销机遇就越来，其在一对一的营销传播过程中起到的作用也就越大。

在事件中的用途

　　节事组织，特别是那些受众是年轻消费者的节事组织，会以各种方式来使用文本信息［也就是 SMS（short message service），即短信息服务］来进行营销。数年来，体育营销者们运用这项技术来为他们的支持者们提供额外的信息。以添加许可和联系方式为交换条件，注册用户可以获得球队新闻，即时比赛得分，促销活动以及观看比赛用的商品和特殊服务。

结合事件的电讯支持，手机营销可以起到很好的效果。赞助音乐节、体育事件以及电影的奥兰治网络（the Orange network）利用参与者的手机来为他们提供额外的服务。这种方式在消费者意识中将赞助品牌与事件之间直接联系起来。

利用手机进行本地营销也带来了一些潜在价值。当用户使用手机的时候，手机的移动技术可以精确定位使用者的位置，从而为用户提供一些与所处地相关的信息。例如，健力士利用这种技术来引导消费者，了解那些正在进行吉尼斯推广活动的俱乐部的信息。会展组织者利用这种技术来向参观者提供个性化的参观路线。当参观者经过一些特定的展位时，他们会收到组织者发送的相关信息。

因此，手机为事件本身及其同类推广活动提供了一个个性化的交互平台。比如说，组织可以引导回复短信的人进一步了解活动信息，并通过电话、广播及户外广告宣传进行售票活动并促使这些人参与促销活动。

手机的合作营销仍处于发展阶段。运营商们与其他组织合作，共同创造出一个有品牌的电话服务。英国的《金融时报》（*The Financial Times*）、瑞典的音乐电视、芬兰的汉斯伯格（Hesburger）餐饮连锁都是这方面的实例。演艺界已经开始利用这个增效的品牌工具进行宣传，并大获成功。香港的二人组合 Twins，加入了一个品牌的电话服务活动。Twins 的用户识别卡（subscriber identity module，SIM）会为使用者提供有关 Twins 的新闻、音乐会细则、铃声、电子贺卡以及一个忠诚计划（Moore and Ahonen，2004）。其他的演艺界人士、音乐和体育事件组织者肯定会紧跟这个潮流的。

优势

手机营销的主要优势就是将传播活动的重点与用户直接联系起来。与那些可被共享的（家庭、朋友、办公室）固定电话或电子邮件相比，手机的私人化程度更高。大多数用户都会把手机放在唾手可及的地方，并会迅速地对声音、文本和多媒体信息作出反应。目前使用短信和彩信（multimedia message service，MMS）的主流人群是年轻人。但是，现在很多受欢迎的电视节目都会要求观众通过短信进行互动和投票，这样就促进了手机营销向其他的受众群渗透。

为了达到影响力最大化，发送到用户手机上的短信息必须具有高度目的性和时间性。对于发送信息时机的把握非常重要。这是因为手机短信与直邮、电子邮件发送的信息不同，不一定马上就能被用户看到。

手机的交互联系性使其成为进行病毒营销的理想管道。随着集成技术的发展，现在的手机又具备了网络浏览和拍照的功能。这样可以发展出更多新的方法来向每一个个体用户传播信息。

劣势

手机的私人化特性具有两面性：一方面它可以增加这个媒介的影响力和响应度；另一方面它也会有一定的弊端。那些用户所不需要的信息无法取得用户的信任，并会让用户对品牌产生非常差的印象。大多数目标错误的信息和未经许可发送的信息都会带来消极影响。因此，手机营销的重点在于要针对每一个目标群体的需求来定制信息，并经常性地更新发送许可，向用户提供便捷的取消定制服务的方法。

某些目标受众群会在使用移动通讯的一些新技术方面出现问题。他们在使用这种新方式来进行购买行为，发送个人详细信息的时候会产生不信任感。营销者通过向用户作出保证安全和私密性许诺，并逐步对技术进行调整可以解决这一问题。

数字电视和广播

概述

数字电视和广播带来了高质量的转播信号，更多可供选择的频道和节目，以及比同类系统更高程度的交互功能。这项技术的运用增加了电视和广播媒体作为营销传播工具的效用。和网络的交互性类似，通过数字电视和广播，观看者或收听者可以点击额外的信息，回复调查，参加竞赛以及购买商品。

在事件中的用途

有些节事组织可能会因为电视媒体的相对成本比较高而较少使用电视媒体。数字电视则因其拥有大量的频道而改变了这种情况。节事组织可以依据自己的经济实力选择采用广告或者赞助节目的方式将信息传达给感兴趣的目标受众。如果支付得起的话，节事组织甚至可以拥有一个自己的频道。比如，英国的足球俱乐部，曼彻斯特联队（Manchester United Football Club），就拥有一个名为"MUtv"的数字频道，全球的曼联迷们都可以收看这个频道。在这一点上，数字电视起到的交互作用与网站的交互作用极为相似。

从传统意义上来说，广播是一种用来刊登当地和本国事件广告的工具，但随着数字广播的到来,广播的功用将会增加。可触及全球的数字广播频道促进了"兴趣社团"的发展。这些社团的成员拥有共同的音乐品位、兴趣爱好或生活方式,并且他们的交流可以跨越地域的界限。显示屏的出现使得用户可以更容易地获得更多的信息,同时也让用户可以根据广播节目的内容或广告的信息来实施购买行为。数字广播因为增加了这个装置而被称为"带有购买按键的广播"(Smith and Taylor,2004)。举个例子,一个听众听到一段他特别喜欢的音乐后,可以进而与节事组织互动,找到乐队的音乐会日期和地点并预定音乐会的票。

美国网球协会在 1999 年的美国网球公开赛的事件中成功地运用了直接响应电视这个媒介。他们的目标受众是全美 97% 的还未成为协会会员的网球迷,他们希望能在比赛事件进行的 2 周时间内增加 1 万名新会员。活动中运用了两则广告:一则是感性广告,主要是与比赛相联系;另一则是理性广告,向受众阐述了加入协会可以带来的好处,并提供了一个直接响应的链接。结果,在广告播出的 24 小时内,协会就拥有了 1.7 万名新会员(平均每播放一次广告就有 700 名新会员加入)[2000 年埃菲奖(Effie Awards)]。这个活动的成功归功于在广告目标和投放时间上的仔细安排。与美国网球公开赛的相联系确立了一个明确的受众群,并且感性广告为活动增加了可信度和兴奋点。向观众提供即时回复的手段则利用了观众观看广告后所产生的冲动和兴奋。尽管这个活动只是提供一个免费电话的号码来进行即时回复,但是整个事件足以体现电视互动的力量。现在,通过采用数字电视的技术可以更好地利用电视的这一特性。

优势

直接响应电视将电视的感性与网络的交互性联系了起来。数字广播则为即时的互动行为提供了全球化的特制频道。二者都能够通过用户与广告主、用户与用户之间的交流来建立共同兴趣团体。

这两个媒介的频道增值使得高度聚焦部分目标受众群的媒体投放行为成为可能,从而也减少了组织媒体投放上的浪费。

劣势

在许多国家,数字电视的使用发展非常快,但数字广播的使用却要慢得多,也正是这一点限制了数字广播作为一种营销传播工具的效用。

数字电视的交互性可能会让那些习惯于使用网络的人们产生困扰,从而降低了交互行为的速度。还有一点要值得注意,人们在看电视的时候是与电视机保持一定距离的,这不同于人们在个人电脑上浏览网站,因而数字电视上展示的内容应当在展示方式上有所不同。开发数字电视与设计网站采用的是不同的技术手段,且运用在数字电视上的内容不应当是从其他媒体上生搬硬套下来的。

本章小结

随着新技术的引入、固有媒体的集成以及技术创新的发展,节事的电子营销传播的潜在价值一直在增加。网络主要是运用网站和电子邮件的形式来进行营销传播的。这种媒介让用户自己接收信息、选择信息,从而使这种传播方式显得更具开放性和客观性。因此,以这种方式传播的信息也更容易取得用户的信任。当事件的用户和其他感兴趣的团体投入到事件当中时,这种传播方式就愈加显得有效。通过发送让用户感兴趣的信息(电子病毒)或者设立论坛进行讨论(网络社区)都可以达到这一点。在案例研究 6.1 中给出了很多节事组织成功地运用电子营销传播技术的实例。

将数据库技术与电子邮件联系起来,节事组织可以更好地与精心挑选出的目标受众群进行交流,将信息聚焦在受众的特殊需求上;同样,运用手机传播可以在传播的时间和地点上有更多的灵活性,也增加了传播的影响和响应率。

作为传统媒体的电视和广播现在具有了交互性,从而为那些之前从未考虑过要使用这类媒体的事件组织创造了新的机遇。

其他的电子营销传播工具的使用率也在增加。例如,i-kiosks①(交互触屏)可以被放置在各种高度集中的目标受众群出现的地方,它可以提供信息、收集反馈以及提供预定和售票服务。在事件执行过程中,交互触屏可以为用户的事件经历和收集反馈增加价值,也可以被放置在其他地方用来售卖或者分发入场券。比如可以将它放在汽车站或者火车站,用来分发剧院的入场券。

尽管电子营销工具在营销传播组合中的地位越来越重要,但它不可能完全取代固有的传播方式和传统媒体,只能是被用来增强传统媒体的功效,例如为传播过程提供更多的接触点。它具有更为强大的交互性且更易于整合。

---

① kiosk 是用于公共信息中心的独立多媒体回放系统。——译者注

案例分析 6.1

网 站 开 发

成功的网站开发的关键在于找到网站内容与产生收益的平衡点。一个必然条件就是，为了取得更好的结果，任何可以产生的收益都应当与编辑的内容有直接的联系。

事件领导型网站的开发是全面展开的。但是最佳的实例中，网站开发的重点在于网站所有者需要经常性地修改他们的网站。那些自我管理的网站明显更容易操控，但是将网站与其他的网站链接可以带来更多的经济效益。例如，如果没有 Ticketmaster.com 这个网站，全球的许多事件将不会取得原有的收益。在 2003 年，Ticketmaster.com 为 8 000 个相关事件客户销售了 1 亿张总价值达 49 亿美元的票。

本质上说，这是客户对事件或销售网站的信息需求。因此，为了取得收益，网站必须编辑出好内容。

旧金山的 49ers.com 网站（NFL，即 National Football League，全美橄榄球联合会）在 2003 年更新了网络地址。它一贯有取得收益的新方法。但时至今日，它的所有者意识到网站上内容匮乏，无法吸引到肯花钱的球迷。过去，它所奉行的编辑原则是防止 49ers 队的支持者们从 49ers 网站上获得关于 49ers 的最新消息。如在 2002 年球队开除了一名主教练的时候，网站并没有发布这条破坏性的消息。球迷们是从其他的信息资源那里了解到这个消息的。这时，网站设计者们认识到了存在的问题，如果继续奉行原有的编辑原则，球迷们就不会再访问 49ers 网站，更谈不上从球迷身上赚钱了。

49ers 球队利用网站来拓展 49ers 品牌。现在，经理们认为网站要比体育馆、广播或者出版活动更赚钱。他们不使用标题式、弹出式或者隐性广告。他们要求广告主使用球队标志性的红金相间的颜色来重新设计广告。他们会对赞助商的数量加以限制，只有那些满足最低投资额标准的，目标是全国市场的赞助商才会被征用。49ers 网站以这种方式严格控制网站上的商业内容。但这只是他们工作的一半。他们还要制作新闻备忘录，编辑令人兴奋的网站信息。

例如，在 49ers 网站的市场版上会拍卖一种可以在球员触底得分时用来表示庆祝的小商品。网站上还曾经拍卖过一个球员的汽车。球迷们可以在他们的"我的 49ers 电子新闻"中预选关于球队的新闻以及最新的票务信息等，但在他们选择预定以后，他们还需要接收来自

12 个球队赞助商的相关信息。有超过 10 万的球迷预定了电子新闻。

49ers 球队曾经委托一个代理商来管理他们的网站，但最终他们还是决定收回管理权。他们认为，没有任何组织比 49ers 球队本身更贴近 49ers 的球迷。

英超富勒姆(Fulham)足球俱乐部，在 2004 年早些时候以同样的方式修改了它的编辑原则。他们也发现要将编辑与商业内容进行整合是一项非常有挑战性的工作。他们创立了一个名为"富勒姆的朋友们"的网站，在那里，任何球迷，不管是否持有赛季球票，只要报名参加就可以定期收到以文本或电子邮件的方式寄出的最新信息。网站现为球迷专门建立了一个官方的消息平台，一些聊天论坛以及一个幻想足球管理游戏联盟。网站还运用进行赛后球员深入访谈和召开赛后记者招待会的地面报道的手段来吸引球迷的注意。因此，该俱乐部的网站成为全英超俱乐部网站中拥有最高访问驻留时间的网站之一。这一点也有助于球队增加其自身商业回报。

在音乐领域，在媒介网站上设立聊天论坛的做法也取得了非常大的成功。这类媒介网站包括主要的事件票务销售商的网站。他们利用这些聊天论坛成功地鼓励访问者访问网站，延长在网站上的驻留时间。通过在消息平台的关键位置放置特定事件的信息，组织锁定各种目标受众——不管他是喜欢怀旧风格的还是喜欢摇滚风格的。

这些案例都有一个共同点——那就是强有力的编辑内容是商业网站成功的关键。

资料来源：Berridge(2003)；Efestivals(2004)；Fulham FC(2004)；Sport and Technology (2004)；Ticket master(2004)；Virtual Festivals(2004)。

问 题 讨 论

1. 从营销传播的角度比较四个事件组织的网站，并从以下几个方面进行思考：
   ○ 交互的类型和标准；
   ○ 给访问者带来的附加价值；
   ○ 链接与合作；
   ○ 每个目标受众的差异；
   ○ 内容的关联性和流通性。

2. 结合下列事件，讨论手机营销作为传播计划的一部分，其用途是什么？是如何发挥作用的？
   ○ 一个本地的社团事件；

  ○ 一个大型的体育联赛；

  ○ 一个有关工业产品的展会。

参考文献

Anderson, H. (2004) Fun @work: Viral marketing for the office. E-tractions. www.
 e-tractions.com/convoq/run/atwork and www.e-tractions.com

Berridge, K. (2003) Marketing and enabling technology: Beyond content, turning a
 website into a profit center. A paper delivered by the Senior Manager of Corporate
 Partnerships, San Francisco 49ers, at Sport and Technology 2003. November 13–14,
 New York Marriot Eastside, New York. Street and Smith.

Brown, M.T. (2003) An analysis of online marketing in the sport industry: User activ-
 ity, communication objectives, and perceived benefits. *Sport Marketing Quarterly*,
 12 (1), 48–55.

CAANZ (2001) Adidas International Beat Rugby. The Communication Agencies
 Association of New Zealand.

Commonwealth Games Federation (2004) www.thecgf.com/interactive/ecard.asp
 (accessed October, 2004).

Edinburgh International Festival (2004) www.eif.co.uk (accessed June, 2004).

Efestivals (2004) www.efestivals.co.uk/forums (accessed October, 2004).

Effie Awards (2000) Direct response television. New York Marketing Association.

Exhibitions around the world (2004) www.exhibitions-world.com (accessed
 September, 2004).

Fulham FC (2004) www.fulhamfc.com (accessed October, 2004).

Glastonbury Festival (2004) www.glastonburyfestival.co.uk (accessed July, 2004).

Grant, D. and McBride, P. (2000) *Guide to the Internet: Getting Your Business Online*.
 Butterworth-Heinemann.

Hart, S. (2003) *Marketing Changes*. Thomson.

Hoey, C. (1998) Maximising the effectiveness of web-based marketing communica-
 tions. *Marketing Intelligence and Planning*, 16 (1), 31–37.

Howell, N. (2003) Catching the bug. *New Media Age*, 10th April, 31–32.

Ihator, A.S. (2001) Communication style in the information age. *Corporate
 Communications: An International Journal*, 6 (4), 199–204.

Kinetic Event Solutions (2004) www.kineticeventsolutions.co.uk/vip.htm (accessed
 September, 2004).

LVS Events (2004) www.lvsevents.co.uk (accessed September, 2004).

Medical Conferences (2004) www.medicalconferences.com (accessed September,
 2004).

Moore, A. and Ahonen, T. (2004) Mobile marketing: How to succeed in a connected
 age. *Market Leader*, 24, Spring.

O'Connor, J. and Galvin, E. (2001) *Marketing in the Digital Age*, 2nd edn. Prentice Hall.

Perry, R. and Whitaker, A. (2002) *Understanding Vital Marketing in a Week*. Hodder Arnold H&S.

Poria, Y. and Harmen, O. (2002) Exploring possible uses of multi-user domains in tourism research. *Tourism Today*, 15–33.

Reedy, J., Schullo, S. and Zimmerman, K. (2000) *Electronic Marketing*. Dryden Press.

Smith, P.R. and Taylor, J. (2004) *Marketing Communications: An Integrated Approach*, 4th edn. Kogan Page.

Sport and Technology (2004) www.sportandtechnology.com (accessed October, 2004).

Ticketmaster (2004) Ticketmaster.com

Virtual Festivals (2004) www.virtualfestivals.com (accessed October, 2004).

Wills, G. (1997) E-postcards from the other side. E-postcard 8, http://imc.org.uk/imc/news/occpaper/postcards/

Wood, E.H. (2004) Marketing information for impact analysis and evaluation. In *Festival and Events Management: An International Arts and Cultural Perspective*, Yeoman, I., Robertson, M., Ali-McKnight, J., McMahon-Beattie, U. and Drummond, S. (eds). Butterworth-Heinemann.

Wynyard Tulip Festival (2004) www.bloomintulips.co.au (accessed June, 2004).

第 7 章

广 告

学习目标

- 评价广告在事件管理领域中的角色和价值；
- 了解广告的吸引力和它是如何起作用的；
- 了解设计和规划给人印象深刻的(有效果的)和富有创意的广告沟通的程序步骤；
- 鉴别广告在整合事件营销传播中参与管理的选择权和决定性因素；
- 鉴别广告媒介的不同种类和可获得的事件营销传播载体的类型。

引言

广告的广泛应用是毋庸置疑的。正如克洛和巴克(Clow and Baack，2004)所说的，作为一个个体，我们平均每天至少要接触600个广告。这个数字的高速增长是多种媒体经常性扩张的结果。电视、广播和印刷品媒介今天依然广泛采用广告，但是现在它们与那些通过互联网涌现出的令人兴奋的新媒介相互竞争(这些已在第6章进行讨论)。其结果是，广告不再那么昂贵了。虽然某些种类的媒介(如电视)和某些影响面较广的媒介(如国家性的印刷品)还是会超过节事管理的预算，但是它们仍然能够成为一种既能够负担得起又会更有效的选择，因为它们的目标被更加细分了。交通工具、印刷品、广告牌、电话和网络，这些媒介的应用为节事管理者在整合营销传播决策中提供了很多选择。由商业合作伙伴和连接广告项目的各种机会所创造的价值也协助了这个过程。除此而外，媒介之间的分离意味着电视广告由于拥有高度专业化和目标化的数字频道而变得能够被普遍的厂家负担得起。显然，由于拥有如此种类繁多的广告媒介可供选择,对于甚至是最小事件的节事管理者来说,电视广告已不再是一个昂贵的选择。

本章分为 8 个部分以阐明广告作为一个传播工具的价值:首先,讨论广告在节事沟通中的角色,紧接着就是关注它能达到一个什么样的效果并且识别广告目标。接下来的两部分是一脉相承的:首先,鉴别影响管理决策制定的因素,特别是参与内外部管理所要实施的决策;然后考虑管理活动的程序。

下文开始介绍广告的设计和制作以及媒介的计划和购买。接下来是对节事组织可利用的各种媒介的回顾,最后是对这些媒介评价的讨论。本章的案例分析通过介绍一个关于环法自行车锦标赛的广告活动来考察广告制作的过程。本章的重点在于利用非个人媒介的广告。

广告的作用

第一点要说的是,广告只是节事整合营销传播的一个组成部分。它仅仅是可利用的促销工具中的一种。不幸的是,广告这个词常常被误认为是用于展现所有促销活动的,为了了解广告的角色其实是一个传播手段的选择,我们就要去理解它们之间的重要区别。

举个例子,在广告和公关两者之间常常会存在混淆(Pickton and Broderick, 2001)。第 5 章中,叙述的是公关是如何随着社论变化而变化,而不是按照合同约定的,或者是在一个固定的宣传模式下被传递的,这与广告作出了区别;另一方面,公关占用的空间和时间一定程度上是免费的,而广告需要支付一个合适的用于购买可用时间、空间间隙的费用,并按照合同上事先约定、以一种固定的信息模式被传递。广告一定要尽可能被清楚地区分。例如,那些故意被设计得看起来像公关宣传一样的广告,就要求作出声明,承认它们是在做广告(见第 5 章的社论式广告)。

有时还要在广告和促销上作出区分。尽管这两者的用处都是形成有效的整合传播,但还是要将它们加以区分。一个提供折扣让利、参与竞争或者对于额外购买的商品给予商品购货优惠券的广告,其实是在使用促销技术。当在学术意义上研究这门学科时,作出这些区分是很重要的,同样,在实际应用中作出这些区分也是很重要的。如当提到传播策略融合或者准备诸如广告或公关个别活动的计划时,能够作出这些区分将确保不出现混乱情况(Pickton and Broderick, 2001)。

这些区别,也许对于许多事件组织来说,更容易理解一个整合营销传播项目不仅仅是一个沟通与广告战略的集合体,它包括清晰的内部和外部信息,这些信息既存在于员工之间也存在与供应商和顾客之间(Clow and Baack，2004)。之所以这样是因为许多像这样的小组织都没有处理不同方面沟通的独立部门，每个节事营销商不得不担任多种营销角色。对于许多节事来说，以前很少选择广告来做宣传，尤其是对电视、广播和国内报刊的选择，它们都是很昂贵的。然而在其他行业中，广告常常占促销费用支出的大部分，因为节事行业想获得其他形式的传播已经成为一种必要了。

现如今，日益增长和不断变化的广告选择正在缓解那种进退两难的选择局面，因为一些事件的广告是所有沟通方式的中心焦点，而其他的沟通接触点是用来支持那些广告信息的。例如，在一个消费者市场导向的整合营销传播计划中，广告被设计用来传递一个事件的信息并引导"购票者"访问网站地址，"票"通过商业合作伙伴被成批地供给并且通过公众来参与竞争。广告也可以被用作一个支持机制，例如在企业对企业(B2B)市场导向的计划中，商业广告通过前述的直复营销方法(如个人重复召集)来支持事件赞助商的招募。作为一个整合营销传播方法的有价值的一部分，广告的角色显然可以用于影响消费者和企业市场。

皮克顿和布罗德里克(Pickton and Broderick，2001)提出，广告的优点是它能够在一个选择性目标的基础上，以一个相对较低的成本日益影响大量的受众。因此，他们主张广告在达到正确目标上是有效率和效果的。他们还主张广告对品牌维护和品牌发展(虽然存在争议)是有效果的，因为它能够大大提高品牌知名度并且能够说明品牌的差异性。希姆普(Shimp，1997)赞成这个说法，并主张广告对于新品牌的成功引进和已建品牌的保护来说是至关重要的。盖茨(Getz，1997)认为广告能够创造并增加事件的知晓度，同时指出它能够把需求转变为销售。然而皮克顿和布罗德里克(2001)注意到，广告还没有被人们习惯地认为它在鼓励消费者购买行动上是有效果的。他们认为，这是误解并强调许多使用者都已经感受到了分类广告在促进销售上极其强大的作用。而这种认知在节事产业中得到了认证。作为一种相对便宜的选择，分类的广告在节事产业中被广泛应用于事件内容和销售信息的传递。英国报纸的后半部分都是广告，有时一页有 10 个广告，大多都是各种承办商和赞助商组织的音乐会。举个例子，2004 年 6 月，《星期日泰晤士报》的广告特色分别是为皇家艾伯特演奏厅的古典音乐演奏、澳大利亚的欧兹马戏团在英国伦敦皇家节日大厅的表演、汤姆·琼斯在霍华德城堡的户外表演、北方歌剧院在利兹的表演、西蒙与戈芬克尔在海德公园的表演作广告，并附有关于布莱恩·威尔逊、麦当娜和阿尔顿·约翰的各种巡回演出资料和演出地点的信息(*The Sunday Times*，2004a)。每一个广告的内容都很简单：谁主演，何时何地演等，最重要的就是广告选择、电话号码和辅助购票程序网站的详细内容。广告可以引导消费者去特定的网站，在那里消费者可以了解更多、更详细的信息，广告的这个用途也被看作合理使用节事广告预算的一个有效率和效果的方法。

接下来要问的是——广告有效吗？它真的能毫无疑问地与销售直接联系？皮克顿和布罗德里克(2001)的研究结果表示，广告能够积极作用于知晓、关注、兴趣、认知、观点、态度和销售，如此多的资源支持这个沟通方式的事实证明广告是有效的。克罗泽(Crosier，1999)认为，广告交易的全球化规模意味着广告至少能够经常与目标市场沟通，并且能够说服他们更加坚决地改变他们的信念，从而采取相应的购买行为。

在那些使用它的业主眼里，广告的积极作用是毋庸置疑的。然而，对于它是如何起作用的却知之甚少，尽管做了大量的研究，但这里还是没有一个主流理论(Jobber, 1998；Pickton and Broderick，2001；Clow and Baack，2004)。问题是广告要完成许多任务，而没有一个独立的理论能够充分地解释(Jobber, 1998)。考虑一下下述问题，产品广告的目标以及它们是如何区别于一个组织、合并组织或政府目标的，还有事件"售票"的非个人促销，以及它是如何区别于推销筹备一个事件的想法，就会明白虽然广告被认为是影响销售和其他相关产品的有效工具，但它更是达到与概念、哲学及意愿相关的制度性目标的一种有价值的方法(Boone and Kurtz, 2002)。

理解广告是如何发挥作用的一个方法，是把它视为一个或强或弱的力量。例如，一方面，我们认为广告有足够强大的力量去增加人们的知识，改变人们的态度，然后说服他们购买，换句话说，这是一个"转化理论"(conversion theory)。支持这个观点的人们认为，销售的增加是广告的结果，广告建立了强大的差异化品牌(Jones, 1995)。这个观点源于美国并且在大约80年前得到迅速发展。人们发展了销售有效传递的规范框架，他们认为一个个体在进行购买行为时要经历意识、兴趣、渴望和行动这几个阶段，通常简称为"AIDA"(Strong, 1925)。拉维奇和斯坦纳(Lavidge and Steiner, 1961)把这个框架发展运用到"影响力等级"(hierarchy of effects)模型中，这个模型在今天仍然作为一个广告效力预测方法而被使用。

然而，这个方法常常遭到反对(Crosier, 1999)。反对者主张广告不能改变只能加固价值、维护品牌以及保护市场份额(Ehrenberg et al. , 2000)。因此，广告的作用不是增加新的购买者，而仅仅是影响现存消费者以保留住他们，并尽可能使他们购买得更多。埃伦伯格(Ehrenberg, 1998)提出了另一个可供选择模型，他认为一个个体在进行购买行为时要经历的阶段是知晓、试验和重复购买，或简称为"ATR"。因此，在这里，广告的作用被视为是较弱的。

影响力等级模型的反对者提出，该模型一个主要缺点是它只做了一个整体的描述而没有对广告是如何发挥作用的给出任何解释。影响力等级模型只描绘了在一系列的情况下发生什么，而没有解释为什么个体想去购买时会对广告产生反应(Crosier, 1999)。尽管存在许多对影响力等级模型的反对意见，但是作为广告决策制定的基础，它在今天仍然被广泛地应用。克罗泽(1999)坚持认为"AIDA"依然是当代广告策略的现代基础，并且进一步表示，虽然 AIDA 存在缺点,但是在尚不存在普遍认同和乐于接受的理论时,AIDA 是可取的。

这两种观点的争论焦点是销售的来源而不是广告对销售有无作用。在这里提出两点,一是它强调了瞄准目标(正确)受众的重要性。例如,广告应该瞄准哪儿? 瞄准新的潜在市场还是现有市场? 第二,当确定广告目标时,要明白这样一个问题——广告在影响决策制定上是如何发挥明显作用的? 通过广告可以达到什么目标?

广告目标

广告的最终目标是促进销售和增加利润(Jobber, 1998)。从整体上讲,布恩和库尔茨(Boone and Kurtz, 2002)建议市场营销人员利用广告达到三个目的:告知、劝说和提醒。从一个经营的观点来看,为了设计广告活动,这里有大量的更具战略意义的沟通目标。整合营销传播的目的和目标已经在前面的第一部分讨论过了。广告的目的只是与那些由全面整合营销传播计划共同决定的目标协同发展。因此,广告可以协助诸如市场定位发展这类目标的达成。然而,为了形成策略性广告活动,完整而不是分离的广告目标仍然是需要的,并且广告可以实现以下若干个目标:

建立品牌形象

人们普遍认为,广告的主要作用是建立长期品牌(Crosier, 1999)。资产已经植入了品牌中,因此,品牌是由一系列特征、价值和利益组成的,这些使它更具吸引力。当广告与产品相结合时,它在建立品牌资产方面发挥着重要作用,首先它毫无疑问地能够促进销售,然后优化市场定位,最后获得竞争优势。

通过使用印刷版广告和电视视觉广告,发展或加强一个品牌形象或一系列与品牌相关的事务,使一个事件就能够在市场上得到定位,进而在消费者的头脑中留下深刻的印象。当这个事件要求再定位时,上述过程同样适用。例如,纠正消费者的误解对于一个状况不佳的事件来说是一个关键的战略。其中一个任务就是劝服消费者认为某个特定的品牌要比其他的好(Clow and Baack, 2004)。当被要求去改变一个人的理念时,这往往不是一个容易完成的任务。例如,盖茨(1997)指出,说服作为事件的一个广告目标,使人们产生了对事件的需求。通过宣传具体的已经改善的细节,来强调如果没有参加此次事件将会有什么缺憾。例如,错过新的和更加精彩的表演者以及演出。相反,如果之前的事件已经十分出色,那么可以通过为先前的与会者提供奖品的方式,来提示缺席的可能遗憾。

创造意识

品牌建立过程中的部分任务是品牌意识和市场定位的发展,广告是完成这项任务的一个有效工具。当消费者正在作购买决策时,品牌意识能够帮助他们识别和回想一个品牌事件。它的任务便是建立先入为主的意识,当消费者回想起某一个特定品牌而不是其他品牌时,这个效果就达到了。

意识也是购买的前提条件,而广告又能够建立这个必要条件。因此,这类广告的内容实际上是非常富于信息化的。简单的形式告知受众表演者的名字、演出时间和地点。稍微复杂一点的信息可能包括一个完善的事件细节,比如说关于表演者更多的信息、舞台和更高水平的服务等。意识的建立对于新的事件(新的产品、服务和市场等)来说无疑是很重要的,对于现有事件(老产品、服务和市场等)的顾客发展来说同样也是很重要的。

对于事件来说,为合作伙伴,像赞助商及慈善团体创造意识也许是次要,但却是不可忽视的。与合适的赞助商和慈善团体合作,事件的实践就会产生双重目的,联合的好处能帮助拓展事件的品牌。例如,一个普遍使用但不一定有效和美观的方式就是在事件的广告中加入赞助商的 logo(标识)。还好,现在那些附在事件广告中、但与广告内容不符的动画展示的使用已经比以前少了。

激励行为

广告可以激发行动。例如,直接回应广告可以激励一个回应,这个回应同样可以为企业提供一个直接测量销售量的方法。由此,这种形式的广告引发了购买行为。其他的行为方式还包括促销电话和随意拨打客户电话或访问网站做广告,不管最后能不能促成销售,至少也能够被测量。其他的广告内容也可能被用于激励尝试。例如,乔布(Jobber,1998)提出,一些产品销售遭到失败是因为缺乏尝试。广告中的整合营销尤其要依靠价格和产品策略起作用(更多的内容见第9章有关促销的内容)。广告内容的本质可以描述成通过采取一个特定的方式来激发尝试。例如,"在你没有尝试前你永远都不知道"就可以激发尝试。英国的千禧穹顶的广告中指出,任何没有参与到事件中的人仅仅是一个跟随媒体观点的"绵羊"。他们强调在评价它之前有必要去试一试它。

巩固意识

一旦品牌资产和一个清晰的市场定位建立了,巩固消费者对它们的意识是很重要的。广告可以帮助消费者想起一个事件并在他们的头脑中强化它的特殊形象。当一年一次的或者不常发生的事件即将出现时,这就成为一个很关键的措施。对于现有顾客意识的巩固往往同样是必须的。对于不常发生的事件来说,价格变化或者是购买机制发生变化可能是不可避免的(必要的),怎样"购票"这样一个简单的记忆可能是必须的。最后,即使对那些具有强大收益率的品牌,这也有一个关于定期广告的意见,用来维护市场定位、保持先入为主的意识,虽然这可能更适用于经常性发生的事件。

这里介绍一些其他经常用于广告的目标。例如,广告是为了给促销人员提供帮助(Jobber,1998),或者支持其他市场营销努力(Clow and Baack,2004),或者引导大批想要购买的人去特定的网站,又或者在促销中激发兴趣。通过观察广告的这些特征可以确定,作为一个工具,广告是伴随着其他传播工具去实现全面整合营销传播目标和信息传递的。

广告管理

在一个整合营销传播方法中,广告决策与其他所有的沟通形式同时被使用。因此,广告设计过程与公共关系一样遵守循类似的必要系统流程(已在第 5 章讨论)。图 7.1 描述了一个整合营销传播中的广告设计过程。

一提到广告管理就会涉及一些关键的决策:首先是要决定有多少广告开发和执行是在自己的公司内部进行的,而不是外包给代理商。许多节事组织依靠他们自己的员工来营销,他们经常完全自己计划、设计和执行营销计划。当然比较大的组织能够保证在公司内部每一种传播职能都有其对应的专家。公司内部市场营销的一个优点就是员工对于自己公司的组织目标会有一个更好的认识。然而,也可以选择通过外部资源来寻求特定职能的专业人士,其中一个选择就是指定专业广告公司。

使用外部广告公司的决定取决于许多因素:广告客户的规模是首要因素。外包给代理商显然是需要成本的,因此预算需要包括创意投入费用、媒介购买费用以及媒介时空使用费。某些广告公司对于较小规模广告客户可能没有多大兴趣,所以广告公司与客户合作往往是一个双向选择的过程,他们决定是否有兴趣和你合作,你同样也可以选择是否有兴趣和他们合作。

广告投入经费多少将在第 14 章进行介绍。接下来就是选择哪一个代理商能够提供最好的服务。与外部服务供应商合作会给公司带来客观性。从理论上讲,代理商应该能够提供客观的营销解决方案,这些方案同时也参考内部意见,所以选择一个能够融洽合作的代理商也是选择过程的关键部分。下一个要考虑的因素是一个广告代理商能够带来满意的创意的

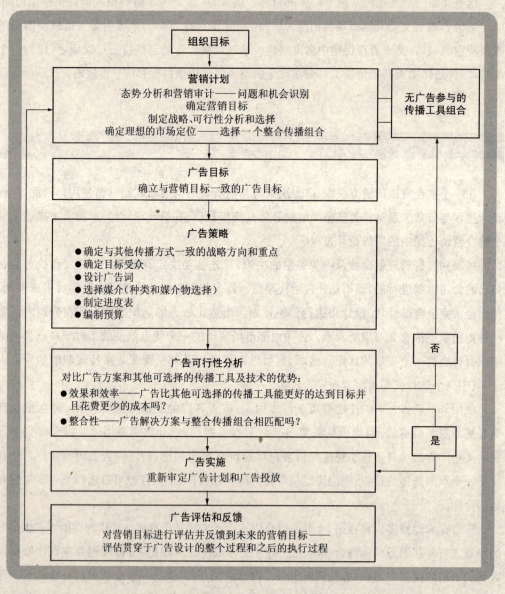

数量。在公司内部策划出来的方案可能是老旧的,所以指定外部创意团队能够搞活一个广告项目。当然,可能存在一种情况,即保留着公司内部已经存在的外部服务可能会变得多余。选择不仅要考虑供应商是多么有创意,而且还要考虑他们在相关商业领域工作得是否出色。人们总是认为,对于一些组织来说,那些以前与节事管理打过交道并且了解这个行业的代理商是更为适合的选择。

图 7.1 广告策划过程:整合节事营销传播中的广告设计流程

　　这里有不同形式的代理商。对于一些广告职能来说，自由职业顾问确实是一个很有效率和效果的选择。如果仅从这个观点来看，那么他们能将更多的精力和注意力投放到一个客户的目标上面。还有一些全服务代理商，他们不仅提供创意、媒体计划编制和购买服务，还整合销售和商业促销、直复营销和公共关系。按照其他提供服务的规模来划分，还有这样一些代理商，他们有的擅长做某种类型的传播，有的则擅长做某种类型的媒体，还有一些则擅长处理与某个商业和行业部门的关系。最后一个选择因素是有关必要的服务深度方面的。

活动开发

　　一个事件组织一旦已经确定了广告应该怎样进行管理，他们就可以把注意力集中在广告特殊项目的开发上。开发一个事件广告活动包括项目的准备活动和把项目整合到整个整合营销传播计划之中。这就要求采用全面整合营销传播目标(见图7.1)。

　　第一步涉及对节事传播市场的分析。这个分析要根据竞争者活动的水平和本质、关键是目标受众的鉴别以及之前的传播和现在的市场地位的回顾来考虑广告可能获得的机会。这个分析的关键是对目标市场媒体使用行为的识别，以及对竞争对手所使用的媒体的识别(Clow and Baack，2004)。

　　下一步，是建立与全面整合营销传播相结合的广告目标。通过结合考虑整合营销传播目标所带来的机遇和威胁，广告项目目标是能够被建立的，这些机遇和威胁产生于上述的传播市场分析。

　　最后，在预算前起草一份必要的进度表。这包括鉴别然后挑选最有效率和效果的媒体、载体和播放广告的时间段以实现一系列目标。适当进度以及与所需的信息相匹配是很关键的。然后就可以制作广告了。

广告设计和制作

　　制作广告的核心就是"广告平台"。这是基本的销售建议，所以它对于目标市场和传播竞争优势来说是很重要的(Jobber，1998)。对目标市场媒体的选择和使用的理解同样是很重要的。开发一个广告平台是为了实现广告目标，从而与整合营销传播目标紧紧地联系在一起。然后广告平台以可视、文字、声音和符号的形式被转化成广告词，这样它们就将有希望吸引到它们已经注意到的目标受众。

广告作品的产生首先开始于一个创意大纲的准备。这个大纲由若干因素组成，包括一个目标、特定的目标市场、信息和主题、任何能够证实信息的辅助材料，像研究报告和证明书以及任何可能起作用的限制条件，如合法程序等。例如，奥克兰运动家棒球队在 2004 年初要求麦肯广告公司（McCann）为他们创造一个电视广告（Adforum，2004）。这个组织的营销目标是提高来自于基本销售的可增加收入，表面上看起来像是一个阶梯式的购票策略。他们想让 1 次或 2 次的购买变成 4 次或 5 次，4 次或 5 次的购买变成 7 次或 8 次，让那些达到 8 次的购买者（观看 1/3 的赛季比赛）变成季节（24 次）购买者。除了其他的营销传播方式，人们确信电视广告依然在起作用。广告目标是对意识和顾客忠诚度的开发，开发的目标顾客就是现存的顾客。在一个当地名为"一个棒球的非凡品牌"的促销活动中，这个代理商创造了一个主题，这个主题被设计用来说明奥克兰运动家棒球队与其他的主要社团的差异性。紧接着，一个名为"Bazooka"的广告被制作出来，它主要是基于奥克兰运动家棒球队的销售经验，运用球员和独特的奥克兰特征在电影胶片里描述过去的棒球游戏。这是一个关于创意大纲的简单例子，它为代理商提供了营销目标、基于销售数据支持的清晰销售目标和围绕忠诚度开发的广告词的基础。

为了在设计过程中提供一个发展框架，可以使用若干个理论框架。例如，前面讨论的影响力等级模型、途径—目标链理论（mean-ends theory）和视觉—口头（visual versus verbal）模型在广告理论中都有广泛的讨论。前两个框架可以用于改变杠杆原点，使它能够在消费者刚开始了解产品的过程中打动他们，从而改变他们的想法，然后再将这些与他们的价值观相联系。因此，可以按照 AIDA 的相继步骤设计广告，这样做是为了激发注意、兴趣、渴望，然后是行动。途径—目标链理论作为一个框架来使用，主要是试图通过连锁反应和一个产品对个人价值观的实现信念来打动目标受众从而改变他们的想法。它的目标是把产品的特性和他们能够产生的利益连接起来。通过使用"杠杆原点"，受众能够感觉到那些利益和他们个人价值观之间的联系（Clow and Baack，2004）。2004 年，为楠塔基特岛铁人团体拉力赛做的杂志广告中呈现了两幅简单的图像（见图 7.2）。第一个图像是一双下面印有参赛日期的跑鞋，旁边第二个图像是一双下面印有比赛后一天日期的"噼啪"海滩鞋，它是第一个图像的副本，这个副本提供了"杠杆原点"。副本的目标受众是环美国楠塔基特岛的海滩、海港和公路进行长跑、自行车、划桨和游泳比赛的"铁人"参赛选手。它告知这些参赛选手在比赛过后也可以参加在当地比赛地点举办的聚会。图片和副本结合的设计是为了允诺这不仅仅是一个需要有大量经验的正式比赛，而且是一个在比赛后的第二天立即会有更多休闲活动的聚会。

这则满页斑点风格的广告被投放在《纽约地铁体育》(*Metrosport New York*,2004)杂志中,并且与其他几则比赛广告(美国纪念杯三项全能运动和纽约铁人三项赛)进行角逐。途径—目的分析由超过2天3种不同经历的特征组成。图片和副本将这些平衡为能量消耗和竞赛、娱乐和放松所带来的好处,这些好处随后又会被目标受众转换为个人的评价,像兴奋、成就感和快乐等。图7.3展现了不同的事件和3个一连串广告,目的是为了图示说明途径—目标分析链的概念。

| 2004年铁人团体接力赛 广告作品 | 2004年郊外运动 广告作品 | 2004年纽约市三项全能 运动LLC广告作品 |

图 7.2　广告执行框架

第三个框架让广告设计者在某个范围内决定哪些内容是需要口头的而不是可视的。通过注意广告词的本质,就可以很容易作出决定。

无论运用哪种框架,广告设计的第一步都是制定广告词策略。这个策略用来传递创意大纲所指定的广告词主题。这里有四种策略类型可以应用:意识、情感、意动和品牌战略(Clow and Baack,2004)。

意识广告词策略

这些是富于信息化的或者能够带来合理化意见的策略。它们能够结合一个独特的卖点或者带来有关产品的直接易懂的一般信息。它们也能够成为"第一",因为它们以一个特殊的优越姿态在营销竞争中先发制人。他们还可以直接与竞争对手进行比较。

情感广告词策略

这些策略用于激发情感,目的是通过帮助受众回想购买经历,或者激发强大的情感来影响目标受众的动机,然后将它们与产品联系起来。

意动广告词策略

这些策略目的是为了激发行动。采取购买行动就会得到一张优惠券,人们会为了一张额外的优惠券去访问网站或者光临商场,这种策略能够与其他形式的沟通方式一起使用。

品牌广告词策略

与其他类型的广告词策略不同,品牌集中策略目的是建立品牌形象和品牌使用者形象。"形象建立"广告将着重于品牌和它的个性。相对地,以使用者为导向的广告将着重于使用品牌的人的类型。事件管理已经做好准备使用一些有效的方法,如通过使用名人、表演明星和有才能的人以及他们对事件的认可或签名来达到这个目的。

制作广告需要一个执行框架、一个同样需要考虑广告词本质的成品表现形式。这里有一些常用的形式,它们包括动画、触及现实的生活片断、改编的戏剧、证明书、权威的认可、示范、假想的片断和商品介绍等。其中许多都是在为它们自己做宣传。例如,图7.2呈现的是"2004年铁人团体接力赛"和其他两个事件广告,它们都被投放在《纽约地铁体育》(2004)杂志中。这些广告能够进行比较和对照,目的是为了论证框架的用途。三个广告实际上都是提供信息的。"铁人团体接力赛"和"纽约市三项全能运动"活动仍然采用摄影来说明所包括的活动,前者采用工作鞋的图片显然表达的是一个更加抽象的信息。"2004年郊外运动"则采用单一的"从解放到解放"雕刻图画来表达信息。

一个广告还要有吸引力,近几年有许多这方面的例子。克洛和巴克(Clow and Baack, 2004)提供了在开发广告方面很成功的7种主要类型的广告吸引力:敬畏、幽默、性感、音乐、合理性、情感和稀缺。例如,在图7.2的广告中就蕴含敬畏成分。敬畏不仅是能够满足事件所带来的挑战,而且它能够转化为个人的成就感。另一方面,皮克顿和布罗德里克(Pickton and Broderick, 2001)提出了35种在广告中吸引注意力的方法,包括使用证明书、名人和代言人等。这种吸引力对于事件是很有效的,因为事件参与者不仅仅是产品本身,而常常是它们如广告中所承诺的可用性。无论参与者是什么背景,这都将是有效的。很显然,利用雕像和形象高大的体育明星,如著名自行车选手朗斯·阿姆斯特朗(Lance Armstrong)的认可或签名对环法自行车赛和他们2004年的电视广告是非常重要的(见案例分析7.1)。类似地,在时装印刷广告中

图7.3 途径—目标链分析理论:2004年葡萄牙经贸促进局的广告作品

注：这三个广告在 2004 年被葡萄牙商贸旅游委员会、葡萄牙经贸促进局协同葡萄牙欧洲足球联盟共同使用。目标是转变主要活动的性质，让这个国家成为旅游者的最终目的地。为了阐明"途径—目标链"的概念，首先要考虑正在销售的产品——"葡萄牙是一个度假胜地"。它的独特之处在于提供一系列灵活的活动和便捷的设备，从流行的、吸引人的和世界级的标准上看，它们都是一流的。所带来的利益主要集中在足球锦标赛和一整天都是丰富多彩的假期经历上。"杠杆作用点"利用那些与游览（海滩、城堡、阳光和清澈的天空）和足球（现代足球场和草坡）相互联系的抽象图像来平衡转化这些利益。除此之外，副本涉及比赛，也涉及非比赛时间和怎样度过非比赛时间。这些"杠杆作用点"帮助受众把利益转变为许多个人感受，如兴奋、有趣、幸福、快乐、归属感和成就感等。

使用流行歌星麦当娜作为代言人同样是很重要的，他们通过她的清晰频道公司、单曲和 Caliente 娱乐节目进行宣传。音乐会广告常常只是单纯地告知，并没有使用雕刻图像。然而，对于麦当娜 2004 年名为"复出"的世界巡回表演来说，印刷版广告活动被认为是很重要的，它用图片描述了她在时装周中给人印象深刻的、能唤起人们回忆的打扮（Sunday Times, 2004b）。

最后，这个设计过程还包括一个更加深入的决策——使用哪些资源和代言人？超过 20％的广告都有一个明星代言人（Clow and Bacck, 2004），并且如果它们想再次使用，节事管理也有已经准备好了的资源。

案例研究 7.1

环法自行车锦标赛

美国户外生活网（Outdoor Life Network, OLN）与环法合作，开发了一系列的广告，这些广告着重使用一个新的词汇。他们创办了一个名为"Cyclysm"的活动，这个活动于 2004 年的春天或夏天在美国举行。活动组织者的目标是加深美国人民的赛车意识，尤其针对非赛车迷，从而 OLN 被指定为媒体广播合作伙伴。

所使用的媒体工具包括拥有电视网络的康卡斯特有限电视台公司（Comcast），包括 OLN 和有线电视。印刷版媒介包括报刊，比如《今日美国》（USA Today）、《体育画报》（Sports Illustrated）和《娱乐体育电视网》（ESPN）等，也可以使用户外海报。广告所占用的时空的总价值大约是 2 000 万美元。

电视节目都把目光集中于出生在美国并曾 5 次获得环法自行车比赛冠军的阿姆斯特朗身上。由于那个时候阿姆斯特朗在他的家乡拥有很高的地位和很好的形象,所以阿姆斯特朗是最合适的代言人。所使用的主题是有关他力图取得第 6 次冠军的想法、他的竞争对手和这个比赛的历史渊源。它吸引人的地方在于它的表现形式是一个戏剧艺术,上面是一个虚拟的阿姆斯特朗的外貌并且赋予阿姆斯特朗一个图像角色。造一个新词是为了说明不存在任何一个现有的词能够恰当地描绘出阿姆斯特朗与这个赛事之间的关系。相反,广告为了突现对比,只用了一个阿姆斯特朗的巨幅照片,背影是一大束光线。网络名称和比赛日期也一并与标题"自行车锦标赛正驶向我们"被展示出来,目的是提供一个富于信息的而非戏剧性的执行框架。缺少自行车和用于说明比赛或者自行车运动的图片是需要解释的,因为这个广告的目的主要是把精力集中在阿姆斯特朗身上,使他能吸引更多的受众。

　　资料来源:Bernstein(2004)。版权使用受到许可:© 2004 Outdoor Life Network, OLNTV. com。

■ 广告策划

　　早就有迹象表明,所使用的媒介与广告和它的设计相匹配是很重要的。进行媒介选择分为两个阶段:第一个阶段是关注合适的媒介类型。传统上来讲,主要的媒介类型包括电视、广播、报刊、电影院和户外海报(Crosier, 1999),但是现在我们在这个基础上增加了许多其他的媒介。这些将在本章的后面介绍。紧接着第二个阶段是从每一种媒介中选择个别的工具。只有这样才能对一个广告潜在的价值和它真实的成本进行严格评估。因此,一个广告进度表的制作很显然是基于对哪种媒介和哪种工具将是合适的选择的研究。这个研究会受以下诸多指标的指导(将在第14章进行详细介绍):

　　●影响范围:这涉及在一定时期内,一个媒介工具所能影响到的人、股东或者企业的数量。

　　●频率:在一定时期内,广告出现的平均次数。

　　●总收视率评点:这是一个衡量媒介进度表的效果或者强度的方法,它是通过把媒介工具的额定值乘以广告插入的频率和数目来进行计算的。

　　●成本:当确定广告项目的价值时,广告项目的总成本提供了一个可比较的方法。以千位为单位的成本计算法仍是一个通用的成本标准;是每千个媒体接触者费用。

　　●印象:它表示的是一则广告即将展现给一个受众的总曝光次数。换句话说就是,它是市场上的顾客、股东或者企业的总数,而不管他们是否已经看到这则广告。

　　●连续性:这个标准是有关投放模式的。该模式可以是连续的,也可以是跳跃的,但这种跳跃的模式要求投放次数达到在周期性时间间隔增加广告的最低水平,或者还可以是不连续的,但只有在一个单独的时间间隔中的广告才可以是不连续的。事件的顺瞬时性使它很难应用营销文章中一些公认建议。例如,希姆普(1997)建议应该从战略上连续地投放广告。相反的是,给事件作广告可以提前很久,然而已经使用了一年的广告对于一个年度事件将是缺乏效率和效果的。对于一次性事件而言,广告时常处于一个非连续的状态;对于那些一年期项目的节事组织者来说,服务于特殊项目的广告实际上依然是不连续的,但可以产生为整个事件组合提供企业信息的契机,它可以有效地遵循一个跳跃的或连续的进度。

广告媒介选择

选择恰当的媒介类型取决于四个标准——通过每个机会成本的确定,决定是否在竞争性活跃的地方参与竞争,预算是否合适并且是否恰当地符合信息的要求(Jobber,1998)。哪一种媒介应该选择的决定,最终要取决于哪一种媒介能够为目标的实现提供最有效果和效率的解决方法。下面来讨论可利用的媒介类型。

电视广告

电视的优点就是制作出来的广告是活动的,因此产品能够在实践中被真实地加以地说明。色彩和动作的可视吸引力能够与声音、广播和海报广告相结合,而不是像在印刷出版物中那样被单调地传递着。这可以使创意者有效地营造氛围,从而建立品牌形象。电视可以使事件变得活灵活现,既可以看得见又可以听得见,所以它能够成为一个非常重要的选择。2003 年在巴黎举行的世界锦标赛曾有效地运用电视,通过展现体育动作为这个事件树立形象,这些体育动作就好像在这个城市的大街小巷上演着。

电视时间表同样为重复播放提供了可能性,它可以是很频繁地覆盖整个较短的时间段。然而,电视广告实际上是瞬间的,除非它被记录下来,要不然一旦它被播放后就再也看不到了。因此,重复性变得更加必要而不仅仅是为了增加利益。如果它们被频繁地播放也可能是不利的,这就是为什么电视广告常常不能引起和抓住消费者的兴趣的原因。紧接着,广告客户面临一个问题,那就是不得不花更多的成本来制作更多的广告。制作广告的费用是事件广告客户的一个绊脚石,虽然这没有必要提起,但是制作有效的广告的费用可能相对会比较高。

电视广告的另一个优点/缺点是它的渗透能力。在这里,广告闯入了一个没有任何防备的观看者的眼中。虽然广告的渗透能力确实是那样的,但是它可以以任何方式起作用。因此,如果广告想抓住受众的注意力和需要,占有恰当的电视节目的缝隙时间是非常重要的。广告混乱是另一个问题,在某些频道,广告太频繁,时间也太长。因此,使受众从广告时间开始到结束都一直观看将变得更加重要。

数字电视的出现已经增加了许多世界范围内可以观看的频道,从而有利于降低广告的费用。随着许多专业频道的建立,广告客户同样有机会更有效地确定目标。美国和其他国家的互联网通过当地频道提供类似的广告机会。

泛西欧(覆盖整个西欧)广告通过专业频道如 MTV、动画频道电台、欧洲国家广播公司(NBC Europe)、特纳电视网(TNT)和欧洲体育(Eurosport)频道而变得有可能。MTV 已经为整个地区的广告客户更进一步地确定目标提供了机会,它提供四个欧洲地区的服务——英国、北欧、南欧和中欧。例如,喜力啤酒(Heineken)赞助的露天摇滚音乐节(Heineken Jammin Festival)在整个地中海沿岸通过 MTV 作广告进行宣传,这个音乐节是 2004 年奥林匹克文化节奥林匹亚德(Olympiad)文化项目的一部分。广告同样可以影响到当地居民和度假者,以达到出售门票和为赞助商增加曝光率的最终目的。

商业信息片是另一种电视广告。类似于印刷广告,它们以一种新的形式传递着更多的信息,这个形式表现出更多的社论性而非商业性。它们在美国得到广泛的应用并在电视清单中被列为"付费项目",也许对于许多的事件广告来说它们的用途很有限,不过对于特定类型的事件它们可以很有效。当然购物频道在这种广告播放和提供立即购买机会方面是很专业的。体育用品和大事记、艺术节和音乐会都通过这种方式作广告并出售产品或门票,所以利用缝隙时间出售与事件相关的产品,能够同时达到提高事件知晓度和品牌形象建立的广告目标是可信的。

在所有的媒介类型中,电视在影响受众范围上有最大的潜力。然而,这就表明它需要付的费用会相对高一些,但是平均到每个受众的身上成本就会相对低一些。因此,在所有媒介的选择中,目标范围因素是至关重要的。

报纸广告

报纸可信度最高。它们依靠提供事实和真实的故事而成为有效的广告媒介选择。印刷广告的一个明显优势就是读者可以在任何他们想要购买产品的时候去看广告。虽然一般来说报纸的"寿命"很短,他们甚至可以在以后想购买时再看这个广告或者把它给另一个读者。报纸也可以提供目标灵活性,因为广告根据地域性和地方版本会随地点的不同而不同。

对于节事组织者来说,报纸的一个关键优势是它们提供了社会声誉(Boone and Kurtz,2002)。地方性报纸在当地有着很深的影响,因此当地的广告客户就可以借助它的有利影响来作广告。由于密集的覆盖率并且可以影响到大多数当地的家庭,某些报纸被用作整合信息,在报纸上可以看到用同一种版本编辑的广告、社论式广告、编辑式广告和促销。以这种方式使用媒介组合将在本章的后面进行考察。

报纸的优势就是给人成本相对低的印象。然而它也不总是有效的。例如,美国成年人棒球联盟(Cleveland Indians)为了达到售票目标在整个城市的报纸上作了一系列的印刷广告。共制作了 3 个广告,这 3 个广告都使用了附有"提供现场观看比赛项目机会"标题的票的图片。这个机会显然是缺少吸引力的。因为清理水槽、修整草坪和洗熨衣服这些日常工作都是在周末要做的例行家务,因此无论是男人还是女人都要忙碌这些事情而不是去看印第安人的比赛。

报纸在广告面积大小和色彩方面同样具有灵活性,但是在复制品方面就差一点了。其他的缺点就是社论可能会与报纸上的广告争夺读者的注意力,这就大大降低了广告的效用。虽然报纸中通常有能增加灵活性的部分——例如体育、娱乐、艺术和电视部分,但是在特定的细分市场中,目标可能还是很难达到的。

杂志广告

这里有两种形式的杂志,它们都受到节事组织者的欢迎。消费者杂志和商业/贸易杂志通过专刊提供细分种类和灵活性来影响偏爱体育、艺术和音乐方面的读者。它们通过各种各样的发放流程和分页处的空白来提供更大的灵活性。与报纸一样,杂志作为整合传播机会,在广告面积大小和色彩方面也提供灵活性。所有这些能够使可选择的和精确的目标具有杂志"寿命长"和质量好的优点。

B2B 杂志为那些正在寻找合作伙伴的事件提供机会。这些甚至可能是供应商。例如,2010 年世界杯利比亚申办小组在《国际体育商业》(Sport Business International)背面作了一个杰出的广告,它在投放广告方面迈出了相当漂亮的一步。利比亚是提交申办 2010FIFA(国际足球联盟)世界杯申请的 6 个国家中的一个,它使用的广告媒介是那些偏偏能被体育商业专业人员看到的工具,包括那些体育场建筑物里的部门。广告的副本是为了吸引外界对这个国家为取得世界杯申办权而进行基础设施建造方面的关注,所以使用这种特殊的媒介工具是很受欢迎的。接着所要关心的就是投放的时间问题。广告要求把申办的意向在 2004 年 3 月底提交上去,因为国际足球联盟将在不超过三个月后宣布获胜方(南非),所以没有多少时间留给投标者去建造和实施。

正如美国大学中央体育协会(CIAA)在 2004 年春天所作的证明那样,可以利用 B2B 广告来寻找赞助商。当时该协会正在庆祝建会 60 周年,它在《体育商业杂志》(2004)上作了整篇彩色印刷的广告,以显示在这几年里它的电视观众人数是怎样增加的。联系人姓名、电话以及网址也一并被写在副本里。

消费者杂志也被高度地细分了,它提供复杂的目标机会。这里有一些专业杂志能够触及不同音乐流派的读者,它能为流行音乐、摇滚音乐、经典音乐、歌剧和俱乐部宣传提供广告解决方案,并且为体育和艺术事件提供机会,同时通过使用商业和消费者标题,变得更具吸引力。可利用的多样性机会的一个很好的例子是在 2004 年奥林匹克运动会中,一个事件广告关于文化活动的内容与关于体育的内容一样多。在与希腊旅游局的合作中,组织者把广告投放在了英国航空杂志的六月焦点问题中。目的是吸引旅行者,因希腊本身去希腊,而不仅仅是因为奥运会。

　　一般说来,杂志的缺点是它们常常需要很长的出版和印刷时间,如果在这个时候事件项目发生了变化,那么对于事件广告客户来说将会是不幸的。同时,由于较长的发行周期,导致许多事件广告出版时,时间已经结束,这样的广告转成了无用的消耗。杂志广告成本也可能很高,并且对于许多杂志来说,广告混乱是一个很主要的问题。例如,一些杂志在它们前半部分能有将近连续 20 页的广告。但是,由于杂志能够被传阅和分享,所以它们比许多其他的媒介拥有更长的寿命。

广播广告

　　很显然,广播受到声音的限制,但是那也可以被认为是它吸引人的地方。尽管它是一个群众性的媒介,但是广播具有建立一对一关系和亲密关系的显著倾向(Clow and Bacck, 2004)。它们也可以是目标关系。早饭时间、清晨、下午、驾车时间、晚间和周末的广播节目都能让不同的听众听到。这种形式也能够提供灵活性,因为这里不仅有音乐、新闻、体育和谈话类节目,而且对于音乐节目,这里提供不同的流派——老歌金曲、流行音乐、摇滚音乐、爵士音乐、古典音乐和乡村音乐等,这里只说了其中的一小部分。从而,生活方式可以被用来细分目标受众。再在这个上面加上地方性、区域性和全国性机会的灵活性,使这个过程不仅仅是一个有效果的确定目标过程,而且也是一个有效率的过程。网络广播也增加了受众的规模,它不仅仅进入了新的收听领域如办公室,而且立足国际化并利用特别的设备作为载体,如便携式收音机,它还进入了汽车以及其他交通工具,这些使广播成为了一个非常有用的媒介工具。然而,广告免费数字广播服务的发展却限制了这个机会。

　　对于节事组织者来说,当地广播的魅力之处在于它在当地社区的地位。广播站致力于为它们的当地居民提供服务,不仅仅在节目方面,而且在事件和促销方面提供服务。它们实际上是独立于社区的,而听众作为收听节目的一个整体存在。如果事件想影响到上述的受众,这样广播广告就能成为一个有效的媒介,尤其是当想利用这个媒介与公共关系结合使用来产生更深远的公众影响时,它将变得更加重要。

　　由于只需较短的引导时间,广播相对便宜。广告的时间很短,听众常常会同时去做其他的事情,从而很难抓住他们的注意力。对于所有的事件组织者来说,全国性覆盖也不会是一个具有吸引力的媒介选择，因为它很难覆盖到多个广播站。另外，把太多的信息放进广播广告中可能意味着听众很少会回忆起来，并且公布售票电话号码常常是一个麻烦，所以有些广告客户会认为不断地重复是最好的解决办法。然而在这里重复不是一个必要的创新解决方法。

户外广告

"户外广告"这个词在传统意义上涉及的是广告牌、海报、交通工具、灯彩、艺术品和街道设施。这种类型的广告"寿命"很长，它被认为是一种低成本的媒介选择，因为它涉及的受众范围很广。因此，虽然可以购买广告牌翻转滚动系统和再安装设备以延伸到新的领域，但是目标的确定通常还不是很详细。特别是，广告牌可以很大、很醒目，其中有一些可以作为图标符号使用。伦敦著名的马里波恩街道上的设施已经被广告商所注意，因为它是欧洲最繁华的街道之一，这里有大量的交通和行人。斯特拉·阿托依斯(Stella Artois)网球锦标赛在过去曾经很有效地使用过广告牌，尤其在选手像艾德博格(Edberg)、麦肯罗(McEnroe)和康纳斯(Connors)等之间火药味正浓的敌对状态时。其他的广告商则用流动的水、活模特和仿真的车制作了一个一次性三维的装置。因此，没有必要限制他们的创造力，非得使用广告牌，因为可能会有其他的东西要优越于广告牌。曝光(被关注)时间短很可能就是一个问题。司机经过广告牌的速度太快，即使他们很频繁地经过，并且这些广告词都很简单，他们也很难注意到并记住这些广告牌。

利用户外媒介确定目标并不是完全注定要失败的。例如，2004年在纽约举行的翠贝卡电影节的组织者就能够在电影节之前和之中在整个翠贝卡地区放置广告牌并散发传单，以吸引观众的眼球，达到宣传效果。街道设施上的广告如座位、公共宣传栏、建筑物上的和显示屏上的彩灯，都可以井然有序地坐落在适当的位置，虽然展现给予的可能还是非目标受众。在街道上的街灯柱作广告也是一个方法，2002年英联邦运动会的主办方曼彻斯特曾使用过这种方法。他们还制作了一幅新西兰橄榄球联盟著名橄榄球手洛姆(Lomu)的巨型海报，并把它挂在了一个建筑物的一侧。不幸的是，当洛姆没有真正地完成比赛时，这幅海报被烧毁了，这个举动说明了关于引导时间的问题和担保的作用。

交通工具提供了一些机会。火车在2004年奥林匹克运动会的主办国雅典是很流行的广告载体，都市电信(Cosmote)、现代汽车公司(Hyundai)和三星电子(Samsung)装扮机动轨道车作宣传。除了常用的火车、巴士和出租车，还有氢气球和飞机标语。这些广告媒介类型在曝光(吸引受众目光)时间方面有明显的差别，它们的优点和缺点是他们的流动性，因此他们确定目标是很受限制的。

传单已经变成了一种流行的广告媒介，尤其在音乐会和俱乐部的促销宣传中。它们在指定的位置被无规则地挂着，并在许多地方引起了受众起诉，控告促销者触犯了当地法律。一些市政当局声明将为传单专门提供一些宣传板和独立的建筑物。可笑的是，虽然起诉没有了，但许多促销者仍忽视这些问题，继续做他们以前做的事情。

还可以考虑使用较新的广告媒介，例如，那些包括人体在内的广告活动。第2章中的案例分析2.1介绍了伦敦现代艺术学院展览厅如何利用人作为活体广告，来增加对现存艺术家作品展示的哲学思想的关注。

耐克利用巨大的足球"插花"在2004年欧洲足球锦标赛杯宣传自己的例子是值得一提的。在欧洲许多城市，制造商都把巨大的足球复制海报悬挂在建筑物的一侧。它们是不同寻常的吸引注意力的方法。他们设法在曼谷利用一幅画有一个球快掉落到一辆宝马车顶的海报抓住更多观众的注意力（The Financial Times，2004）。在本章第四节开始部分的图片中可以看到布拉格的定位球。这是一个创新的、完整的广告用途，被那些经常使用"插花"策略的运动制造商使用，也是一个关于事件广告渴望达到什么水平的清晰的暗示。使用这种我们触手可及的媒介来建立公共关系和口头广告比使用大量媒介广告更能打动公众。

影院广告

这种形式除了家庭租用的DVD和影碟之外，还可以放在剧院中播放的电影的宣传片中。二者都具备像电视一样动态、色彩和音效的优点，被吸引的观众可以饶有兴趣地观看更多的展示和宣传，给广告商带来更高的效益。不过由于很少有观众会经常规律地出现在以上场所，所以不能向过多的观众反复播放同一内容的广告。不过剧场可以为当地的广告客户提供目标更加明确的广告服务，虽然价格相对可能高了些。电影节的组织者一般都会和这样的媒介进行合作。通过这样合作，组织者可以更准确锁定潜在目标群。比如，温哥华国际电影节、亚特兰大庆典和伦敦电影节分别开展以"本能"、"猎手"和"导演"为题的一系列活动。

室内广告

海报、显示屏和标志除了室外，在室内也可以使用。市政府通常就在他们自己的办公楼里面放置类似的广告。很明显，目标定位是非常清楚的，不过广告宣传的曝光时间和接受人群却很有限。机场为事件组织者提供广告机会，向他们的目标群——游客和返乡的当地人进行广告宣传。托斯卡纳摩托挑战赛在英国的知名度并不是很高，他们的营销战略之一就是在曼彻斯特机场的行李托运处进行广告宣传。媒介方在宣传中轮番使用等离子显示器和海报,这样使得受众以一种动态的形式接受广告,而不是仅仅听到声音。

周边媒体包括一些别的有效的媒介场所,像男厕所等。在小便池处贴广告表明在俱乐部、迪厅和酒吧放置广告是一种非常有效的尝试。

互联网广告

互联网为广告事件提供了一个全新的机会。节事策划者能够以较低的成本建立网站,来提供整年的广告机会。除了和报纸和杂志一样提供实时新闻和评论,互联网还可以实现受众和媒体之间的互动。网民们可以登陆那些吸引他们的网站,那样在网站上做广告的自然也就成了受益者。

互联网的主要好处是相对宽松的环境,这样媒介能够在规定较短的工作时间内进行创造性地工作。先进技术的使用使网站访问者浏览各个网站的过程都能被记录下来,这样就可以制定更细化的目标定位方案。这样就能建立客户数据系统,根据相关数据进行比对匹配,保证广告能够准确传达到目标受众。通过互联网,广告事件除了能够定位目标客户以外,还能定位发展前景和方向。

互联网发展变得越来越复杂,使用互联网的频率也过高,同时带来了一些新问题。互联网是历史上发展最为迅速的媒介,只用了 5 年时间就达到了 5 000 万用户的规模,而电视和广播分别用了 13 年和 38 年才达到这个水平(Clow and Baack, 2004)。现在互联网发展比较混乱也不足为奇,随着使用的逐步减少,横幅广告也将逐步退出历史舞台。媒介发展的混乱是用户们都必须采取行动面对的。

像美国几个主要职业联赛组织者这样的节事策划者,都在使用先进技术进行广告营销方面取得了成功,他们通过搜集客户的信息并向他们发送有广告内容的电子邮件。你只要购买一张纽约扬基体育场的棒球比赛门票,你就会每周收到扬基给你发的电子邮件。如果你是通过他们的票务代理来购买门票,那么你也会收到棒球大联盟给你直接发送的电子邮件。

互联网广告对电视广告不具竞争性,广告客户总想通过视频和动画的形式进行宣传,但这种形式现在已经不时兴了。广告客户现在正在使用缝隙广告工具,这样广告就可以在不警告的情况下自动在网页弹出,不过如果要求的话,也会安装软件来禁止广告界面的弹出。从这可以看出,互联网时代要想让广告成功传播,需要进行多种的技术创新。

电话营销

广告也可以放置在对广告感兴趣的用户的手持设备中,这样的群体相对是小众的。这样就可以形成一对一的联系,这种形式是从非个人广告方法中演变出来的。广告用户不是自己拨打电话,这种方式带来了一种最大的随机性机会。这种方式成本较低,而对广告事件来说也是值得的。成功地使用这种通信广告方式的策划者会很容易把这种方式推广到别的广告事件中。票务销售和代理类的广告事件策划必须要确保用户的手持设备中可以了解到他们的广告,同时也要确保它能和其他竞争者相比创造最多的收益。如果中介控制电信媒介的话,上面所说的效果也不是总能达到的。

印刷广告

印刷品包括传单、宣传册和购物袋等,很多客户都会散发传单,也确实有一些效果。例如,2012 年奥运会纽约申办团就定时发送时事通讯,想以此得到社会的支持。有一期通讯就着重介绍了 2003 年在纽约举办的世界杯击剑赛的情况,传单能通过介绍其他事件来促进这次宣传。纽约市还和 2012 年翠贝卡电影节建立了联系,这样传单就可以以之前举办过的"纽约击剑月"为主题进行宣传。

如果在另外一个相关事件现场散发传单,目标受众将会被很好地锁定。传单小组可以免费分发印有事件举办日期和细节的衣服,这种形式具有很高的自我宣传性,他们当然不愿意错过这样的机会。如果在繁华地段或者目标群体聚集较多的地区散发传达,那么效果将会更好。例如,2004 年"谢菲尔德艺术品市场"就在约克郡设立艺术品画廊,作为自助销售的分销点。2004 年"达勒姆夏季盛典"的组织者做得更加普及,他们尽可能多地把城市的零售商都利用起来。印刷品同时也能达到双重目的,在意大利罗马,2004"罗马欧罗巴节"就使用了一种折叠的 50 毫米×38 毫米的纸板作为传单,因为这个传单很大,也可用作海报。

媒体伙伴

第 5 章和第 8 章分别讲到了媒体关系对于成功的公共关系的重要性以及赞助项目的发展。活动的媒体关系的一个重要方面是确保在同报纸、电视、电台以及网络伙伴签署协议的时候将广告的元素包括进去。不论协议覆盖面如何,每个活动需要有媒体关系广告的空间。如果协议制定的是一种内部关系(不要花钱),那么这个交易就会非常有效率,且对双方会有很好的效果,因为这显示出彼此关系非常紧密。每个媒体都希望更多地运用共同的受众,所以他们把活动的广告安排妥当是对自己有好处的。比如,2004 年 *Glastonbury* 同英国国家级报纸《卫报》合作,目的在于双方都想吸引并保持新的目标受众。2004 年加拿大罗切斯特爵士音乐节同一家当地报纸《民主纪事报》达成协议,这个活动想要达到两个目的:第一,他们想要吸引赞助商,这样就能确保同媒体业主加拿大甘乃特公司(Gannett)的协议,提供一系列的广告机会,同时赞助商也能在协议签订后享受到这些广告机会;第二,他们想要确保直接宣传这个活动的广告,并且在甘乃特拥有的特别刊物、报纸以及网站上留出宣传该节日的广告空间。甘乃特还播出了20万次有关该节日的节目作为回报,这个媒体集团可以被介绍给节日活动的赞助商,并通过印刷精美的节日宣传手册、现场的书报亭和企业欢迎礼包推销他们的广告。如果协议是以这样的内部形式达成的,活动就需要想办法确保合作伙伴在活动运作中拥有一席之地,特别是在电视和电台上的位置,因为有时候活动是非常昂贵甚至难以负担的。

活动不需要仅限于选择一般的媒体伙伴比如电视、电台和报纸等,其他的媒体也可以是非常有效的。Pepsi Extravaganza 是一个在伦敦为期 2 周的生活时尚活动,其组织者同伦敦地铁达成一个内部协议。地铁车身的广告会宣传此活动,并且重新开放安吉尔伊斯灵顿站(此站是距离活动地点最近的地铁站点)。双方还会发售联合套票,购买者可以持票参加活动并往来于所有伦敦交通授权站点。

广告评估

选择媒体的标准可以非常有新意,不过一般都会归结到成本计算上。这就需要调研每个潜在媒体,特别要关注他们受众的评价。一些独立组织能调研并给出可靠的数据。比如,在美国,尼尔森媒体调研公司通过多种方法收集电视观众的数据(包括日记),来计算节目的评价和观众比例。广告空间的销售者利用这些数据决定广告评价,而且广告商可以确定它们的广告是否达到了他们的目标受众。在美国的其他组织还有斯塔齐·英拉·胡伦营销公司、Mediamark Research 以及柏克调研公司。对于美国的电台网络数据,有广播听众调查研究(RADAR)提供。在英国,广播联合听众调查(RAJAR)提供电台调研而 Broadcaster's Audience Research Board(BARB)提供电视调研数据。后者根据 3 000 个装有电视计时器的家庭数据,制作每周报告。户外场所及受众调查(OSCAR)提供户外媒体以及海报的调研数据,电影和广播产业观众调查机构(CAVIAR)提供电影评级。

评估广告的目的在于衡量广告是否达到制定时的目标。因此,调研结果是否精确取决于这些目标的性质。如果目标同销售或者市场份额有关,那么调研就要专注于销售和市场份额的动向。如果目标同形象有关,那么调研就需要注重消费者或者公司知名度或者态度。

乔布(Jobber, 1998)指出,在广告业中存在一个共同的问题。他警告说,评价广告的关键不在于是否赢得业界的奖项,而在于同目标受众的联系交流。在这个新逻辑的过程中,要想获得成功或者反馈,广告执行的前中后都需要评估。事前测试就是设计和执行的一部分。一旦广告开始运作,就需要有事后测试检测其是否达成目标。最常用的评估形式是衡量形象、态度、销售的变化及使用度评级和变化。采用多种调研方法,包括事前测试目标人群、客户调研以及对实际销售数据的统计分析等。

这就回到了之前所做的讨论,不能真正理解广告到底是怎样起作用的。问题要一分为二地看,制定的目标无法衡量,而过程成功还是失败也是无法理解的。克罗泽(Crosier,1999)一直认为现在的评估技术和方法始终是有问题的。他说,当目标设计得无法衡量时,过程一开始就会碰到困难,而且这个现象在各行业中非常普遍。没有可以衡量的标准,广告商只能依靠社会调研的标准方法,特别是那些态度和意向标准。这些,他认为并不能说明广告和行为改变两者间的因果联系。同很多人一样,他也在等待能真正衡量广告有效性并衡量广告是否能引起目标受众的认知并且转化为实际行动的测试。乔布(Jobber,1998)认为,实际操作中,广告商设置销售数字作为衡量标准,虽然将其因和效果联系起来有困难,他们认为他们还要继续使用销售变动作为衡量标准直到出现更好的方法。

本 章 小 结

由于大家对为什么广告起作用缺乏理解,而且在评价技术上也有诸多问题,广告仍然是一个谜。但是,尽管有这些反常,广告依然是一个非常有用的工具,至少也被认为是市场营销沟通的一个有效途径。世界各地对其广泛使用充分说明了这一点。

但是,很多广告的形式之前没有被使用到市场活动中来。广告经常被认为是昂贵的,是活动预算不能负担的。这个情况已经有所改变,因为现在有大量广告机会而且有各种各样可以运用的广告途径。传统的电视、报纸、电台、户外及电影广告,通过区域化、数字化和其他技术发展也变得更加多样化,这也提供了可以承受得起的广告解决方案。另外,现在还有网上广告,而越来越多的活动可以创新性地通过整合营销沟通接触到一整套的广告媒体。

讨 论 问 题

- 从艺术、音乐和体育领域中选择三个事件:
  - 比较和对比每个事件的广告目标;

○ 评估目标是否符合全面整合营销传播计划；

○ 比较和对比每个事件的广告确定目标的过程；

○ 利用评估系统评价每一个广告活动的成功之处。

● 为你所选择的不同事件挑选一个广告活动。鉴别包括媒体类型、工具和流程的选择以分析目标和目标受众。

● 为上面所挑选的活动选择一个广告，并利用途径—目标链分析具有创意性和目的性的广告词。

参考文献

Adforum (2004) www.adforum.com/adfolio (accessed 16 June, 2004).

Bernstein, A. (2004) No word could describe the Tour de France, so OLN made one up. *Sport Business Journal*, May 31–June 6. Street and Smith.

Boone, L. and Kurtz, D. (2002) *Contemporary Marketing 2002*. Thomson Learning.

Clow, K. and Baack, D. (2004) *Integrated Advertising, Promotion, and Marketing Communications*, 2nd edn. Pearson Prentice Hall.

Crosier, K. (1999) Advertising. In *Marketing Communications: Principles and Practice*, Kitchen, P. (ed.). International Thomson Business Press.

Ehrenberg, A. (1988) *Repeat Buying: Facts, Theory and Applications*, 2nd edn. Charles Griffin.

Ehrenberg, A., Scriven, J. and Bernard, N. (2000) Advertising established brands: An international dimension. In *The Handbook of International Marketing Communications*, Moyne, S. (ed.). Blackwell.

Financial Times, The (2004) Thais look at a car crushed by a giant football promoting the Euro 2004 soccer tournament that fell from a billboard above a shop in Bangkok. 1 June.

Getz, D. (1997) *Event Management and Event Tourism*. Cognizant.

ICEP Portugal (2004) Portuguese Trade and Tourism Office. New York.

IEG (2004) Anatomy of a local event/newspaper sponsorship. *IEG Sponsorship Report*. Sample Issue. IEG.

Jobber, D. (1998) *Principles and Practice of Marketing*, 2nd edn. McGraw-Hill.

Jones, J. (1995) *When Ads Work: New Proof that Advertising Triggers Sales*. Simon and Schuster.

Lavidge, R. and Steiner, G. (1961) A model for the predictive measurements of advertising effectiveness. *Journal of Advertising Marketing*, 25 October, 59–62.

Metrosports New York (2004) The 2004 Iron Teams Relay on Nantucket. Advertisement. April.

NYC 2012 (2004) Informational leaflet. Spring 2003. NYC 2012.

Pickton, D. and Broderick, A. (2001) *Integrated Marketing Communications*. Financial Times/Prentice Hall.

Shimp, T. (1997) *Advertising, Promotion, and Supplemental Aspects of Integrated Marketing Communications*, 4th edn. The Dryden Press.

Sport Business International (2004) Libya 2010 advertisement. Issue 89, March.

Sports Business Journal (2004) CIAA 60th Anniversary. May 31–June 6, 2004.

Strong, E. (1925) *The psychology of selling.* McGraw-Hill.

Sunday Times, The (2004a) Advertising. Magazine section, 20 June.

Sunday Times, The (2004b) Madonna concert advertisement. Magazine section, 16 May.

第 8 章
节事赞助方案

学习目标

■ 为使节事传播具有创新性,加深对赞助招募的策略方法优势的理解;

■ 确定挑选合适赞助商与发展赞助关系以达到传播目标的过程;

■ 识别赞助在事件传播中的作用以获取竞争优势。

引言

在没有确定赞助方在加强节事传播中可能发挥作用的前提下,以利润为目标来发展赞助方案是一项艰巨的任务。然而,本章提出此种赞助的策略方法不仅使传播在不增加成本的情况下得到加强,而且还能使赞助持续。事件赞助方充分利用赞助节事后所获得的权利,将节事融入自身的传播项目中,同时节事赞助方也有助于节事本身的传播。这样做,赞助商达到赞助目标的可能性更大,而且还可以主动续约并积极地发展赞助关系。

本章界定了达到此目标的过程。特别是在研究对象、条款中限定的权利和赞助关系持续发展等方面的重要性进行了讨论。本书第 12 章主要阐述赞助商如何利用节事赞助来达到传播目的。本章侧重从节事组织者的角度来展开分析。

目标制定

那些已经形成体系的节事具有更高的议价能力,以及依据预期的赞助层次来吸引所需赞助商的能力。这种节事体系能够提供新的传播途径,并使赞助商有效地接触目标市场,同时这种方式比其他传播方式更加有效。作为广告的替代品,赞助项目能够使同样的资金产生更大的价值。尽管如此,并不是所有的节事(特别是新推出的事件)都有能力呈现这种机制以吸引那些最成功的传播合作者来成为节事赞助商。无效的市场定位使节事赞助在实际中变为不可能。

评估体系唯一可信的方法是找出已经存在或新的潜在赞助商,用研究数据来识别他们的赞助目标或如何达到这些目标。对于招募赞助商,研究也提出了如何识别目标赞助商的基础。这个过程涉及以下两个主要的步骤:

步骤一:节事目标市场

研究数据是为了确定节事的目标市场。通过统计学、心理学和组织行为学对所有受众进行研究来得到目标市场的概况;同时确定每个市场的规模也很重要。实际参与节事的受众很重要,但通过各种可以利用的传播工具,如邮寄传单和媒体宣传,所覆盖的市场同样重要。任何关于产品偏好和购买行为的数据都是至关重要的。

可以利用观察研究方法,但民意调查和针对特定人群调查更加可靠。对于节事经理来说,这个过程要花费大量资金,而这也解释了为什么这种方式并没有被广泛采纳。尽管如此,这些研究所提供的信息和数据的确能够服务于其他的营销目标,特别是有助于节事策划过程中关于定位消费者的决策。此外,定位是针对效率和效果的。数据越全面、分析越透彻,目标市场也就越明确,因此传播也就越有效。同样地,更有效的定位可以减少资源浪费并提高效率。

步骤二:匹配组织目标市场

赞助是互利的双方协议(Sleght,1989;Meenaghan,1998)。节事目标市场需要与赞助方的目标市场相匹配。应义不容辞地确定地以各种方法让赞助商了解这点。

可以用各种方法来收集数据,而且很多数据可以在公共领域获得。财务报表、贸易和行业数据、市场趋势和预测、政府报告、贸易新闻媒体和市场新闻媒体都是有用的信息来源。其他事件与行业中的赞助事件暗示了当前的趋势,但这些信息来源的使用也存在局限性。例如,很多协议要提前一年或更长时间来协商,因为大部分组织需要提前作出年度预算,因而将来的趋势就显得尤为重要。潜在的赞助商本身就是重要的信息来源,在同赞助商的调查会议中会得到至关重要的信息。信息的全面搜集包括营销和赞助目标、所有目标市场的概况、合适的公众品牌、公司传播和关于营销活动、结果和计划的审计等。然而,至关重要的是在与赞助商进行初次会晤时要了解组织的目标市场。这样做有两个原因：第一，搜集信息的方法如不能牢牢抓住潜在赞助方的需求，组织的大量时间和资源就会被浪费；第二就是信誉。调查方法在赞助方看来是可行的，并且可以通过研究和经验获得，这些都是很关键的。

调查时用的方法越多所建立的综合图像就越清晰。但是，这不是一蹴而就的。个别赞助商的营销要求、事件和目标通常是不断变化的，所以节事组织方必须不断地搜集这方面的数据。

"赞助满意度"通常用以形容赞助双方的满意程度。这代表的不仅仅是双方目标市场的匹配，还涉及一系列的赞助权利和怎样满足特殊的要求，从而满足赞助方和节事方的共同目标。马林(Mullin, 2000)等主张赞助伙伴也必须起到合作伙伴的作用，赞助方和节事方都能从中获得利益进而达成目标。但是，这也涉及利害关系方的信誉和信用问题以及每个合作伙伴的道德素养。即使目标市场匹配、能达到赞助目标，仍然会有不合适的"赞助"。与健康相关的体育事件和烟酒行业赞助中所表现出的问题，同陷入寻找赞助资金问题的音乐和艺术事件是一样的(Masterman, 2004b)。奥迪在英国伦敦赞助了 2002 年、2003 年的英国皇家歌剧院的晚会，他们的赞助权包括在歌剧院最好的建筑上装饰奥迪的标志，并在毗邻的花园旁展示他们的轿车。显然，能够到达目标消费者市场的机会对奥迪来说是一个很具有吸引力的前景，但英国皇家剧院仅仅得到一些收入。所有事件都有过度商业化的风险，其结果是存有疏远顾客的风险。罗孚(Rover)车队为 2002 年曼彻斯特英联邦运动提供的车队，既帮助事件节约了成本开销，又为赞助商提供了增加目标消费对新车型的认知度的机会，同时又满足了参与者和政府官员希望享受尊贵的车辆的愿望。

满意度也涉及个人之间的关系。同某些特殊人员共事的能力在许多长期赞助中发挥了作用，而且还强调了建立个人关系在赞助行业中的重要性。节事方和赞助方之间特征和形象匹配的本质、成功赞助对这些的需求等在本文第 12 章中将有详细的阐述。

关系建立

建立关系的工作始于锁定目标客户群的定位。准备越充分，就越有可能受到潜在赞助方的热情接待。即使在一开始受到冷遇，只要仔细对待，长时间内仍然可以发展良好的关系，并最终愿意为事件提供赞助。对于可靠性，任何方法都需要进行专门设计。

许多节事方向赞助商，甚至是合伙人描述机会。同时，他们会与潜在的机构取得联系，并提供事先确定的赞助权。这种现存的方式意味着在没有针对任何赞助商的情况下，设计了一揽子利益,结果也就不可能符合任何个人的要求。很明显在这一方法中没有进行专门的设计。相反,有针对性的服务从调研开始。对精确的市场需求和具体、潜在的赞助者做研究,并最终确定项目的赞助人作为营销方案。这可以作为赞助方和项目之间关系维持的牢固基础,但过程不能从那里开始和结束。重要的是这种方法可以应用到整个赞助事件的周期中,甚至在周期外也可以用。比如,会出现新的赞助商,过去的赞助商会再次提供赞助。这些都表明了关系应该是连续的。如果想让事件成功,确保这种连续关系是必要的。

赞助商致力于达到的目标将在第 12 章中详细阐述,此类目标包括增加销售、增强品牌知名度、扩大公司知名度、发展内部关系和取得竞争优势等。一个事件的赞助商需要在初期考虑潜在赞助方的目标,为的是在整个周期中发展关系,进行连续的再评估和结盟。这包括确保赞助已经依据这些目标一一作了评估,并且结果被用来发展更好的或是再联合的方案。这个过程包括以下四个步骤(Masterman, 2004a):

- 第一步:确定赞助商的需求;
- 第二步:确定评估的方法;
- 第三步:提供既满足赞助商又满足事件要求的赞助商方案,这一方案包括一整套事件权利;
- 第四步:同意支付款项或是产品、服务条款。产品、服务条款是赞助商为确定的项目权利的付出。

这四步是一个渐进的过程。可以通过这一方法发展现有的和新的赞助商。关系的价值在于可以更容易发展,并且能以比招募新赞助商更低的成本实现。拉赫维茨(Lachowetz et al.,2003)做过一项调查,表明那些在早期的销售过程中注重发展密切关系的项目,当遇到赞助商续约时可以获得更大的忠诚度。这同时可能意味着维持和发展现有的赞助关系是一种更有效率和效果的赞助方法。合作伙伴方关系越密切,就越容易再结盟去改变需求和目标,并且同赞助商续约正式成为优先考虑的事(Lachowetz et al.,2003)。

在这种方式下,关系是如何得到发展呢? 市场关系营销学表明了信任、承诺(Baker and Sinkula, 1999; Mavondo, 2000)和传播(Mor et al.,1996)的重要性。在当事双方产生信任的时候,关系营销才能长时间存在,其实现是通过事件和赞助商间的有效传播。米纳汉(Meenaghan, 1998)和霍克(Hoek, 1998)都认为伙伴关系和合作关系对维持传播至关重要。有效的传播需要双方共同发展关系,从事件的角度来看,这意味着要让赞助商参与重要的事件决策。另外一方了解他们致力于互惠互利,并且尊重彼此的承诺,由此产生的信心会滋生信任。信任是之前成功的互动的产物(Farelly et al.,2003),这样随着时间的推移会建立最终的信任。如果双方彼此给予弹性的空间,那信任也会产生。即使遇到遵守承诺和合约的问题,随着关系的发展,适度的灵活性十分必要,因为任何时候变化都有可能产生。

法雷等(2003)的研究结果表明传播过程越有效,赞助关系的忠诚度越大。他们发现顺畅的沟通一方面能够使合作者了解自己所处的位置,同时也能够体现出主办方希望维持良好关系的意愿,而这些都能够促进长期的合作。更有意义的是,他们发现良好的市场定位与传播、承诺和信任这些重要的因素有联系。越是具有高水平市场定位的赞助商越能更好履行对彼此关系的承诺。最有吸引力的赞助商是那些为了将赞助整合到他们的市场传播战略中去而进行分析的市场研究者。

节事组织也需要市场定位。先前研究表明,获取关于合适的赞助商的资料十分重要,合适的赞助商会对赞助企划有所帮助,而非一开始就拿着事先决定好的赞助方案找另外一方。但是这并不意味着节事管理小组不应该事先知道所有应有的权利。重要的是,事件审计(即所有需要移交或者捆绑的财产清单)已经完成。这些财产能被分成 8 大类,如图 8.1 所示。其中的第 7 类——"功能",对确保赞助的实现很重要。当事件财产中的任何一项都可能被打包形成一套量身定做的赞助权利时,正是对于赞助商实用的权利才会让赞助显得与众不同。这不是神奇的配方,而是赞助商的形象或者品牌构成了事件的一部分功能。当然这不可能总是基本的功能,但是赞助应该是赞助商产品或服务的门面。这是彼此目标市场都看得到的门面,因此不仅仅目标得到实现,关系也得到发展。兰森香槟在温布尔登网球公开赛中体现了一个功能。这种官方指定的香槟在整个赛事中被提供给共同的客人,并在所有的赛事柜台均有出售。

三星是另一个在事件中享受着功能性优点亮相的赞助商。在 2004 年雅典奥运会中,他们是"无线奥运会工作"的提供者。这是一种由赛事官员、人员和媒体佩戴的手提发射设备提供的信息服务(*The Sunday Times*, 2004)。这种服务能够提高传播系统并为事件提供主要的信息服务。在这届奥运会上,奥委会的官方计时表斯沃琪不仅仅为运动竞赛提供计时,还提供一项新的场地结果(OVR)服务。在之前的比赛中,这种提供全赛程准确的计时与计分的服务是由好几个赞助商和供应商完成的。斯沃琪成功地给雅典奥运会引进了新技术,使得可以在 35 个不同的场地同时看到比赛结果(*The Sunday Times*, 2004)。在这所有的三个例子中,每个赞助商不仅能为他们的主要传播展现产品的亮点,还能提供重要的功能。

2004 年美国佛罗里达州摩尔艺术与人性遗产节提供了一个事件财产的审计是如何起作用的例子。它的宗旨是让民众知道,欣赏和庆祝民权战士哈里(Harry)和哈瑞埃特·摩尔(Harriette Moore)的生活。这个事件引起了一连 4 天的周末教育讨论会。并且由此发现,除了集中的事件冠名赞助和项目广告,一次招待会、免费派送的手提包、剪彩仪式、拍卖盛会和颁奖晚宴都可以赞助。

另一类的资产也十分重要。捆绑式的权利同样包括节事传播项目中的元素,因为节事主办方也可以选择与赞助商在传播方面合作,其形式可以是由赞助商支付传播费用(此类可能性较小)以及/或赞助商提供传播方式,例如媒体合作者等。

事件审计
　　事件审计包括所有财产的评估,这是为创造一个包含所有赞助权利的清单,并结合了能向赞助商提供特制的市场企划。审计被分类如下:
实体
　　事件按实体性或地理性财产划分,如地点、区域、位置、场地、等级、户内或者户外。
领域
　　事件按当地、区域和国家范围划分。还可以包括竞赛循环的划分。
时间
　　事件按时间框架划分,包括一段时间、天或以竞赛循环划分。
项目
　　事件按不同的运行顺序划分。这可能包括赛前、赛中及赛后典礼、娱乐事件和其他功能性事件。
供应
　　如何降低支出和/或如何通过赞助商提供的主要服务、人员或者产品来提升事件。
地位
　　1个或多个赞助商在一个成功的赞助项目结构中的地位。
功能
　　创造新的权利机会来满足不同赞助商,在此,事件的功能是提供展现产品和/或服务并促进与目标市场的传播。
　　此外,关于赞助商可能在事件传播中有所帮助的识别方法对事件及对赞助商都很有吸引力。
传播
　　媒体合伙人能有更好的事件传播潜力。此外,所有的赞助商可以为事件提供目标市场和大众。比如,每个事件的赞助商的员工、供货商和顾客都能提供新的机会。同时,所有积极发掘各种权利的赞助商都能够为事件提供附加的传播潜力,而在协商的过程中也可以将这种潜力作为对事件发展的一种贡献。

图 8.1　为建立赞助项目而进行的事件审计

资料来源:Masterman(2004a)。

■　事件赞助权利

　　总体来说,事件赞助权利(sponsorship rights)包括在关系中赞助商所能获取地位的承认。这通常需要一些描述性的名称。在过去大约 30 年的时间里赛事赞助有所发展,大量的词汇与术语应用其中。他们可以简单地被称为赞助商,但近年来,可能是更亲密的关系构建的结果,出现了合伙人和合伙关系。确实,一个事件可以采取任何名称。比如,奥委会在其最高级的项目中会与其主要的合伙人合作。英国足球协会(FA)有作为 FA 十分重要的合伙人。在行业中的其他认知包括主办方、朋友、支持者和公司拥护者,这种差异说明了只有他们和他们的赞助商互相合适时事件才能认同他们的赞助商。大体上,一个能得到赞助权利的事件有 5 个等级(见图 8.2)。任何成套达成协议的权利和名称认同构成了这些等级。

冠名权

　　这些权利包括事件冠名的赞助,因此涉及事件命名的参考资料包括达成一致的公司法人、产品或者品牌。这些权利通常会延伸到为了事件而制作的视觉图案,包括事件标志。当包括媒体在内的其他方使用事件的名称时,事件需要进行严格的管理,从而确保这些权利的最优化。传播合伙人也能成为成功的冠名赞助商,但是和所有的媒体一起最大限度地扩展机会并让其他的传媒和出版商最大限度地认同这个命名是需要谨慎的管理。

赞助权利

　　这些权利包括赞助商围绕事件冠名的认同,而非如上权利。这些权利有可能也不能延伸到事件图案。通常一个赞助商的企业产品名称或品牌名称将会放在事件名称之前或紧随事件名称之后。同样,这个事件也要很好地使用冠名及其附属品,因为媒体可以轻易地忽略对现有赞助商的认知。

命名权

　　这些权利与实体结构如舞台、运动场、大厅和展览馆紧密相连。他们通常达成长期协议,在此赞助商的公司法人、产品或者品牌将和此类建筑紧密相连。

分层权利

　　拥有分层权利的赞助商在他们的市场贸易部分有专有的代表权。以前,部分专有权被认为是可以商讨的权利和利益,如今它被看作先决条件。一个事件应该让所有的赞助商享受部分专有权,这样他们才能在赞助项目中彼此适应与共同工作。传播合伙人可以在赞助项目中成功地合作并且享有部分专有权。

供应商权利

　　所有的赞助商在可能的时候都应该能享有供应商的权利。在某种程度上,此事件能够联合所有的赞助商,正如此事件的功能。提供服务、人员或者产品的协议应该以赞助的形式或者是除了赞助费用的其他形式。

图 8.2　赞助商地位层次

资料来源:Masterman(2004a)。

　　当要将一些赞助发展成一系列或者项目的赞助,关键是设计好每一个赞助,并互相补充融洽。这个过程需要将整个项目作为一个整体来考虑,同时需要在各个权利组合中找到平衡点,以此保证每个部分的排他性以及确保没有不必要的重复,从而避免事件过于商业化。部分专有权曾经被认为是受益和权利,但现在大部分赞助商也希望如此。事件可能在分割部门的同时还达到专有权,但是那些拥有足够谈判能力的事件更能赢得众多的赞助商。比如,2004 年的温布尔登网球公开赛有 6 个来自饮料部门作为赞助商的官方供应商。通过区分他们的权利和分割饮料部门来承认他们的专有权,这件事才获得了成功。Buxton 提供官方矿泉水,Jacob's Creek 是官方澳洲酒,Lanson 是官方香槟,Nescafe 是官方咖啡,Robinson 是官方不含碳酸气体的软饮料,Coca-Cola 是官方碳酸软饮料。

很多事件的目的是吸引足够多的赞助商,但并不是所有事件都能像温布尔登网球公开赛那样出色地管理好那些项目并避免商业信息的混乱。温布尔登网球公开赛只有很少的赞助商。但是在法国公开赛中,他们采取了不同的方法,所有的赞助商的标志通通做成黑绿色以此避免管理混乱。对大部分事件来说,矫枉过正的危险和随之而来的混乱将被赞助商的信息冲淡。

从赞助中获取更多收入来源的机会是节事管理的一个重要的方面,项目中定位等级的包含是区分赞助商的另外一种方法,以达到他们可以彼此工作的目的。

节事赞助项目结构

有三种构造节事赞助项目的基本方法(Masterman, 2004a):如果只有一个赞助商,那结构会很简单,会被认为是独家赞助;如果不止一个赞助商,那节事赞助项目将以两种方式中的一种来构建:第一种情况下,节事会形成一个分层等级结构,其中有不同的被认同的赞助等级;第二种情况让赞助商不论是有无相同的成套权利都有相同的地位。它的本质是水平的,没有等级之分。图 8.3 有更详细的描述。

在水平和分层结构下是可以构建由彼此和谐的赞助商构成的项目,并在事件中实现,由此达成他们的目标让其节事经理做到收益最大化。

在 2003 年,Toronto Pride 事件成功地在项目里联合了 25 个赞助商。在分层的赞助结构中,它有 2 个最高层的赞助商——Labbatt Blue 啤酒和加拿大政府。往下的一层中的赞助商是加拿大的 Via Rail 公司和 Delta Chelsea 酒店。总计有 6 个级别的赞助,钻石、铂金、黄金、白银、铜、支持团体和三个媒体合作人——《多伦多星报》(Toronto Star)、City TV 电视台和《现在》(Now)杂志(Toronto Pride, 2004)。

独家单一结构

当只有一个事件赞助商时,无论权利有多大,结构都是一个独家的且具有排他性的框架。

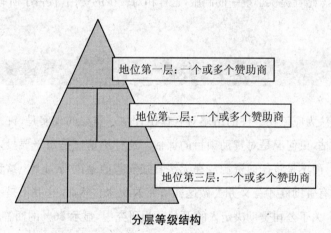

分层等级结构

当拥有多个赞助商,同时每个赞助商的地位按照等级排列时,其结构可以通过一个金字塔的层次来表示。每个层次上有一个或多个等级。每层上至少有两个赞助商,但是没有赞助商数量的上限要求。每个赞助商获得相同或不同的权利,即使在同一层次上的赞助商也可能以不同的支付形式赞助,但是每个层次上的地位是相同的。

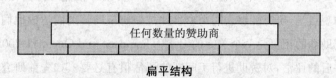

扁平结构

当拥有多个赞助商,同时每个赞助商拥有相同的地位时,结构呈扁平状。赞助商的赞助形式和获得的权利可以相同,也可以不同。

图 8.3 赞助项目结构

资料来源:Masterman(2004a)。

赞助并不总用在获得收入方面。为了减少开支和/或为产品增加价值,人们也寻求这种赞助。有时被认为是易货交易类的赞助,双方获益但并没有经手金钱。这不是一种新的呈上升发展态势的赞助形式。事件以产品或服务的形式受益,因为这些对事件的运营和管理至关重要。作为回报,提供如人员、设备、产品、装饰、打印材料和联络机制资源的赞助商也获得了相等价值的赞助权利。节约事件费用是以这种方式吸引组织的一个主要动力,但是更长远的打算是这些组织能够扩展事件的娱乐产品,即使这个支出并不在预算中。结果可能是更大的支出。对于传播也能采取这种观点。如果一个媒体合作人能提供原本不在预算中的传播机制,现有的事件取得的效果能比未来的还要大。一些赞助协议既要提供费用又要提供此形式的赞助,如 2002 年曼彻斯特联邦运动会中的赞助商 Asda。这个连锁超市为事件的工作人员和志愿者提供了统一的制服,这样相对较少的费用,仅占了所有协议的 10%。

赞助评估

传统的观念认为应该在事件的结尾对它作出评估。重要的现实是,许多事件主办方根本不愿意进行评估,更何况是对赞助项目的评估。这种不情愿是出于要投入到下个有收益的方案中的需要,而不是将任何资源放在无法直接获得收益的行为上。这种不情愿还是因为大家都持有只有赞助商才有义务去做这样研究的观念。然而,这并不是一个很广泛的工作。例如,在一个关于公司赞助决定人的 IEG 行为研究中,显示 86% 的回答者在评估上花的钱不到总赞助的钱的 1%。他们中将近一半的人没有花钱,而赞助商最常用的评估形式是通过互联网回馈调查。只有 27% 的回答者采用了顾客为主的调查。波普和沃格斯(Pope and Voges,1994)所作的研究表明,在那些经历 3 年或更少的短期赞助的赞助商,和那些没能定下并评估目标的赞助商之间有着紧密的联系。然而,赞助评估能导致间接的收益增值。更为长期和明智的观点是,研究能够表明一个事件是如何帮助赞助商达成他们的市场目标的。事件后研究对赞助商的招募是一个关键的因素(Thompson and Quester,2002)。

相对于事件后的评估,对赞助进行不间断的评估很有必要。如先前研究所示,为了建立赞助商关系,需要及时地适应变化,一段关系维持得越长,就越需要灵活性。评估赞助有很多方法,都与三个基本问题有关:赞助效果有多明显?谁注意到了?它达成了原定的目标了吗(Masterman,2004a)?如果一个事件有助于销售,通过这个事件销售变得可能,那么销售的数字则是一个可靠的评估。但是作为赞助结果的市场转变是一个更为主观的评估。传统的评估方法还包括对媒体价值的估算。应用主观价值的影响、计算报道的频繁率和衡量以主流发行报道为形式的所见所闻的机会,是在赞助行业特别是体育中最常见的评估选择。它们十分流行是因其能提供很好的结果。例如,美国的乔伊丝朱利联合公司同是事件赞助方和主办方,提供与赞助项目相关的研究服务。在 2004 年,他们为美国中西部的一个大学做研究,任务是为一个提议的赞助计划作媒体价值评估,包括一个比赛、一个季度的记分板和其他标示牌的冠名权。结果表明,赞助商的曝光 66% 来自于记分板标示;39.3% 归功于体育馆主要记分板。它们也表明任何赞助商一个季度能获取 72 万美元的媒体价值(Joyce Julius and Associates,2004)。美国领先的媒体跟踪研究组织尼尔森(Nielson)在 2004 年 7 月发起了一个新的体育服务。它的赞助记分板被设计用来计算事件中电视观众看赞助商的广告次数、每次持续的时间。在这所谓的赞助价值评估中,它会报告,比如,多久、多少人、多长时间人们会关注一个广告板的标语。这个结果后来被称为"印象"(*Sports Business Daily*,2004)。这些方法也许对整体的规划、计算影响和曝光率很有用处。但是不幸的是,它们并不是一个对意识水平的质量或者随着时间作出的变化的可靠的评估。尼尔森在这个例子中的结果更多地是眼见的数量而非目标市场印象的衡量。对赞助是否达到它既定的传播目标的研究要使用目标市场和个人态度的调查、焦点小组和采访才能更可靠地进行评估(Sleight,1989)。如果观察的等级没有被衡量,显示一个特有赞助商品牌的不断增长的意识的数据是没有多大用处的。例如,眼见的标志和广告的数量并不能鼓吹品牌价值、收益、价格及其有效性,然而不停地质疑既定的目标则可以。一个更加全面的评估方法将能利用为了跟踪事件和变化而在不同时期收集的研究数据。

赞助和沟通

本章的目的是讨论赞助和赞助商是节事传播的重要部分的方式。本章的重点是分辨成功的赞助是如何仔细敲定和建立的。这些对建立赞助被调整为辅助传播的基础十分必要。那些愿意开发所得赞助权利的赞助商能够提供大量远期的事件传播,因此如今的重点就转到如何实现这个目标上。

权利开发

节事赞助权利毫无疑问是赞助关系的关键部分。然而这并不是出于事件或者赞助商的利益让赞助商单纯依靠谈判得到的权利,如果它能完全从关系中得到所有的东西的话。若想赞助得到最大化,赞助商有必要开发或者补充这些权利。通过给予大大超出权利的赞助,赞助商很有可能更好地延伸到它的目标市场。要实现这些要通过让赞助整合到一个更宽泛的传播事件的项目中,因为它们和有广泛曝光率的事件有着明显的联系。对于事件的附加好处是这个额外的曝光是大大超出事件本身的传播,足以让赞助商得到好处。

在一些教科书上会有一些影响指导原则的参考,比如,经验之谈应该在权利方面更多地被使用。例如格雷厄姆(Graham et al.,2001)建议3:1(三倍于赞助权利的费用)。然而在1996年,可口可乐公司花了10倍于他们在1996年亚特兰大奥运会应付的赞助权利(Kolah,1999;Shank,1999)。汤普森和奎斯特(Thompson and Quester,2000)总结道,没有任何实践经验能显示多少的开发才足够,他们自己的研究也并没有达到最佳的水平。但是他们的研究没有显示赞助的效率与赞助商愿意开发权利的程度有直接联系。一个公司赞助决定人的调查显示,他们平均花了1.3:1(IEG/Performance Research,2004)。这个比率在2003年高达1.7:1。这是平均的比率而且只是指分析的数据。鉴于赞助需要完全特殊和个人的评估工作,在赞助开发中是没有普遍的指导性原则的。对于可口可乐,为了最大地扩展他们在家乡的机会,这个工作意味着在那个层次上的花费。任何赞助商需要的主要考虑是结合了赞助的传播的本质和范围。特别是,达到目标市场的战略要有多强,用什么样的信息或在什么样的市场条件下。即使是那些几乎没有其他传播事件的赞助商也要用更多的资源去支持他们的权利以此来有效地达成目标市场。

如果一个事件的效果受益于开发,那对事件来说找出那些有如此优势的赞助商是很好的管理。为了达到这个目标,赞助招募过程应该包括一个评估,即赞助商如何将传播所作的努力和为事件所作的努力结合起来。按照这种方法,这个事件至少可以将所有的传播用在实现目标上。这个特殊的卖点是开发和事件联系越紧密,对赞助商越有效。

长期来看,优点是事件和赞助商传播更容易成功,关系越紧密,并且结果是赞助商越希望去更新。对于事件来说,这比找到一个替代者花费更少。当几个赞助商能被激励去共享推广时,赞助商的关系也得到进一步提升。

这儿有个例子,在事件中,赞助商们不仅提供有用的功能并且共同推广。作为2004年纽约世界经济论坛的赞助商,埃森哲和康柏联合提供无线技术,使与会者参加事件时能够下载事件信息。2004年美国圣丹斯电影节为与会者提供了一个相似的服务(见案例分析8.1)。这个例子显示了在事件和技术赞助商间发展功能和共同推广是发展追求双赢的赞助商间的关系的方法之一。

另一个关于赞助商开发是如何有益于事件和赞助商的例子是,2002年的伦敦电影节和它的赞助商摩根斯坦利。为了开发他们的权利和为了摩根斯坦利信用卡而优化赞助,这个银行联合了"伦敦指南"网站和地区旗帜性晚报以及两个联合新闻媒体的产品。这样做银行只要一个工作室就能有所有节日的新闻报道,并通过新兴以及传统的媒体来提升品牌(Associated New Media,2004)。

埃森哲还提供了另外的例子,即它是如何从一个媒体的合伙人发展为赞助商的。2003年,他们与美国纽约大都会艺术博物馆合作,通过博物馆网站的赞助商条款来举行一个真正的 Manet/Velazquez 西班牙画展。在另一个巴黎卢浮宫的赞助中,埃森哲不仅通过网站的创建来为所有的博物馆事件提供有用的功能,此外,它还提供了目标市场的研究数据,因此找到了两个赞助商——Credit Lyonnais 银行和蓝色马提尼(Blue Martini)软件公司。在一个 3 年的安排中,埃森哲提供了价值 100 万欧元的专门技术赞助,帮助卢浮宫新的互联网战略完成完全商业融资(Accenture,2004)。将媒体合作伙伴发展为事件赞助商的方式能够促进紧密关系的形成。同时,媒体赞助方也可以成为广播的合作伙伴,因此它也能享受赞助方的权利。但这样可能会导致其他媒体不予理睬此次事件,因此,主办方在选择此种合作方式时,需要十分谨慎。

案例分析8.1

圣丹斯电影节

在 2004 年事件之前,圣丹斯电影节的代表不仅仅要经常带着像电话本那么大的目录,还要不停地在那么多页中寻找展览、电影放映、电影制作人的数据和地图的信息。

2004 年事件中,惠普(HP)联合了 Symbol Technologies 和 FluxNetwork Inc.,通过无线方式提供所有信息及更多的东西。HP 提供了 500 个 Jornada 便携式电脑分配给主要代表、制片人和记者。FluxNetwork Inc. 提供的软件也价值 10 万美元。一个热点的网络被建成以更新每天的下载信息,包括有用的每天时间表。这个事件让与会者能够使用电子传播并且通过这个让他们的经验更加有效。这个热点位于电影院、事件总部和电子中心。HP 和它的合伙人从这个展示他们最新技术的机会中获得收益。特别是,这个机会让媒体尝试和检验新技术并且进行了广告宣传和网站推广。

这个事件很成功,媒体与会者印象深刻,与合伙人关系发展,更多的参加者能受益于以后的事件。他们还设想这个服务可以发展到在线看电影,这样观众不论身处何处都能进行讨论。

案例研究表明,通过功能性事件服务进行的权利开发,赞助商更有可能达成赞助目标。用这种方法接近权利的赞助商更有可能重续他们的协议,因此事件在发展赞助项目的工作上更加轻松。这个案例同样表明,通过赞助商引领的传播所体现出的展示优势,同样有助于拓宽事件的推广。

资料来源:Wi-Fi Planet(2004)。

如何取得增强竞争力的优势、信誉及信用度

投资主办方对自身权益的衡量大有益处。通过增强信息传播,商业事件使投资单位胜出其直接或潜在对手一筹。

商务事件会吸引更多深层次的投资者。由于潜在的投资者意识到或是直接感受到现存投资者的获益,所以也被商业事件带来的机遇吸引。商务事件的价值因此增值。

商务事件不仅能提高自身对投资者的吸引力和服务质量,还能增加产品的价值及对群众和有关目标市场的吸引。那些致力于增强在共同目标市场方面的传播的投资者获益尤为显著。中场休息时或聚会大厅处的娱乐事件、竞争和免费的商品发放所带来的益处都会大大超越投机者和其他参与者的期望值。

此外,适当的主办方为商务事件带来的信誉是提高品牌价值和吸引力的另一重要因素。一位特别的赞助商的加入会给事件注入更强的魅力并因此增进有效传播。特别的赞助商会提高事件的品牌影响力,意味着更广的传播范畴。例如,一位有慈善影响力的主办商不仅凭借其良好的信誉为事件添彩,也带来了与媒体与相关名流的关系网,以促进信息的传播。立足于本地层面的可口可乐公司认为,自己在世界范围内的赞助形象也是成功自我推销的重要因素。该公司的主流投资目标是保持自己国内投资商的形象,并且通过在局部的主动权和全球性的赞助关系,成为国际水准的大赞助商(*Business* 2000,2004)。为此,可口可乐已经赢得在国际合作方面的显著成功。例如,它为奥运会和 FIFA 世界杯这两项全球最隆重之赛事投资。尽管如此,"可口可乐形式和融合设计奖"事件仍另有目标。该事件 2000 年发起于爱尔兰,致力于增强学校的艺术与时尚教育。2001 年,参与此事件的学生达 2 400 人,比一年前增加了一倍,并在括克城举办了有 2 500 名观众参与的闭幕式。可口可乐爱尔兰公司为促销和提高知名度,充分利用了此次事件中媒体在全国范围内的影响力。

本章小结

赞助项目的策略性应用是管理商务事件的有效手段。达到预期目标的主办商很可能继续与该项事件合作,因为续签要比换合同经济得多。有目的的选择主办商则能使商务事件得到更有效的控制。那些有能力、也愿意续签的主办商能提供更广泛的传播渠道。

为了使此方案更有效,商务事件应该选取适合的主办商,这自然意味着找到合适的候选人。首要条件是要有着共同的目标市场;另一关键是不同主办商要能够势均力敌;最后就是相对于事件与主办商共同利益的关系的建立及合作的发展状态。很明显,这些因素的前提都是一个目标趋向的过程,其中包括对于潜在赞助商的寻求和事件自身影响力的增强。后者应该符合需求并满足预期的关系和连续的评估。评估所带来的重组和反馈能够促进合作关系进一步发展。

与适合的赞助商签约并不意味着这个过程的结束。合作关系的重要发展可以实现双方不断提高的期望值。后者正获益于对赞助方权益的研究。如果一位赞助商能够根据市场促销情况权衡利用自己的权益,不仅自身可获益匪浅,还能提供更高的有效传播率,以补足甚至超越该商务事件对自身促销影响的预期。双赢的结果就是,主办方一方面满足了赞助方的赞助需求,另一方面又实现了既有效果又有效率的传播。

问题讨论

- 在案例分析 8.1 中,考虑进惠普关于无线便携式个人电脑的相关内容,给出关于向参加 2005 年圣丹斯电影节的与会代表提供互惠互利的服务方式的提案。
- 选择一项活动并从以下四个方面分析评论该赞助项目:
  - ○ 确定该赞助项目结构;
  - ○ 为所有赞助商确定并分类赞助权利;
  - ○ 确定赞助商的需求能否得以实现,并分析这种需求是如何通过量身定做的关系的发展得以满足的;
  - ○ 在该项目接下来的阶段中,对赞助商发展赞助权利的方式作出评论。
- 选择一项赞助并考虑如何使用研究和评估的方法使这项赞助得以发展。

● 选择一项赞助商沟通已成熟的项目,并分析该项目是如何得以实现的,并为未来的发展提出建议。

参考文献

Accenture (2004) www.accenture.com (accessed 26 April, 2004).

Associated New Media (2004) www.anm.co.uk/caseStudiesD (accessed 26 April, 2004).

Baker, W. and Sinkula, J. (1999) The synergistic effect of market orientation and learning orientation. *Journal of the Academy of Marketing Science*, 27 (4), 257–269.

Business2000 (2004) Case study: The Coca-Cola brand and sponsorship. www.business2000.ie/cases/cases/case6 (accessed 26 April, 2004).

Farelly, F., Quester, P. and Mavondo, F. (2003) Collaborative communication in sponsor relations. *Corporate Communications: An International Journal*, 8 (2), 128–138.

Graham, S., Neirotti, L. and Goldblatt, J. (2001) *The Ultimate Guide to Sports Marketing*, 2nd edn. McGraw-Hill.

Hoek, J. (1998) Sponsorship: An evaluation of management assumptions and practices. *Marketing Bulletin*, 10, 1–10.

IEG/Performance Research (2004) 4th Annual Sponsorship Decision-Makers Survey. *IEG Sponsorship Report*. Sample Issue. IEG.

Joyce Julius and Associates (2004) www.joycejulius.com (accessed 6 February, 2004).

Kolah, A. (1999) *Maximizing the Value of Sports Sponsorship*. Financial Times Media.

Lachowetz, T., McDonald, M., Sutton, W. and Hedrick, D. (2003) Corporate sales activities and the retention of sponsors in the NBA. *Sport Marketing Quarterly*, 12 (1), 18–26.

Masterman, G. (2004a) *Strategic Sports Event Management: An International Approach*. Butterworth-Heinemann.

Masterman, G. (2004b) A strategic approach for the use of sponsorship in the events industry: A search of a return on investment. In *Festival and Events Management: An International Arts and Cultural Perspective*, Yeoman, I., Robertson, M., Ali-Knight, J., McMahon-Beattie, U. and Drummond, S. (eds). Butterworth-Heinemann.

Mavondo, F. (2000) Measuring market orientation: Are there differences between business marketers and consumer marketers? *Australian Journal of Management*, 25 (2), 223–245.

Meenaghan, T. (1998) Current developments and future directions in sponsorship. *International Journal of Advertising*, 17 (1), 3–28.

Mintel (2000) *Sponsorship Report*. Mintel.

Mohr, J., Fisher, R. and Nevin, J. (1996) Collaborative communication in inter-firm relationships: Moderating effects of integration and control. *Journal of Marketing*, 60 (3), 103–117.

Mullin, B., Hardy, S. and Sutton, W. (2000) *Sport Marketing*, 2nd edn. Human Kinetics.

Pope, N. and Voges, K. (1994) Sponsorship evaluation: Does it match the motive and the mechanism? *Sport Marketing Quarterly*, December, 3 (4), 38–45.

Shank, M. (1999) *Sports Marketing: A Strategic Perspective*, Prentice Hall International.

Sleight, S. (1989) *Sponsorship*. McGraw-Hill.

Sports Business Daily (2004) Nielson unveils service measuring sports sponsorship. www.sportsbusinessdaily.com X (48), 23 April (accessed 23 April, 2004).

Sunday Times (2004) Section: Engineering in sport. 4 July.

Thompson, B. and Quester, P. (2000) Conference paper. Evaluating sponsorship effectiveness: The Adelaide Festival of the Arts. *Australian and New Zealand Marketing Academy Conference*, November–December, 2000. Visionary marketing for the 21st Century: Facing the challenge.

Toronto Pride (2004) www.pridetoronto.com/sponsors (accessed 26 April, 2004).

Wi-Fi Planet (2004) www.wi-fiplanet.com/columns/article.php/973441 (accessed 29 April, 2004).

第 9 章

促 销

引言

促销已经成为整合营销传播中一个重要的工具,例如,在过去的 20 年里,它已经在众多组织首选的广告领域里取得了成功,因此,本章将通过对促销的发展过程、成功或失败方面的思考,来考察促销作为一项重要的信息工具的作用。本章关键之处在于:尽管促销能对整合营销传播作出重要贡献,它也仅是整合工具中的一部分。促销最终作用是营销终端促销,其三种途径是:直接吸引终端用户的外部作用、通过中间商的间接吸引、针对销售队伍及其他员工的内部方法等。促销的目标在本章中也有涉及,本章还讨论了事件管理者有效的多种促销手段,以及如何在一个整合营销传播中最佳地使用。

促销的作用

促销作为一种沟通工具和整合营销传播的补充,它提供了一系列活动,可以共存于其他传播形式之中。布恩和库茨(Boone and Kurtz, 2002)的定义是:促销作为一系列营销活动的总称,不仅仅是人员推销、广告或公共活动,它履行一个相似的功能,即增加消费者购买和分销的效果。促销不仅是涉及终端用户及中间商的外部活动,还是涉及组织自身销售力量的内部活动(Smith and Taylor, 2004)。希姆普(Shimp, 1997)把促销活动描述成一种沟通,鼓励购买或其他靠改变产品的认可价值或价格的行动。皮克顿和布罗德里克(Pickson and Broderick, 2001)支持这一观点并且进一步强调,虽然大部分是诸如折扣、补偿和奖品形式,促销也推进对诸如鼓励咨询信息和出席事件活动等非购买活动。其中,希姆普(1997)坚持促销是仅能暂时改变认可价值或价格的行动,但拉斯帕德基斯(Laspadakis, 1999)举了一个强有力的例子说明并非仅仅是短期,他断言尽管促销活动是在短期内发生,但这并不意味着只产生短期影响。因此促销在增强一个品牌长期利益中也起作用。这很可能源于节事营销理论。例如,盖茨(Getz, 1997)建议促销应追求增加购买或出席事件活动的价值,这样才能促进第一次或以后屡次的活动参与。仅需对与会采取一次促进作用,就能因此吸引人们出席事件并且伴随一次满意的活动体验,这就有可能增强品牌意识并且引发人们下一次的与会。

促销决不只是一个小小的传播工具。广告是一种更普通的传播选择。但在过去的大约20 年时间里,促销和广告二者之间的区别备受关注,然而拉斯帕德基斯(Laspadakis, 1999)认为这种转变应归于经济活动的改变,例如零售商的权利转向制造商、人口结构变化(有更多的妇女去工作等)。根据史密斯和泰勒(Smith and Taylor, 2004)的观点,这也归因于营销更强调关系的发展、直邮的增长、消费者期望的提高和相对昂贵的其他传播工具,尤其是电视购物。现在,对促销的投入比广告更多,尽管这并未降低广告的有效性和作为形象树立的最重要的工具(Laspadakis, 1999; Smith and Taylor, 2004)。

促销可以分三类:直面消费者、通过贸易中间商或分销商,以及通过内部的销售力量等。这三个方向都可用于消费者市场和 B2B 市场,并产生好的影响。无论哪种方式,任何促销方式最终目标都是终端用户。

顾客销售促销

之所以对终端用户搞促销,是因为顾客有选择某一品牌的权利。通过对顾客的补偿或奖励,促销能增进消费者对新产品的使用或增加原有消费量。虽然广告能让顾客对事件投入更多的关注,产生更浓的兴趣,更渴望事件的出现,但促销却能鼓励消费者参与其中。因此,如此整合的方法能使针对市场、消费者和企业的事件更加有效。打折、送赠品、补偿或奖励等促销方式不仅能针对单个消费者,还可以面向商务接待。

贸易销售促销

销售链中的中间商包括零售商和经销商。为了鼓励经销商加深对终端用户的影响,可以在事件营销中采用票务代理、商务接待、广告或赞助。经销商可因此为自身利益或通过为终端用户谋利最终自身受益。它可以采用一些特别的支付形式使代理利润最大化，并且分配部分利润给大批量的购买者。以个体消费者（购票）或企业（商务接待）为推广目标都可以采用这种方式。另一方面，如果一个赞助代理机构带动更多赞助商投身事件时，它们可以获得促销所带来的大量好处。

企业内部促销

与贸易促销类似，内部促销是用于激发和鼓励面对终端用户的员工。通过鼓励达到销售目标的激励计划，组织可再次促成终端用户的使用。

促销目标

战术上对促销的采用，以及由此带来的短期价值常被误认为是促销的唯一优势。一个蹩脚的促销也能在短期内产生效果，但人们希望促销不仅是一个战术工具，还是一个战略方法。促销确实能满足这些要求，但由此也产生一些争论。拉斯帕德基斯（Laspadakis, 1999）认为，促销是一个可以增强品牌长期利益的工具。他坚信促销是一种战略，如果活动都据此有序开展，必能达到预期目标。也可以采用这类手段开发一个品牌的长期利益。史密斯和泰勒（Smith and Taylor, 2004）同意他的观点，并且指出短期的那些手段是顺理成章地和整个战略结构捆绑在一起的。皮克顿和布罗德里克（Pickton and Broderick, 2001）认为，人们很容易把短期内的一系列活动视为一种战术而非天然的战略，但促销作为一大套整合传播中积极一员的价值是毋庸置疑的。

因此，整合传播中的促销不仅能完成提升关注度和增加兴趣度的营销目标，还能增加销售量（通过重复购买、经常性大量采购、减少品牌更替和扩展使用范围等），谋求销量冠军，鼓励产品检测，加速存货流动，先发制人或与竞争对手的促销抗衡，改变或增强原有价格及公众层次，并发展与经销商的关系。因此一个事件组织可以设立一系列针对顾客、企业及内部的促销方法。

顾客销售促销目标

针对消费市场和企业市场的终端用户，厂商可以通过票务、商务接待、广告、赞助和特许经营提供产品，其目的是：

- 发展顾客对本品牌的忠诚度，阻止其转向竞争者的产品，使现有顾客对产品重复购买；
- 在现有销量上发展新顾客；

- 让新顾客测试现有产品品质；
- 对新老顾客引入新的产品；
- 测试针对新老顾客开发的新产品；
- 在竞争中先发制人或抵制竞争者（新的、老的、直接的、间接的和替代品）；
- 扩大销量优势，为新老产品创立信息数据库。

贸易销售促销目标

由于经销商是要将产品销售给终端用户，可以采用票务、商务接待、广告、赞助以及向中间商发放许可证等方法，其目的是：

- 增加对现有经销商的供应；
- 引进新经销商；
- 对现有经销商供应新产品；
- 鼓励现有经销商在他们的场地增加货架并陈列展示的空间或时间，如增加立柱宣传栏海报量、销售点、货物量、口头交流（调货等待、店内告示和个别介绍）和视听条件等；
- 鼓励经销商更多地接触我们的产品；
- 通过激励经销商销售队伍，鼓励经销商渗透现有产品和新产品的市场；
- 向新老市场分享促销收益；
- 特别当所剩的周期时间较短时，能够帮助推动存积票务的处理、商务接待、广告和推销，可能还要用到赞助和许可证贸易；
- 通过改善支付条款，包括各种协议、信息数据库的收集和提供供应支持（销售点、海报、技术指导、人力、求助和会计管理），来改善与中间商的关系。

企业内部促销目标

通过票务、商务接待和内部推销等手段是为了达到：

- 鼓励销售人员，希望他们能推广和销售新老产品；
- 达到销量目标；
- 创造销量领先优势；
- 直接对销售人员进行支持（销售点、技术信息、合适的设备及培训）；
- 对企业市场上的客户提供改进后的支付条款；
- 鼓励非销售人员投身销售，创造领先优势；
- 提升与客户的关系。

如上所述，已指出可以达到的目标，但我们还有必要指出对促销存在的一些偏见。关键在于促销只用一种手法是不够的,必须使用整合的方式(Shimp,1997)。它不是对素质差的销售人员之类的替代。内部没有沟通的促销也无法运转。虽然本章强调了促销的长期价值,我们还要意识到促销本身没有任何可能让中间商和消费者重复购买。一个品牌需要一整套组合方式。这很容易理解,例如,一张现金抵用券甚至一份免费的礼物,可以吸引人们第一次关注这个营销事件,但下一次再用就不奏效了。若要有下一次的参与,很重要的一点是体验营销和产品本身能符合或者超过消费者的预期。同样,如果消费者的期望没得到满足,促销无法挽救一个营销失败的事件。

促销计划制定

关系营销的发展、直邮的增长和顾客预期的提升等可以解释为何促销成为一项工具并且成为现在这个样子。进一步还显示了促销在整合营销方式中所占比例,并强调了促销作为一种整合营销沟通方式的重要性。促销可用来提高顾客忠诚度和使用量,因此能用来发展顾客关系,例如,通过直邮满足顾客需求。

这个过程中,赞助的重要性不可小视。例如,赞助带来的促销活动或者赞助引发的参与事件能提供不需大量花费却是有效的事件沟通方式(Getz,1997)。至于如何通过他们在促销中谋利并与其他赞助商联合作用产生激励,将在第8章和第12章中进一步讨论。

有两条路可以推动终端用户参与营销活动:第一是采用“推式”的战略,激励零售商、批发商和代理等中间商,既可以提升中间商自身,也可以拉动更多终端用户参与。例如,一个“推式”的战略可以是经由贸易广告、人员推销、促销和提供诸如门票、商务接待等好处给那些表现最佳的中间商,或者,这种激励也可以先给中间商,然后由中间商直接传递给他们的终端用户,同样也可以提高形象;第二种方式采用的是“拉式”战略,通过直接接触终端消费者来激励他们参与。在两个例子中,例如广告、公关或者人员推销都是细节的促销所需方式,因此,促销是在各个形式的联系之上进行的,它强调了各个形式间的相互依存。

促销计划像所有其他的沟通形式一样遵循一个现有步骤,这个过程本身就是用于整合营销传播的所有方式之一。拉斯帕德基斯(Laspadakis,1999)、史密斯和泰勒(Smith and Taylor,2004)都宣称在决定促销前需要一个系统的促销计划。他们还提出了类似的框架,都是一个现有的模式。实施顺序开始于对环境的分析,确定品牌所含问题与机会,促销是否可行;第二步,他们认为要考虑前面分析中所确定的问题与机会对象。这里,很重要的一点是管理者要意识到起初这些步骤与整个营销计划之间关系的重要性。特别值得一提的是,实施过程中有三个要素;第一,所做分析是为了比较任何一种促销过程与其他现有沟通方式;第二,为了确定促销预算,分析需要对成本进行确定。分析中要有评估,随后的最佳组合以及整合传播。不仅评估促销效果,还有成本运用效率;第三,促销战略的最终选择应该是整个营销计划中内在的一部分,它们之间应该连贯并一致。

史密斯和泰勒(Smith and Taylor, 2004)提出了一些大概的指导,为按他们的方式所采用的事件营销提供了一些很好的建议。他们坚定认为最重要的步骤是调查,包括决定促销效果及在实施之前对问题和机会的检验。同时可采取的步骤也是重要的。在实施的同时要注意任何问题和机会。基于这些因素,一个基于整合营销传播方式的促销计划必然与前文有关公关、广告的相类似(相关内容见第5章和第7章)。图9.1提供了一个模式。

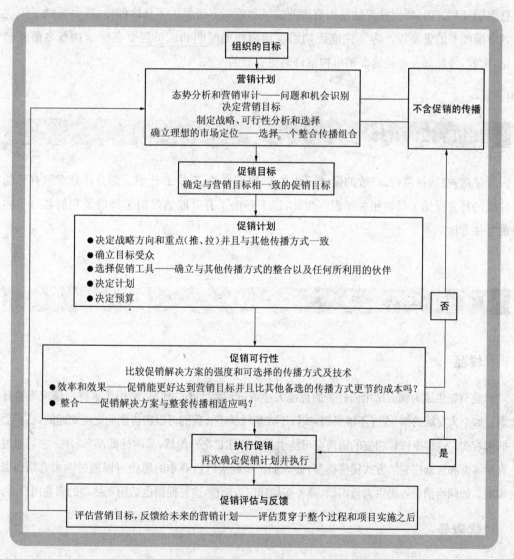

图 9.1 促销计划过程:整合节事营销传播中的促销流程

当品牌战略拙劣而符合条件的后勤又没有及时到位时,促销计划就会出现问题。例如在事件最昂贵的商业接待中,当实际价格低于折扣价格时,折扣和抵现的方式就不适合最后的销售。同时,如果有效地使用促销能够提升一个品牌长期的利益,那么蹩脚地使用就也会导致相反的结果。只有准确地预测购买率,才能通过后勤计划来确保有足够的供给满足需求,同时保证分销在合适的时间进行。关键是要尽量将它们成批卖给大的集团和分销商,从而实现新的销售目标,同时较少的接触点也会降低事件分销的难度。尽管如此,重要的是终端分销商有足够的时间进行大量销售。史密斯和泰勒(Smith and Taylor, 2004)在何时进行促销计划方面,特别是评估使用资源的效果和效率方面提供了具体的建议,并强调了关注这方面细节的重要性。为了完成促销需求而需要的时间和人员需要在促销执行之前就确定,例如,将此部分外包给促销机构或许是更有效的方式。

促销手段的选择

显然,在选择可行、有效的促销活动之前,要有详细、系统的计划。部分计划牵涉有可能完成的特定促销工具的相关知识。为此,以下列出了有可能的促销选择以及它们各自不同的特征方面。

顾客促销活动

样品

免费提供或为刺激试用而打折的标准大小或试用装大小的样品,常用于事件售票或零售计划。如个人专场的票,或许不够畅销,或许不在巅峰状态。我们可以搭售别的更受欢迎的,打折后捆绑着卖。这样事件和相应的销售有可能增长,就类似"花一份钱,买两样商品"一样。它们通过直接邮寄和大众广告的方式提供样品,使人们希望购买以后赛季的愿望可以通过购买套票得以实现。如同给消费者提供大量门票、商务接待和广告销售,这种促销也适用于终端的商业用户。

优惠券

这是提供给比赛以期赢取奖品或价格折扣,它们可以出现在广告中或通过直邮出现在赞助商的包裹中,或者被中间商放在销售点展示,更适合那些面向消费者的直接推广。

补偿

这是一类商品或者免费服务,常以"买一赠一"的形式出现。如果补偿费用包括在整个售价之内则为自身清偿,也可以由赞助商提供。在案例分析 9.1 中,奥克兰运动家队采用的就是直接面对消费者的策略。

折扣

折扣这种方式是最常用的促销方式,但要小心,它有时可能对产品价值和销售利润带来影响。降价自然是一种传统的、季节性的方式,但它也可以通过直邮、大幅广告、包装袋内外的赠品促销用于快速清仓、重复购买,以及与其他商品一起打折。这种方式可用于消费者或商业用户等,但我们需要意识到一个长期问题,那就是品牌的保护,施行一套便宜的商务接待或许对未来的销售产生不利影响,尤其是如果这种折扣是随意使用的。克洛和巴克(Clow and Baack,2004)提出这对一个品牌是一种侵蚀。

奖金和大量采购

使用这种方式的情形是产品以原价售出,但产品采购量很大或者是多重打包,这有利于价格降低但又不会降低打包总价,多种零售都可采用这种方式,包括售票。

比赛

比赛或许多少含有一些技能因素,导致的结果也可能立即显现或要过一段时间。组织方控制奖品数量并通常与媒体保持伙伴关系。可以是一件奖品立即兑现也可以将全部奖品用于长期活动。活动组织方可以借助他们的媒体合作伙伴,例如在报纸上、电视或者广播中报道有关该比赛的信息。这是一种宣传行为而非广告,并显示出活动是受媒介支持的。

善因营销

节事营销已经意识到将促销和富有同情心的贡献或捐赠绑在一起所产生的价值:第一,与精心挑选的善因事业联系在一起能刺激品牌品质的提升;第二,营销事件可以从进一步确立目标机会中获利,这个可以通过采用善因事业自身的支持力量,可能是一个数据库,可能是诱使终端用户购买的"鱼钩"。其中危险在于这种方式已经过时,并且显现出疲乏无力。

慈善事业经常靠名人对事件开展资助,这些名人也成为善因事业的闪光点。为资助慈善事业而举行的高尔夫、网球锦标赛也常支持明星队员和娱乐明星出席慈善活动。例如帮助肌肉萎缩症的 Harrods Pro-Celebrity,网球锦标赛经常能吸引娱乐明星和网坛明星,因为这对双方都是有好处的,像斯蒂芬·埃德博格、吉姆·库里耶等网球明星很希望和像瑞克·维克曼、大卫·斯图尔特等摇滚明星同台演出;反过来摇滚明星也希望和网球明星一同出现。与缺少一类甚至二类的球星和名人类似,每年出现相同的面孔也可能会影响事件对观众的吸引力。

推销／销售网点

如果放在其他事件中,任何形式的展示、表演、销售网点都可以运作。据此,推销和销售网点在消费者市场和商业市场都可以使用。尤其在消费者市场,这类促销手段可以通过与赞助商合作发挥效用。事件本身的展示很重要,这点可以借助对与会人员和视听技术的调动。通过使用该手段,信息能够被发布,同时事件举办之前的销售能够提升知名度和销售收入。

信息

信息公布被认为是一项公关活动或直复营销,但当宣传单、小册子和目录中包含抵现券、比赛和优惠券信息时,它也是项有效的促销工具。既可以以电子版也可以以书面材料的形式向消费者和企业用户公布信息。

老顾客

靠"老顾客计划"鼓动消费者对产品的忠诚这一做法是有争议的(Pickton and Broderick 2001),但这在节事营销中是一种普遍做法。美术、音乐和体育馆的季票一直是通常做法,但随着技术的发展,活动的组织者现在采用跟踪顾客消费行为,然后利用搜索来的信息修正目标。当然这种影响已经很微弱,因为顾客有权利对多种品牌都忠诚。忠诚机制的批判者提出:忠诚度只延伸了计划,却没延伸到品牌。

回扣

尤其对消费者领域的终端用户使用该工具,回扣是与折扣相反的一种方式。通过邮寄来的抵金券来鼓励顾客再次光顾。数据库也可以借此树立目标对象。

联合捆绑促销

这个牵涉以上工具与赞助商的合作,直邮、大众广告、媒介伙伴和赞助商一起面对消费者市场的终端用户。

奥克兰运动家队像许多其他的大型美国运动队一样,用促销赠品鼓励人们观赛(见案例分析9.1),然而这种促销形式在英国是不常见的,尽管这种方式已经被很多足球俱乐部采用,但还没能提高入场率。美国的成功并不是基于经验,而是基于持续使用的结果,这种成功要归功于不同的消费者期望以及这个国家长久以来在体育方面所采用的分发免费赠品的促销传统。这个案例显示,2004年几乎每场运动家队都有赠品,他们认为要想重复购买,只靠一种促销是不够的。采取这种促销的危险在于这些赠品会成为产品自身的一部分而受到粉丝追捧。因此如果促销终止或任何运动促销都达不到预期效果,会造成不利的影响。这也显示出没有广告全凭促销是没用的。粉丝需要知道他们是在特定的比赛中才能拿到赠品,这样的促销才会成功。

案例分析 9.1

奥克兰运动家队:2004 年促销计划

作为职业棒球大联盟(MLB)中的一支,奥克兰运动家队坚持运用赠品作为对观众的补偿,这在绝大多数 MLB 队伍中是一种广泛使用的促销工具,并且在美国被认为是一项提高比赛入座率的成功机制。

这项促销是为了让观众关注每场比赛不同的赠品。这个宣传借助主流报纸和在赛场等离子屏幕中穿插广告。纽约大都会歌剧团也通过赛场外的大型海报和他们定期赠送的卡片实施促销计划。这在 MLB 和其他美国大联盟中是一个惯例。这个协议就是赠品按吸引力和供应商所能提供的数量分类,然后这些赠品就被投放到那些需要大量促销拉动的赛事中去。供应商是从现有的和新的赞助商中挑出来的。值得注意的是,补偿的赠品并不一定是他们最耀眼的产品。通常供应商都会在赠品上打上他们的标记。其他一些促销还包括:焰火和一些赞助商为整场观众提供的大众娱乐。

2004 年计划如下:

时　间	促销赠品	供应商	数　量
4 月 5 日	集会毛巾	奥美拉唑	40 000
4 月 10 日	日历	箭头山牌温泉	15 000
4 月 11 日	伞	《圣荷西报》	10 000
4 月 24 日	羊毛围巾	凯撒塔霍宾馆	10 000
4 月 25 日	棒球包	Majestic Athletics 运动服	10 000 个孩子
5 月 8 日	渔夫帽	梅西百货	7 500 个妇女
5 月 9 日	运动包	箭头	10 000
5 月 21 日	烟火展	Contra Costa	所有粉丝
5 月 22 日	队员塑像	富国银行	15 000
5 月 23 日	队员绒毛玩具	Cache Creek 娱乐场	15 000
6 月 5 日	不倒翁	康卡斯特公司	10 000
6 月 6 日	儿童帽	Discover 金融公司	10 000 个孩子
6 月 11 日	蜘蛛侠手	联合公司	20 000 个孩子
6 月 12 日	啤酒	Union 76	10 000
6 月 13 日	队员绒毛玩具	Mechanics Bank Bay Alarm 商业银行	15 000
6 月 26 日	1989 年锦标赛聚会	皇冠酒店	所有粉丝
6 月 27 日	药\胶卷	Longs 药店\富士胶卷	
7 月 16 日	焰火展	《奥克兰导报》	所有粉丝
7 月 17 日	1974 年 Swingin 帽	蓝钻杏仁	10 000
7 月 18 日	队员绒毛玩具	5A 租屋	15 000
7 月 24 日	1989 巡回赛戒指	奥克兰运动家队	15 000
7 月 25 日	Chavez 金手套	百事	15 000
7 月 28 日	木瓜根啤酒日	百事\MUG	所有粉丝
8 月 14 日	队员塑像	汰渍	15 000
8 月 15 日	队员绒毛玩具	百事	15 000
8 月 28 日	焰火\葡萄酒节	雪佛龙	所有粉丝
8 月 29 日	学生背包	百事	10 000
9 月 7 日	团队照片	奥克兰导报	20 000
9 月 11 日	参观者	农民保险集团	10 000
9 月 12 日	T 恤衫（乳腺癌）	康卡斯特公司	10 000
10 月 2 日	焰火展	Meriwest 信用联合公司	所有粉丝
10 月 3 日	队员系列卡片	本地水管工公司	15 000

资料来源：Oakland Athletics(2004)。

贸易销售促销活动

顾客促销

上述顾客促销的众多方式本身对中间商也是一种吸引，例如对销售代理。任何贸易只要能促进贸易、票务、商务接待和赞助等都是受欢迎的。因此通知客户代理商关注这些促销活动是很重要的。

样品

票务、商务接待和商品的免费样品是一种激励，能与经销商建立更强的关系。一个经销商亲自经历过一次这样的事或许收获的不仅仅是物质奖励，但我们最好下次还提醒他们将样品给顾客使用，这种关系的建立也能推动票务代理向商务接待购买发展。代理商当然也可以是顾客，他们也可采用一个事件营销实施 B2B 的活动。

补贴

对中间商的补贴可采取打折、另赠商品和特殊支付形式。这也可用于对将来购买的奖励、推动和保持关系。

竞赛与激励

中间商的销售人员是整个关系中至关重要的部分。如果他们本身就受到事件的激励，那么将会得到更好的效果。如果采取营造竞赛的方式来管理竞赛和竞争，那么上述的事件样品的分发就将更具有选择性，能够直接给予那些表现最出色的中间商。

礼品

激励中间商可以提供相关样品，也可以分发其他商品作为礼品。在绝大多数领域，这种做法常为节事经理所采用。其好处就是降低了成本并且促销也达到了其他目的，例如传播了活动信息，使销售更便捷。正如奥运会所显现的促销礼品被滥用，在问题升级的 20 世纪90 年代，国际奥委会（IOC）认为有必要禁止投标奥运会主办方的过程中出现的各式礼品。这种小玩意的发放已经成为奥运促销的传统。尽管它们单位价格并不贵，但非常有效，因为非常受追捧。可口可乐已经意识到这点,他们将产品投放到奥运小卖处和销售点(IOC,2002)。

买卖、销售点和培训

中间商更多的支持有助进一步维持良好的关系。是否将产品与展示材料给予中间商,取决于关系的特征以及事件中协调能力的尺度。当然,生产这些材料是需要花费成本的,因此,为了使利益最大化,一个关键的目的是确保并能控制中间商比其他竞争性产品具有更加清楚或排他性的定位。在委派时,例如指定一家票务代理商时,培训并不是基本的要求,但是在项目开始之前,与任何赞助类机构的合作都需要包括介绍、联络以及共同开发赞助商名单。

信息

通过出售和散发指导说明的形式提供信息也许是必须的,因而对中间商促销而言很重要。例如票务代理需要关于楼层和座位详细安排的复件,以及相关的指导说明。使用手册与品牌活动也是直接相关。中间商能从活动的标识中获益,例如使用赞助商的标识,获益更多,尤其当那时正采用多种联合促销手段。

联合促销

活动赞助商联合向中间商提供礼品和样品也很重要。首先,有多余的可以提供;其次,免费礼品是活动常规采用的有效途径。对中间商的细致以及联络表示感谢是这类促销的重要因素。这对所有相关团体都有效。同意赞助商出于增加销售的目的在广告中打上它的网址和电话号码,有利于推动活动开展以及加强赞助商与该活动、赞助商与中间票务代理的联系。

企业内部销售促销活动

用于消费者和贸易伙伴的促销手段同样可用于内部销售和非销售人员。对于支持、信息和培训是关键手段;但激励和鼓励计划是销售的驱动力。可以通过举办比赛,在员工中营造一个直面奖励竞争的环境,也可以向管理层分发样品和礼品,他们可以发起销售。此处与公关的联系使比赛具有新闻价值,月度获奖的员工也能创造内部新闻。

促销的评估

为了反馈,有必要对针对所有营销目标而采用的各式传播活动进行评估。有很多方式可用。顾客提供的接受率对一些促销的方式而言是及时有效的,有关中间商销量增加的数据也很有用。调查能定性、定量地评估抽样目标的观点以及他们认为何种方式有效、何种无效,这可以彰显一些中间票务代理商,例如一些提供改进服务和卓越服务的中间商等。销量提高的数据等能反馈给我们那些支持、培训和材料是多么成功。正如前面所说,在计划整合营销传播之前提前测试也是一项重要的调查。然而由于存在大量的评估,有些领域是不够客观的,例如展览的效果,尤其是礼品和样品的赠送,除了推断很难与促销关联。

本 章 小 结

促销能给人留下深刻的印象,因此已经成为许多活动开展的首选。它的有效开支在一些案例中能快速评估营销目标,既能取得短期销量,又能长期影响一个事件的品牌。然而它若想起作用,完全得依靠其他沟通方式:一方面,促销本质上和广告、公关、人员销售、赞助和直复营销相关;但另一方面,它也依赖这些传播方式。除非目标受众能意识到,否则再伟大的促销也无用。

作为整合营销传播的重要组成部分,促销的灵活性也显示出促销计划需要报以关注。在选择任何顾客促销、贸易促销和内部促销之前,需要一个系统的促销计划方法。促销方案的选择必须有针对性,而且同各种解决营销问题和机会的整合沟通方式一起评估。因此工具的选择要考虑结果最有效果和成本使用的效率,以及伴随其他传播方式获得短期的销量和品牌的长期利益等等。

问 题 讨 论

- 根据案例分析9.1所给信息,为奥克兰运动家队再设想一些消费者关注的联合促销方案。
- 进一步学习案例分析9.1,考虑一下奥克兰运动家队怎样评估他们的赠予促销方案。
- 选择一个事件,运用一种促销方式。通过促销方案制订过程确定事件在系统性进展过程中可能出现的问题和机会。
- 在你选择的活动中尽可能多地确定消费者所关注的不同促销目的和手段。

● 在你选择的事件中尽可能多地确定贸易伙伴所关注的不同促销目的和手段,明确区分其中牵涉的中间商。

参考文献

Boone, L. and Kurtz, D. (2002) *Contemporary Marketing 2002*. Thomson Learning.

Clow, K. and Baack, D. (2004) *Integrated Advertising, Promotion, and Marketing Communications*, 2nd edn. Pearson Prentice Hall.

Getz, D. (1997) *Event Management and Event Tourism*. Cognizant.

IOC (2002) *IOC Marketing Fact File: Salt Lake City*. IOC.

Laspadakis, A. (1999) The dynamic role of sales promotions. In *Marketing Communications: Principles and Practice*, Kitchen, P. (ed.). International Thomson Business Press.

Oakland Athletics (2004) www.oakland.athletics.mlb.com/NASApp/mlb/oak/schedule/promotions (accessed 16 June, 2004).

Pickton, D. and Broderick, A. (2001) *Integrated Marketing Communications*. Financial Times/Prentice Hall.

Shimp, T. (1997) *Advertising, Promotion, and Supplemental Aspects of Integrated Marketing Communications*, 4th edn. The Dryden Press.

Smith, P. and Taylor, J. (2004) *Marketing Communications: An Integrated Approach*, 4th edn. Kogan Page.

第 10 章
直复营销与关系营销

学习目标

■ 意识到建立节事传播目标的价值;

■ 了解关系营销理论的发展历程,并将关系营销理论与营销传播关联起来;

■ 能够认识到直复营销传播的工具的种类,且这些工具可以用来支持关系营销;

■ 理解数据库技术在进行直复营销活动方面的应用。

▮ 引言

组织对与其利益相关者进行个性化的沟通的这种需求越来越强。数据库技术与传播技术的发展,使得这种沟通成为可能,且由于日益增长的个性化需求与当今顾客们的期望,这种沟通是十分称心如意的。

与客户群体进行直接沟通的主要方法有人员推销、直接邮购、电子邮件与电话销售等。这些一对一的双向沟通方式,通常对发展长期客户关系、发展客户忠诚和参与等至关重要。客户关系营销的重要性在节事营销中越来越多地得到认可,且许多营销传播活动的重点在于鼓励组织与事件中不同利益相关者发展积极的关系。因此,本章讨论的重点是直复营销传播的方式,这些方式对于节事组织实现关系营销的目标十分有效。

关系营销范式

定义与发展

关系营销可以看作组织客户导向战略自然发展的结果。通过关注客户与其他利益相关方的需求、特征以及行为，组织能够更加有效地与这些客户发展互利双赢的关系。由于双方的共同利益，组织与客户之间的"关系"促进了双方的参与互动，如果双方"关系"进一步发展，客户会建立起长期忠诚感和对组织的长期支持。

有关关系营销方面的学术研究与著作日益增加（如，Berry，1983；Grönroos，1990；Gummesson，1996；Bruhn，2003），使得关系营销的定义说法不一而足，但是本书对关系营销的定义倾向于下述观点：

> 关系营销(relationship marketing)是这样一种营销导向，它致力于通过共同协作，与经过选择了的相关利益方开发，发展并完成互动作用，以此来共同创造价值 (Sheth and Parvatiyar，1995；Bruhn，2003)。

关系营销把组织关注的焦点从一次性交易转移到强调维持客户关系上来。这种战略转移是通过对产品的利益而不是它们的特点进行传播实现的；是通过提供高质量的客户服务来实现的，是通过与顾客进行重复的、不同方式的接触实现的。关系营销的目标是长期地发展客户的参与度、信任感与忠诚感。实现这些目标需要对顾客与其他相关利益方进行授权，需要对组织所开展活动的投入进行评估，需要相互交换来获取价值。

企业转向对关系营销的关注可以看作一系列社会与技术发展趋势的结果。由于大部分市场的竞争程度日益激烈，迫切要求组织以一种有意义的，持久的方式对他们提供的产品和服务进行差异化。激烈的竞争也导致许多组织提供的产品和服务被客户认为是同质的。顾客越来越难以区分相互竞争的各方所提供的产品与服务，因此，他们一与组织进行接触，就会要求组织提供高质量的服务和产品。许多利益相关群体通过与组织互动、产品品牌、沟通以及与他们的利益相关方互动来寻求价值，超越了仅提供产品这一层面。许多组织已经意识到从一次性交易所获得的收益越来越少，他们开始认识到客户"终身价值"的重要性。信息技术的发展使得他们能够获取客户的终身价值。数据库技术的进步、互联网与电信的发展使得组织与客户能够更好地彼此了解，因此，他们可以频繁地接触，建立长期的合作关系。

在考虑关系营销的定义，及其与我们现在所称为的交易营销(transactional marketing)所作的比较时,营销传播的含义就变得十分明晰了。建立长期的合作关系需要个性化、相互影响、频繁接触以及通力协作。这意味着组织不再仅仅只是单方面地发起与掌控沟通,而是双方本着互利共赢的态度进行交流。一对一的沟通方式仍将长期发挥作用,但在任何可能的情况下,应该鼓励双方通过能直接反映与相互作用的媒介进行对话。组织应该鼓励其目标客户积极地发起与推动双方间的沟通以满足他们的需求。在建立关系时,双方应通过发布公开的、坦诚的信息以及可靠的媒介来建立信任感与忠诚感。这些必需的多重沟通方式需要对营销传播进行仔细整合。同时,随着双方关系的发展,双方应该通过各种各样的方式进行沟通。表 10.1 列出了双方关系发展的阶段及每个阶段沟通的含义。

表 10.1　关系阶段和营销传播

关系发展阶段	传播目标	事件传播重点
前景 (关系发展前)	培养意识,开始接触	直接反应的大众传媒促销
初次客户 (关系发展中)	鼓励反馈,双向对话	发送直接邮件后的购买
固定客户 (长期关系)	个性化的沟通,促进参与	根据以往的购买行为
进行个性化的直复营销重点客户 (习惯性的关系)	通过定期的个性化的沟通建立起信任感	提供忠诚度奖励的直接邮购
支持者 (更大价值的交换)	鼓励与奖励忠诚度	个性化的销售 商务接待
倡导者 (鼓励其他客户)	鼓励与奖励所倡导的忠诚度	个性化的沟通,参与"社区"、"论坛"及特殊活动
合作伙伴 (最大共同利益的交换)	考虑到高层次的双向互动而进行有规律的交换	参与内部沟通、会议,以及委员会
客户流失 (关系终结)	鼓励反馈与更新兴趣	决定退出以及确定沟通偏好

关系营销在事件中的重要性及其应用

　　一些节事组织已经开始收获其精心策划的关系营销传播方案所带来的收益,我们可以在体育、艺术和商务事件活动中看出。然而,许多节事组织仍然停留在产品导向阶段,旨在鼓励越来越多的交易,而不是维持与客户的长期关系。

　　即使是在一次性的交易中,组织举行的一些有关专做订货的事件也需要建立一种关系,但是随着交易双方对未来彼此的需求有了更好的了解,以及当双方在未来能够增加由于这层关系而带来的共同利益时,双方之间的关系将随着未来双方的交易而得到持续发展。如果这样的话,组织与客户双方之间的利益将大大提升。这种关系通常会获得关键的财务管理层的支持,这些管理层的成员都是来自公司内部,且被安排负责特别的客户,因此,他们能够更好地了解客户的长期需求。这种情况在许多组织中都存在,当组织与它的大公司客户进行协商时,个人或小型团队被安排负责满足客户组织的每一需求。

为了开发定做的产品与服务,组织举行针对企业与其他组织的事件时,通常一开始就需要与他们的客户进行个性化的沟通,双方通过这些协商才能建立起关系。然而,售后沟通对组织的一次性购买客户转变为重复购买客户将产生十分重要的影响(Curis,2001)。在给出评估与得到反馈方面,事后对客户的支持可以建立起双方所必需的信任感与忠诚感。因此,事后沟通会增加所提供服务的价值,而不仅仅是为促进下一次销售。例如,参展商在贸易展览会上,将对一些信息进行评估,这些信息包括参展活动的数量、退出参展的参展商的数量、参展商的类型以及对他们参展的有效性进行的反馈等。参展商也会依次提供反馈信息,这些反馈信息包括参展地和组织者提供的服务、参展所获得的利益以及一些改进的建议等。如果参展的组织者通过提供一些有用的信息来发起事后对话,那么这些参展商将视这种关系为互利双赢、值得追求的。虽然这些参展是组织者为推销展位而推动的,且参展可以为客户提供多次销售的机会并获得收益,但这种双向互动方式在下一年的参展中,将比僵硬地发行直接邮件更加有效。

体育协会与俱乐部已经学会了利用其球迷与支持者固有的忠诚来建立更有价值的关系。这些大部分都体现在俱乐部通过附加一些额外的信息服务(有些是免费的,而有些是收费的),给其支持者提供价值。然而,俱乐部的支持者给俱乐部进行反馈的渠道却不通畅,且这种反馈很少得到鼓励。如果要让团队的爱好者发展成为组织的支持者、宣传者以及最终的合作伙伴,这种双向的沟通方式是十分重要的。案例分析 10.1 将阐述无线技术怎样被用来促进一些体育事件方面的关系营销。

案例分析 10.1

无线技术下的关系营销

一些组织正在为无线技术的应用投入越来越多的价值,以此使其从参与体育事件的顾客那里获得的收入最大化。他们这样做的原因是他们有独特的能力与广大客户群体发展关系。例如,有多少其他的传播工具可以为体育组织与它的支持者提供直接的双向的沟通渠道?为广播、消费以及反应选择合适的时机已经刻不容缓,这直接归功于这些使用手机的客户倾向于整天佩带手机这样一个事实。然而,随着许多新技术的出现,很少有组织着手开发其潜力。而这些使用新技术的组织,由于他们与客户的关系的升级以及其竞争力的增强而获益匪浅。

组织可以通过对各种服务、等同于备忘录信息的 SMS 文本警示、MMS(多媒体短信服务)行为剪切以及组织竞争状况的传播,鼓励其支持者与其发展相互影响的、直接的关系。早期使用这些服务的一个重要的因素是在关键时刻为传播选择时机。在不同的时间点使用的不同的服务将得到不同的反应。TWI 电信公司发现即使球迷们在现场观球,只要传播的内容与比赛相关,只要能够对最喜欢的球员进行投票,组织的传播就能够取得成功。

美国全国曲棍球联盟(NHL)在这方面通过评选最有价值的球员而取得类似的成功。当球迷在现场观球时,他们可以通过手机短信快速地将他们最喜欢的球员选出。对所有球队评选的结果将由曲棍球联盟集中在一起,以便球队与整个联盟统计的结果能够报道给每一位投票者。为了进行进一步的沟通,评选的结果也会在比赛日张贴在大屏幕上。在 NHL 提供的业务中,其中一样关键的服务是对比赛的最后一批门票的数量进行预告,这项服务是大部分赛事组织者所乐见的。

由于无线技术可以增加收入,通过类似上述方式来利用无线技术变得越来越普遍了。对于事件的组织者来说,明白"为什么是这样"以及"怎样才能这样"很重要。组织通过客户的预订费用而获得收入,这些费用是用来获取组织提供的每一项服务的,但是,为了让客户接受这些服务并忠实地持续使用,这些服务必须含有与体育相关的内容,不管是关于球队的、联盟的还是关于球员的信息。关键的衔接点在于球迷永不消退的兴趣,以及尽可能多地发送信息的激情。如果他们能够进行互动,组织增加的收益即为球迷们持续地发送信息的激情,且双方的互动越多,所获得的收益也会越多。能够理解到这一点,组织将会占竞争优势。

作为 2003 年的橄榄球同盟世界俱乐部的冠军,英国的布雷德弗公牛队向它的门票预订者以及拥有移动电话的球迷(同时也包括观看比赛的观众),提供一系列的服务以此来获得收益。在赛前的一个星期,俱乐部至少会发布三条文本消息,例如关于球员受伤的消息、参赛名单的选择等来提高赛前预期。订阅的信息费用为每 5 条 1.5 英镑,其中包括手机余额不足时的自动欠款。如果这些预订能够保持稳定的话,信息发布时间的设置显然十分重要。公牛队声称他们在 2003 年的预定率达到了 88%。在赛期,"公牛移动赛事"服务同时也为赛前队员选择与赛后最佳比赛球员选择,提供它所称的快速投票途径。美国国家橄榄球联合会(NFL)曾经在 2004 年 10 月的全明星的季后赛上推出过类似的服务来选择全明星队员,每一位调查对象都会免费获得一张 NFL 提供的墙纸。继 2003 年取得的巨大成功后,NFL 决定提供一套将网络与无线技术结合起来的投票系统,在 2003 年时,仅有一家网站的网上系统设有投票的功能(有超过 5 000 万的投票是通过网络进行的,球迷可以比以前投更多的票)。NFL 通过对这些新技术的使用而与客户建立起关系,并且通过了额外的收费来获取数量可观的收入。

2004 年,体育图片短信息已经开始出现了。目前,图像剪切部分在欧洲可以通过手机发送了(虽然在美国不行),但是,这并不妨碍静态的快速镜头影像技术的开发。这种技术的优点是文件尺寸越来越小,下载时间越来越短,并且很少有手机具有录像的功能。得分射手的静态图像,就在他射门得分的时间段里,将被球迷们兴奋地用其设备记录下来,而这些设备在以往是不能用来观看比赛的。

录像技术的发展将毫无疑问地快速地使人们确信,静态图像的提供只不过是短期存在的,像这种临时的服务只不过是快速发展的市场的性质罢了,利润对于许多的节事组织来说,仍然是十分重要的。作为提供静态图像服务的商家,EMPICS 公司估计其第一年所提供服务的市值将达到 2 000 万英镑(2004 年 5 月上旬对足球联赛中曼联、阿森纳、西布罗姆维奇与诺丁汉森林队进行测验后所做的估计)。公司还预测这项技术将被持续使用到 2006 年。

NHL 在 2003 年底预测,到 2007 年使用移动电话的用户数量将达到 4.56 亿,然而到目前为止,只有极少数的事件组织开始明白无线技术的巨大潜能,而对于这些快速跟上技术的组织来说,他们将获益匪浅。

资料来源:Hughes(2003); *Sports and Techenology* (2004)。

在过去的几年中,苏格兰 Rangers 足球俱乐部一直使用一些不同的沟通技巧,与其支持者建立互利、富有意义的互动关系。他们战略的核心就是将集中的客户数据库与官方的网站整合起来。俱乐部鼓励它的支持者在其网站上注册,以获得各种额外的好处。这些好处包括时事新闻、球员独家采访的报道、电子邮箱的升级、新闻花絮、球队的竞争对手,以及忠实球迷的奖励计划等。球队通过智能卡片(储存大量信息的微型集成电路片),对他们球迷的爱好及其行为有了更深刻的了解。无论球迷在什么时候购买月季票,他们都将获得俱乐部提供的额外好处。俱乐部通过预订 SMS 服务的方式来进一步加强与每一位球迷的联系,他们将俱乐部的新闻与比赛结果直接发到预订者的手机上,并且附带一些与俱乐部相关的屏幕保护程序、广告标语以及套圈游戏等(Rangers Football Club, 2004)。

通过给球迷提供更多的有关俱乐部的新闻、采用更为简便的沟通机制、更合适的具有个性化的赛季球票套餐以及更可行的奖励机制,俱乐部的这些关系营销沟通方式让球迷们获益匪浅。俱乐部也通过创造交叉销售的机会、对球场容量的有效管理、高订票率与球迷的重复购买月季票等来获取收益。

尽管就其本身而言,许多艺术与文化组织很难着手营销,但关系营销技巧可以更好地缩短营销与艺术的距离。在艺术事件中有关文化营销的部分,发展一对一的关系以及双方的相互交流,比传统的销售与促销这些营销方式更为恰当(Collin-Lachaud and Duyck,2002)。

在过去的 10 年中,许多艺术事件的策划部门将其战略发展方向,转向发展观众群体这一目标上来,许多艺术组织与政府机构将目光聚集在鼓励新的客户与发展新的目标市场。虽然发展观众群体是一个合理的目标,但在许多组织中,单一地发展观众群体这种做法并不利于维持客户。组织会更多地考虑旨在发展新的目标市场而进行的沟通,而不是维持并加深与已有的客户之间的关系,因此这将失去建立长期客户忠诚感与责任感的机会(Rentschler et al.,2002)。客户的忠诚感一旦建立起来以后,一些必需的沟通开支将大大地减少,所以通过频繁接触以及靠客户忠诚而建立起来的牢固且长期的客户关系,比劝说新的客户来填满观众席更能节省开支。艺术事件可以利用售票室的数据系统以及前线员工来建立起一种富有个性的沟通方式,也可以利用预订套餐的形式来保留客户。许多展馆与艺术公司已经开始提供会员制、赞助者的机会以及重复参与活动奖项等。

艺术营销协会(AMA)十分强调售票室(员工与系统)在发展艺术事件关系营销而进行的沟通中所起的重要作用。"与单个的客户进行一对一的接触一直是我们尝试劝说人们参加新的艺术事件,以及与他们培育良好关系的最好的机会……我们应该将精力集中在与客户发展第一线的关系上来"(AMA,2004)。

旨在发展客户关系的沟通,将对所有类型的事件及其所有的利益相关方发挥越来越重要的作用。发展相互理解、相互信任以及相互尊重的关系,将给所有的参与方带来的利益是巨大的。在竞争日益激烈的市场中,相比于组织提供的优质服务及有吸引力价格,这种关系的建立使组织更具有持久的竞争力。营销关系的维持对组织与赞助商及媒体之间的沟通尤其重要;另一方面,关系的破裂将使组织面临严重的财务危机与公众危机。

尽管在 B2B 的节事营销中,双方的关系很容易建立起来,但由于个体之间的更高层次的接触、技术的使用与双方之间频繁的沟通,意味着在许多 B2C 事件营销中,也能制定成功的关系营销战略。只要事件、品牌或者组织能够鼓励更高层次的顾客参与,双方就能建立起富有情感的、可供操作的关系。这种关系的建立可能一开始就需要客户的多次参与,然后发展成忠实地参与、主动地参与、自愿与支持、赞助以及最后成为合作伙伴。由于许多事件都有期限且定期发生(每周、每月及每年),不同事件之间的沟通在鼓励客户重复使用和参与方面起着十分重要的作用。因此,关系营销传播的战略不应该仅仅集中在事件的举行以及事件的期限,而是应该包括事后对话以及事件发生时的持续沟通。格拉斯顿伯瑞音乐节(Glastonbury,每年都会举行且持续几天)就采用了这种方法。因节日而建立的专门的网站,提供了一年以来的相关信息、联系方式、讨论与反馈机会,并且与来自距活动举办地较远地区的与会者以及支持者保持接触与沟通。这样使客户产生并发展了对格拉斯顿伯瑞这一品牌的长期认同,而不仅仅是参加了这个活动。

　　尽管组织运用数据库技术、交叉销售以及忠诚奖励来促进关系营销,但这还不足以使双方建立起真正的责任感、信任感以及相互依赖感(O'Malley and Tynan, 2000)。利用电子技术收集客户方面的信息将使组织对整个目标市场客户的行为与偏好有一定的了解,但这可能会导致其忽略与客户进行真正的定性方面的沟通。尽管相关产品与商品的交叉销售可以使组织提供的产品或服务富有个性化并增加价值,但同时也会被认为是强加的以及富有挑衅性的,并将客户的既得利益剥掉从而影响双方的利益平衡。参与组织忠诚方案的客户也许并不是培养自己对品牌的忠诚,而只对组织所实施的优惠的方案忠诚,因此,如果他们认为其他组织的忠诚方案更为有利,他们是会转向其他品牌的。

■ 直复营销

　　直复营销提供了发展成功的关系营销战略所必需的个性化的沟通方式和直接反应方式。尽管任何沟通媒介都能够被用来鼓励客户的直接反应,但直复营销的明显的不同之处在于其营销目标为可识别的客户。通过直复营销的数据库来跟踪与客户交流的情况,组织能够更好地形成对客户的认识,他们将客户看成单独的个体,视客户为公司的希望、重复的参与者以及忠实的顾客。因此,直复营销能够很自然地与关系营销形成一致(Tapp, 2000)。实际上,我们可以发现,尽管组织经过常规的营销努力使其销售与筹资实现成功,但是直复营销技巧的广泛与独特的使用使得赛季门票的预订数量大幅度地增加(Arnold and Tapp, 2003)。

　　虽然直复营销(以及关系营销)包含营销战略的许多方面,本节我们将重点探讨关系营销在营销沟通中的应用。直复营销沟通(direct marketing communication)可以定义为任何个人能够接受到的沟通,以及任何考虑到个性化反应的沟通。因此,可以选择许多媒体中介来传送直复营销的信息,涉及直邮、电话销售、电子邮件、SMS、人员推销、传单以及无线或移动通信等。然而,作为战略沟通的一项工具,直复营销不仅仅只是传送信息的渠道,它包括通过收集客户信息、分析客户信息以及对客户个人的信息在战略上的使用来获得客户以及保持客户等。因此,客户数据库对任何直复营销活动的成功起着十分重要的作用。客户的直接反应以及与组织的亲身接触给组织提供了一些必要的反馈,使得数据库中的信息进一步深入与完善。因此,从客户信息的观点来看,直复营销可以自我维持,且随着其应用的次数增多,直复营销将会有效和完善地发展。图 10.1 阐述了直复营销活动潜在的有效的循环。

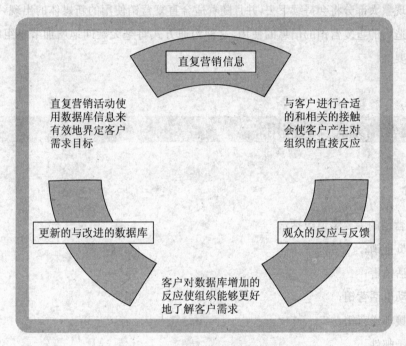

图 10.1　直复营销的有效循环

当许多组织大部分削减花在大众媒体上的预算时,直复营销是营销沟通中增长最快的领域之一。在直复营销媒介中,电话销售的增长的最快,在 2002 年至 2004 年之间,用在电话销售方面的开支增长了 75%。

直复营销沟通增长归结于以下原因:

- 生活方式选择的增加以及个体主义的抬头,使得社会趋于多元化;
- 媒体数量的增加导致大众传播的成本日益增加,并提供给个性化沟通更多的机会;
- 顾客对他们的需求越来越理智,他们要求获得更高层次的个性化服务与沟通;
- 客户充分获得授权,他们更希望通过自我引领来控制沟通的过程;
- 日益激烈的竞争呼唤组织通过新的方式差异化其提供的产品与服务;
- 对成本效益、可测性以及控制的考虑,使得组织对更有针对性、更有效的沟通方式产生偏好；

- 对保持客户以及建立关系的关注使得营销人员更多地使用直复营销；

- 数据库技术的计算能力的不断进步，使得数据处理的成本不断降低；

- 信息的日益商品化，导致许多公司增加对其特别商品与服务的租赁与销售，这些商品与服务都被用在直复营销活动中（Tapp，2000；Smith and Taylor，2004）。

这些现象大部分将会持续下去，并且随着适合直复营销使用的新媒体的出现，以及富有创新和创造力的直复营销的信息的使用，这种沟通方式将毫无疑问地增加节事组织中整合传播的重要性。

直复营销方式及其应用

媒介

直复营销的主要渠道包括：

- 人员推销；

- 电话销售；

- 移动电话营销；

- 直接邮递营销；

- 电子邮件。

我们将依次讨论上述每一种渠道。

面对面推销，或者正如我们传统上所了解的"人员推销"，包括与客户的面对面的接触，是最具说服力的沟通方式之一。面对面的沟通是许多公司 B2B 沟通战略中一个十分重要的方面，并且在发展与客户组织之间的关系方面特别有用。有关的个体之间能够很快地建立起个人沟通的亲和力并相互理解，其结果是这种关系自然地转到买方组织与卖方组织。

由于人员沟通的成本很高，这种方法不能用来建立知晓度或者引发客户的兴趣，但可以作为形成客户偏好、说服客户以及客户作出购买决定的后续方法。只有在客户要求将面对面沟通与其他营销沟通进行比较后，面对面沟通才更可取。通常，面对面推销大部分被用来促进客户的高参与度、复杂或者高端产品的推广，如专做订货的事件、更大事件的招标以及争取赞助等。然而，这种沟通方式应该与其他事件的沟通组合相结合。在这些事件中，为了确保所有的联系方式都得到使用，并传达出持续的信息，公司的员工开始与目标客户进行接触。例如,售票房的员工可以接受更好的培训,并被告知为客户提供相关的帮助、额外的服务和信息。服务员、收票人员、导游以及保安人员都可以致力于与客户进行沟通,并帮助组织与客户建立持续的关系。

对关键客户目前的习惯、消费的频率、支出与他们未来潜在的价值的了解,对他们在决定应该收到的个人接触的数量及类型时十分重要。例如,也许一位购买大户将会对公司的个人沟通作出良好的反应,并且通过个人沟通方式,这位顾客有可能在后阶段发展成为赞助商或合作伙伴。然而,对支付较少的客户与大的目标市场来说,个人沟通将不再是一种成本最划算的直复营销方式。

相对于面对面推销来说,电话销售是一种成本较低的选择,因此,它可以用来与更大的目标市场的客户进行沟通。电话沟通具有与个人面对面沟通相类似的优点,它可以提供客户快速的反应并具有灵活性,并由于沟通的速度加快而增加额外的收益,不必蒙受单独访问客户所引发的费用。然而,电话销售可以被认为是侵扰性的,并备受许多调查对象的质疑。随着对电话销售方式的使用与滥用的增加,顾客与企业不再对其进行积极的回应。这再一次突出了以客户兴趣为导向的许可式营销(permission-based marketing)的重要作用。

2003 年时,直接邮递营销的广告费用占英国广告支出的 14.3%(Direct Marketing Association, 2004),并且将保持持续快速增长。直接邮递营销的成功很大程度上取决于邮寄给目标客户的商品目录。由于直接邮递的成功通常通过客户的回复率来衡量,因此,邮寄给潜在客户一份定义明确、拥有最新信息的商品清单,显得十分重要。例如,纽约现代艺术展览馆使用纽约地区其他文化机构的客户名单集,借用高端时尚杂志的客户名录以及租借使用邮购方式的高端客户名录,来发起以发展直接邮购会员为目标的运动。这些目标必须与目前展览馆会员的工资水平、生活方式、购买习惯以及地理位置相匹配。由于展览馆的目标是发掘新的会员,展览馆应该以一种引人注目的方式来发布信息,并利用蒙得利安(Mondrian)艺术展览的巨大吸引力,将自己定位为有趣的、动态的以及并非遥不可及的。纽约现代艺术馆的这次活动反响强烈,其获得的收益超过了这次活动的成本,并获得了 25% 的额外收入。此外,这次活动同时也吸引新的客户,这些新的客户中的一部分人,通过发展成为展览馆的新的会员,从而成为展览馆忠实的客户(Wittkoff and Cobb, 1996)。

与集中的直接邮寄商品目录一样,确保发送的信息能够尽可能地与信息的接收者的需求相匹配显得十分重要。在任何可能的情况下,这将使邮传的商品清单个性化,从而满足接受者对整个邮传商品清单中邮件部分商品的需求。例如,美国针对 1998 年的特奥会举行了一场直接邮递营销活动,这项活动旨在获得对运动员进行训练的赞助,并对每一州发送与其相适应的邮件清单。这种做法考虑到了在不同的时间、不同的州举行的活动是不同的这一事实。本地的一些信息包括运动员竞赛的数目、比赛的地点以及一些当地运动员的名字。这些颇具个性化的信息通过附加的信封窗口使信息接受者一目了然（Wheatley and Nocco,1998）。该次活动的本地化促使信息接受者越来越多地参与此次活动，且更容易让他们觉得由于自己的支持与贡献而成为这次活动的主人。

散发传单通常也被归类为直复营销沟通方式的一种,且通常被用在需要与本地客户进行沟通的事件中。然而,由于传单传达的是标准化的信息以及其目标仅仅局限于本地,相对于个性化沟通来说,传单通常与大众营销具有更多的共同点。这种沟通方式的主要优点在于他们不需要客户数据库或者客户清单,同时也能提供一定程度的个体互动平台。传单在鼓励客户蜂拥参加事件活动这一方面十分有用,并且,传单经常在靠近事件举行的地方以及临近事件发生的时候分发。当传单与它周围媒介传播或促销事件相结合时,其影响力将会大大增加。利兹的一家名叫 Evolution 的夜总会,通过举行模仿学生游行并分发夜总会宣传传单的方式来吸引城中的学生群体。在大学外面,一些特别的学生手持标语,好像在对一项政治问题进行抗议。标语上包括"Evolution"一词,很容易让远处的人误认为"Revolution"（革命）,并且,只要路过的行人对此进行关注,他们很乐意接受俱乐部发出的进行促销的传单。采用"模仿游行"这种方式使俱乐部在过度拥挤、竞争的市场中产生了所必需的额外的影响,并充分利用了目标市场客户的兴趣与特点,来克服传单作为一种直复营销方式所存在的一些问题。

电子直复营销包括手机 SMS、录像信息以及电子邮件。这些方式我们在第 6 章已经讨论过了,且在许多领域的应用日益增长。直复营销中关于手机短消息的应用取决于人们对手机的接受程度以及短信的使用习惯。手机短信的使用程度在全世界是不同的,其中一些使用率最高的地区是在斯堪的纳维亚半岛和日本。在美国,拥有移动电话的人数所占的比例小得惊人,而且文本短信的使用率还没有达到亚洲与欧洲的同等水平（Rettie and Brum,2001）。这种现象部分归结于手机行业所提供的欠标准化的服务以及分散化的覆盖率,但同时文化上的差异也是一个重要的因素。美国人倾向于直接的双向对话（当你可以"说"出来的时候,为什么要把它"打"出来?）然而,亚洲人与欧洲人在许多场合倾向与采用更私下的、更安静的交流（为什么让别人听到你的事情?）。

电子邮件与 SMS 同时具有实施的速度快、反应与信息的灵活性强等优点。发送到手机上的短信的优点是不管他们的位置在什么地方,手机都能收到短信息,甚至由于地理位置的不同,更能激发他们增进彼此之间的联系。由于电子邮件的操作的效率更高,组织倾向于接受直接电子邮件营销模式而不是直接邮递营销模式。如果短信发错了对象,它可以很容易地被转发给他人;如果客户觉得它与自己所需的不相关,他可以很快的清除它;如果客户对短信的内容感兴趣,他会迅速的给予回复。然而,随着客户与节事组织者的关系进一步发展,不管是对于客户的重复购买,还是潜在的客户作出购买决策的过程,电子邮件营销方式将不再充分,还需要通过电话或者上门拜访来进一步地支持个体接触。

现在,许多客户倾向于使用电子邮件而不是家用电话与信件来进行沟通。相比于电话销售,电子邮件显得不那么富有侵扰性和咄咄逼人,并且可以避免直接邮递方式所产生的门庭若市。同样的材料,像信件、小册子以及方案等都能以极小的成本通过电子邮件发送,尽管这种方式会增加事件产品的无形感知性。客户可能会很开心收到通过电子邮件传送的资料与通知,但他们也许更愿意收到活动方案实体复印本以及实体门票,而不是电子门票。

电子直复营销的成本降低及其执行速度的加快,将毫无疑问地导致这些媒介在事件沟通的使用中持续增长。然而,他们也需要其他更多的大众传媒不断的支持,以及与其进行充分的整合,还有非电子化的个人沟通。表 10.2 将给出组织与客户关于直复营销的使用的例子。

表 10.2　直复营销方式的应用

直复营销方式	组织的相关利益	客户相关利益
个体接触	与主要客户、赞助商以及媒介建立起持续的关系	经由客户服务中心的员工进行沟通以此增加经验以及提供额外的相关产品
外向型的电话销售	与组织客户进行首次接触,鼓励客户维持与重复购买,用来获取个体接触的允许	事后沟通;以组织经常性客户为目标,提供他们额外的利益以及组织的会员资格
内向型的电话销售	交叉销售以及通过提供客户服务来建立关系	通过提供客户服务来进行交叉销售以及建立关系
移动电话(SMS)	只有在有特别的要求时,对组织的客户才合适	在事件上进行的促销、报价以及交叉销售;提供有价值的信息来增加经验;以病毒营销来建立知晓度
直接邮购	如果设计得体,重点关注以及获得电话销售的帮助,可以用来与组织客户进行首次接触	尽管对提醒客户、维护客户与重复购买更有效,但也能作为与客户直接接触的工具
电子邮件	与直接邮购类似但需要获得客户事先同意与参与的决定;在大目标市场中对发展重复业务很有用	当邮件接受者选择这种媒介进行沟通时,对鼓励重复购买十分有效

讯息

直复营销所传送的讯息的类型取决于所使用的中介、目标市场与此次活动的目标。信息的发展对直复营销来说是独特的,是个性化的应用,也是信息接受者看到、读到或听到的初始文字与图像的重要性的体现。这些第一印象将在很大程度上决定信息能否引起信息接受者对其的进一步关注,或者将决定信息接受者是否推迟、放弃或保持进一步沟通。例如,在直接邮购中,信封的尺寸、风格以及形状与地址的格式可以很快地被目标客户理解成传单、私人信件、未经要求送来的直接邮件,以及经要求送来的直接邮件。目标客户的首要直觉将决定信件是否被拆开、什么时候被拆开,以及当信息接受者打开信封时的态度。英国柯彻斯特艺术中心克服了这些邮件的一些惯例来开展一些不平常的直接邮购活动,以此来增加他们晚上音乐会与喜剧观众的入场率。这些活动使用纸袋而不是信封、银行券以及聚苯乙烯来做明信片,并将信件卷折成一个引人注目的凸状信封(Roberts,2001)。这些活动不仅克服了客户对直接邮递营销固有的抵制感,而且通过诙谐的表达方式使客户对组织形成一种积极的态度。

有关电子邮件直复营销的标题与发送者的名字的格式应与直接邮购信封的风格相一致。这些将决定电子邮件是否被打开以及是否会被快速地浏览,决定电子邮件界面是否被隐埋在底页,或者决定是否在没有浏览的情况下立即清除掉。邮件发送的信息应该是被认知的和有可以接受的来源,以及从理想上讲应该包括个人的姓名与组织的名称。组织的名称将使邮件的接收者觉得组织已经批准了这次活动并使他们确信活动的有效性和合法性。主题行需要引导读者,确保他们知道的内容与他们的需求相关联,并承诺能够给他们提供一些有价值的东西。例如,纽约市立歌剧院在剧院使用像"DIALOGUE"这样的标题行,"马上预订将节约25%"! 时间上的限制从一开始就十分醒目,吸引信息接受者关注门票。标题行与发送者的名字确保读者相信信息的来源。即使客户已经积极地选择、认购、注册或者同意与组织进行过接触,他们也许会忘记他们已经这样做过了,因此,他们可能需要在信息中早一点地进行重新确定。纽约市立歌剧院在他们的标题处,通过使用他们组织的名字来做这件事情。

目前,在外向型的电话销售中,许多客户都有经验来识别销售电话与私人电话,即使是在打电话的人开口之前。这种情况可能是由于自动拨号所引起的延迟回复,或者是国际呼叫中心的使用,或者是声音的质地,或者甚至是呼叫所在时间段所引起的。这些问题在规模较大的活动中很难被克服,但这些问题突出了呼叫者在开场白中打消掉受访者可能感觉到的一些疑虑的重要性。开场白应该总是包括对于呼叫者身份的介绍,以及解释他们为什么要打这个电话，并且，在任何可能的情况下，确保接电话的一方已经要求或者同意呼叫者使用这种方式与其接触。

一旦电子邮件或平信被打开，或电话还没被挂断，信息的主体就可以得到传递。在艺术听众中的调查研究表明，不是媒介（电话、电子邮件和平信），也不是形式（情况说明书、时事通讯、传单和邮件）在起重要作用，而是信息本身。"媒介在传递，形式在展示，但信息才说服受众"（Dunnett and McIntyre，2001）。不过，形式和展示会影响受众最初的注意力和兴趣，会吸引他们关注信息的内容。在电话销售中，形式建立在打电话人的语调、口音和态度上。在电子邮件的沟通中，形式的选择要宽得多，可使用文本、图表、录像、附件和网页链接等。平信有更广的可能性，因为除了文本和图表外，还可以附上实物（样品、CD、货品和暗机关等）。平信还可以使用立体邮件，比如有突出物、折叠和嵌入物等。

英国莎德勒威尔斯剧场（Sadler's Wells），包括伦敦的三个电影院，就曾使用直接电子邮件成功地获得了一次又一次的售票量。他们那次活动的形式是每月的新闻通讯或电子布告。其内容分成易辨认的几个部分以更吸引眼球和便于浏览。电子公告目标锁定在原来的出席者身上，且通过使用受众的详情和由个人署名寄出去而富于个性化了。而且他们在标题栏里总是写着影院的名字。组织使用电子公告的形式可以与客户保持经常联系，因此他们可以发展持续的、可预期的关系。这种形式也可防止简单地重复现有印刷资料，而是通过关注新鲜、最近的信息使电子邮件给人一种"现在就要看看"的感觉。这种新闻价值通过提供传单、交易、竞争条目和链接得到进一步增强（de Kretser，2001）。

电话销售中所发送信息的成功取决于打电话前的准备，即是否知道或期待受众的需求。使用电话作为媒介所收到的即刻的反馈，使打电话的人能和受众感同身受，并随着对话的深入创造机会以增加信息的个性化。迪克逊（Dixon，2001）认为，打到外地的销售电话的程序结构如下：

- 事先做好准备，确保了解相关信息；
- 准备简单的开场白，详述你是谁、你的公司及打电话的目的；
- 通过询问受众的情况使他们参与到对话中；
- 表明你的意图，或提出请求；
- 根据他们的反应来商榷，使交易个性化；
- 确认你们所谈到的和取得共识的部分；
- 结束对话时要让对方了解你很珍惜和他们对话的时间，即使他们没有同意任何事，还是喜欢并感谢他们；
- 践行你的承诺，落实电话的通话结果。

在电话销售中,事无巨细都准备好的电话通常不是很成功,不按部就班才可以自然地互动,也更容易成功。在节事营销中,电话销售的成本被比作票务销售的收入。这意味着这种方法只适用于关键利益相关者,尤其是和潜在赞助商、公司大客户、会员、捐赠人和季票持有人进行沟通的时候更管用,因此要依照具体对象区别对待。与这些客户的关系是可以长期发展的,因此,即使在这一步不顺利,但也不能让他们有压力感或受罚感,这一点很重要。电话联系可用来了解他们未来的需求,开展对话,而不是要收到即刻的支持或合作。

如果期望运作成功,除了信息的形式与其主要内容以外,直复营销沟通也需要考虑其他的一些因素。对于直接邮购项目来说,他们需要一种适合目标客户的反应机制,有了这种机制,反应的方式就产生了。预付的信封与卡片可能很适合鼓励客户作出反应。预先准备好的清晰简单的画"√"形式的反馈表能够鼓励客户参与,并对索取更多信息的需求作出轻松的反应,这种画"√"形式的反馈表也可以用来订购门票、捐赠款项、电话联系或者参加促销活动以及将其包括在邮购清单中。组织提供电话、电子邮件以及网址等选择方式是十分有用的,同时还有书面的回应包括在内,这不仅会鼓励更多的反应,而且还表明这些个体未来的沟通偏好。同样地,尽管对电话销售的反应是直接的,但是通常在通话结束时,询问客户个体在将来选择什么样的沟通方式是很值得的。这种方式将帮助组织满足客户的需求,同时,也为未来的沟通提供通行证。

考虑到进行个性化的对话,对电子邮件的反应可以被鼓励为直接电邮回复发送者,或者通过网络的使用以及网站连接来限制对电子邮件的反应。如果允许信息接受者能够直接作出反应的话,针对组织的直接电子邮件通常更能成功地鼓励反应。然而,如果这样的话,预测目标组织可能的反应显得很重要;同时,确保只要组织接收到反应,就能对反应进行处理也十分重要。人们一般预测,电子邮件将在24小时内得到回复,如果24小时内得不到回复,邮件接受者的兴趣将转向其他领域。通常来说,对于大的客户活动,引导反应者登录能够提供反应选择的网站更能提高效率。这些活动包括网上购物、事件方案的细节、对更多信息的要求以及"常见问题"等。这时组织能够将许多管理事项自动化,并确保所有的要求都能高效地处理。其他的沟通方式也很重要,这些沟通方式包括电话号码与地址等。

为了使直接邮购活动的影响范围更广,应该将"病毒元素"嵌入活动中,这样将促进信息的共享与传播。电子邮件比较容易地转发到邮件接受者的朋友与同事那里,因此,邮件中添加一些不寻常的、有趣的、具有娱乐性的、幽默的以及有价值的东西将更能促进信息的传播。这些可以通过提供一些笑话、游戏和图表来巧妙地实现,或者提供一些特别的东西,充分利用竞争以及提供免费的东西来实现;另一种选择是要求被调查人"推荐一位朋友",这位朋友也许会发现感兴趣的信息。在一些情形中,如果信息接受者推荐了一位朋友,或者他们的朋友对公司的信息作了回应,对信息接受者进行额外的物质奖励是必要的。

通过邮购方式来发展更多的客户通常是很难做到的,但可以通过提供更多持久耐用的项目来实现。这可能仅仅只是一个场馆的节目单或者小册子、一批折扣票的担保人票证,或者贴牌的免费的礼物,像笔、CD 以及钥匙圈等。

退出和允许更新

无论使用何种媒介,所有直复营销包括的最后一个方面就是允许信息接受者退出。电话交流的最后一个问题常常是询问是否可以再联系他们,或以后他们喜欢怎样取得联系。在直接邮购选项中,回复机制中应该包括一个划钩的表以提供选择:从邮寄名单中退出,或改变联系方式;在电子邮件中,也应有清晰可见的链接或说明来解释不同退出方式后的电子邮件联系。

尽管给联系名单上的客户提供退出的机会会减少可供组织联络的次数,但获得的利益比损失要大。选择退出的客户都有其原因,要么是缺少兴趣,要么是定位错误,或是情形发生了变化,所以他们都不再是潜在的客户了。首先,退出有助于"清理"并维护有重点、有效的潜在客户;其次,没有退出沟通的客户允许公司继续联络他们,并确认他们对收到的材料感兴趣。当时他们可能没有买,但他们是将来可能购买的真正潜在客户;第三,提供清晰的退出选择有助于组织与信息接受者建立起信任,减少直复营销成为垃圾邮件、垃圾信息或高压销售的情况;最后,这确保了组织遵守了越来越严厉的关于个人信息使用的法律法规。

比如,纽约市立歌剧院寄给过去顾客的电子邮件中就清晰地标注了点击按钮来提供下表中所列的选项:

把此邮件转寄给朋友或同事,请按此键。
如果想删除,请按此键。
变更邮件地址或更新选择,请按此键。

这些只是该邮件主体提供的链接中的附加部分。主体链接则提供了推荐演出的信息、近期演出以及购票的信息。

营销数据库

在对直复营销沟通可用的方法和媒介的讨论中,我们清楚地认识到要取得这些活动的成功,很大程度上取决于正确的目标定位和人性化信息的运用。因此,联系目录或联络数据库就至关重要。联络数据库不仅可以用于支撑其他交流方法,还可用于帮助发展企业营销策略的其他方面(如产品开发、市场调查和价格结构等)。

因此,营销数据库比直复营销联络表要完备得多。它是营销信息系统的中心,可用于整合营销调查和情报收集领域中的很多信息(Wood,2004)。

建立该数据库需要在与客户和潜在客户联络时收集信息。这些信息可在以下情形中获得:买卖交易、索取信息、参与促销、网络注册、会员关系、投诉和"推荐朋友"等计划。重要的是,在收集信息时就要直接请求能在以后使用此信息和此人保持联系。对于刚建立的组织或客户联络数目小的公司,数据库可通过进货单的信息得以补充。这些表可以从许多列表经纪人那里买或租,且可锁定他们包括的人物。从专门经纪公司购买来的列表只包括那些允许别人传播他们信息的人,但是,买来的列表远不能像组织自己的数据库那样内容准确、目标明确。

例如,澳大利亚一个名为 Timezone 的连锁影视娱乐中心就曾寄信去进一步要求举行孩子们的集体生日聚会。这一活动所用的信息就来自公司已有的数据库。这一数据库就是通过收集聚会客人详情和促销参与者信息建立起来的。基于此数据库的详细资料,他们在年龄、商店汇聚区和州三大数据变化上建立了八大选择,使活动具有个性化。寄出的邮件包括两页有折痕和裂纹的材料来突出电玩场景的自然和艺术性,以吸引儿童观众。寄给家长的信则强调产品的质量和周到的服务,并提供通过邮件或电话就可取得的直接回复。目标进一步锁定在很快过生日的孩子身上,或可能为孩子办生日聚会的父母身上。其结果是获得了 13.5% 的回复率。

因此,每次联络收集到的细节都能促成一次目标明确、个性化的活动。而且由于回复得到记录并加入已有数据库,行为模式和偏爱也就可以确定了。数据库需要不断用新数据来更新,不断清除过时和没用的信息。除了基本联系信息和人口信息外,重要的方面还应包括客户的"当前性"(最近一次联络的时间)、"频繁度"(联络频率)、"价值性"(花费和支持率)和"产品信息"(感兴趣的服务)(Donovan,2001)等。

收集的信息越详细,使用的效度越高。比如,美国海军棒球协会就使用会员卡记录了持票人的购买行为。因此他们可以跟踪持票人在比赛时的购买行为,并根据此信息把对味的食物和售货亭投放到离购买这类食物的球迷很近的地方。同样地，购买某类商品的球迷会收到有关相近产品的电子邮件。尽管这种使用数据库的方法与注重交叉销售的关系建设比起来，可能会被认为有点强迫性。但海军棒球协会同时也确保客户服务人员在推进订单交易时有客户的历史资料。这意味着他们能意识到并处理个人接触中任何的抱怨，有助于建立未来良好的关系。

直复营销与客户保护

一项关于客户眼中的直复营销的研究显示，他们大多数都怀疑这样的活动，而这种怀疑大多是由于他们担心自己的隐私不受保护、没有权力及干系太多等（Evans et al., 2001）。确实，随着客户越来越担忧公司收集和使用个人信息的方式，这种信息交流在信息时代的商务中已经成为非常重要的问题（Fletcher, 2003）。

在许多国家，客户信息和隐私保护通过修正的法律法规实施得越来越严厉。然而，那些已经意识到忠诚性和长期关系需要建立在客户的信任中的组织，在发展和出色地展示隐私策略中很积极；同时，在使用参与政策以加深联系方面也很积极，这样的话，他们选择退出也变得容易。这些公司在法律出台很久前就已经在寻求客户许可，这使得他们获得了竞争优势。而那些在使用个人信息时一直不太谨慎的公司就处于劣势了。

为了克服客户不断增长的关于直复营销的担忧，弗莱彻（Fletcher，2003)建议公司必须：

- 总是在得到许可后收集信息；
- 让参与成为常规；
- 认识到个人隐私的偏好，据此区别对待客户；
- 认识到关于隐私泄露与利益获得之间的价值平衡有不同的认识；
- 以诚信和可信的交流来奖励伙伴，而不是价格或金钱的回报；
- 积极地展示并信守隐私政策，并鼓励客户期待。

因此，使用直复营销传播的事件营销员不能仅仅简单地遵守客户信息保护法规，而应积极使用符合道德的、有感情地处理客户信息的方式来发展客户的信任感和忠诚感，以取得竞争优势。

本章小结

虽然直复营销沟通可以被用于发展初期意识、散布促销意图，或促成回答者的购买行动,但这种方法在深入发展与现有客户的关系时最有效。提供直接回复和反馈的个性化方式提供了公司事件客户所需的联络水平,并创造了与大型客户目标市场更个性化的沟通关系。虽然直复营销的成本在总体范围上比许多大众传媒要高,但平均回复的成本却更低。这是由于更明确的信息地位、个性化信息的影响力和及时回应的能力。

直复营销可通过使用几种传媒或一些方式来取得,但要成功却需要基于详细信息的精确的定位,这些详细信息是在发展全面的客户数据库的过程中获得的。传递的信息应该清晰、有说服力,形式要新颖,才能突破现有直复营销市场的混乱。直复营销作为独立的手段很难成功,它必须与大众传媒、网络营销和促销相结合。

使用任何个人信息时都需要谨慎对待,要考虑到个人接触对隐私的要求。收集和使用任何个人信息都必须得到对方的允许。

问 题 讨 论

● "关系比销售要重要得多"。结合艺术、体育和商业活动讨论这种说法。

● 举出两个节事产业中直复营销的例子。从定位、个性化、形式和信息这几个方面作出评价。

● 你怎样为非持票事件的数据库收集、发展和维持客户信息?

● 选择任意两个国家,调查其管理客户个人信息的法律要求。

■ 一些有用的网址

英国直复营销协会(The UK Direct Marketing Association)〔www. dam. org. uk〕

美国直复营销协会(The US Direct Marketing Association)〔www. the-dma. org〕

直复营销学院(The Institute of Direct Marketing)〔www. theidm. com〕

直邮营销信息服务(The Direct Mail Information Service)〔www. dmis. co. uk〕

参考文献

AMA (Arts Marketing Association) (2004) Relationship marketing and customer care. www.a-m-a.co.uk

Arnold, M.J. and Tapp, S.R. (2003) Direct marketing in non-profit services: Investigating the case of the arts industry. *Journal of Services Marketing*, 17 (2), 141–160.

Berry, L.L. (1983) Relationship marketing. In *Emerging Perspectives on Services Marketing*, AMA (ed.). AMA, pp. 25–28.

Bruhn, M. (2003) *Relationship Marketing: Management of Customer Relationships*. Pearson Education.

Collin-Lachaud, I. and Duyck, J.-Y. (2002) Relationship marketing as a paradigm for festivals: A case study of the Francofolies of La Rochelle, France. *International Journal of Arts Management*, 4 (3).

Curtis, J. (2001) The weakest link? *Marketing Business*, April, 38–40.

De Kretser, H. (2001) E-mail. *Journal of Arts Marketing*, 2, 17.

Direct Marketing Association (2004) www.dma.org.uk (accessed October, 2004).

Dixon, D. (2001) Planning a telephone campaign. *Journal of Arts Marketing*, 2, 12–13.

Donovan, J. (2001) Planning a direct marketing campaign. Using direct mail. *Journal of Arts Marketing*, 2, 7–9.

Dunnett, H. and McIntyre, A. (2001) Direct marketing. *Journal of Arts Marketing*, 2, 18.

Evans, M., Patterson, M. and O'Malley, L. (2001) The direct marketing–direct consumer gap: qualitative insights. *Qualitative Market Research: An International Journal*, 4 (1), 17–24.

Fletcher, K. (2003) Consumer power and privacy. The changing nature of CRM. *International Journal of Advertising*, 22 (2), 5–20.

Fudge, I. and Lucas, V. (1996) Party-zone. Direct Marketing Association. WARC.

Grönroos, C. (1990) Relationship approach to marketing in service contexts: The marketing and organizational behavior interface. *Journal of Business Research*, 20 (1), 3–11.

Gummesson, E. (1996) Relationship marketing and imaginary organizations. A synthesis. *European Journal of Marketing*, 30 (2), 31–44.

Hogan, J. (2001) Seattle Mariners building loyalty with CRM in the lineup. 18 December 2001. www.searchCRM.com (accessed October, 2004).

Hughes, R. (2003) Expanding the fan experience with wireless applications. A paper delivered by the NHL Director of New Business Development at *Sport Media and Technology* 2003, 13–14 November, New York Marriot Eastside, New York. Street and Smith.

O'Malley, L. and Tynan, C. (2000) Relationship marketing in consumer markets. Rhetoric or reality? *European Journal of Marketing*, 34 (7), 797–815.

Rangers Football Club (2004) www.rangers.premiumtv.co.uk (accessed October, 2004).

Rentschler, R., Radbourne, J., Carr, R. and Rickard, J. (2002) Relationship marketing, audience retention and performing arts organization viability. *International Journal of Nonprofit and Voluntary Sector Marketing*, 7 (2), 118–130.

Rettie, R. and Brum, M. (2001) M-commerce: The role of SMS text messages. *COTIM-2001 Proceedings: From E-commerce to M-commerce*. Karlsuhe.

Roberts, A. (2001) An unconventional mail. *Journal of Arts Marketing*, 2, 11.

Sheth, J.N. and Parvatiyar, A. (1995) Relationship marketing in consumer markets. Antecedents and consequences. *Journal of the Academy of Marketing Science*, 23 (4), 255–271.

Smith, P. and Taylor, J. (2004) *Marketing Communications: An Integrated Approach*, 4th edn. Kogan Page.

Sport and Technology (2004) www.sportandtechnology.com. Arksports (accessed October, 2004).

Tapp, A. (2000) *Principles of Direct and Database Marketing*. Pearson Education.

Wheatley, J. and Nocco, G. (1998) Special Olympics summer games campaign. Direct Marketing Association. WARC.

Wittkoff, S. and Cobb, B. (1996) Mondrian boogie-woogie membership campaign. Direct Marketing Association. WARC.

Wood, E.H. (2004) Marketing information for impact analysis and evaluation. In *Festival and Events Management: An International Arts and Cultural Perspective*, Yeoman, I., Robertson, M., Ali-McKnight, J., McMahon-Beattie, U. and Drummond, S. (eds). Butterworth-Heinemann.

第三部分
作为传播工具的节事

　　时过境迁　松下公司(松下电器产业株式会社)是 2004 年雅典奥运会的赞助商。这个品牌从 1984 年起就致力于赞助奥运会,到现在已经发展成松下为奥运会提供电视、音像技术方面的支持。在雅典奥运会末期以及接下来的残奥会期间,松下公司在雅典市中心树立了一个户外媒体。广告是松下公司战略的组成部分之一,通过广告充分利用奥运会赞助权,并展现松下作为国际奥委会赞助商(IOC TOP)与奥林匹克运动之间紧密而长期的关系(图片由 Brain Masterman 提供,2004)。

在本部分,各种组织所持有的观点改变了,他们试图使用各种以传播为目的的事件。这里我们将论述三种主要的节事传播工具。

进行节事推广是为了一个特定的营销目标。为了发布新产品、展示产品,也为了培育企业形象意识。第11章探讨了营销和公共关系中介公司所使用的这类事件,也包括这些公司在其内部开展的事件。

虽然赞助是一个崭新的行业,但是它已经快速发展成为一种有价值的传播工具。其价值尚未被完全挖掘,因此第12章论述了赞助商成功选择赞助的关键因素以及赞助行业的发展。为了实现更加客观的衡量,本章也包含了更深入的有关开发和评价的案例。企业商务接待可视作参与主导型事件。根据日程表里的事件赠票是最流行的,但举办量身订制的活动与日俱增。第13章论述了如何在进行内部公关和外部公关时增强娱乐性,从而使得未来的销售量得到增长,形象得到发展。

节事推广

节事赞助

商务接待

第 11 章

节事推广

学习目标

■ 认识到在一系列行业中节事作为传播工具变得越来越重要;

■ 掌握节事在体验营销和善因营销中的运用;

■ 阐述可用于营销传播的各种节事;

■ 理解在传播计划中运用节事推广的优缺点。

引言

有些人认为任何节事都能起到推广的作用,推广的内容可以包括赞助商的品牌、节事主办方的服务、餐饮服务、目标受众对体育比赛的兴趣、艺术家作品的销售以及未来葬礼承办业务或主办方的声誉。如今,各类组织更加广泛地认识到了节事能用来与特定目标受众进行沟通的内在作用,因此他们把节事看成是传播组合的重要元素,并越来越多地对各种节事进行创新性的运用。在众多不同行业中,各类组织把节事推广列入其传播计划,无论是公共的还是私人的组织,是营利性的还是非营利性的组织,都能够从中获益。

运用节事进行推广伴随着生活方式营销的出现而成长起来。简单地说,生活型营销(lifestyle marketing)意味着根据消费者的生活方式提供相应的物品。为了做到这点,所提供的物品必须符合较小目标市场的需要,并且其传播方式也必须符合所有目标市场中消费者的生活习性。因此,节事推广成为理想的方式,因为它们高度关注受众的休闲、购物及工作等活动,并与这些活动直接相关(Schreiber and Lenson, 1994)。

节事推广经常用于发展和建立与特定目标消费者之间的关系,也因此与直复营销和人员推销密切相关。节事推广也能引起媒体的兴趣，也因此融入到公共关系活动中。节事推广、节事赞助和企业商务接待之间有明显的联系。这些方面会在本部分其他章节加以论述。因此，本章会关注节事推广的定义并概述作为推广工具的节事的各种不同类型。思考体验营销和善因营销中节事的重要作用。讨论用节事进行营销传播的优缺点，而这些所产生的优缺点与方法有关。

所涉及的节事仅限于以外部利益相关者为目标，而不是具有内部营销目的的事件。这些以外部利益相关者为目标的节事范围宽广、形式多样，比如企业慈善节事、产品发布节事、销售/发送样品/试用节事、贸易会展和展览、巡展、咨询会、宣传/媒体节事和特技表演等等。

节事推广的定义和类型

节事推广（promotional events）这个术语运用于多个方面，既出现在专业文献里也伴随着实践者。从广泛的意义上说它包含任何与事件相关的推广形式，包括赞助、企业商务接待、媒体邀请会、在促销中把入场券作为回馈或奖励等。更宽泛范围的节事推广可以称为节事营销，并且作为一种传播工具，节事推广的用处是毫无疑问的，因为它把用于不同方式的各种工具汇集了起来。

更加有用的做法是把节事推广从与事件相关的其他推广方式中区别开来，并单独关注这些以产品、品牌、组织和理念推广为主要目标的节事推广。用这种方式定义节事推广，如果某事件追求另外的目标，那么就应该排除与这些事件相关的传播和推广机会。因此，赞助体育赛事以及在剧场的团购不算是节事推广。

开展节事推广是为了与特定目标受众进行产品、品牌、理念和组织方面的传播。虽然这个描述显得很直白，但也存在一些主要目标不明确的事件。企业利益是非促销性节事产生的背后驱动力，而这些非促销性事件是为了创造合适的赞助途径。例如，Tennents 啤酒公司在公园开展节日活动时，在 DF 音乐厅旁边创造了一个"T"型，以提高公司在特定群体中的形象。类似地，可口可乐在苏格兰开展了一次"街头信誉"游戏，向那些观念主导型目标市场进行有针对性的曝光，以提高自身的信誉。这个事件本身也是一种产品，不过它的产生是为了让可口可乐进入新市场，而这个新市场被苏格兰本土软饮料供应商 Irn Bru 支配着。从更大规模上说，一些国家和地方政府为了向国内和国际的预期旅游者显示自己城市和地方的魅力，已经组织了不少事件（Van Gessell, 2000）。在这些例子中，分化了产品（事件）与推广工具，事件成了自我推广的极端例子，组织者的品牌完全展现在参与者面前。虽然这些公司组织的各种事件明显地展示了事件作为品牌形象交流媒介可感知的价值,但它们不包含在这章里,因为相比节事推广而言它们与赞助更加类似。

在这里,也要对节事推广和为企业商务接待服务的事件做比较。虽然企业商务接待经常用现有的事件作为娱乐和回馈顾客的形式,但企业商务接待为特定目的组织事件服务的趋势越来越强。这些事件和节事推广之间的区别在于它们的目标。企业商务接待事件经常用来回馈现有的顾客、培育和发展与顾客之间的关系和创造社会机遇。为了促使这些发生,企业需要从对组织品牌和产品进行明显推广,转变为只关注事件的娱乐性和社会性。另一方面,节事推广品牌,鼓励消费者去认识产品,去参加推广活动,最终改变其消费行为。建立关系也是一个目标,但节事推广和企业商务接待事件的主要不同在于,关注的是品牌建设还是顾客娱乐。

更进一步来定义节事推广,就需要关注那些更多地是把受众当作观众的事件。因此,节事推广包含着一定程度的参与和交流(Cunningham and Taylor, 1995)。比如参观者在贸易展览会上与参展者交流或参与零售商提供的试驾活动。虽然也有缺乏交流的节事推广,但可以认为这些事例不那么有效,因为它们没有充分利用事件超越其他类型媒体所具有的优势。如果产品发布会没有与受众交流,也不通过一定形式来创造产品参与,而仅仅是向受众发布信息,那么也可以通过直复营销或大众媒体广告来实现。

基于以上讨论,可以给节事推广下这么一个定义:

通过受众参与来实现提升品牌、产品、理念和组织这一主要目标的任何事件。

节事营销与体验营销

在形成品牌情感性依赖的过程中,体验营销注重运用六种感官[嗅觉、视觉、味觉、触觉、听觉及总体感觉(McCole, 2004)]。从关注顾客满足转向创造情感性参与并通过独特的体验使品牌鲜活(Schmitt, 1999)。体验可以是互动的任何一种形式,但是通过自己创造的事件更容易实现。在进行节事营销时,通过影响六种感官来形成情感依赖,这种情感依赖能产生与品牌的关系并且持续很长时间。很多大型组织发现传统媒体的效率在下降,从而转向关注"顾客体验"。例如,可口可乐公司首席执行官声称"以体验为基础、以接近为驱动的营销是下一代营销"(NZ Marketing Magazine, 2003)。百事可乐也已经稳稳地将它们的预算从传统媒体转向非传统媒体,比如事件(Schreiber and Lenson, 1994)。

体验营销中使用事件可以在参与者中创造"品牌迷恋",保证顾客参与不被他们通常所面对的其他无数种营销传播方式冲淡(Brown,2001)。品牌体验事件消除了这种混乱,使得参与时间和地点可以被接受,并与品牌联系起来。

尽管如此,在战略中体验营销所涉及的不仅仅是事件。Brown(2001)认为品牌体验有三个阶段:第一,目标受众必须受邀来参与或者他们自己对体验活动感兴趣。这个邀请可以使用传统大众媒体和直复营销来使体验意识最大化;第二,是体验本身,要使那些作出反应的受众在体验时对品牌情牵不已。要做到这样,就需要个性化和互动,可以创新性使用直复营销技术、推广及网络,当然也可以使用事件;最后一个阶段是通过公共关系、媒体整合活动和跟踪营销来充分利用参与者和非参与者的体验经历。如果最大的回报和效果可以从规模相对较小(从参与者来看)、费用相对昂贵的传播式体验活动中获得,那么这个"挤奶"式阶段很重要。

为了让体验最大程度地发挥作用,就必须使用与众不同的设备、时间和活动,在这种情况下也必须配合使用周围媒体。体验越是与众不同则越能产生口碑和媒体关注。这种情况特别适用于信息过剩、由于批判和讥讽而导致许多传播信息被过滤的市场,同时在这种市场中,那种难以捉摸、隐秘且不寻常的活动往往被认为具有更高的可信度。尽管如此,一些主流公司已经很好地在使用这些技术了。例如,阿斯达(Asda)超市已经利用停车场提供免下车看电影服务,通过这一体验使得参与者情感上与品牌的距离更近了。

体验营销虽然是营销思想中相对较新的发展,但是很多组织正在快速地接受它。不管你所从事的是博物馆、图书馆、大型购物中心还是汽车制造等商业活动,简单地说,以合理的价格生产优质的产品还不够。如今,顾客希望得到引人注目的体验,而这种体验无法在其他地方得到(Kirsnet,2002)。这对于节事产业具有重要的暗示,即推广和与媒体相关的事件成为了成功体验营销不可或缺的组成部分。没有一种比通过独特事件更好的方式为顾客创造情感上的体验,当顾客面对着品牌时,这种独特的体验能让顾客参与、享受娱乐并受到教育。

节事营销与善因营销

在节事推广中融入善因的主题和慈善赞助可以提高节事推广的效果。善因营销(cause-related marketing)涉及组织通过对慈善事业的支持而获得经济利益,这可以利用一些传播工具来完成。例如,在推广时可以将价格的一部分用来捐款,可以向非盈利的博物馆、艺术馆和教育机构提供赞助,可以利用公共关系来获得媒体对慈善捐赠、募捐活动的重大报道。尽管如此,事件为善因传播提供了理想的方式,就像它们经常被一些慈善机构用作筹资方式一样,并且事件可以容易地与积极的品牌曝光联合起来。因此,节事推广不仅向参与者提供了独特和愉快经历,也使得他们自己感觉良好,组织通过对慈善团体或慈善事业的支持可以变得更加有效。

尽管如此,顾客对于善因努力变得越来越怀疑,这是由于一些组织对于善因营销的误用和大众所持有的观点(即公司提供赞助不应该期待有回报)所致。事实上,有未被证实的证据来支持这么一个观点,即善因营销的出现使得组织对慈善事业的支持大幅下降,也就是说,如果不能立刻获得收益,公司将不再支持慈善事业。这个观点认为,从善因导向的推广(捐款与销售直接相关)转变为事件(有经过仔细挑选的因果导向主题和合作者)将能获得更多。

节事推广的发展

在传播组合中作出使用节事推广的决定必须基于全面的调研,以确定它对组织的目标市场是否合适,也必须衡量一下在可支配的预算里节事推广是否会实现预期效果。一旦做出明确决定,就必须为单个事件或事件组合设定目标,这个目标从属于组织的总体传播目标或是它的补充部分。目标中必须包括参与者的目标人数以及对特定参与者进行再细分。尽管如此,更重要的是可测量的传播目标。例如,和参与者态度和行为变化有关的目标。这可以通过品牌认知度、品牌偏好,或将特定的特性与品牌联系起来,进一步接触获得有关购买渴望、意图或者推荐品牌的积极性等方面的信息。

一旦目标设定之后就必须明确地定义目标受众。由于节事推广的参与者人数有限,因此目标市场定位就显得十分重要。按照所设定的目标,那些参加的人必须是最有发展前景的。这就意味要选择那些能促进讯息传播的观念主导者、那些已经对品牌显示出兴趣并且很有可能会在事件进行时作出购买决策的顾客,和那些目前尚不了解品牌的新顾客。一个很有用的混合策略是将现存的"开心"顾客和潜在的新顾客在事件进展过程中联结起来。于是,那些"开心"顾客会成为品牌的提倡者,从而增加推广讯息的可信性。

全方面地了解目标受众的性格和偏好在创造性的过程开始之前是必要的。事件观念要求用这种顾客了解去组织事件,这些事件符合品牌的总体定位战略和传播活动,也要向目标群体提供独特和有魅力的体验。

与其他传播工具整合起来,协调性地使用,对于保证信息的持续性及递送参加事件的邀请是很重要的。参加事件的邀请需要通过一定的媒体进行发布,也需要一天重复多次。例如,如果知道有发展前景的参与者的细节,那么电话销售人员就可以用来去跟踪他们的兴趣,也可以在事件之前向他们发布"相约在那里"的提示信息(McIntosh,2004)。向目标市场传递事件正在进行的信息需要使用一些有针对性的媒体,使得信息传到期望受众那里,也能够保证事件有更加广泛的传播效应而并不仅局限于那些参与者。

在事件进行期间和进行之后,可以使用公共关系、网络和推广来提升价值和扩大影响。这些有助于让事件涉及非参与者,鼓励事件之后对品牌的兴趣并且创造对未来事件的兴趣。例如,在事件进行期间收集到的信息有助于未来的直复营销活动;与事件有关的竞争可以成为开展触及面更加广的推广活动的根据,并且事件的各个方面也可以制作成网页。事件本身在很多方面也可以引起媒体兴趣,例如,它的成功性、独特性、善因方面以及名人参与等。

用所设定的目标来彻底地评估每一个事件是十分必要的。评估必须包括对事件本身的评价,但更应该关注的是其传播效果。参与者可能在事件进行时很开心,但对于品牌的态度很少或是没有影响。评估传播效果涵盖跟踪参与者在参加之后特定态度和行为上的变化,以及所产生的口头传播,也包括评估通过额外的公开活动和其他相关活动所产生的广泛影响。对事件效果进行评估可以组织自己做(由事件所涉及的事件管理公司或者创意机构负责),也可以由独立的调查机构负责,但评估必须是全面的、系统的,如果这个评估要作为规划未来活动的参考,那么最重要的是评估必须客观。

节事推广规划过程的总结见图 11.1。这个过程只是从传播的角度来规划事件,关于节事管理更加详细的规划过程通常在马斯特曼(Masterman,2004)可以找到。

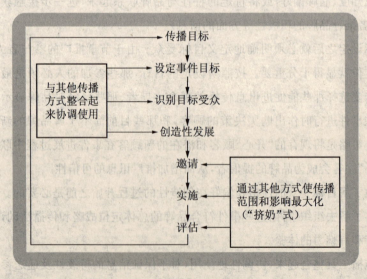

图 11.1　节事推广的过程

节事推广的类型

目前,在很多营销传播文献中关于节事(作为传播工具)的论述很少。那些作者即使谈及了事件也仅限于赞助、公共关系媒体事件、展览和展销等(Shimp,1997;Pickton and Broderick,2001;Smith and Taylor,2004)。尽管如此,正如在体验营销中所讨论的那样,随着花在事件上的费用占传播预算比率的上升,在营销传播中使用事件的范围也显示出快速增长的趋势,这也可以从事件管理公司得到证明数据。

节事推广的范围包括从生产工厂开放日到健康推广巡回展览;从国际贸易展览到在商场里赠送样品等。所有这些事件的共同点,是它们通过互动性体验在目标消费群中提升品牌的能力。

由于事件的多样性以及行业中持续性的创新与创造,对事件分类就变得很困难。一种可行的方法是以参与者类型为划分标准:如媒体对象的事件(新闻发布会、公开的特技表演);以中间媒介为参与对象的事件(面向零售商的产品发布会);以企业消费者为参与对象的事件(零部件展);以消费者为参与对象的事件(汽车零售商提供的试驾活动)等。尽管如此,也有一些事件以所有这些群体为参与者。例如,产品发布会最初可能以媒体为参与对象,然后是零售商,最后是挑选出来的部分公众。摩托展会吸引企业购买者、媒体以及终端消费者的注意。因此,与其对事件进行分类,还不如选择一些最常见的事件类型加以讨论。下文对这一日益流行的传播方式可供选择的范围作一个概述。

展销会和展览会

展览、贸易展销会和贸易博览会与其他节事推广方式有很大的差别,它们一同展览相互竞争的产品,而不仅仅是一个品牌。因此,可以认为它们提供不了期望得到的"品牌迷恋",而这种"品牌迷恋"能将前景良好的客户从竞争者的各种传播中隔离开来。同时,很多展览只是展示组织的产品,因此互动和参与的程度很低,暗示着通过共同体验而实现参与和依恋的程度十分有限。尽管展览有这些缺点,但对于很多组织来说它仍然是传播组合的重要组成部分。这部分归因于某些行业的惯例及不参展的消极影响,同时也归因于参加展览可以获得某些好处。将大量购买者和销售者聚集在一个地方带来了很多机遇,超过了竞争者混乱而造成的不足。展览中交互活动受限制的程度随着新技术的引进和创新性货摊的发展而发生变化。如今,很多展览商通过产品展示和试用、互动屏幕、竞赛、免费样品以及雇佣可爱迷人的"品牌大使"来保证他们的货摊远离静态且能鼓励大众参与进来。使用幽默和娱乐表演不仅适用于消费品,也同样适用于工业品。例如,海普沃斯(Hepworth)建筑产品在1994年举办的IWEX展览会(国际水资源展览会)上引起了轰动。在他们的展位里,参观者有机会站在相似的纸板人(裸体工人握着海普沃斯新水管)后面探出头来拍照。这个新颖的创意通过与避孕套类比显示出水管的优点:耐用、坚固、轻、防水。这个有些淫秽且幽默的活动以终端用户和地面工人为目标对象,所引起的媒体覆盖面以及货摊里的脚步声达到了空前的状态,最重要的是,配合使用产品清单赢得了介绍产品的机会(Pringle and Paton,1996)。

参展商选择参加展览有很多理由,包括获得销售线索、签订合同、销售、引起公众关注、发布新产品、实施营销调研、收集竞争者情报、提升企业士气和提升企业形象等等。

在开罗举办的2003北非水资源展览会,是一个利用展览会而获得好处的例子。这个展览会的参与者来自以下地域的目标市场:欧洲、非洲、中东、阿拉伯海湾、南北美洲以及亚洲等,这些来访者代表如下所列一定范围的组织和角色:

- 水资源行业和服务公司;
- 学术机构;
- 咨询公司;
- 水资源行业商业领导;
- 企业负责环境的管理者;
- 融资和投资专业人员;
- 政府官员和决策制定者。

展览会的好处如下(Ace Events,2002):

- 接触关键购买者;
- 开拓市场;
- 形成战略合作关系;
- 获得投资资金。

这个展览会清晰地表明了展览会的主要好处——将产业部门中大多数重要人物聚集在同一个地方。这允许参展商通过有效的接触(购买者、供应商、合作者和投资者等)而获得单独交流的机会。这是比电话销售和直复营销花费更多但效果更好的方式。

参加展览的理由,在某种程度上也可以解释为什么一些组织即使在展览会上花费了不少,但也无法或是不愿达到效果。他们几乎没有设定要实现什么的目标,只是用一天内的货摊参观人数、收集的名片或者签售额来衡量成功。展览需要成本与义务,也需要对事件进行高度曝光,这意味着周密的计划是参加展览所必须的,这类计划以目标设定开始、以评估结束。皮克顿和布罗德里克(Pickton and Broderick,2001)提出了八步计划过程,以设定明确和清晰的目标开始,随后是对众多展览会进行系统的筛选;第三和第四步是为货摊配置工作人员和决定所需要的推广支持;下一步是货摊布局、内容及设计方面的创意;为接下来的活动进行计划也十分重要,因此,第六步是保证可利用的资源及专家在展览期间到场以充分利用接触的机会;最后,需要安排好后勤以及展览结束后对活动进行评估。

一个集中场所进行的展览会,在其持续期间向组织提供了一个易接近且定位明确的目标市场。例如,以女性为目标客户的美国雅芳公司在全国范围内参加了 20 个展览会,受众达 50 万人,分发了成千的样品,至少产生了 6 万次销售机遇(Schuverer,1999)。

那些经过仔细挑选能接触到预期目标市场的展览会,加上精心设计的货摊,为到访者提供了互动体验,这对于消费者和企业市场来说都是高效的推广工具。如果想要证明投资是有回报的,那么为展览设定合适的目标,然后以此为参照对展览的成功性进行评估是至关重要的。

对展览进行评估也必须考虑到成本或不参加展览可能引致的影响,包括负面宣传、财务损失以及机遇错失等。考虑一下参展的效果获得,或是将一定比率的传播预算花费在展览上而未花费于其他方式的机会成本也是很有益的。

企业善因事件

赞助慈善事业与值得信赖的伙伴合作,可以极大地提高事件参与率,增强价值感知和事件的可信性。同时也有助于产生媒体兴趣及媒体报道。例如,2002 年联合利华在加拿大很多地方开展了一个持续三个月的"阳光全国休息日"(Sunlight National PlayDays)事件。这些节事推广是他们范围更广的"弄脏也没关系"活动的组成部分。这个活动有两个善因导向的合作者——国际儿童活动权利协会和加拿大公园及康乐协会(Ramage,2002)。这些合作伙伴为事件提供专家和地方组织支持,同时也帮助联合利华提升了可贵的信誉和积极人道的形象。这个事件将善因导向的合作伙伴与事件的主题结合在一起,保证了合作以更加积极、很少私心的姿态出现。类似地,事件的赞助者也十分地相配,包括 Crayola 和 Little Tikes(go ahead,get dirty,2002)。目标是通过使用显著的企业标识以完成对联合利华阳光品牌的曝光,通过让"品牌大使"分发免费的清洁剂样品,鼓励产品试用和偏好,并传播能鼓励网络浏览者的信息。总体上,这个休息日事件以达到 20 万人次的"品牌接触"为目标。

这个事件类型看起来对社会是有利的,在学校放假期间向儿童提供免费、有趣和教育性的活动,通过这个感知参与变得更容易接受这个品牌。一个能向参与者提供有形利益而不仅仅是一些免费样品的事件,更有可能使参与者形成更加喜欢其品牌和组织的态度。

产品发布会

向市场发布新产品的事件由于类型和规模不同而种类繁多。例如,一些事件瞄准巨大的消费者市场,因此需要一系列跨越地理区域、相互协调的事件并获得大众媒体持续性支持。其他事件可能选择在展销会和展览会期间来发布他们的新产品,以保证他们的货摊引起顾客、中间商和媒体的兴趣。对于一些产品来说,如一些重要的利益相关者很容易集中在一起,那么小型事件就已经足够了。这很有可能是一个媒体发布会,通过宣传向目标受众传递信息,或者有可能是向潜在的分销商和零售商发送产品。吉列通过一个影响强烈的事件向分销商发送最新的女性脱毛产品就是这么一个例子(见案例分析 11.1)。

案例分析 11.1

英国吉列:维纳斯商业发布会

2000 年,吉列组建了市场营销和事件机构——以组织新产品发布会为特定目的的 Line Up 传播公司,它的任务是通过向英国零售商发布最新的女性脱毛系列——维纳斯(Venus)来支持企业的整体营销传播战略,以便可以在 2001 年 3 月上架。其目标如下:

- 构建吉列理解女性的可信性;
- 颠覆偏见(维纳斯不只是在容貌上能改变形象的吉列男性锋速 3 剃须刀);
- 越过大量商业受众提供大量购买交易;
- 引发真正的兴奋;
- 到 2001 年 4 月完成主要账目 60％的分销任务。

Line Up 传播公司在英国两个地方(英格兰北部和南部)举行的、针对各种受众、同时也针对两个重要客户(Boots 和 Superdrug)的解决方法是一个事件。他们的想法是凭借维纳斯的产生故事和特定设计的环境进行一次体验旅行。这次旅行从"白色房间"和描述吉列如何调研脱毛需求并开始产品设计这个过程开始。旅行继续着,通过时间隧道来到了主要的展示区域。这个区域由一些单独的货摊组成,向每一个零售商提供产品目录以便建立定制关系。那些供检验的真实剃刀旁陈列着一个巨大的剃刀模型。

结果正如吉列所料想的那样,这个商业发布会取得了空前的成功。9 星期内在重要客户中完成了 95％的分销额,到 2001 年 5 月占据了 79％的女性脱毛产品市场。

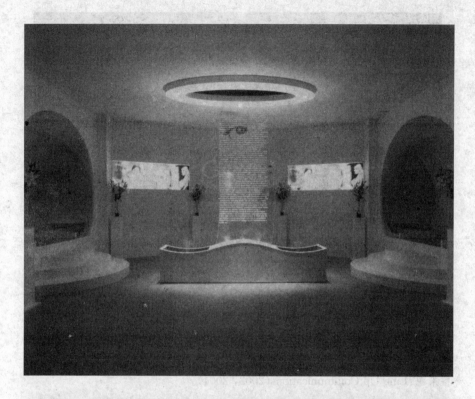

资料来源：Line Up Communications(2003，2004)。

产品试用和分发样品

各类组织使用事件，是想鼓励没有使用他们产品的消费者试用其产品或鼓励现存的消费者购买更多产品。这些包括在超市、商场和其他一些场所(能接近预期目标市场中的大量消费者)展示产品并赠送样品。例如，雅芳大型巡游团(the Avon Mall Tour)在美国 6 个区域内调查了很多商场，并通过产品展示和试用使得 1.2 万女性了解其美容产品(Schuverer，1999)。事实上，消费品，如雅芳、特百惠(Tupperware)、维珍(Virgin Vie)和安·萨默斯(Ann Summers)注重将产品试用事件作为他们与终端消费者进行传播的主要方式。他们的销售代表、代理商和分销商都是从目标市场中招募来的，鼓励他们在家庭中展开社交和事件，向他们的朋友和认识的人提供试用、感受、使用产品的机会，以试用装的形式产生互动。这些事件的成功基于组织者的信誉(参与者熟悉的人)、非正式但舒适的环境(一个家)和事件的社交方面等(通过有趣、娱乐性和平等性的催促来鼓励试用和购买的产生)。

服务品也可以通过特定事件来推出试用。餐馆可以在降价时组织特殊主题事件，或者通过发送邀请来鼓励新顾客的光顾，也可以通过愉快的、记忆深刻的体验来重复交易和进行积极的口头传播。公司和节事推广机构很成功地实施了事件，正如向预期客户赠送样品。

例如,邀请目标行业中的人力资源主管参与关于团队建设的事件或关于激励方面的研讨会,以鼓励他们为职员组织相似的事件。为了让这种产品试用事件产生作用,必须让参与者有足够的好处而不仅是尝试本身。在一些情况下很容易实现,比如餐馆的特定事件,但是对于企业购买者来说可能会困难得多。例如,人力资源经理参加一个激励事件时,他们需要证明为参加事件而牺牲的工作时间是值得的,例如他们获得了技能、接受了信息或者建立了联系,以及获得了相应的产品。

路虎(Land Rover)汽车生产商在庄严家园组织了以追求乡村生活为主题的事件,向消费者提供既可以试驾车辆,又可以参加一些乡村风味活动(如槌球和射箭)的机会(Gofton,1998)。这种产品试用事件在一定的环境下展示产品,很有可能形成产品的预期形象和目标市场的购买欲望。这个事件也通过提供丰富的附加利益来鼓励参与。可能是目标市场与产品之间、事件与事件参与程度及其感知价值之间十分相适合,根据路虎的调查发现,78%的参与者在参加了这个事件之后更有可能买车(Smith,1997)。

要想成功地进入相对较大的新市场可以使用产品试用事件。例如,墨西哥第二大龙舌兰酒品牌——Tequila Don Julio,想要提高美国市场占有率而其目前排名是第四位。他们将25岁至50岁之间的男性认定为目标市场,并将30%的西班牙人作为二级市场。为了实现目标,他们的推广公司选择了五个城市举行了"Tequila Don Julio 拉丁音乐传奇"事件,精心挑选了一些客户量达到人口统计学标准的地点进行(Wacmillan,2003b)。这个事件将产品类型与音乐作品紧密地结合起来,支持了样品发送并刺激在一个自然的环境下购买。通过参与可以在参与者的思维中将音乐的悦耳、迷人和愉悦等与产品本身联系起来。

路演

巡展或游行推广事件可以以更低的成本来满足范围更大的目标市场的购买力,同时也可以通过参与培育兴趣并积累媒体报道。巡展具有"狂欢节即将来临"的新闻效果,可以在真正的活动举行之前从一个地方宣传到下一个地方。

通用汽车雪佛兰品牌采用这种类型的事件,提供了一个在进行巡展时必须重视先发制人的好例子。通用汽车运用雪佛兰与摇滚音乐(200 首抒情歌曲的歌词中提到雪佛兰)之间长久的联系,组织了一次游行式的展览。展出的内容是从 20 世纪 50 年代到现在音乐史上值得纪念的事物。它的目标市场是年龄超过 50 的人群,这群人是听着摇滚音乐长大的,出现在他们面前的是由雪佛兰发起的在美国很多音乐集中地举行的事件,这个事件持续了 18 个月。参观者可以进入一辆 20 米长的拖车,组织者鼓励他们参与一些活动,包括弹吉他。在摇滚音乐车的旁边陈列着雪佛兰各种经典的车型和首发车型(MacMillan,2003a)。为了接触到特定群体,这个事件充分利用了音乐作品和汽车的现存关系。这个展览本身引发了大量的宣传和深远的影响力(雪佛兰赞助赛车和花样滑冰)。

宣传和媒体事件

虽然第5章已经详细地论述了公共关系,但是在这里也值得讨论一下节事推广在引起媒体兴趣及报道方面发挥的重要性。所有节事推广方式,无论是展览、产品发布、巡展或是与慈善事业相关的事件都有一定的新闻价值,应该充分利用它们以鼓励对企业有帮助的媒体反应。尽管如此,也有可能节事推广的主要目标是引发媒体报道、"流言"或口头传播。这些可以很容易地通过名人、争论、引起震惊的事件或幽默来实现,也可以通过更加"实际"的方式来实现,比如商业庆功会、善因活动或创新。

软饮料 Tango 在电视广告中用"你去过 Tangoed"作为主题,在由各种虚构的情景组成的故事片中,让人们沉浸于橙色的苏打饮料。他们通过一次性的宣传事件(在公众场合突然表演出相似的情景)强化了这个活动。

功能性饮料红牛,使用"助你展翅高飞"定期举办事件,在事件中,公众被鼓励去设计、创造和跟踪"飞翔的机器"。这些事件对于品牌来说正如参与和观看一样,产生了大量的宣传效果。

更进一步的例子是发生在美国的牛奶推广事件,整合得很完美,产生了大量有价值的宣传。针对全国液态奶加工企业教育委员会和奶牛场管理机构而举行的十分成功的"牛奶髭"广告,由于"好骨质巡游"活动而增强了宣传效果。这个"好骨质巡游"活动包括 5 辆"牛奶髭汽车"在 400 多个地方提供免费的骨质测试。这次巡游也包括分发学习材料、提供大众服务、专家咨询和发送赠品等,并且参与者也可以到照相馆为自己的牛奶髭拍照。这一事件将教育性、有益性和有趣性结合起来,使得 1.7 万人参加了测试,7 万人为自己的牛奶髭拍摄照片,很大程度上归因于这个,媒体影响面达到 2.62 亿(Bozell Inc., 1999)。"牛奶髭"这个主题起着中心作用,它的价值在于利用了已经取得成功的大众媒体活动所形成的推动力,给那些原本将是临床性和令人厌恶的教育活动增添了趣味和关注。

开放日和实地考察

在推广中引领潜在客户和现有客户进入"品牌家园"(home of the brand)这种方式令人印象深刻,并且活动筹划起来,成本低、效果好。但是,节事推广必须向消费者提供足够的优惠,让他们觉得所付出的辛苦和花费的金钱物有所值。这就意味着,典型的节事推广目标指向的是从前与公司有过接触,并且对产品产生兴趣的受众。他们很有可能在购物前估价,并考虑是否购买商品的时候关注到了节事推广,鼓舞他们真地购买商品。例如,许多教育机构都会设定开放日,接待预招收的学生,以及他们的家人和朋友共同参与,作出决定。典型的开放日会包括大学课程的展示、硬件设施的浏览、公开课以及与在校生的互动活动等等。比如,公立大学的常规开放日就被描述为"妙趣横生的活动日——适合各个年龄层人士的高科技学习设备传递活动"(The Open University,2002)。开放日里会有招待会发布信息,并且向在校生、新生以及他们家人提供参与社会活动的机会。其间,由于考虑到学生要在校学习很多年,学校向受众承诺应尽的义务,这是很重要的一方面。学校通过参与活动、兑现承诺和鼓励学生继续深造的方式帮助参与者学习部分社交知识。

同样,大的生产厂商会把现存的客户、潜在客户、供应商以及合作者邀请到自己的种植园和工厂参观,同时伴有产品展示和商务接待。现在许多大生产商会在网上提供互动的"工厂参观"活动,为那些无法参与实地参观的人提供虚拟参观,以此通过增加国际受众以提升收益。在部分案例中,由于预算、不便以及对竞争对手的错误分析等原因,虚拟活动替代了真实的活动。但是,这种方式不宜于一对一的互动、客户关系发展以及形成印象深刻的经历。

有些大生产商产品指向消费市场,并且通过简单的工厂参观活动引起了拜访者的注意,效益有所增长。例如,英国的吉百利巧克力开发了吉百利世界,活动包括参观工厂,尤其是互动活动、主题公园游览,当然也包括产品买卖。宾夕法尼亚的好时巧克力世界把他们的经历描绘为"与巧克力互动的乐趣,尽在好时购物天堂"(Hershey's,2004)。

更深入的一个例子是,都柏林的吉尼斯曾因举办参观工厂活动和食品品尝交流会,以及前往都柏林的年轻男性参观者数量大增,创造了吉尼斯记录,从而名声大振。现在这已成为城市的一大亮点。这种经历不仅仅是让参观者注重品牌或提供买卖的机会,更是带来了额外的收入。推广活动本身已经变成一种产品,带来一定利润。所以,入场费取决于活动成本,许多情况下也会带来相应的回报。在澳大利亚,包括 Pineapple、Ginger 以及 Big Banana 也会借鉴"工厂经验",在少数几个地区大肆推广他们的主要产品。苏格兰的酿酒厂也会提供相关的经验。

节事推广传播的优点

多种多样的营销事件可以产生一系列益处,而传播组合中其他方式却不容易高效地实现这样的目的。

主要益处之一是，事件具有在可控环境中吸引一小组人的能力。由于互动的程度和强度以及可能达到的个性化，使得它们成为了建立关系的理想选择。为了保持现有的客户，可以用事件去创造新的关系或者深化关系（McDonnell and Gebhardt，2002）。

节事推广能准确地抓住机会，这使得它们成为一种高效的传播工具。这种事件的受众要根据其价值观、兴趣、性格类型以及社会团体（McCole，2004），而不是根据人口和地理特点进行细分和定位。这使得目标定位更有意义并形成了有品牌共鸣的群体。弗林（Flynn，1998）认为，节事营销变得重要及令人注目，是因为它是高度细分生活方式的途径。

在一个到处充斥着相互竞争的推广信息的世界，事件提供了在受保护和有序环境下传递单一品牌信息的机会。这使得信息更加让人记忆深刻，并且如果信息以一个独特的、富有创意和娱乐性的方式传递，那么参与者很有可能会形成品牌偏好并最终改变其购买行为。

事件提供了一个与品牌全方位体验的机会而不只是简单的视觉或听觉接触。通过发送样品、试验及互动产生的这种有形性，会对受众产生更大的影响，也可以减少购买风险。

最后一个优点，节事推广能够触及更加广泛的受众而不仅仅是那些出席者或参与者。这可以直接通过宣传、口头传播和整合其他传播方式实现。富有创意的事件是培育口头传播、形成预期流言的理想方式。Murphy's 啤酒通过"Murphy 姐妹活动"，即三个穿着性感衣服的女性（"姐妹"），突然地来到酒吧并在柜台替顾客买 Murphy's 啤酒，取得了很大的成功。

节事推广的效果以及其他传播方式的大量使用，毫无疑问，使得在众多行业里对节事推广方面的使用还会提高。保持节事推广的创新性、独特性以及为顾客创造价值的挑战依然存在。

节事推广传播的缺点

需要警惕的危险之一就是在开展推广时，事件的创造性掩盖了品牌本身。尽管如此，事件和其他媒体比起来产生这个危险的可能性要小，因为在其他媒体中，众多通讯稿是为同一个吸引眼球的事物而展开竞争。在事件进行过程中可以巧妙地提升品牌，但是在独立的体验过程中也要保证一定的曝光率和关注度。

再一个能感觉到的缺点是，为了影响规模相对较小的目标受众，节事推广也必须占用一定数量的预算。尽管如此，一个设计精密、定位明确的事件所产生的影响和效果能够保证取得一定的投资回报，这在一定程度上也抵消了所花费的成本。同时，正如前面所提到的，通过口头传播和整合使用其他传播方式可以触及到更加广泛的受众。

当然也有机会通过收取入场费,这只有当受众感到价值超过门票并且节事推广的性质相对于受众获得娱乐来说变得次要时才有可能发生。进一步地,可以通过赞助来资助事件。可以邀请相应的品牌以实物赞助,或是直接现金赞助的方式参与进来。如果赞助者经过精心挑选并且不至于掩盖主要品牌,那么这种方式会十分有效。前面所讨论的例子(即 Sunlight 使用 Crayola 和 Little Tikes 作为赞助者)显示了这种类型的合作对事件有帮助。尽管如此,各种赞助者也会减损主要品牌并消减"品牌迷恋"优势。品牌信息竞相传递给受众,那么事件本身就会变得很杂乱,因此提升组织者自身品牌影响力的效果就会变差。

本 章 小 结

节事推广是一种十分重要且尚未充分利用的传播工具。毫无疑问,随着众多组织寻找崭新的和更加有效的方式以促使推广信息传播到受众中,节事推广将会变得越来越流行。节事推广丰富多样就意味着我们可以采用多种方法来吸引新老客户,通过鼓励消费来引起他们的注意。它们的效果归因于它们很好地利用了参与者的"体验",去创造一个记忆深刻和影响深远的品牌形象。节事推广以有形的、相互作用的方式展示了品牌,最重要的是将参与者从相互竞争的信息中隔离出来。尽管如此,节事推广只有与其他传播组合整合使用时才能取得成功,而事件本身也需要通过大众媒体、网站等渠道来自我宣传,运用其他诸如推广、公共关系和直复营销等手段,并将它们的价值最大。

讨 论 问 题

● 讨论"体验营销"为什么会变得越来越重要,这个概念和传统营销有什么不同之处?

● 思考案例分析 11.1,分析吉列公司是如何向它的消费者市场通过节事推广来发布吉列系列产品的。

● 找出一个案例并讨论在贸易展览会上创新性地使用展览空间。参展商如何使它们的展铺更具互动性,从而更有效?

参考文献

Ace Events (2002) Water Africa 2003 North Exhibition. www.ace-events.com/WA03NRx.htm (accessed November, 2004).

Arnott, N. (1994) Marketing with a passion. *Sales and Marketing Management*, January, p. 71.

Bozell Inc. (1999) Making milk cool through media neutral marketing. *The Advertiser*, August.

Brown, S. (2001) Torment your customer (they'll love it). *Harvard Business Review*. October 2001, pp. 83–88.

Cunningham, M.H. and Taylor, S.F. (1995) Event marketing: State of the industry and research agenda. *Festival Management and Event Tourism*, 2, 123–137.

Flynn, J. (1998) The new challenges of event marketing. *The Advertiser*, August.

Go ahead. Get dirty (2002) www.goaheadgetdirty.com (accessed November, 2004).

Gofton, K. (1998) Best use of live events. The Marketing awards for relationship marketing. *Marketing*, 20, 10.

Hershey's (2004) Hershey's Chocolate World. www.hershey's.com/discover/hcw/asp (accessed November, 2004).

Kirsner, S. (2002) Experience required. *Fast Company*. www.fastcompany.com/learning (accessed October, 2003).

Line Up Communications (2003) Case history. Gillette Group UK, New product trade launch. Industry lecture series, UK Centre for Event Management, Leeds Metropolitan University, January, 2003.

Line Up Communications (2004) www.lineup-communications.co.uk (accessed October, 2004).

MacMillan, C. (2003a) Chevy rocks and rolls. *Promo Magazine*, February. www.promomagazine.com (accessed November, 2004).

MacMillan, C. (2003b) A word from the roadies. *Promo Magazine*, February. www.promomagazine.com (accessed November, 2004).

Masterman, G.R. (2004) *Strategic Sports Event Management*. Butterworth-Heinemann.

McCole, P. (2004) Refocusing marketing to reflect practice: The changing role of marketing for business. *Marketing Intelligence and Planning*, 22 (5), 531–539.

McDonnell, I. and Gebhardt, S. (2002) The relative effectiveness of special events as a promotional tool: A case study. Conference proceedings. *Events and Place Making Conference*. UTS, Sydney, pp. 389–417.

McIntosh, M.H. (2004) Marketing events: What works, what doesn't. *Marketing Profs*, November. Available from www.marketingprofs.com (accessed November, 2004).

NZ Marketing Magazine (2003) Think again: Why experiential marketing is the next big thing. *NZ Marketing Magazine*, September, pp. 8–15.

The Open University (2002) About open day. www.open.ac.uk/open-day (accessed November, 2004).

Pickton, D. and Broderick, A. (2001) *Integrated Marketing Communications*. Pearson Education.

Pringle, H. and Paton, S. (1996) Hepworth Building Products – the launch of Hep_30

'How naked ground workers worked?' *Advertising Effectiveness Awards*. Institute of Practitioners in Advertising. Available from www.warc.com

Ramage, N. (2002) Unilever calls kids into the Sunlight. *Marketing Magazine*, 107, 2.

Schmitt, B. (1999) *Experiential Marketing: How to get Customers to Sense, Feel, Think, Act and Relate to your Company and Brands*. The Free Press.

Schreiber, A.L. and Lenson, B. (1994) *Lifestyle and Event Marketing – Building the New Customer Partnership*. McGraw-Hill.

Schuverer, L. (1999) Break through the clutter: Create your own events. *The Advertiser*, August.

Shimp, T.A. (1997) *Advertising, Promotion and Supplemental Aspects of Integrated Marketing Communications*. Dryden.

Smith, D.S. (1997) A new angle on car sales. *Marketing*, 26 June, pp. 27–30.

Smith, P.R. and Taylor, J. (2004) *Marketing Communications: An Integrated Approach*. Kogan Page.

Van Gessell, P. (2000) Events: Outstanding means for joint promotion. *Event Management*, 6, 111–116.

第 12 章

节事赞助

引言

本章着重讲述赞助人如何通过对事件的赞助达到其传播目标。在第 8 章中，我们已经从节事管理的角度，着重于从战略层面讨论了开发实际的赞助项目，以及如何将事件传播转化为结果。本章我们的讨论主要从赞助者的角度出发，节事赞助作为整合公司营销传播工具的重要性。

节事赞助发展为今日颇为复杂的传播交流方式，其来源却十分简单。在 19 世纪 70 年代，节事赞助仅仅意味着一次广告或者说公司展现其友善的机会；而在今日，这却意味着获取相当的营销和公司传播目标群体。节事赞助现在被运用于提升销量的同时，还可以大大提升品牌喜好相关度以及认识度，促进公司的认知度以及开发公司内部和社区关系。本章将讲述如何设定目标以最终获得投资收益。

节事赞助人通过在赞助决策过程中的辨识、在决策中所需信息以及上述信息获得及评估的方法等三个方面来考虑赞助目标。一个成功的赞助往往包含三个重要因素:开发事件权利的必要性;在整合营销传播中赞助所必须扮演的角色;以及赞助者必须评估赞助效果以期将来获得更佳的表现。这些是最基本的考虑因素,并且往往是依次被考虑的。

　　最后,本章还会提出一些在赞助过程中会遇到的问题,既有来自"插花营销"的顾虑,还有影响营销决策过程的和伦理的问题。虽然本章所采用的方法是从赞助者的角度出发的,但节事经理也可以从这个角度更好地构筑一个赞助项目。

赞助目标

　　利用赞助和事件作为传播工具不是新鲜事。追溯历史,早在罗马帝国时代,事件就为政治目的服务。如角斗比赛,被当时富有的统治阶级当作捕获民心和获得社会地位的工具(Head,1988)。事实上,在举办"赛事"时的政治目的已经成为当时一大问题,在公元前 63 年,罗马参议院规定禁止任何在 2 年内将参加竞选的人举办任何比赛。更晚些时候,二级长官(执政官)被规定在其执政期间仅能举办 2 场赛事,每场不得超过 120 名角斗士(Grant,1975;Connolly,2003)。当时举办"赛事"的场地,例如罗马圆形剧场,可以容纳 5 万人;又例如 Maximus 圆形竞技场,可以容纳 25 万人之多。他们使得很多事件成为强有力的传播工具。在古希腊,也有很多体育或是音乐盛会被统治者用作促进其社会地位的工具(Sandler and Shani,1993)。如果看现代,那么英格兰板球队的澳大利亚之行可以说是现代体育中最早的一次事件赞助了。赞助他们的是 Spiers and Pond 公司(Gratton and Taylor,2000)。可口可乐公司在近代第一届奥运会的赞助商之列,该届奥运会是 1896 年在雅典举行的(IOC,2004)。柯达公司也有参与赞助,但是他们的参与仅限于在官方节目中做广告。在 1928 年阿姆斯特丹举行的奥运会中,可口可乐获得了产品派发的权利,并且从此在每届奥运会中不断发展其赞助水平,直到 2004 年雅典为止,已经获得了很多赞助权利(Stotlar,1993;Pitts and Stotlar,2002)。在 2002 年美国盐湖城冬季奥运会上,可口可乐获得了非酒精类饮料的赞助权利,是奥运火炬接力的代表赞助商,经营可口可乐电台和饰针贸易中心(IOC,2004)。公司赞助今日被认为是一种市场营销传播工具,但是它直到 20 世纪 70 年代才发展起来的(Meenaghan and Shipley,1999)。从那时起,赞助才被运用于获取市场营销目标群体的目的。

　　当赞助者做关于赞助作为传播工具的可行性分析决策时,他们有一些可以获得的目标来帮助决策变得简单些。国际奥委会就列出了以下几点：建立品牌资产和认知；品牌定位；促进销售；提升公司内部关系；展示产品和服务；通过获得独家赞助保持竞争优势；可以表现出利他主义等。上述几点解释了为什么奥委会的"大"赞助商们需要与奥林匹克运动保持密切关联。穆林(Mullin et al.，2000)在上述几点中又加入了一条：发展和强化公司的公众意识。其他目标还有：合并后公司形象建立以及树立财务方面的信心等(International Marketing Reports，2002)。米尔恩和麦当劳(Milne and McDonald，1999)将销售目标区分为短期目标和长期目标，同时加入了公司和品牌形象提升。

有些评论家对赞助目标进行了分类，比如尚克(Shank，2002)坚持说赞助目标主要有两大分类：第一类是直接赞助目标，即通过对消费习惯的短期影响从而增加销量；第二类是间接赞助目标，即通过一些非常难以归因的渠道来达到销量增长。相反，波普(Pope，1998a)提出了三大分类：公司目标、市场营销和媒体目标及个人目标，即管理层的利益也会是赞助原因。他辩解道，个人原因是不能与公司原因混为一谈的。早期的公司赞助决策尽管是从上述原因衍生而出，并且在当代的例子中也略有一二，但现在的目标更多的是为投资回报所设计的(Meenaghan and Shipley，1999；Pitts and Stotlar，2002)。

众多可行的赞助目标可以分为以下几类：

发展直接销售

一个非常现代并且有意义的节事赞助目标是推动销售。此目标被越来越多的赞助商所采用，主要原因有二：首先，事件提供了可以操作的销售机制；其次，作为事件的评估方法仅是简单的销量统计过程。正因为以上两点可以直接归因于赞助，所以能被归类于直接销售。如果没有赞助的话，销售就无从谈起。

很多消费品可以很好地借机于事件的环境，尤其当消费也同时发生时。举例来说，食品和饮料生产商一直以来都在为各项事件的官方赞助商设定标准，在第8章中所提及的温布尔登网球公开赛就规定各类饮料赞助商总共不得超过6个。只要有足够多的观众人数，在事件中的直接销量将会非常可观。举例来说，Tennets是苏格兰最老也是销量最好的品牌之一，从1994年起就一直是"T in the Park"的冠名赞助商。在2004年，这个为期2天的音乐盛典吸引了5.2万人的参与，也就意味着Tennets可以对这么多音乐迷进行啤酒的独家销售。

发展品牌认知

相对来说，发展品牌认知的目标较不切实。要将销量的提升归因于通过事件的赞助而导致品牌认知的提高，这一点非常难。一次赞助执行后，市场份额可以监测到增长，但由于其他变量的存在,这种增长只能间接地与赞助关联起来。其他因素的干扰,比如过往广告和促销的遗留效应、经济条件的改变、市场上竞争对手的进入或出局等,都将影响变量(Bennett,1999)。然而使用市场调研可以获得更多清晰的市场情况。通过消费者调研工具,可以获取一定深度的对于认知度的洞察,对是否是赞助驱动的,还是由其他与销售行为有关的联系等方面做更准确的评估。

对于市场渗透来说,赞助可用来帮助品牌在已有市场中增加认知度,从而在已有客户身上卖得更多,或者在新客户上产生新的销量。致力于在已有客户身上产生更多的销量,同时也是在增加消费者的忠诚度,当公司决策人在评估赞助价值的时候这个目标经常会被用到。在 IEG 赞助研究协会 2004 年对于公司决策者的年度调查中发现,分别有 79%和 71%的受访者选择了认知度和增加品牌忠诚度作为进行赞助的最重要的 2 个原因。可口可乐对 2003 年休斯敦的家畜展和牛仔比赛进行了赞助,通过给经销商和消费者折扣,一个"推拉"的促销形式,获得了巨大的门店陈列和销量增加。其促销主题为:可口可乐"18 包装"(18-packs),包括了 40 万份对于联合促销商品的价格折扣赠券。与 2002 年相比,销量增加了 67%。然而,这些销售并不能够直接归因于赞助,即使这个销量可以拿来和其他的销售结果比较成功的程度。彪马(Puma)在 1984 年仅卖出了 1.5 万只网球拍。同年其与鲍里斯·贝克尔(Boris Becker)达成赞助协议,此时该球员向其运动生涯高峰进军。1985 年其在温布尔登网球公开赛上获得了冠军,而彪马的球拍销量则攀升到了 15 万只(Pope,1998b)。这些例子仅仅说明了赞助的诱人之处,但并没有明确指出销量的增加是由赞助直接引发的。

赞助也被用来在新市场中开发品牌认知度,并作为市场发展策略。对于将品牌价值带入全新但类似的市场,或者将其延伸至全新并且完全不相同的市场,精心挑选过的赞助将会起到一定的帮助作用。耐克赞助了曼彻斯特联队,而其复杂的合作战略中的一点就是渗透进新地域的新市场:一方面是美国的足球市场,耐克利用其在 Fox 电视台的足球节目、网站、广告和对本地球队的赞助来开发巨大的生意机会;另一方面,在赞助了曼联队后,耐克得到了利用其他传播形式的机会,如俱乐部网站、Yes 电视台(美国)网络的独家电视转播权,还有如 2003、2004 年都有俱乐部参加的美国足球锦标赛。这个例子说明了赞助如何帮助新产品在新地区的发布。

赞助的另外一个角色就是作为帮助市场知识水平和市场定位提升的工具。事件通过其功能性(见第 8 章)向赞助商提供了理想机会,因为他们的产品或者服务可以体现价值,或者更好地解释其角色和功能,从而帮助事件。当赞助商利用功能性来协助事件时,其目标就是为利用功能性将自己的产品呈现给目标市场。这也许会涉及用新眼光来看待产品或增加新知识。埃米斯等(Amis et al.,1999)坚持品牌形象、声誉和认知度是竞争优势的源泉而赞助正是改变品牌形象的良机,所以他们建议通过赞助来保证、保持和重新进行产品市场定位。

同样的功能性也能在已有市场加强品牌影响力或者焕发品牌活力,虽然这样可以获得竞争优势,但对销售表现只是间接地产生影响。

开发公司外部认知

对于那些寻求以整体形象定位或者重新定位的组织来说,赞助也是经常使用的手段。在 1993 年,联合多美酒业集团(Allied Domecq)为了重新树立公司形象而赞助了皇家莎士比亚公司(RSC)800 万美元。该公司意识到,正是因为其"小型贸易公司的集合"而非"一个实体"的公司形象,使其逐渐丧失竞争优势。它的酒精类产品品牌组合中包括了:Canadian Club、Beefeater Gin、Courvoisier Cognac 以及 Dunkin Donuts 和 Baskin Robbins,这些品牌缺乏鲜明的个性,从而使其落后于竞争对手。而这次赞助旨在使 Allied Domecq 的品牌获得一致性,包括主要赞助商权,通过场馆品牌、联合媒体关系项目、商务接待、门票和其他印物宣传等接触目标市场。整个活动贯穿始终使用的都是 Allied Domecq 的名字,加强了其认知度。

同样地,通过赞助曝光获得的认知度也可以帮助一个新合并的公司(或者是接管者)做公司形象定位。一个事件为新组织提供了非常好的发布消息的机会,因为这些机会有很好的新闻价值,并且为"如何花最少的时间告知大众"的问题带来了相对快速的综合性解决方案。

节事赞助给组织提供了更广泛的受众对于其使命和价值的认知度。这种曝光在艰难时期和作为对负面公众感知的反应时,尤其重要。所以,它也能被用来改善公众对组织的感知。例如,美林公司(Merrill Lynch)一方面赞助了在纽约卡耐基音乐厅的 Weill 音乐学院的教育项目,同时也在杂志上刊登了针对儿童的广告,旨在关注学习音乐的益处(*The New York Times Magazine*,2004)。同时它也没有错过展示其网站地址的机会,不过在该网站上并没有与服务和产品相关的链接。公司赞助的一个更进一步的目标则是在于与赞助商、贷款人和金融市场等发展金融关系。通过赞助,金融关系可以被进一步加强,使公司表现出"潜力",从而帮助它们巩固市场地位和市场表现。Nabisco 国际在 1980 年证明了这一点,在那年该集团十分脆弱,收购人也是虎视眈眈。它赞助了 ATP 巡回赛,冠名了赛季冠军等等,很好地利用了集团的名字而非旗下品牌建立起了更为广泛的公司形象。

对于政府项目和事件的赞助能够提升重要关系,这种关系既可以带来新的生意,也可以对将来的表现带来影响。这样的影响力可以表现在各个层面的政府项目上。早期比较常见的例子是赞助商支持由国家政府发起和资助的项目招标事件,当然商界与市政委员会的合作也是屡见不鲜。在英国的 West Midlands,地方政府商务部门在很多发起的活动中寻求商界支持。British Gas、富士胶卷、Zurich Municipal 都曾赞助过它的展会和会议事件(WML-GA, 2004)。

商务接待一直以来就被认为是赞助权利的一种基础表现形式,并且将来仍然是这样。在 IEG 赞助调研协会 2004 年的年度调查中发现,商务接待仍然是最希望得到的赞助权利,77%的受访者表示该形式是其赞助项目的一部分。商务接待事件赞助为愉悦主要客户、发展 B2B 生意合作提供了很好的机会。如果主办方在招待会上提供一些事件的功能,并且充分展示综合赞助权利,那么他们与客户的沟通效果可以大幅提升。

赞助可以用来与目标受众和目标市场进行沟通。地方社区是所有组织的重要目标受众,而事件为公司提供了向社区伸出"仁慈之手"的机会。相对于其他事件来讲,这类活动更需要那些拥有较高可信度的社区的参与,同时赞助商可以在事件中提供相应的解决方案。爱尔兰银行于 2003 年对在爱尔兰举行的特奥会项目提供的赞助"主人城镇"就是非常好的例子。这些活动的主旨是希望吸引爱尔兰本地社区支持特奥会,而赞助商也有类似的目标。旨在让人们了解残疾人的特奥会开始前 3 年,更多的重点被放在吸引更多的小镇加入这个项目。当 2003 年 6 月特奥会正式开始之时,177 个小镇参与了这个项目的相关事件。爱尔兰银行在该项目中起到非常重要的作用,它向 85%的小镇的本地社区派驻了银行代表。爱尔兰银行同时还在电视上为宣传该活动大做广告,并且积极鼓动它的员工。在 Kilkenny of Callan,一个人口仅为 1 400 人的小镇,银行经理鼓励该地区居民,最终该地区以"主办城镇"的身份接待了来自象牙海岸(现已更名为科特迪瓦)的代表团(Business 2000, 2004)。这项活动的宗旨在于以本地为基础创造亲善氛围,因为那些地方更加容易参与和执行,同时在全国范围内取得可观的参与城镇数目。

发展内部关系

赞助商的员工也是非常重要的目标受众,赞助商也是想方设法提供一切机会来发展内部关系。对于事件的赞助给公司提供了很好的表达善意的机会,或是使员工团体积极参与该事件,或者使该事件成为员工团队建设的主题。联合多美酒业集团(Allied Domecq)对于皇家莎士比亚公司的赞助内容包括了该公司所有英国员工 1 年内的免费会员资格,同时还在公司内部的传播信中及时更新演出信息。随后该福利拓展到了该公司全球 7 万名员工(Charity Village, 2004)。芙罗拉(Flora),一个人造黄油品牌,也在其对伦敦马拉松赛的赞助上沿用了类似机制。

获得竞争优势

虽然通过获得以上任何目标都可以获得竞争优势,但要获得竞争优势还有更为重要的原因。一次重要的事件不仅意味着一家公司通过事先协商获得的一些上述目标(开发外部认知等),还意味着,即使不能得到,赞助商也是可以想方设法利用独享条约,使它的竞争对手得不到类似机会。按照前文提及国际奥委会的战略就十分清晰,即通过赞助来实现其防守策略。在该案例中,防守是最好的进攻形式。当然在为竞争对手专门设计的"插花营销"中,这一点就不是必需的了。在通过赞助获得竞争优势的过程中,赞助商必须认识到他们正在进行的是打击竞争者的活动,他们必须有保住领先位置的能力。这一项必须在进行赞助前,尤其在策划将来的赞助费用时被考虑到。意愿和能力是一个赞助商充分开拓其赞助项目的关键。

无论赞助的目标或者目标组合是什么,重点在于通过多种互惠利益取得投资回报。正是这个原则驱动了赞助评估,所以现在的重点是如何达成这些目标?

赞助决策制定

人们在较早的时候就发现了赞助并非是一个新兴的传播工具。然而作为一种营销活动以及用来获得商业利润的功能,这是最近才有的发展。直到1970年,很少有组织活动赞助的,这使得市场总体在这个项目上的花费仅为400万美元(Meenaghan and Shipley, 1999)。从那时起,活动赞助的花费在全世界范围内激增,特别是在两个最大的发展区——欧洲和美国。在2002年,敏特市场调研公司(Mintel)报告预测,仅英国赞助市场就有7.98亿美元的价值,其中体育赞助主宰了绝大部分的市场,达到了4.4亿美元。广播艺术以及社区赞助跟随其后分别为1.95亿美元、1.05亿美元以及5 800万美元。在过去20年间,英国的活动赞助增长了7.5倍。2003年在世界范围内赞助费用创新高,达到了340亿美元,比2000年增长了32%。根据Sponsorclick公司在2004年的预测,虽然2005年的增速将放慢,但仍将有增长,总计的赞助资金投入将达到431亿美元。颇有意义的是,这个数字只显示了赞助费的数额,在开发赞助权利上投入的资金还没有包括在其中,因为这个数据很难得到。因此不难理解敏特2002年所做的对在英国未来的赞助的总结的重要性。报告指出,在过去10年中,已经经历的包括由于越来越多的赞助商寻求更短期的利益而使得他们增加投入。同时报告也指出,虽然随着权利所有人的细分以及其创造的更多细分化的赞助活动而带来的机遇的增长,继续增加赞助作为一个整合的传播工具和为取得最大限度的成功而发掘权利的需要变得尤其重要。

随着在行业内如此巨大的赞助花费,赞助投资回报也受到了前所未有的关注。因此决定要赞助便成为了责任的开始。关键问题在于,赞助这项活动是否会比其他所有可行的市场传播发挥更大的作用呢? 那么这就需要一个过程来确保赞助活动挑选恰当并且能提供回报。

皮特斯和斯托特(Pitts and Stotlar,2002)提议了这样一个包括四个主要阶段的过程:第一阶段提出了将赞助活动整合为更为宽广的传播活动;第二阶段提供了一系列的回顾和筛选的步骤以便找寻到一个合适的赞助活动;第三阶段则主要围绕此实施和开发;最后的阶段就是评估。这最后三个步骤提供了一个从决策制定过程一直到确定赞助的路线,而第一阶段则并不能说明赞助活动是能提供最有效果和效率的传播方案的评估的需要。正如格拉滕和泰勒(Gratton and Taylor,2000)注意到的,赞助活动是占到大部分公司不到5%的总营销支出的。他们提出的一种观点是,赞助是一种在一部分使利润最大化的行为,并在当收入回报相对于广告支出而言有着风险和不确定性,暗示着需要采用其他战略时才被考虑采用。这完全是个经济观点,并没有考虑更宽泛的赞助目标,不过这起到了说明这其实是赞助决策首先需要考虑的评估标准之一的作用。烟草生产商在选择和大众传播的方式中一再受到法律的限制的例子说明,在很多国家,烟草行业广告是被禁止的。而赞助,特别像赛车和斯诺克的活动,则是树立形象营销目标成功的另一途径。

赞助不断增长的吸引力,主要取决其能够有效地成为广告的替代品,但是,由于还缺少客观的评估赞助的方式,因此赞助在传播矩阵中所占比例的提升受到了限制,正如上文中的格拉滕和泰勒(2000)的5%的比例所显示的一样。赞助能够比广告带来更多的成本效益回报,但这并不意味着它已经被广泛接受。思韦茨(Thwaites,1995)称,许多顾客甚至认为赞助就是广告。事件赞助中需要第三方的信誉,然而正是这个原因导致了赞助被忽视和排挤。赞助方在买入一个现有的形象,尽管对于这个现有的形象他们已经做过调查并满怀希望付出一切都是值得的。他们因此是在借用、整合一个看似能给赞助商回报的形象。做要赞助的决定和选择赞助的活动显而易见是至关重要的,并且需要一定的信息以便放心地作出决定。而所需的信息则被分门别类到以下几个方面:

顾客潜力

赞助者需要确定活动本身是否有着互相吸引的目标市场。达到一致的目标市场细分表面上是赞助的先决条件,然而为了确定活动在多大程度上有吸引力,赞助者需要具体的细分概况及能达到的目标市场的大小。选择程序本质上是一个以人口统计学心理性格分析为根据的方法。

曝光潜力

目标市场的覆盖程度可以用所有曝光潜力点来衡量。随着活动的类型和规模的不同，曝光潜力包括了活动现场观众的人数多少、活动传播的接受者以及活动广播和报道的观众、听众以及读者等。除此之外，曝光潜力还有赖于赞助者自己开发的能达到的目标市场的大小和总额。而这常常可归结为一个问题，那就是到底这个事件和活动的新闻性会怎么样。然而考虑到一套范围更广的提供赞助目标，其他问题就非但与是否赞助活动能被传递到目标市场并被足够数量的受众得知有关，而且还与是否能被准确地传递到有关。这强调了除了评估的权利提供之外的系统的、早期的开发准备的需要。为了取得一个赞助活动可能覆盖的市场的准确预测，赞助者需要在决定赞助一个项目之前，确定总体费用以及期望被覆盖的目标市场的质量。

分销渠道受益

一些赞助者要求提供分销渠道受益的赞助活动，以便完成他们的目标市场覆盖。比方说那些有批发业务的赞助者，会寻求提供"推动式"促销的方法来刺激那些处于分销链上的销售终端。这种刺激要么可以让分销商直接获益；要么可以将这种利益反过来转让给消费者。这种理念就是利用"推动式"促销来创造更多地销售（Pickton and Broderick，2001；Bonne and Kurtz，2002）。举个例子，一个赞助商可以把赞助活动作为一个设定销售目标的刺激；当目标完成时，就可以使获得分销商的活动门票和邀请函。或者，赞助商可以将门票分配给他们的经销商以便更加有效地接触到终端消费者。无论是哪种方法，经销商都受到了激励而会更好地表现，节事则成为其中的催化剂。

T-Mobile 公司，即移动电讯公司，是 UEFA Euro 2004 的官方合作伙伴，因此他们在英国开展一系列的推式和拉式的战略从而开发它们的权利。针对终端使用者的推广包括免费的下载、免费短信、免费通话分钟数以及独特的、与事件相关的项目；而同时为了激励其主要的零售合作商，例如 Carphone Warehouse，它开展了与事件相关的销售激励和定点销售，从而获得杂志头版或占据零售店内的主要位置。

超过竞争对手的优势

以上这些因素也为赞助活动提供了增强赞助商竞争优势的能力。为了成功接触目标市场并给分销渠道提供刺激,赞助商可以从他们的传播努力中获得竞争优势。这是考量赞助机会时的附加考虑。赞助商阻止竞争对手从赞助机会中获益的能力,需要不仅仅从竞争对手被拒绝的方面去衡量。创造一个用来开发的竞争性平台的方案也是必需的。这个平台,更多地被称作插花营销,将在本章节稍后阐述。策略应该总是开展对的赞助,但必须保证在作决定时,对插花计策有足够的保护的潜力并有足够开发权利的赞助能力。

资源投资

对于赞助商而言,一个显而易见的考虑就是赞助所需要的资源的数量。这在融资方面不仅包括当时可能提供的赞助资金,也包括任何服务和产品的准备。这也涉及开发权利的早期评估,决定不仅是目标市场将如何被覆盖,还有估计覆盖的花费是多少。

特色和匹配

事件和赞助机会拥有老的或是新兴的品牌形象。所有赞助商面临的重要问题是,这个形象或特色能否为赞助商的品牌提供一个正面或是负面的影响。这就是所谓的“赞助匹配”。米尔恩和麦当劳(1999)为了验证这个理论提出了“图式匹配理论”(schema congruity theory)。他们认为,图式就是通过经验而形成的预先的看法,而消费者在选择个人品牌时会坚持这些预先的看法。他们认为,当赞助商和赞助事件结合,顾客会评估双方的一致性,当双方共享感性的特色时,就有一致程度增加的可能性。这也可以使赞助商和活动之间联系的进一步受认可。到那时赞助商的目的就寻找到匹配的赞助对象,米尔恩和麦当劳(1999)不断地测试来验证他们认为事件活动和赞助商之间的组合是十分重要的假设。他们的调查显示,一对好的组合会提升赞助商品牌形象,而一对差的组合往往会毁掉其形象。他们的结论是,虽然在达到增加目标市场认知方面,以人口为基础的标准(相互目标市场)可能会成功。但选择合适的形象特色能更好地达到成功提升形象的目的。米纳和希普利(Meenaghan and Shipley, 1999)支持了这个观点,并进一步提出:由于赞助商信息是同赞助活动不可分割地捆绑在一起的,任何不一致都会使受众在理解赞助商传达的信息时感到迷惑。

当说到赞助匹配之时,事件权利拥有者的信誉显然是一个很重要的问题。事件拥有者组织、传递同约定权利的能力是赞助商考虑的重点之一,也是他们在作决定前渴望考查的。在很多案例中,所有企业主体的概况同事件本身紧密地联系在一起,于是对于它们的评价变为同时的了。例如,联合多美酒业集团(Allied Domecq)对皇家莎士比亚公司(RSC)的赞助是为了提升消费者对公司的知晓度,但是这种赞助是基于“匹配”,即前者的国际酒业和餐厅的品牌,与后者的国际声誉和知名度的匹配(Clarity Village,2004)。而久负盛名的皇家莎士比亚公司,其声誉不仅仅是通过其舞台上的努力来获得的,还离不开其幕后的各种努力。

识别已被使用过或者评估过的事件拥有者的能力当然比较容易,因为有史可查。那么当节事或者组织者是陌生的时候,识别赞助商和组织者之间是否匹配就难了。一系列未知的变量干扰了决策制定的过程,并最终落实到观察个体事件有关的经理人身上。比如说,伦敦2012年奥运会申办团队认识到他们预计的事件、未来的赞助活动以及赞助,在不继续与由美国人出任的主席继续合作的情况下可以更好地完成。2003年受聘的芭芭拉·卡萨尼(Barbara Cassani)于2004年,在民众一片忧虑会受到来自伊拉克战争带来的反美情绪的抵抗声中,由英国前运动员塞瓦斯蒂安(Sebastian)接替了主席职位(Kelso,2004;Mackay,2004)。

媒体对于赞助事件中观众人数以及人口统计的影响,就像传统的广告一般,受到了及时和普遍的评估。然而,对于形象感知的衡量却十分罕见,对于举行赞助目标性格特质的研究也凤毛麟角,更多的信任被放到"被报道过"的判断上(Meenaghan and Shipley,1999)。组合配对的价值和取得形象相关的赞助目的的成功显然十分重要,而一个更重要的目的是确定事件和赞助者之间是否适宜。广告信息是一个受控的包括设计和购买媒体空间等的传播方式。而在另一方面,赞助则同事件的形象有关,而这个相关性是赞助成功的关键要素。赞助者因此有责任考虑一个目标路径来决定如何选择赞助活动。

事件的形象和感觉的本质中有什么是赞助商可以获取的?米纳和希普利(Meenaghan and Shipley,1999)的研究表明,总体而言,运动给人健康、年轻、有活力、快速、精力旺盛和男子气概的感觉。大众艺术也给人年轻、可接近的、友善、时尚、革新却也是商业化的感觉。高雅艺术,从另一方面而言,给人精英的、久经世故的、有辨别能力的、严肃并自命不凡的感觉。调查是大部分地区区分了这些种类,而非考虑个体运动、大众或者高雅艺术,但其中也采用了大多数人最感兴趣的调查方法。消费者焦点小组被要求去获取足够的有关知识,而这也是个让赞助商了解需要向往的调查来自哪个层面的很好的提示。

赞助过程

赞助决策制定的整个过程包括了图12.1中提供的所有信息。这个过程可以被分为三个重要阶段:首先是组织市场决定,其中市场计划和组织目标是一致的;其次是赞助选择决定,其中这个过程是在调查、选择目标和评估中决定是否赞助活动能带来具有效率和效果的市场解决方案;最后是赞助的实施,包括计划、执行和对未来决策和发展赞助关系有帮助的反馈评估等。得到的建议就是赞助总是决定传播组合的考虑因素之一。

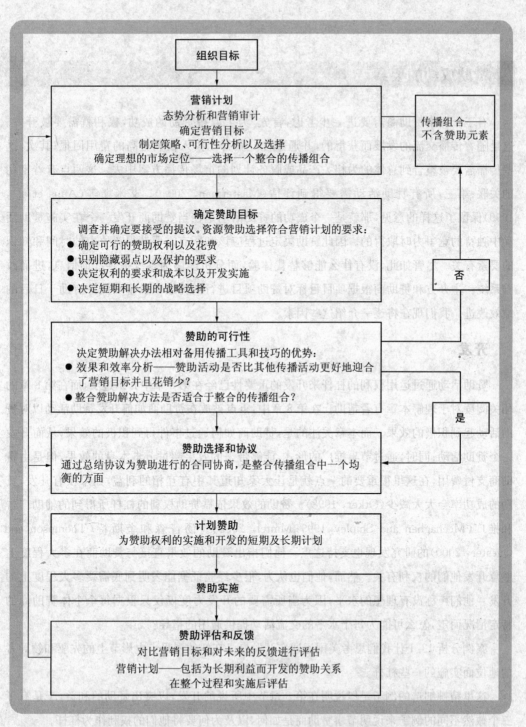

图 12.1 赞助计划过程:企业整合营销传播中的赞助计划流程

赞助成功的要素

有三个要素赞助商需要进一步考虑:首先,为了取得赞助的成功,权利就需要被开发。这是随着传播交流的发展而获得的,并通过杠杆获得比买入权利更高的费用回报;其次,这些传播需要被整合到总体的为相关产品或服务计划的市场传播方案中去。这两点有着密切的关联;第三,所有赞助活动需要得到评估(Masterman,2004)。艾米斯等(Amis et al.,1999)保留了这样的意见,那就是一个成功的赞助活动是在当赞助商开发一个在实施赞助活动中独特的竞争力时取得的。因此赞助决定过程应该和所有需要获得竞争力的时间和知识的要素有关。尽管如此,没有什么能够替代体验,而分析能够为系统提供反馈信息,进而改善系统。主办方和赞助商根据项目目标对赞助项目进行的持续以及事后测评有助于日后的绩效改进。我们现在将逐一介绍这些因素。

开发

赞助活动通过运用权利的杠杆来开发的重要性已经在第8章中介绍过了,而在第8章的相关阅读对于理解本章有着帮助。在第8章中,重点被放在赞助商如何开发赞助活动以对赞助活动起到积极的效果。而本章关注的是,赞助商如何通过事件得到积极的效果,从而开发一个赞助活动;同时,通过节事推广的形式,能够带来的效果超过节事本身的效果,但是由赞助商支付费用,在这里很重要的一点就是让大家知道其中有互相的利益,如果没有开发,赞助的成功率会大大减少(Otker,1998)。赞助的效果依靠赞助权利的杠杆所得到的辅助广告和推广(Meenaghan and Shipley,1999;Mintel,2002)。汤普森和奎斯特(Thompson and Quester,2000)的研究发现也支持这点。他们指出赞助的效果直接与赞助商在多大程度上愿意开发他们的权利有关。然而,他们也认为,很少经验证据能表明到底需要多大程度上的开发。他们声称没有理想的水平,因为当所需要的开发力度仅仅只根据每个个体赞助商的特定情况而定,怎么可能为每个水平的交流活动提供通用的指导?

案例分析12.1让我们思考美国运通在开发自己在纽约翠贝卡电影节上的先驱和领导者的地位而实施的一些杠杆。

这里精挑细选的例子足以说明在第8章节中所说的开发,以突出赞助的利益,于是有了三个截然不同的例子来说明节事赞助商是如何,以及为何要将他们的权利作为杠杆。

2004年欧洲足联由于有着主流大众传播方式支持,因而其赛事的赞助十分火爆。除了之前已经提及的 T-Mobile 公司之外,摩托罗拉、可口可乐、阿迪达斯、佳能以及万事达卡在整个欧洲都投入了电视以及平面广告。后者运用广告把顾客吸引到其网站上,以便进行活动门票竞赛,而这个竞赛是只有通过上网才能够参与的。

总部位于英国德文郡的 Flybe(BE) 折扣航空公司是当地足球俱乐部 Exeter City FC 的赞助商。为了纪念巴西国家队第一场足球赛事 90 周年庆(当时对手是埃克塞特),Flybe(BE)公司建立了巴西节。过去在巴西队中的灵魂人物在 Exeter 市圣詹姆士公园踢球,为了吸引媒体关于节前的报导,Flybe(BE)公司在平面新闻媒体中进行门票的推广,而幸运的读者可以赢取由其公司提供的到活动现场的机票一张。这个事件为小规模足球联盟从相对较少赞助中获得全国性曝光设计了催化剂。

第三个例子展示了如何设计一个对于双方都有利可图的赞助活动,而且展现了与众不同的革新式联系方式。美洲豹汽车为电影《十二罗汉》(Oceans 12)提供产品,作为《十一罗汉》的续集,仍然有乔治·克鲁尼、布拉德·皮特、马特· 达蒙和朱丽叶·罗伯茨主演,因此和第一部电影没有太大差别。作为报答,电影的制片商华纳兄弟前所未有地采用了两部美洲豹 F1 赛车并用来在 2004 年 F1 摩纳哥站上比赛。这次赞助活动在很多方面都打破常规,不仅仅因为这是一次比赛的一次性赞助,还包括在欧洲范围内在预选赛电视转播的巡游中使用电影中的明星阵容、广泛的平面和图片媒体活动的权利的开发。随着赛车队服的使用,电视要素大大增长。汽车加油站指示牌以及车身上都印有电影的名字和标志。

开发的重要性也在行业中显现出来。IEG/赞助调研协会(2004)的年度调查显示,77%的赞助商支出额外款项来获得赞助权利的杠杆。惊人的是,这个数字比 2003 年提高了 87%。赞助的决策者在 2004 年接受了 6 个赞助杠杆方面的形式的调查,其中包括商务接待、内部传播、广告、公共关系、互联网搭和[①]以及销售推广等。

案例分析 12.1

美国运通:翠贝卡电影节

由简·罗森萨尔(Jane Rosenthal)和罗伯特·德尼尔(Robert De Niro)在纽约曼哈顿创

---

① 搭和指的是与新的影片、电视剧、体育比赛等有关的关联产品(如唱片、图书、玩具等),或搭在一起出售的广告等。这里的互联网搭和指的是与互联网关联的活动。——译者注

立的翠贝卡电影学院(The Tribeca Film Institute)在 2002 年第一次公开亮相。2004 年的电影节上有包括 150 部故事片、纪录片和其他事件,在翠贝卡 17 号(戛纳大街下的三角区)的公开活动有超过 35 万人出席。电影节自己的传播项目有电视、广播、印刷媒体公关、推广活动和广告等。许多媒体合作伙伴也被受邀,这样一个涉及三层面的赞助项目形成了:电影节的友人有捐赠人、实物赞助商以及百威、通用汽车和索尼等 14 个签约赞助商,主赞助商为美国运通。

美国运通赞助的目的包括提高品牌和形象的知晓度和销售额。作为创始赞助商的运通在电影节官方文件上标明的属于自己的赞助权利开发包含以下几点:

网站

美国运通的官方网站提供了包含电影节信息的网页、无线灵敏促销(有门票销售、影片信息和放映时间)、合影机会、门票购买和地图地址等,都提供了所有活动功能介绍。因此他们能够展示其产品和服务以提升品牌形象。还有唯一的会员信用卡提供,用以提高顾客忠诚度并利用激活信用卡的机会来拓展新顾客。为了协助和拉动销售,在翠贝卡电影节上有关赞助商客户的餐馆的地图和信息也一并提供。

电影节的网站上也设有专给美国运通卡类用户的专属购买所有活动的门票机会。美国运通卡类的用户可以提前 4 天预订所有的门票,以拉动赞助商和活动举办者的销售额。

其他多样化的机制也被采用以拉动人们使用其网站,包括了下列具体的传播工具方面。

印刷新闻媒体

他们联系当地各种杂志和报纸的分销地点,以购买广告位,并设计了一系列的广告并使用电影节的传单的主题使之与电影节联系到一起。所有广告都带有翠贝卡电影节官方文件所认可的动画技术。一些广告还带有特别的促销。

这样的推广被称为"金卡一族",并且也运用到了电影海报的主题,还提供了包括最热门电影的旺季票的组合销售,其中还提供餐饮和免费礼品。这样的组合被称为"金卡用户活动特别价",以促进品牌知晓度并为日后的目标活动搜集市场数据。

广告牌和传单

使用同主题设计的海报以及在翠贝卡地区周边的广告牌。传单则在更广泛的地区中电影海报经常出现的地方主放。坚持使用同一设计的主题帮助确保了活动的整体性。

其他出版物:"电影地点的徒步游览"

赞助商制作新的电影节的插页地图,并放置在所有活动的现场,标明了精选拍摄是出自哪个具体的电影,比方说,梅格·瑞恩饰演的《电子情书》(*You've Got Mail*)中在巴尼格林格拉斯餐厅吃饭的画面就被标明。这样做也是试图提高其品牌形象。

资料来源: *The Village Voice*(2004); *Downtown Express*(2004); *The L Magazine* (2004); American Express(2004); Tribeca Film Festival(2004)。

整合

图 12.1 的赞助决策制定过程承认了赞助在整合传播组合中扮演的重要的角色,以便确保赞助选择的全面发展以及与其他联系方式的一致性,来确定最具效率和效果的一套信息渠道。虽然赞助总是值得评估的一个选择,然而并不意味着它总是一个解决方案。然而如果当赞助是解决方案的时候,很重要的一点是它是整合市场传播努力的一个部分,仅仅是一部分。当在开发赞助活动的花销增加时更加如此。为了利用赞助权利杠杆而实施的传播方法,我们需要和赞助所涉及的产品和服务的其他传播活动整合起来。没有这样的执行等于限制了成功的可能性,因为不这样会使传达消息的功能受阻,随即在不同方面和跨目的的活动中的传播能力变弱(Pickton and Broderick,2001;Bonne and Kurtz,2002)。

在发展传播组合时一个常见的错误就是将赞助、广告、公共关系和直复营销视为分散的部分(Fill,2002)。正确的方法应该是将所有品牌或者公司联系方式的形式作为信息通道(Shimp,1997),并且这是赞助项目可能产生的地方。由此,分离的赞助代理机构不断地涌现和发展。必须很好地监控赞助的议程、运行和执行过程,它们之间本身是紧密相连的。外部机构激活市场传播方法的作用越多,功能受阻的可能性就越大(Shimp,1997;Kitchen,1999;Fill,2002)。同时,用全球的眼光来管理传播方法是极其重要的,正如市场报告所言,目前正是赞助的一个重要增长阶段(Mintel,2002)。

整合营销传播方式的焦点在于影响受众的习惯。这就需要一个更加有影响力的品牌知名度的打造和煽动行动,才能在回报上有一个更多的关注(Shimp,1997;Kitchen,1999)。这可以采取销售的形式,也可以随着赞助的开展成为被完全接受和整合的传播工具(Tripodi,2001),而对于这种回报增加型的需求,更要强调开发策略的重要性。

家用清洁用品生产商 PZ Cussons 发现,开发赞助将是在其赞助 2002 年英联邦运动会中的重点。它采用了其肥皂品牌"皇皮革"来避开传统的官方运动赞助地位,并首先通过其所有的广告公司,由曼彻斯特广告公司、比斯兰卡斯特广告公司和尚扬媒介广告公司等通力合作来寻觅所有的机会。这些机会包括全国电视转播、区域内户外和平面的活动、活动标志、名人效应以及前运动员萨莉·冈内尔(Sally Gunnell)在公关活动方面的策划等,为主要贸易客户提供的样品和盛情款待。除此之外,带有 1 000 万包肥皂的推广活动,品牌在活动中通过诸如活动现场的卫生间等联系方式也被采用(Hawtin,2004)。

评估

关于评估的方法已经在第 8 章详细地讨论过了,作为推荐给事件经理的工具,它们也同样适用于赞助商。

很显然,必须公正评估,因为这是不寻常的产业(Hoek et al.,1997)。多尔芬(Dolphin,2003)问道,是否由于赞助的实际成本较难判断呢?另外一个不做评估的理由是,特别是不做事后评估是因为这需要许多节事经理马上投入到下个活动中去。从长远角度看,还是要进行评估的,而且最好将评估所需要的资金纳入活动预算中去,因为缺乏评估显然会阻碍成功。在一个底线为收回投资回报的社会中,只能从正确的设定目标中获得回报。测量和评价是针对目标的(Tripodi,2001),并且如果评估是重复的且在终端进行的,那么反馈的结果可以帮助提高未来的绩效。这样的评估对于确定并招募赞助商是很关键的(Thompson and Quester,2000)。那些无法设立明确目标或者不能对目标进行评估的赞助商很可能只经历较短也较不成功的赞助关系(Pope and Voges,1994)。

除了这三个关键因素,也存在同时期的外部力量能影响赞助决策的制定。一些更相关的因素分析如下:

插花营销——公平的博弈?

早在20世纪90年代初,插花营销就已经出现并成为节事产业中重要的问题。以前节事经理最关心的永远是赞助价值受到的威胁,以及赞助商因此而少支付的赞助费用,但现在满足赞助者的期望是需要成本的,以至于他们的赞助权受到插花策略的保护。插花威胁越大,招募赞助者的工作越难进行。当然,赞助价值受到的威胁也是赞助者考虑的问题,如果他们利用自己的权利,那么他们就在为竞争者创造新的平台去竞争。

赞助者在描绘插花竞争时形容其为不讲道德原则的雇主。这一点在某种程度上被一些评论人士所支持,他们将节事的插花营销视作一些企业的策略,这些企业寻求合作项目但却逃避赞助费用(Kolah,1999)。另一个观点认为自由市场是公平博弈。考虑到至今为止大部分的节事插花营销还未合法化,反对的观点则认为它只是以主动竞争的姿态利用营销传播,我们敢说,这甚至是创新地利用营销传播。赞助者创建了市场地位,它的竞争者将此视为导演一场竞争活动的合法机会。事实上,格拉顿和泰勒(Gratton and Taylor,2000)认为,耐克自认为其是一家违反常规的企业,插花营销手段的运用是耐克一贯持有的立场。

对于事件而言,日益增加的威胁源于越来越多的企业可能会认为插花营销策略会更成功,从而对节事不给予或不持续给予赞助。有如下的信号可以佐证这个观点:根据欧洲绩效调研公司的研究(2002),相比其他的赞助商,耐克在观看2000年欧足联冠军杯比赛的球迷中获得了更高的知晓度。当球迷们被要求从一张列表中识别赞助商时,耐克和啤酒酿造商Carling都被选中了,但他们都不是赞助商。记录显示,71%的人记住了耐克,而赞助商,如万事达卡(56%)、JVC(48%)以及富士(48%)都落后于它。作为球衣制造商和赞助商的阿迪达斯,也只获得了70%的知晓率。在赛事期间,最常被记住的电视广告投放者是耐克(18%),阿迪达斯和 Carling(都是5%)。

宝洁旗下的快餐品牌品客,曾是欧足联及2000年欧洲杯的赞助商,但在欧足联2004年冠军杯上却使用了插花营销策略。他们和一些球员签约并在产品包装上使用球员的头像。在未经国内足协授权的情况下,球员不能穿国家队队服亮相,同样在没有俱乐部允许的情况下,球员也不能着俱乐部的服装亮相。因此球员在包装上的形象都是身着不同颜色的无条纹 T 恤衫。例如,荷兰队的前锋,鲁德·范尼斯特鲁伊就以穿着橘红色针织衫的形象出现,和他在赛事中穿着的国家队队服很相近。这项交易被认为价值200万欧元,受益者包括12名球员和他们的经纪人、主办国和赛事组织者葡萄牙政府及足协,但不包括欧足联。对于整个欧洲很多非赞助品牌而言,这项赛事是相当公平的博弈。绝对伏特加(Absolut Vodka)在巡回赛一个月前就在泛欧洲地区分发促销明信片。卡片的一面印有"绝对开球"(Absolut kick-off)字样的标签,以及巡回赛队与队、小组与小组的对阵图都写在品牌特有的酒瓶形状内。因为绝对不是赛事赞助商,所以没有任何关于2004年欧洲杯的引用。然而,他们被认为与赛事有直接的联系。主办者再一次担忧他们产品的价值在赞助商眼中被低估了。

除了使用广告作为插花营销的手段,在20世纪90年代,获取电视直播赞助权也一度是插花营销的机会。后者大部分被试图监督插花营销的主要赛事取消。在成为赞助者之前,通过和直播伙伴的谈判,赛事能够保护直播方和赞助方的共同权利。

有一个领域被证明很难受到赛事的保护,那就是通过赞助个人或球队从而渗入赛事。球衣制造商对于个人或者一支球队的赞助权,以及这支球队在赛事中打败另一支由其他球衣制造商赞助的球队,都是不受监督的。事实上,在一些情况下,赛事授予赞助商带走或者留下的权利。继续拿足球和耐克为例。目前国际足联世界杯的官方球衣制造商是阿迪达斯,但这并不能阻止穿着耐克赞助服装的巴西国家队参加比赛并取得很好的战绩。2006年的德国世界杯就是这样的。这家企业同时广泛利用其电视广告席卷欧洲,他们的广告中有葡萄牙和巴西的球员穿着耐克球衣的场景。欧足联2004年冠军杯的球衣官方赞助商也是阿迪达斯,但耐克仍然赢得了很好的插花营销效果。

2006国际足联世界杯赛事的标准权利包括插花营销的保护(FIFA,2004)。国际足联持续从他们赛事的流行中获利,即使没有对赛事的直接财务贡献,也破坏了赛事和营销计划的整体性以及世界范围内对足球运动的兴趣。国际管理机构制定了一个全球范围内的"版权保护计划",该项计划致力于防止非法利用商标和赛事关联权。这种保护十分简单,它试图阻止企业购买赛事体育场馆周围广告板。广告空间需要事先预订,并作为使用权的一部分被赛事赞助商使用。这的确是一种保证赞助商行使他们权利的方法。在一次前所未有的保护纽约 2012 年奥运会潜在赞助商的运动中,纽约奥委会看管了大部分能在 2012 年被使用的纽约市户外媒体,这在申办奥运会前就已完成,当时甚至不知道申办是否会成功。这使得 60 万广告标识(广告板、公共交通和街头广告)中共计 95% 可供使用。要完成这项任务必须在 8 年前就和商业供应商谈妥价格(NYC2012,2004)。

事实上,防守的策略在这个层面上正在成为常规。现在,权利的开发不仅是使赞助关系生效的要求,也使竞争者远离传播平台。

其他赞助关系事宜

在赛事赞助中存在更明确的道德事宜。这些事宜介于创新和社会接受之间。例如,烟草生产商对于赞助关系的使用,从一种可接受的营销传播形式转变成受禁止的形式。

霍克等(Hoek et al. , 1997)报道称,酒精饮料也引起了道德关注,因为其对社会有潜在的负面影响。特别是,酒精饮料和体育仍旧是一个强有力的结合,在年轻人中的曝光机会一直不减。带有酒精饮料品牌名称的球衣仿制品就是一个例子。利用年轻人进行推广的行为在最近变得越来越广泛。在美国,很多年轻的滑板爱好者被赠予印有图案标签的滑板产品。更值得关注的可能是那些年轻人都签订了合同。在 2003 年,一个六岁的滑板爱好者在琼斯·苏打、乐高和白蚁公司(Termite)都有赞助商,并在好几个全国的电视节目中出现(Talbot, 2003)。同年,一个三岁半的小男孩,马克·沃克尔,与锐步签订了合同,锐步向其提供个人网站(markwalker. reebok. com, 2004)。在那个网站上,可以看到马克打篮球,也能听到他是篮球的未来之类的话,还有"我是锐步"的字样。他们在开拓赞助关系,很多方面是创新的。本章要问的问题并非是,这是否在道德上正确,而是什么因素主导营销策略的制定。在 2004 年 4 月,锐步删除了这个网站,他们所关心的是消息的内容、传达的范围、它被感受到的价值以及他们的目标是否最好地被满足了。

开发个人赞助权也造成了一些新的有趣的两难境地。当品牌拓展成为一个不断增长的视觉、创新上的实践,它就越接近于社会所接受或者不接受的道德底线。在人体上印有商业品牌图案的透明速滑服是一种创新,直到它被管理当局禁止。然而,拳击中的人体广告板演变成和商业相关的文身并被电视直播方禁止(Christie, 2002; Masterman, 2004)。道德观是很复杂的,因为不仅文身是个有争议的话题,而且媒体在主导体育中扮演的角色也很有争议的。后者在赛事管理的很多领域都受到关注。当赞助收入上升的同时,赞助商也有更高的期望,此外赞助商也更强调赞助投入的回报,这使得媒体的力量增强了。赞助商也需要被考虑,因为艺术、音乐与体育的结合越紧密,通常权利的持有者会受到更大的影响,作为营销传播的通道,合作赞助的效用也越来越小。

本章小结

本章补充了第 8 章的内容,两章分别用两种视角和方法——赛事方面的和赞助商方面——完成了对事件赞助的描绘。赞助关系是双赢的,通常被视为合作关系,同时它也是一种商业关系,总是存在两面性。这里强调了节事产业中企业赞助商共同追求的目标。这些目标主要被归为四类:直接销售目标、品牌知名度、外部和内部的企业知名度。第五类目标把它们都联系起来了,通过实现某个或所有目标,赞助商能获得竞争优势,至少将竞争对手拒于机会之外。

赞助决定作出的过程对实现这些目标至关重要,但这个过程并非一开始就要决定赞助与否。赞助决策的制定过程只是市场营销计划的一个方面,因此赞助只是一系列营销传播渠道选择中的一个。在整个过程中,为了协助决策的制定,需要许多关键方面的信息,这些信息包括辨识、任何赞助商可以进入的目标市场的大小、是否存在合适的满足、如何通过激励获取配送渠道、在什么方面可以获取竞争优势,以及需要什么样的资源等。这些问题能被以下含有三个关键步骤的过程所回答:第一步考虑结构化的市场营销计划,作出营销计划的初始方案使其与企业目标一致;第二步,较以其他渠道,研究、确定并估计赞助机会,确保营销传播被整合。只有当赞助的结果是有效并高效时,它才会成为一种选择;最后一步考虑对赞助的计划、执行和评估。

有三个因素对成功起到关键性的作用:开发、整合以及评估。开发,包括超出赞助的额外传播活动,被当作一种权利,但通常不足以实现赞助的目标。这些传播也需要成为整个营销计划的组成部分使它发挥最大的效用。第三个因素评估并非被很多赞助商所使用,但对未来的决策制定很必要。

有很多当前的事宜值得注意,因为他们对将来作出赞助的决定很重要。特别是,插花营销的出现和发展已经有了如此大的影响,以至于某些赞助权利被期望包括内建的插花保护。赞助决策制定过程中一个重要的部分是,要考虑赞助所创造的给对手带来竞争优势的平台。随着竞争强度的加剧,以及赞助费用的提高,赞助市场正被导向创新,虽然有时候会有道德争议,品牌活动仍在寻求竞争优势。赞助商进入目标市场的时间跨度是对此的证明。在如此的市场条件下,对赞助不断提高的期望是,赞助一定要有回报,而且这种回报一定是可以被计量的。

问题讨论

● 考虑在案例分析 12.1 美国运通在 2004 翠贝卡电影节中的赞助权利开发活动,并确定为了今后活动的需要而进一步开发的机会。

● 选择一个有赞助的节事,并确定每个赞助商的目标。通过确定目标市场、消息联系和传播渠道的选择,对如何满足每个目标进行仔细分析,并指出如何改进这个策略。

● 列举一个事件赞助者和一个你认为既有创新又整合的赞助关系。讨论在什么样的范围内,整合的营销传播手段是实现赞助目标的关键因素。

● 列举一个你认为对赞助产业有深远影响的事件,并分析它对于未来企业决策制定的影响。

参考文献

American Express (2004) www.americanexpress.com (accessed 9 May, 2004).

Amis, J., Slack, T. and Berrett, T. (1999) Sport sponsorship as distinctive competence. *European Journal of Marketing*, 33 (3), 250–272.

Bennett, R. (1999) Sports sponsorship, spectator recall and false consensus. *European Journal of Marketing*, 33 (3), 291–313.

Boone, L. and Kurtz, D. (2002) *Contemporary Marketing 2002*. Thomson Learning.

Business 2000 (2004) Case study: Bank of Ireland. Sponsorship of the Special Olympics: A partnership approach. www.business2000.ie/cases (accessed 26 April, 2004).

Charity Village (2004) www.charityvillage.com/cv/research (accessed 11 May, 2004).

Christie, J. (2002) New meaning to bottom feeders. *The Globe and Mail*. 23 January. www.sportsethicsinstitute.org/sports_marketing_ethics (accessed 28 March, 2003).

Connolly, P. (2003) *Colosseum: Rome's Arena of Death*. BBC Books.

Dolphin, R. (2003) Sponsorship: Perspectives on its strategic role. *Corporate Communications: An International Journal*, 8 (3), 173–186.

Downtown Express (2004) Special Section: Tribeca Film Festival. 16 (49), 30 April–6 May.

FIFA (2004) www.fifa.com/en/marketing/partners (accessed 12 May, 2004).

Fill, C. (2002) *Integrated Marketing Communications*. Butterworth-Heinemann.

Grant, M. (1975) *The twelve Ceasers*. Barnes and Noble Books.

Gratton, C. and Taylor, P. (2000) *Economics of Sport and Recreation*. E & FN Spon.

Hawtin, L. (2004) Imperial Leather: A winning performance. Admap, April. World Advertising Research Centre.

Head, V. (1988) *Successful Sponsorship*, 2nd edn. Director Books.

Hoek, J., Gendall, P., Jeffcoat, M. and Orsman, D. (1997) Sponsorship and advertising: A comparison of their effects. *Journal of Marketing Communications*, 3 (1), 21–32.

IEG/Sponsorship Research (2004) 4th Annual Sponsorship Decision-Makers Survey. IEG Sponsorship Report, Sample Issue. IEG.

International Marketing Reports (2002) www.im-reports.com/Sample3 (accessed 15 April, 2002).

IOC (2004) 2002 *Marketing Fact File*. IOC.

Kelso, P. (2004) Why Cassani had to call time, gentlemen, please. *The Guardian*, 20 May.

Kitchen, P. (1999) *Marketing Communications: Principles and Practice*. International Thomson Business Press.

Kolah, A. (1999) *Maximizing the Value of Sports Sponsorship*. Financial Times Media.

Mackay, D. (2004) The urgent promotion of Britain's double gold medallist. *The Guardian*, 20 May.

Markwalker.reebok.com (2004) www.markwalker.reebok.com (accessed 28 April, 2004).

Masterman, G. (2004) *Strategic Sports Event Management: An International Approach*. Butterworth-Heinemann.

Meenaghan, T. and Shipley, D. (1999) Media effect in commercial sponsorship. *European Journal of Marketing*, 33 (3), 328–348.

Milne, G. and McDonald, M. (1999) *Sport Marketing: Managing the Exchange Process*. Jones and Bartlett Publishers.

Mintel (2002) *Sponsorship Report*. Mintel.

Mullin, B., Hardy, S. and Sutton, W. (2000) *Sport Marketing*, 2nd edn. Human Kinetics.

NYC2012 (2004) 2012 *Olympic Bid Document: Theme 7, Marketing*. NYC2012, p. 127.

Otker, T. (1998) Exploitation; The key to sponsorship success. *European Research*, 16 (22), 77–86.

Performance Research Europe (2002) British football fans can't recall Euro 2000 sponsors. www.performanceresearch.com (accessed 9 October, 2003).

Pickton, D. and Broderick, A. (2001) *Integrated Marketing Communications*. Pearson Education.

Pitts, B. and Stotlar, D. (2002) *Fundamentals of Sport Marketing*, 2nd edn. Fitness Information Technology.

Pope, N. (1998a) Overview of current sponsorship thought. *Cyber-Journal of Sport Marketing*. www.ausport.gov.au/fulltext/1998/cjsm/v2n1/pope21 (accessed 29 April, 2004).

Pope, N. (1998b) Consumption values, sponsorship awareness, brand and product use. *Journal of Product and Brand Management*, 7 (2), 124–136.

Pope, N. and Voges, K. (1994) Sponsorship evaluation: Does it match the motive and the mechanism? *Sport Marketing Quarterly*, 3 (4), 38–45.

Sandler, D. and Shani, D. (1993) Sponsorship and the Olympic Games: The consumer perspective. *Sport Marketing Quarterly*, 2 (3), 38–43.

Shank, M. (2002) *Sports Marketing: A Strategic Perspective*, 2nd edn. Prentice Hall International.

Shimp, T. (1997) *Advertising, Promotion and Supplemental Aspects of Integrated Marketing Communications*, 4th edn. The Dryden Press.

Sponsorclick (2004) www.sponsorclick.com (accessed 10 June, 2004).

Stotlar, D. (1993) Sponsorship and the Olympic Winter Games. *Sport Marketing Quarterly*, 2 (1), 35–43.

Talbot, M. (2003) Play date with destiny. *The New York Times Magazine*, September 21.

The L Magazine (2004) The Film Issue. II (08), 28 April–11 May.

The New York Times Magazine (2004) The earlier they start. Merrill Lynch advertisement. 28 March.

The Village Voice (2004) XLIX (17), 28 April–4 May.

Thompson, B. and Quester, P. (2000) Conference paper. Evaluating sponsorship effectiveness: The Adelaide Festival of the Arts. *Australian and New Zealand Marketing Academy Conference*, November–December, 2000. Visionary marketing for the 21st Century: Facing the challenge.

Thwaites, D. (1995) *Welcome to the Pirana Club*. November 12, 46–50.

Tribeca Film Festival (2004) www.tribecafilmfestival.org (accessed 9 May, 2004).

Tripodi, J. (2001) Sponsorship – a confirmed weapon in the promotional armoury. *International Journal of Sports Marketing and Sponsorship*, March/April.

WMLGA (2004) www.wmlga.gov.uk/sponsorship (accessed 25 May, 2004).

第 13 章

商务接待

学习目标
■ 明确商务接待的目标;
■ 考察商务接待作为整合营销传播手段的使用情况及效果;
■ 明确决定商务接待成功与否的关键因素。

■ 引言

    商务接待为什么如此重要? 商务接待仅仅是为了达成某项商务合作而邀请客户来参加公司举办的活动吗? 在商业实践中,出于交流的目的,企业往往利用商务接待这种形式来招待各类大小客户,但是对商务接待所能达到的效果却没有一个评价标准,这是为什么呢? 毫无疑问,商务接待是一个极有价值的市场传播工具,但是,在运用过程中要对其进行战略性的选择、实施和实时评价,同时与其他市场传播工具的效果进行比较。

    为了对商务接待的重要性进行测评,有必要考察一下商务接待产生、发展的历史情况及其在今天商业社会中所起的作用。正如我们所知道的那样,商务接待是企业赞助的前身,但是,纵观其历史可知,商务接待一直都没有被战略性地使用,甚至公司的资金还被滥用到一些不合理的地方。本章将讨论商务接待是怎样从萌芽发展成为一个合法的市场营销工具的。

    本章的焦点将转移到在实践中公司是怎样进行商务接待的,以及怎样运用这些活动来达到市场营销的目标。了解公司是怎样利用商务接待这一传播工具的,有助于说明商务接待的提供者,当然也包括节事管理组织,需要对商务接待达到何种程度的理解。节事管理组织需要明白商务接待为什么以及怎样达到其客户的市场营销目标,这样他们才能满足客户的需要。为了证明商务接待是一项有价值的交流工具,本章将讨论决定商务接待是否成功的关键因素,包括整合、战略计划、目标的制定、评价以及管理方法等。

商务接待的产生

最近的 10 年里,商务接待的含义发生了相当大的变化。企业自身更加关注商务接待,努力提升一度曾被忽略的公司形象,因此今天有众多迹象表明,商务接待已成为一个很有价值的市场营销工具。在实践中,有众多迹象表明,商务接待可以成功地整合进客户关系管理(CRM)战略中(Mintel,2002)。然而,这还是一个相对来说比较新的观点,为了说明商务接待与客户关系管理之间的关系,有必要更加近距离地来审视商务接待的产生。

没有必要过分深入到商务接待的历史中去寻找几个例子来证明,公司创立客户名录是基于客户个人本身而非客户所属的组织。就利益相关者而言,首先,关键的问题是商务接待通常被视为招待客户而不是招待利益相关者的一种方法;其次,即使邀请了一些重要的利益相关者,商务接待也不是战略营销计划中的整合组成部分。它通常只是经理或部门的个别决定,即使商务接待与市场营销目标相联系,也很少为此制定计划,事实上也不对商务接待是否达到目标进行评价与考核。

有很多事例表明,英国在 20 世纪 80 年代经常有公司并非因市场营销的原因而邀请客户参加公司的有关活动。比如说,公司将很多商务接待视为对客户以前业务的一种嘉奖。然而,由于没有为这一活动制定专门的计划,商务接待就不再为市场营销的目的服务。因为商务接待一旦为市场营销的目标服务,就应当以一种能达到市场营销目标的方式将其整合进市场营销计划之中。

20 世纪 80 年代,世界网球锦标赛(WCT)每年都为纳贝斯克(Nabisco)大师双打比赛组织大量的商务接待活动。这项赛事在伦敦皇家艾伯特体育馆(Royal Albert Hall)举行,此次商务接待提供了 3 堆天鹅绒的、印有公司标志的网球供大赛使用。大赛共计使用了 100 多个网球和 7 个网球场,接待了 5 000 多位公司客人。其中最大的一个商务接待为一家来自包装行业的公司服务。因为多年来都有这样一位忠诚的商务接待需求商,因此在 1987 年的赛事之后,将这个客户转变成赛事赞助商的机会大大增加。然而,在承担了 1988 年的赛事赞助之后,这位客户继续通过公关公司来为其举办商务接待。这个例子除了表明赞助活动是怎样习惯性地脱离商务接待而单独发展之外,还表明了要将商务接待整合进市场营销目标是存在问题的。随着新的外包商务接待的发展,赞助活动受到了一些冲击,而接待邀请也是越来越多地发给个人,而非企业。对赞助商而言,商务接待仍然是一个独立的活动。

通过公关公司来举办活动的客户缺乏对商务接待质量的评价,这一直以来都是一个问题。英国企业节事协会(Corporate Event Association)的托巴·巴纳德(Tony Barnard, 2003)评价道,尽管近年来由于出现了大量的创新,商务接待业务一直处于上升的趋势,但是仍然缺乏对商务接待服务质量的评价指标,尽管这一需求非常迫切。他认为,对商务接待效果的评价完全局限于客人对活动满意与否的反馈上。同样,感谢信也用于相同的目的。几乎没有证据表明对商务接待所达到的目标给予评价,同样也没有对市场营销目标达到与否进行评价。CEA(2004)主张应该建立一套测评标准,这样有助于其他一些传播工具的混合使用。在实践中有证据表明,一旦建立了这样一套测评标准,商务接待的预算就会减少,如果这套测评标准被贯彻执行的话,那是很有效的。

在商务接待出现的早期及 1988 年英国 CEA 成立之初刚提出这个不同的概念时,人们对怎样使用商务接待来达到业务发展目标的理解是不透彻的。在那时,媒体对在重大体育赛事上使用商务接待给予负面报道,通过那些与自己理念相同的公关公司来举办商务接待这一做法被认为是可取的。其结果就是努力使商务接待成为一个值得信赖的交流传播工具。这项工作包括改变名字,从商务接待与企业节事协会(Corporate Hospitality and Corporate Event Associate)改成了企业节事协会(CEA)。其目的是为了吸引更多的关注,建立一套标准,并与媒体和公众的负面报道作斗争。然而商务接待的负面报道并不是由于公司对它的错误使用而引起的。公关公司也应该对此负责,因为他们在还没有完全理解其客户是怎样利用商务接待来达到市场营销目标时,就向其销售一揽子的商务接待。

这种错误的观念源于将商务接待当作一种奖励来使用。公司将这种奖励给予那些他们认为关系比较密切的利益相关者(尽管其中也包含一些客户),由于其过去的业务表现而得到了奖励。通过邀请客人或客户来参加这样一些活动有希望建立一些新的业务关系,但为达到这一目标基本上没做什么前期准备工作。因此商务接待变成了被希望看到的那样,成为供应商—客户关系的一部分,商务接待的新的名称(corporate hospitality)随之出现。邀请客户参加赛马、sky-box、野鸽射击以及观看歌剧就变成了纯娱乐的活动,尽管这些活动充满乐趣,可以让被邀请者更加"喜欢"和经常想到东道主公司,然而从交流传播的观点来看,这不具有战略性。当东道主公司也派发一些个人邀请的时候,毫无疑问,商务接待就将成为一个纯粹的娱乐活动(Bennett, 2003)。

商务接待行业

　　尽管如此,商务接待业仍然是向前发展的。根据明特(Mintel,2002)及其市场报告可知,商务接待蓬勃发展,基于市场需求可将其划分为三个不同的部分:体育赛事观看、文化艺术活动和大众参与活动(包括体育和其他的艺术活动)。最大的一部分是体育赛事观看,贡献了近一半的市场价值(Key Note,2000;Mintel,2002),在1999年至2001年间持续增长。文化艺术活动也有所增长,但是,由于体育赛事观看和大众参与活动增长率的增加,文化艺术活动的市场份额有所下降。

　　产业中最为剧烈的增长并没有出现在那些传统的、"出售昂贵入场券"的事件中,相反,大众参与类事件在1997年到2001年之间增长了40%。这些事件的目的无非就是娱乐嘉宾,同时,对于这些事件的大量投资也产生了较大的影响,而这个现象也为那些单纯管理传统体育事件和常规类事件的企业(商务接待是这类企业的主要收入来源)敲响了警钟。大众参与类事件的增长主要源于人们对差异化的娱乐事件的需求的增加,另外,已经确定的商务接待项目,例如赛舟、赛马、歌剧院的成本已经上升到许多组织无法接受的程度,也导致了参与类事件的增长。商务接待的买方也需要更多的差异化,从而吸引他们所邀请的客户。其他增长的原因还包括:更加积极的、敢于冒险的客户组织,以及对更多"崭新"体验的需求。因此,商务接待成为少数精英们的活动。这大概起源于英国,在20世纪80年代末90年代初的时候,飞靶射击开始逐渐盛行,这主要是由于它们保持一种独享和特权性,同时价格相对较低。随后,其他的活动,例如驾驶(包括跑道赛车比赛、越野类等)开始流行。在庄重豪华的房子里举行晚会、热气球飞行、城市寻宝等活动也逐渐形成,就在最近,主题娱乐还加入了装备汽车混战和彩蛋球武装混战。部分代理机构提供更全方位的服务,其中包括参观项目。这种与"接待"截然相反的"体验"的提供受到产业中许多节事组织方的关注,也将为更多的组织带来机会。

　　这将使产业中出现各种不同的参与者。任何组织都能够使用商务接待,但商务接待的供应商可以分为以下几类:商务接待活动的拥有者或管理者、以自己的目标为基点来创造和销售商务接待活动的组织者以及那些要么代表销售方,要么代表购买方来取得或者创造商务接待活动的管理中介机构。本章重点关注作为传播工具而被使用的商业接待,基·诺特(Key Note,2000)称,1998年至2000年产业的巨大改变影响了组织对事件接待的选择。客户组织需要更加差异化、能够提供更多的营销解决方案的国际化的事件,而这就导致了许多大型的参与者和能够提供高层次观众的事件的强强联合。同时，那些小型的专业化提供方也抓住机会进入市场，提供紧跟时代潮流的解决方案。而所有的一切导致了一个极其分散、充满竞争的产业和过剩的选择。

根据市场份额可以看出，传统的、高利润的体育赛事观看仍然是最受欢迎的，根据基·诺特(2000)报告可知，足球比赛吸引了最多数量的观众。与此相对，通过对英国250多家大中型公关公司的调查，明特(2002)报告认为目前最受欢迎的是高尔夫球赛，紧随其后的依次是足球、赛马、歌剧和橄榄球赛等。

就英国市场而言，如果要将公司内部的商务接待数据算入来评估整个行业的市场价值是很困难的，但是评估仅仅由公关公司提供的商务接待的市场价值的话，通过对大量资料的搜集整理及分析，这个数据是比较容易得出的。明特(2002)报告认为，2001年英国商务接待的市场总价值为6.76亿英镑，他们预测2002年将会下降到6.49亿英镑。尽管自1997年以来每年都有所增长，但是2001年美国"9·11"恐怖袭击很有可能会影响到这个行业的发展。基·诺特(2000)和MAPS(1998)这两个报告都是在恐怖袭击之前作出的，它们分别预测2003年商务接待将达到8.34亿英镑和9.98亿英镑的规模。基·诺特(2000)报告预测在2000年至2003年间，该行业每年将会有12.5%的增长，但是赛事观看的增长率是最大的，将会达到每年18%的增长率。回顾近几年的发展，可以很容易地看出，由恐怖袭击所导致的经济下滑对商务接待中的赛事观看这方面的影响不大。在这样的环境下，许多公司禁止国际旅行、削减商务接待预算的行为并不恰当。明特(2002)报告指出，有迹象表明2002年的第二季度情况会有所好转，商务接待业是很强劲的，完全有能力从经济下滑的冲击中恢复过来。因此在2002年度，明特(2002)报告预计从2002年至2006年将会有22%的增长率(扣除通货膨胀的影响后，还有7%的实际增长率)。它预测英国2006年商务接待的市场总量为7.93亿英镑。

尽管这个行业前几年一直都在增长，但基于这个行业的上述货币价值以及这样一种认识——商务接待服务是一个有很大潜在价值的交流传播工具，"老"观点仍然是占主导地位的。值得警惕的是，仍旧有事例表明对商务接待的选择听命于公司高层(Cobb，2003)。因此，如果最终要消灭传统的老观念的话，对究竟什么是商务接待有一个清晰明确的认识就越发重要。例如，明特(2002)报告将商务接待看作通过举办一些活动来招待商业伙伴、客户及潜在的客户。这一解释是相当令人满意的，因为当公司不需要购买一揽子的商务接待服务时，他们也能够在自己的或者租借来的场地来举办活动。然而，尽管就商务接待的定义是否应包括公司员工，是否应将公司为撰写市场报告而在内部举办的商务接待排除在外等问题并没有给出清晰的说明，但是商务接待的概念还是涉及了商业伙伴。尽管可以把商务接待服务业看作一个整体，但是，公司内部的商务接待是用于达到公司内部市场营销目标的工具，是从整合市场营销的角度来考虑的，其中内部市场是关键，因此，把所有招待性的活动都看作商务接待是很重要的。企业节事协会（2004）将公司员工也归入这个商务接待的范畴。同时，贝内特（Bennett，2003）将商务接待看作通过举办招待活动建立关系的好机会，花费一些经费，通过招待公司的客户、潜在客户及员工，能够为公司创造利润。然而贝内特（2003）的定义排除了这两个重要的方面。供应商也是客人中的一类，他们接受了邀请，因此也应归入该定义中。同样需要注意的是，公司的客户可以分为中间商和终端客户。商务接待通常仅仅被看作公司对公司的接待，但需要注意的是，假如东道主公司也是这么认为的话，那么关键客户也是值得邀请的。例如，汽车行业一直以来都邀请他们认为是重要的客户来参加各种商务接待。实践表明，商务接待正用于影响客户的整个价值链（Porter，1985）。比如，可以通过对供应商、员工和客户提供商务接待服务来对内部物流、运营、外部物流、销售、营销和服务产生影响。因此，可以从广义的角度来定义商务接待，商务接待就是一系列的招待活动，公司支出一定的经费举办这些活动来招待其客户和中间商、潜在客户和潜在中间商、供应商和员工，使公司从中获利。

　　下一部分将讨论作为市场营销工具的商务接待是怎样达到使公司获利的目标的，其原因是什么。

一种市场营销工具

　　根据贝内特（2003）的观点，商务接待作为一种奖励仍然是一个非常重要的因素。他指出，对商务接待的研究与"好感"理论（theory of liking）结合得比较紧密，更多的是基于市场贸易杂志和商务接待协会而非学术性研究。他认为，由于社会心理研究表明，"好感"更多是被看作一种鼓励承诺，人们通常都会对那些给予他们奖励的人和组织有好感，因此邀请某人参加活动，给予其很好的体验的目的就是激发其对公司的好感，建立关系。通过心理研究他把这个案例进一步向前发展。心理研究表明，人们倾向于对那些表扬或恭维他们的人抱有好感，简单的套近乎的方法可以增加好感。他进一步指出，对别人"好感"的增加，也会引起积极的回馈和反应。贝内特（2003）指出，商务接待通过创造一些交流机会，提高客人对公司的关注，因而能够使人们的关系更加密切，最终增加"好感"。他总结道，通过商务接待提供一些很好的体验作为对客户的奖励，能够为建立亲密关系奠定一个良好的基础，最终为将来的进一步合作创造条件。

贝内特(2003)自己对客户所做的探索性研究表明,大多数使用商务接待的公司都希望与现存的客户而不是潜在的客户发展关系。他的分析表明,商务接待通常被视为维持和发展现存业务的一种工具,不太用来与新客户开发新的业务联系。很明显,对客户的奖励是一方面,主要目标是为了将来开展业务建立关系。

不幸的是,根据明特(2002)的报告可知,很少有基于学术性研究的观点可供参考,但是有一些相反的基于营销实践文献的观点(Irwin,2002)。在涉及具体哪一部分客户最有希望通过商务接待建立业务关系这个问题时,有与贝内特(2003)相反的研究结论。该研究是由诺普(NOP)代表索迪斯集团(Sodexho Group)于2000年通过对250家商务接待客户调研基础上作出的。索迪斯集团是一家独立的商务接待及餐食服务提供商。研究结果表明,商务接待给公司带来的最大好处就是与潜在客户建立关系,与现存客户反复的业务合作并不是很重要。然而,这个报告也强调,公司现在倾向于邀请比较少的客人来参加商务接待以提高员工—客户的比例,其目的是为了与客户建立关系,提高员工的人员推销量。总体而言,人们越来越理解以下观点:商务接待能帮助公司与客户建立长久的关系,许多公司以最大化地维持与其所邀请来的客户的关系为他们客户关系管理的基点。因此,这有一点反常。客户终身价值是需要在第一次业务之后不间断地维护发展的。

绝大多数公关公司已经意识到这些目标。许多公关公司开始使用网络来吸引客户。其中一些将咨询作为他们服务的一部分,这样客户的一些特殊的需求和要求就能被满足。英国Motivaction公司(2004)在商务接待服务方面已经有17年的历史。尽管在商务接待方面有一些通用的解决方案,比如有专业人员负责商务接待的整体监控和协同配合,但是也需要单独为客户进行个别咨询以确定具体的时间、地点、客人名单,以及希望通过该活动达到的目标。在英国,通过举办高尔夫球赛和赛车比赛这样的一些体育活动也能达到和商务接待一样的效果。通过进行咨询服务和调研,案例分析13.1中两个客户的要求就得到了满足。反过来,像许多公关公司一样,体育世界集团也能为帆船、马球、歌剧和品酒赛提供一揽子的商务接待服务,尽可能多地将自主权留给客人,让他们来决定这些活动是否为其带来了愉快的体验。美国华盛顿Redskins公司通过其网站的专属销售渠道和消费者俱乐部来进行营销。他们认为这是一个很有效的招待客户和员工的方法,因为有证据表明,这样的活动能够维持与现存客户的关系并发展与潜在客户的关系(Redskins,2004)。尽管Redskins公司指出他们的商务接待将与公司的潜在客户联系以满足他们的特殊需要,但是他们并没有提供确实的证据来表明他们究竟是怎样做的。

似乎这已经达成了共识,即商务接待作为整合营销的一项工具,其价值在于与公司客户建立关系,而不在于对哪一个具体目标客户(现有的客户还是新客户)更有效。可以明确的一点是,需要对商务接待的目标做进一步的研究。

有一个进一步的问题需要考虑,即究竟是谁来决定是否需要使用商务接待。贝内特(2003)的研究表明,决策的制定主要依赖于市场营销、公共关系以及节事管理部门。在贝内特所调查的那些公司中,很少有公司的商务接待决策是由多个部门的人共同制定的,在多个部门的人共同制定商务接待决策的公司里,该决策的制定一定会包括市场部的人。他总结道,商务接待被视为也被用作市场营销的工具。欧文(2002)认为,现在商务接待决策更多的是由市场营销部门作出的,这一事实表明公司从市场的角度看到了商务接待的重要性。然而,这并不意味着商务接待一定会被看作一项整合营销工具。仔细阅读贝内特(2003)的研究结论发现,在被调查的公司中,只有55%的公司同意或强烈同意商务接待是完全被整合进他们的市场营销战略的。

案例分析 13.1

体育世界集团

体育世界集团(Sportworld—Group)是一家英国的体育赛事管理服务公司,有不同的独立部门为整个赛事提供服务,包括会议的组织、旅行和商务接待等。下面的这个案例说明了传统的比赛,如高尔夫、赛车等,都需要研究以确定一个量身定做的方法,最终实现公司目标。

邮局

体育世界集团与邮局签定合约于2003年9月为其举行两个地区性的高尔夫比赛,每个比赛都有30人参加,一个在南部,一个在北部。举办比赛的目的就是发展与现存供应商和客户的关系。

考虑到客人的旅行,地点的选择就是一个需要重点考虑的因素。选出来的高尔夫比赛地点在登汉(Denham)的白金汉郡,此处距离伦敦市中心有18英里,还有在赤夏的康登公园高尔夫赛和乡村俱乐部。全天的活动项目包括早餐、午餐、晚餐以及派发印有邮局标记的纪念品。这项高尔夫比赛还包括两项不同形式的比赛:得克萨斯攀岩(Texas Scramble)和斯德博涉水(Stapleford)。同时,该活动也为那些只是喜欢锻炼的人提供食宿,因为有调查表明,有相当数量的客户喜欢非竞技性的比赛。活动中的团队安排是基于客户建立的,这样高级别的员工就和重要的客户编在一个组,以利于客户关系建立。

宝洁公司(P&G)

宝洁公司要举办一系列的地区性活动,主要用于"推动"战略和针对分销商的激励计划。2003 年早期的目标就是要在 2 个月内销售 3 个月的量,对那些达到目标的分销商给予奖励,邀请他们来参加活动。对体育世界集团公司的挑战就是每一笔预算都固定好了,同时还举办多场地区域性活动。通过对分销网络的研究,决定于 5 月和 6 月在 6 个地方共邀请 720 人来参加活动。这个目标实现有些困难,因为只有在整个项目设计出来之后才知道有哪些客人,为了活动的顺利举办就需要推测这些潜在的客人的情况。为了使激励计划最大化地达到效果,体育世界集团提前通过分销网络设计了 6 车道的赛车运动。

为了提高出席率,活动特意定在周六举行,除了有车道赛车外,还有无车道赛车。一天的项目除了包括一日三餐、纪念品、奖品、安全培训以及活动指导外,体育世界集团还承诺举办跑步比赛,在每一个赛点至少安排 2 名活动经理。这样能保证对宝洁客户的关注。

结果表明有 75% 的分销商成功地完成了任务,并且希望宝洁在 2004 年再举办同样的活动。

资料来源:体育世界集团(2004)。

成功的关键要素

在这样一个高度分化和竞争性的行业中,节事管理组织的压力就是要满足变幻不定的客户的期望。为了满足客户的期望,商务接待作为一个整体需要提高自身能力以适应客户的特殊要求。例如,从公关公司的角度来说,公司对商务接待支出的增加就会增加公关公司的数量,从而要在这个行业生存下去就会很困难,更不要说要取得成功了;同时,从公司的角度而言,商务接待支出的增加相应对其服务质量就有更高的要求。非常明显的是,尽管这才刚刚开始,但是一定会扩展开来。商务接待需要像其他一些商务工具一样,对其服务的效果进行评价。因此,为了通过使用商务接待来达到市场营销的目标,公关公司及其客户双方都需要思考以下几个关键因素:

整合

如果商务接待能够通过举办一些活动来与客户建立关系,这些活动创造了一种亲密的氛围,增强了彼此之间的影响和喜好度,那么,商务接待就是一种一对一的营销活动。然而,通过商务接待来直接创造的新的商业机会是很少的,而且建立的关系也很容易就断裂了,因此,需要用长远的眼光来看待商务接待。不可能仅通过商务接待就与客户建立起公司所希望的那种长久的关系,其他的交流工具也需要结合起来使用。因此,成功利用商务接待的方法就是通过整合,将商务接待与其他工具结合起来使用。

策略计划

在经济不景气的时候,通常可以发现公司会削减商务接待预算。然而,在这样的情况下,还要进行市场营销就会对销售,甚至对公司形象产生一些不同的效果,因此就需要战略性地使用商务接待,将其整合进市场营销中去。弗拉克(Flack, 1999)研究表明,60%的被调查的公司在未来5年还将继续他们在商务接待方面的支出,即使经济衰退也不会改变。贝内特(2003)指出,在经济不景气的时候仍然保持对商务接待的支出的意愿清楚地表明,公司正在战略性地使用商务接待。

要评价商务接待在整合营销计划中所起到的作用,首先应该评估那些被邀请来参加活动的客户是否切合公司的整体战略。这就要求先对客户进行定位划分,同时,为客户选定最合适的活动,以便目标的达成(Irwin, 2002)。确立与整体市场营销目标一致的商务接待目标是相当关键的(Irwin, 2002;Bennett, 2003)。严格按照公司的宗旨来组织活动是一个能够达成公司目标的方法。同样,对你的客户可能想要的东西作深入的研究,有助于确立一个可以达到的目标。

目标

把目标放到这一章快结束的时候来讨论似乎是不太有效的方法,但是,有一点需要理解的是,对商务接待能够达到什么样的目标没有一个共同的或者是公认的标准。正如在本章前面所论述的那样,在商务接待能够促进新业务的开展这一点上是没有异议的,但是在开发新客户有效还是维护现存客户有效这一点上却没有达成共识。

贝内特(2003)提出为商务接待确立明确的目标是很有必要的。他强调,应该视其为一个关键因素,因为现在商务接待这一理念还不普遍。在他调查的公司中,有62%说他们确立了明确的目标,但是仍旧有1/3的被调查公司没有确立明确的目标。从他的研究中可以看出,公司确立的目标主要是增加对现存客户的销售,而不是对潜在客户的销售。经过研究后,邀请来参加活动的客户,79%是老客户。争取新客户也是一个目标,但不作优先考虑。相反,明特(2002)所作的诺普(NOP)研究报告表明,尽管有21%的被调查公司将商务接待视为一种对老客户的奖励,但是只有很少的一些(7%)认为应该将维护与老客户的业务关系放在首位。发展新业务被视为第一目标,但这是从与潜在客户建立关系开始的。

大多数的公司都会考虑和他的员工发展内部关系。达到这一目标的方法之一就是运用商务接待。举办活动可以增加交流、鼓动气势、建立团队和奖励员工。公司节事协会(2004)认为，谈到活动的选择，相当多的公司都没有一个很好的策划准备。通过研究，公司节事协会认为，如果公司对商务接待作了很好的选择，那么通过举办这样的活动能够增加对公司的忠诚度，提高内部员工之间的关系，也能够鼓舞士气。但是一旦作了错误的选择，也会给公司带来很大的伤害。关键就是要知道员工喜欢什么，有时候需要有一种客观的观点。许多公司，甚至一些高管都会这样做，他们会根据员工偏好来作出决定。聘用专业的活动策划公司能够弥补公司在这方面的不足。他们的观点比较客观，一旦与公司签订了合约，他们就会为公司提供特定的服务，以满足其需求。2004年，Motivaction公司与一家很大的计算机制造商合作，举办一个能够促进团队建设的活动。这个活动邀请了来自16个国家的360多名员工。挑战就是要激励这些员工一起参与这个活动，而不是留在办公室里。活动的目的就是要证明，即使是来自不同地域、不同文化和不同时区的人通过合作也能够使整个团队更强大、更有效率地达到它们的目标。Motivaction公司(2004)使用了他们的"Emaze"游戏、绑腿跑游戏等，通过团队之间的比赛，要求他们完成各种任务，这些任务都是通过对员工的研究特意创造出来的。客户认为这个活动举办得相当成功。

　　贝内特(2003)根据自己的研究结论还说明了其他两个关键目标：发展公司形象以及把那些能够给公司带来利润的客户吸引回来。明特(2002)还把增加对产品的认知作为一个更进一步的目标加以考虑。一个提高公司产品形象的方法就是赞助一些活动，并邀请目标客户来参加这个活动，在活动中他们能够看到公司的产品。例如，公司的产品能够在活动中发挥一些功能性的作用——网球、计算机、无线通讯设备和医疗服务都是能够在活动中看到的不同的产品和服务(见第8章和第12章)。商务接待和赞助活动之间的历史性连接是很紧密的。30多年或更早以前，当赞助业刚起步的时候，赞助活动中强制性包含了一些商务接待。甚至在今天，商务接待仍然被许多赞助者看作最重要的权利。正如第12章中所提到的那样，IEG投资银行和赞助研究(Sponsorship Research，2004)调查了一些公司赞助决策的制定者，他们把商务接待看作最重要的权利。77％的被调查公司认为，商务接待是他们赞助活动的一个组成部分。通过使用的商务接待设施也能够展示公司的产品，无论是在公司的盒子上、帐篷上，还是在宴会厅里。如果公司生产食物或者饮料的话，那么在活动上也能用来消费，如果公司生产的是其他产品的话也能将其用作礼物或者是纪念品来送给客户。选择或者策划那些能够展示公司产品的商务接待活动，对任何一家公司来说都是最佳的战略性决定。

　　为了促销产品而策划的活动会被传播开来，很自然这些活动都有宣传和展示产品功能机制。尽管这一点在第11章中已经详细地讨论过，但需要注意的是，公司商务接待也可以融合进这些活动之中。用汽车行业做例子，汽车生产商很清楚地看到要维护好与重要客户的关系。在车展上沿袭着传统的方法来展示产品,邀请重要客户上展台以示对其的奖励。除此之外,现在也邀请客户参加户外赛车、参观工厂以及参加商务接待。为了达到该目的,莲花汽车在诺福克还拥有自己的赛道。

还需要注意的重点是,许多商务接待的目的是为了与供应商建立业务联系。邀请那些能够影响自己成本的供应商参加商务接待,可以更有效、更合算地购买到原材料进行生产。其重要性就如同客户之于公司是一样的。例如,案例分析13.1说明了邮局是怎样通过商务接待来维护与供应商和重要客户关系的。

尽管缺少研究不能准确定义商务接待的目标,但是只要考虑并实施了上述关键因素,通过举办商务接待来达到以下目标是可行的:

1. 发展新业务:举办商务接待对客户给予奖励,增加彼此的交流联系,更好地理解公司的信息并加以宣传,这些都有助于与客户建立联系,最终会获得新的业务。

2. 提高产品的知名度:通过举办商务接待宣传产品信息,在客户面前展示产品,都有助于提高产品知名度。

3. 提高公司的知名度:通过举办商务接待更好地理解公司的信息并加以宣传,有助于提高公司的知名度。

4. 增进内部联系:通过举办商务接待对员工给予奖励,宣传公司信息,有助于增进对公司内部、公司形象以及公司目标的理解。

5. 发展与供应商之间的关系:通过举办商务接待,增加彼此的交流联系,更好地理解公司的信息并加以宣传,有助于发展与供应商之间的关系。

互动点

对于活动的选择和邀请谁来参加活动一样重要。这两个问题是相互联系的,为了达到既定目标,对于活动的选择必须完全适合每一个客户。从市场报告中(MAPS, 1998; Key Note, 2000; Mintel, 2002)我们可以清晰地看到体育活动仍然是首要选择。为了了解这是否是正确的选择,就需要更多的评判标准。尽管参与性活动正在增加(Mintel, 2002),但是传统活动仍然最受欢迎。作出决定有两大关键因素:创新是一方面,但这并不意味着普通顾客每次都会尝试新活动。许多顾客受传统活动的邀请,仍参加以前的活动就说明了这一点。受邀顾客知识的增加使得创新成为首要因素。公司需要研究一下他们的顾客的娱乐需要,然后在活动之后对是否满足顾客需要这一情况进行评价;第二个关键因素是确保公司与顾客的近距离接触能够满足公司的目标。这需要很长一段时间,也需要一种有效的关系发展技能,这也需要选择合适的人来主持这个活动,这样一个人可能需要也可能不需要经过培训,但他一定需要对公司还未达成的目标有深刻的理解(Bennett,2003)。这就进一步解释了战略性项目需要很仔细地进行策划。

评价

商务接待是否是一个有效率和有效果的沟通方式?评价这个问题对公司来说有困难。没有足够多的研究来证明它起什么作用,或商务接待是为什么目标服务的。但是,对于这种方法使用的增多,表明公司假设这个方法有用。但是所有的公司都会同意假设对作决定来说并不充分,在对商务接待进行评价时,并没有证据证明公司正在试图弥补这种假设。例如,MAPS(1998)报告揭示了 2/3 的主办单位并不评价他们活动的有效性,但明特报告(2002)不同意这个观点,它指出几乎它们调查的每一家公司都采取了一些测量方法,它还总结出有必要设计更加精密的方法来测量活动的结果,最终测量商务接待的合理性。

贝内特(2003)提到了测量评估活动的难点,他的研究报告指出,公司使用相同的非正规的测量方法:34%的公司来源于顾客反馈表;23%的公司依靠非正规的管理评估。后一种评估方法的困难在于新项目如果需要很多时间的话就很难发展。时光飞逝,多花几年意味着其他因素也会影响决定。这也是为什么商务接待必须作为一个整合工具来使用,所以其他的沟通工具才能继续用来发展客户关系而无需考虑时间长短。

评估作为商务接待成功的重要因素有以下两个原因:第一,必须证明对于特定沟通工具的测量的选择的合理性。证明是否其他的测量工具是更加有效测量的重点,当然推荐使用一些更加正规的客户反馈。例如,越来越多的评估反馈表被用来评价其他沟通工具相一致。这也导致了为什么评价是很关键的第二个原因。对商务接待的评价事实上只是整个评价工作的一部分,因此,仅对商务接待的评价不能测量公司目标是否达到,对整个沟通项目评价的范围越广,则对市场目标的评价方法越有效。

管理

对商务接待的管理有两个基本的选择:内部操作和外包。近几年,关于选择哪种方式的决策主要取决于客户希望获得的接待方面的速度,也正因如此,许多供应商获得了外包的业务。有足够经验的或是拥有训练有素的经理人的公司很少采取这种方法。因此,很少有公司愿意创造和管理公司外部的沟通活动。

根据他们提供的服务层次的不同,公司提供的商务接待和节事管理的程度也是不同的,因此,在任何的商务接待中,不会只有一家公关公司。对活动监管、协调和评价的重要性,就如同其他外购活动一样,将会有更多的公关公司加入进来。即使每一个公关公司提供一个客户商务接待计划,但主办单位也得根据他们的要求进行管理。如同上述其他关键因素一样,清晰的参与标准会使工作越来越简单。

对一些准备自己举办节事活动的公司来说,他们可以聘请到越来越多的训练有素的项目经理。由于行业的需要,项目管理的发展越来越需要高学历的经理人,越来越需要对此进行学术研究。项目管理的发展也有利于商务接待的使用者和他们所作出的管理选择。

本 章 小 结

作为一个有价值的营销工具,商务接待的发展并未完全成熟。刚开始,公司开展的有偿活动既来自于个人目标,也来自于公司的目标。在公司赞助活动成长初期,商务接待提供了许多的权利,至今为止,它也是优先权利的第一选择。正因为有了这些公司目标的存在,这一产业空间是巨大的,更有人预言 2006 年仅在香港其产业规模就将增大到 8 亿美元(Mintel,2002)。但是,这些公司几乎没有令人信服的证据来表明他们已经达到了预定的目标。缺乏研究证据支持和目标设定及结果测量,产业的增长基础也不那么可信。公司在作决策时,总假设通过客户关系、公司形象、产品意识和内部关系的发展及商务接待的使用发展业务。当这些目标实现时,公司研究和决策使用的沟通方法的有效性取决于目标实现的程度。公关公司在接受客户要求时需要考虑这些情况,然后再设计出进行可靠评价的方法。

问 题 讨 论

● 阐述一下你目前工作的企业或熟悉的一个企业是怎样进行商务接待活动的,说明成功进行商务接待的关键因素。

● 就案例分析 13.1 中所给出的信息,你怎样为邮局和宝洁公司举办明年的商务接待?

● 你的公司销售业绩正在下滑,失去了部分市场份额,打算裁减部分员工。假定你正在和一家拥有整合市场营销方法的事件管理组织合作,具体阐述一下怎样运用商务接待来协助业务发展的整体战略。阐述你将面临的所有问题以及你怎样处理这些问题。

参考文献

Barnard, T. (2003) Measure it or lose it – How to maintain your entertainment budget. *Marketing Business*, April.

Bennett, R. (2003) Corporate hospitality: Executive indulgence or vital corporate communications weapon? *Corporate communications: An International Journal*, 8 (4), 229–240.

CEA (2004) www.cha-online.co.uk/about.htm (accessed 28 September, 2004).

Cobb, R. (2003) Let me entertain you. Special Report. *Marketing Business*, April.

Flack, J. (1999) Slump action. *Marketing Week*, 4 March, 57–59.

IEG/Sponsorship Research (2004) 4th Annual Sponsorship Decision-Makers Survey. *IEG Sponsorship Report*. Sample Issue. IEG.

Irwin, R. (2002) Coming of age: Corporate Hospitality. *Marketing Business*, April, pp. 21–23.

Key Note (2000) Corporate Hospitality. Market Report, Executive Summary 2000. www.keynote.co.uk/kn2k1/10778_03//doc_19.htm?uni=1096437499 (accessed 29 September, 2004).

MAPS (1998) Corporate Hospitality. Market Report, July. www.the-list.co.uk/acatalog/mp74008.html (accessed 29 September, 2004).

Mintel (2002) *Corporate Hospitality*. Market Report, June. Mintel International Group Ltd.

Motivaction (2004) www.themotivactiongroup.co.uk (accessed 1 October, 2004).

Porter, M. (1985) *Competitive Advantage: Creating and Sustaining Superior Performance*. Free Press.

Sportsworld Group (2004) www.sportsworld-group.com/swg/casestudies (accessed 1 October, 2004).

Washington Redskins (2004) www.redskins.com (accessed 1 October, 2004).

　　进攻是最好的防御手段 2004年欧洲杯之前以及期间,耐克在整个欧洲主要城市中都置放了巨型的仿制足球。图中的足球位于布拉格。这种创新的插花战术,以活动本身和其赞助商阿迪达斯为目标,已越来越多地被使用并受到所有活动组织者和赞助商的关注。这种独特战术表明了为确保成功,活动传播所需达到的程度水平(照片经 Trish Coll 允许后刊登,2004)。

　　　　节事产业内的人员都需要考虑确保未来的成功,这个部分提及了两个所涉及的关键因素:第一是管理控制,确保日常运作能够达成目标并且进行评估以帮助将来做决策;第 14 章提及了实施、评估和营销传播的控制。

　　　　越来越多地使用评估和反馈将帮助活动举办行业专业化,并使该行业得到发展。为下一个活动作决策时也能获得更多信息。然而,不受组织控制的外部因素影响着决策,所以为了作出成功的决策,第二个关键因素是要了解未来以及整个行业的趋势。因此,最后一章列出了当今对于活动行业内传播方面的未来推断的一些想法。

实施

评估

控制

趋势与预测

第 14 章

实施、评估与控制

学习目标

■ 考虑用于传播的预算分配和协商的方法；

■ 解释传播计划实施的过程以及这个过程中内部市场的重要性；

■ 强调传播行为的同期测量和评估的必要性；

■ 理解为测量和评估营销传播所需的方法范畴；

■ 明确为控制目的而进行的同期评估的重要性。

引言

计划阶段的传播计划管理是整合营销传播过程的一个重要方面，它包含通过制定计划和资源分配进行的实施、测量、评估和控制。确保传播战略的有效性，只有在其影响可测量并且能够根据为确保计划成功而设定的目标进行定期评估才有可能。对于节事营销的传播人员来说，理解这种同期评估、方法的多样性和所需的数据源（包括运营数据以及外部环境监测和针对顾客进行的直接研究）是当务之急。这类数据搜集使得发展未来传播计划能够拥有更多的信息，同时提供控制数据以允许在现行计划中进行修改。制定和紧随预算这个步骤是营销传播计划制定中密不可分的一部分，并且与测量及控制问题紧密相关。因此本章的焦点在于强调持续监控计划使它与预算、目标和实施计划一致的重要性。本章会讨论预算设定、实施和控制方面并概括出测量和评估传播的兼具效率和效果的方法。

图 14.1 展示了实施、评估和控制计划的过程，表明了测量和评估实施、控制和预算设定这三方面的重要性。

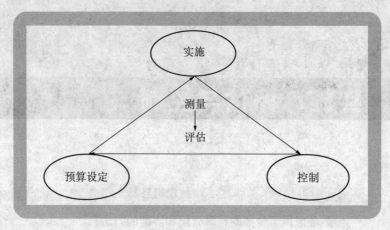

图 14.1　实施周期

设定传播预算

可能认为预算的设定应该在决定传播计划之前,因为预算是开发目标、定位、方法和媒体时需要考虑的限制因素。然而,主要基于态势分析中收集到的信息而制定的传播计划,会在考虑和选择公司市场传播方面的最佳行动步骤时将公司的资源考虑在内。因此,所需的预算应该在计划所要达成的目标的基础上制定,或至少在该基础上是可以协商的。

决定市场传播过程中所需的适当花费有许多种方法,从中进行选择绝大部分是基于组织的运作是否以营利为目的,通过销售收入获得资金或通过捐献、赠与、政府支持获得资金,也通过组织结构、功能性角色、经验以及常识。例如,一个以顾客为导向的事件举办机构看待传播预算的角度与以产品或利润为导向的机构不同,前者关注的是为达成在顾客身上的期望效果所需要的是什么,而后者关注的是能承担得了多少以及什么能获得最大的回报。

一个组织的所有者或经理的职能行为准则同样也会影响传播预算。有财务/会计背景的管理风格会导致在传播上花费较少,他们更关心的是底线(利润);而以营销为引导的公司会要求在传播上花费更多以便更具竞争力。因此,经常需要在组织内部说服他人分配到营销传播上的花费是值得的,而且能够产生实质性的报酬。

所以说,传播计划的测量与评估作为使预算合理化,并作为将来预算协商时的一个基础以及为了控制和信息方面的目的来说是必需的。

根据格兰(Gullen,2003)所提出的,传播预算设定的方法可以分为以下五种:

1. 基于惯例(去年的预算,去年预算增减一个百分比)。这在市场稳定、目标近似去年的情况下是适用的。

2. 基于营业(所能承担的,去年销售额的百分比)。这些方法纯粹将传播当作一项花费而不考虑其投资回报。通常使用的数字是第二年预计销售的 10%。

3. 基于媒体(媒体方案的花费,为达成目标所作方案的成本)。这些方法取决于媒体机构的适当介绍,而且当传播的焦点放在生成"消费者吸引"上时是特别有用处的。

4. 基于竞争(比对竞争者和观念分享)。可以建议监察竞争者在传播上的花费并对此进入对标(benchmarking)。然而,仅仅比对或改善他们的花费并不一定能达到相同的结果,因为每个公司的环境背景是不同的。

5. 基于动态(目标和任务、试验和市场模型)。基于所需达到的目标来判断所需的数量自然是最具逻辑的方法,但也是最困难的,因为它需要在给定一部分花费的基础上来评估效果。这种方法可以利用以往的数据、竞争者或其他组织的经验,或是使用计量经济学和反应曲线分析方法得出的统计模型。所需的分析时间可能很长,然而通过改善了的传播投资回报,结果可以有所补偿。

因此,传播预算应该基于对花费的实际估算,这些成本应该是在达到传播目标过程中所发生的成本,而不是对以往花销的推动或过去销售额的百分比。如果以前曾举办过类似的活动或事件且对其进行了评估,那么这种测量可以基于以往经验,或者利用竞争者对标来衡量为达到某种传播目标可能所需的花费,则评估可以基于相似机构和活动。由于许多活动是独特的,其发生不具规律性,并且/或是独立事件,那么预算决算所能依据的以往数据经常很少。因此需要一种关于目标及任务预算设定方法,并且这能通过竞争者信息、试验及"感觉"来完善。对所有公司来说,确保建立起一个信息(包括公司内部和竞争者的信息)数据库,而且这个数据库能用来加强未来的预算设定程序(Fill, 2002)。

尽管目标和任务方法是很理想的,在许多组织内部预算仅是从"高层"传达下来的,因此手中的任务很难达到最理想的效果。这通常意味着不管使用何种方法,在设定完预算后可能有必要再检查目标以确保它在现有的财力下能够达成,如若不然,计划则需要修改,预算需要重新分配。

在预算设定方面的深入思考是,在组织的投资组合内多种产品或事件间的传播预算的配置。在这些案例中,不可能仅仅为了达到总体传播目标而决定整个预算。需要更复杂的模型来确保为每个提供的服务、每个正在举办的事件、每个利用的场地来决定适当的分配(Dysoll, 2002)。尽管通常的惯例是以一个战略经营单位或者品牌为基础来配置预算,以利益相关者团体或目标公众为基础来分配预算也是适当的。例如,一个举办一系列节目活动的组织可能会决定需要用预算的20％来联络赞助商；25％的预算给当地社区；30％的预算来联系国内旅客；15％的预算分配给媒体联系；以及用10％的预算来联络参与者。这种方法是否合适，很大程度上取决于组合内事件的时间选择以及它们是否举办得连贯、持续。

表14.1中给出了预算配置的示例。表格展示了如何利用许多指标来改良预算配置。例如，如果用40％的预算来获得品牌知名度，那么这会通过使用许多方法来进行展览秀而实现，还可能主要针对新展商。为了成本这是可能的，因此，对于展览1来说，花费在直复营销上的预算的10％是用来提升品牌在新的展商目标公众中的知名度。

表 14.1 预算分配等级

根据目标配置(%)		根据事件配置(%)		根据目标公众配置(%)		根据传播方法配置(%)	
提高品牌知名度	40			先前的展商	30	直复营销	25
		展览 1	60			印刷广告	25
鼓励试用	30			首次展商	40	公共关系	10
		展览 2	40			网 站	15
提高偏好	30			参与者	30	销售推广	25

尽管这种程度的改良对于成本配置来说是有用的，但从整合营销传播角度看，更看重整体的效果。例如，对于两个事件的目标公众来说，所有传播方法都可能在品牌知名度、偏好和试用上产生效果。

实施传播计划

通过计划程序形成的传播战略和策略能够转化为操作或实施行为。因此，设定目标变为达成目标；效果变为效率；做正确的事变为把事情做对；设计计划等于执行计划；当然保管资源变为使用资源。这些操作方面与原先的计划一样重要。

博诺莫（Bonoma，1984）对战略与实施的四种可能性组合的讨论展示了实施的重要性。与组织以及外部环境战略上一致的计划，经过良好的实施，能够引领最终的成功；一个实施得很好却在战略上配合得很差的计划会导致差劲的表现，但是这是能够通过适当的监控、适时的调整进行识别的；一个实施得很差的好战略会引致麻烦，因为出错会首先怪罪在战略上；最后，一个实施得不好战略又差劲的计划会导致失败，因为糟糕的实施会掩盖战略上的错误。这突出了对正确实施的需求以及测量、评估和控制的重要性。只有通过这些步骤，才能够识别并处理影响战略适合问题的隐藏条件和错误等。

传播计划实施得很糟糕的原因各不相同,但一旦被识别即可避免。很可能那些设计计划的人无法足够理解或体验那些负责实施计划的人所面临的困难。在那些由上级授权进行实施并不进行足够商议的更大型组织内部可能发生这种情况,同样在客户与传播代理机构间缺乏理解的情况下也会发生。在短期因素方面的测量与评判也会负面影响实施,因为这会导致负激励以及对计划的错误修改。对那些试图实施一些不同于先前计划的人来说,遇到最常见的困难是抗拒改变。员工常会觉得更适应现有的做事方式并对新方式有质疑。那些缺乏为达目的所需的时间选择、日程安排以及角色义务的计划常常失败的原因是由于糟糕的实施。个人需要了解他们的责任并要感到有能力去实现它们。因此实施也要求能识别对培训的需求。

这些计划实施中存在的潜在危险可以通过内部传播来克服。与组织的其他部门以及代理机构的传播是属于内部市场领域,而且是成功整合营销传播的重要方面。

在计划的展开期间,通过商议和使有兴趣的团体参与并知情,这种内部传播就开始了,并在计划结束、需要实施时变得关键。传播计划需要出售给组织内的其他人来赢得他们的支持、合作及热情。计划内部的目标需要看成是共享的目标,而且那些参与其中并会进行实施的人需要理解并欣赏达成目标的方法。

这种内部传播开展的方式取决于组织的大小、结构和文化。可能将最常涉及实施的人包括在早期阶段,确保他们理解自己的角色和责任,并得到足够的培训和技能培养以使他们能够胜任工作。这会通过个人传播和商讨会议来完成。那些较少涉及实施的人可以通过较少的人际传播如演讲展示、业务通讯和企业内部互联网使他们知情。关键是要确保整个组织明白所要达成的目标以及支持这些目标的内容。那些不直接参与实施的人对使用的方法有一定的了解和欣赏能协助确保形成一个共享目标。实施计划的操作型员工的参与、涉人和分权至关紧要,而且这个过程可以用他们在计划制定过程的早期阶段中的知识、经验和专业来开始。

传播计划制定者的主要任务是组织、初始监控和控制,也因此涉及与许多其他能够帮助并支持这些职责的组织和个人的传播,包括了组织的其他职能部门、上下级、分销商、顾客、代理机构和顾问。因此,计划的内部市场营销对于确保所有涉及的团体了解所要达到的目标及期间他们的任务来说是很重要的。

表 14.2 给出了一个文件的例子,可以用来为传播计划的内部市场营销服务。这种形式的文件总结了所要承担的活动,给出了选择它们的理由以及每个活动开展时间的回顾。图 14.2 提供了解释传播信息如何传播并用来为内、外部传播服务的详细内容。

表 14.2　一家剧院的实施计划总结

媒　体		范围	频率	影响	时间	工　具
口碑	与志愿者、协助者、目标信息分享者传递近期所有活动的信息	广泛	每周	大	第1个月	公司使命和事件项目方面的内部教育会
	董事会成员鼓动	一位新公司成员对一位董事	每3周	大	第2个月(董事会成员通气会后)	董事会成员会与内部人员谈有关近期事件,他们能接触到信息分享者
公共关系	公共关系工具(新闻包装)	媒体 当地 国内 交易	每季度	重大	第3周准备	近期新闻发布的文件夹(如果存在的话),公司文件(使命、计划、大纲),100、50或25字的总结封好以备需要,并邮寄到新闻社
数字方法	网站	主要参与者目标公众,现有和新顾客	持续	根据使用而不同。对浏览者低,对预订者高	第2—4个月开发,第5个月开始运营、持续更新	交互式网站,方便在线预订,定期更新内容和有效链接
	事件计划的电子版	选择此种方式并决定参加的顾客	每月(或计划更新时更频繁)	中等	第6个月开始	可以电邮的小册子,包含独立内容的短小摘录来鼓励人们访问网站和其他资源
事件	确保集中区域社区活动的出席情况	当地社区和社区团体	当活动发生时	中等	夏季	信息立牌展示事件并鼓励志愿者、赞助商、出席者的参与
直复营销	电话销售	公司	每6个月	高	第3个月	公司赞助活动和公司接待带来的收益
	小册子和提供信件	来自数据库中参加的公众	每6个月并有空余座位	中等	第2个月	提供座位和信息,用以提升观众的人数和忠诚度
广告	当地报纸	半径30里的范围	每周	低	第1个月	关注每周发生的活动。参加者集中区域的知晓意识
	当地电台	半径50里的范围	每周	低	第1个月	关注每周发生的活动。参加者集中区域的知晓意识

营销传播计划的目的:(在此写活动名称)

项目描述:

目标:

相关项目:

传播方法总结

区域 (如:威 尔士)	利益相关者 名称 (如:当前到 场者)	项目名称 (待传播的 信息)	传播方法 (如:邮寄、 电邮、个人 接触和广 告)	传送方法 (如:第三方 邮局、电邮 列表、展览 和杂志)	时间选择 (开发时间 和传送日 程)	评注 (另外所需 的材料)

图 14.2 传播计划预估

实施过程的实际组成部分包含了许多方面,涉及:

● 行动计划(实施传播计划所需的决定和行动,这些任务的责任及时间表);

● 组织结构(正式关系,权威和传播的程序的直线结构);

● 决策和奖励体系(指导公司行动的正式和非正式程序,如计划、信息收集、预算、招聘、培训和控制等);

● 人力资源(技能、激励和个人性格);

● 管理环境和公司文化(共享的信仰与价值体系和管理合作的方式)。

对节事产业内的许多组织来说,不可能在室内创造、产生和实施传播活动,而是需要许多专业领域、专家和经验并需要相当多的时间投资。对许多组织来说,这就意味着雇佣传播代理机构来完成某些或全部的事件开展和实施。因此,选择正确的代理或机构变成事件计划方的一个主要任务,且会对事件的成功和完整有重要影响。选择正确的代理或机构应该是一个正式且严谨的过程,原因是选中的代理会是组织主要供应商之一,因为他们能够对商业成功产生及时且长效的影响。需要通过仔细签订合法的合约来在事件举办方和代理机构间建立基于专业、信任和信心支撑下的关系。这种关系应该是一种伙伴关系并要求紧密的工作实践及对角色和责任的清晰描述且了解期望。经常由于代理机构的创意想法无法匹配客户的传播问题产生的摩擦,能够通过详细的预测和研究来让他们放心并有信心,从而最好地解决分歧。当客户与代理机构共同合作来开发合适的矩阵和测量系统,就更有机会形成和谐的关系并理解传播是如何运作的(Admap,2004)。

如果选择了许多不同的传播方法,可能需要制定许多专家机构,也因此信息的完整和一致性变得更难达成。许多情况下更好的方式是指定一家机构来提供或至少管理整个事件。这意味着他们能够外包一些部分给其他机构,但他们仍拥有整体控制权,这样能够确保所需的完整性、一致性和互补性,同时也管理复杂的进度表和实施方面(见图 14.3)。

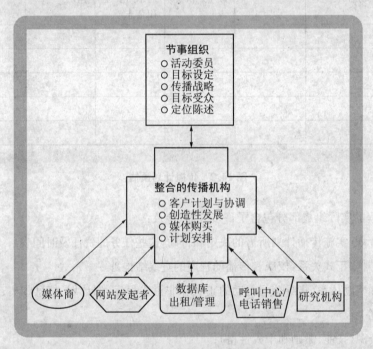

图 14.3　作为协调者的传播机构

然而,尽管组织承认控制整个推广过程获得最大的协同作用,但关于控制权是否应该归于一家机构或进行内部管理一直没有达成一致。那些选择保留控制权的人通常这么做,是因为他们觉得代理机构缺乏支持数据库营销、市场调研和信息技术方面的专业技能(Abatt and Cowan,1999)。由于存在这种客户认识,越来越多的代理机构开始提供支持研究、评估和规范,同时他们与企业的营销团队紧密合作,从而确保传播决策是基于最优化的信息来制定的。这是对代理机构需求的进一步证明——客户关系将成为伙伴式的关系水平,信息能够在互相信任和承诺的氛围中获得共享。

Blueprint Communication 利用国家广告协会（ANA）成员所做的研究表明，最深信的一点是不可能通过"控制公司代理"来达成整合，而需要以客户为导向，同时组织通过将各种代理机构糅合在一起做介绍并保证所有机构都理解整个商业计划（Shelton and O'Gorman，2004）。在内外部创造开放式传播的机会能够帮助改善 IMC 程序，同时集中对品牌信息的控制。

成功的整合要求顾客愿景、计划过程、执行上的一致以及信任，来激励客户组织和各种雇佣的代理机构间的开放式合作。

测量和评估

传播的这个阶段经常被忽略。在计划重点很快转移到下一事件举办时，这种忽略常常更严重。缺乏对事件本身的评估是常见的，因此对事件所使用的传播方式进行评估就更不可能发生了。但是，这是一种危险的短期眼光，因为只有通过对计划中所采取的行动进行客观系统的测量和评估，组织才能够知道是否达到了目标，才能从经验中学习，从而在未来提升竞争优势。

前面有关预算和执行的讨论强调了根据可靠信息作这些决定的必要性。因此对传播方式的测量和评估应当基于中心营销信息系统，并注入此系统中。这样可以保证利用各种各样的信息源得到一个更完整的图面，并将传播与其他营销混合变量整合起来。

伊迪和基钦（Eadie and Kitchen，1999）强烈建议，研究形式的测量和评估应当出现在活动进展中的所有阶段，从确定问题、确定战略、研究创造性发展、执行，然后到测试有效性，最后是市场评估。这些评估阶段的每个结果都注明到下一阶段或者表明应当回到上一阶段。再加上已知前一活动评估结果进行下一活动开始时的问题确定，整个过程是循环的。

活动举办前的测试和评估要相对容易一些，因为这些可以在可控制的条件下进行。但是，一旦活动放到市场，活动最后阶段的评估变得更困难，因为将活动和它单个组成部分的效果与市场中的其他作用因素分开是相当难的，而且还会影响任何评估结果的可信度。可能这就是为什么许多市场中的测量只集中在宣传范畴以及直接回应的具体方面。每个传播组成部分的中间效果可以测量，比如活动反响、品牌好感度和知名度，但是行为和态度变化上的效果很难归因于一个传播活动的某个特别方面（除非与直接回应关联）。

传播活动的举办需要进行效果（最大效益）、效率（最少浪费）和经济性（最小成本）评估。这些因素与活动的媒体组成部分对目标公众而言的影响力、影响范围以及频率紧密相关。

范围、频率和影响力

影响范围用发行量、读者量、观看率、点击率、寄件数和出席率等来测量,而且很多行业机构和研究报告定期收集发布标准数据,由这些数据可知媒体的影响范围(比如 JICNARS, BARB, CAA, TGI, BRAD[①])。接收率适用于所有媒体(虽然广泛用于电视,被称为收视率),并将影响范围和频率的测量结合起来。

频率(frequency)测量一位目标公众接触信息的平均次数,以看见的几率(OTS)或听到的几率(OTH)来衡量。虽然通常对活动的每个要素单独计量,但在一个完整的活动中计算曝光"品牌接触"的总数是有用的。有些媒体需要很高的曝光率来得到想要的效果(比如广播、户外广告),而那些有较高影响力的(比如促销活动、电影广告和剧场周边媒介)媒体,可能只需要少一些的曝光次数即可达到效果。

因此将影响力(impact)与影响范围和频率放在一起考虑是必要的。影响力与让信息得到关注有关,更加难以测量。将信息的创造力、所选用的传达信息的媒介以及宣传的时机和频率结合起来才创造了影响力,所以要测量影响力,除了简单的量化方法,还需要定性方法。

接收率(rating points)是用影响范围乘以频率来计算,比如用传播所接触目标市场的百分率表达的影响范围乘以所使用媒体被看见(OTS)或听到的几率(OTH)。定位于 15—20 岁男性的一本关于音乐或风尚杂志里的一整页广告的每则广告,可能影响目标市场的 30%。如果广告在杂志上刊登 3 个月,那么就有 3 次机会可以看到它。因此该活动的这个方面总接收率是 90%(GRP)。但这并不是说 90% 的公众接触到广告信息,因为 30% 的公众中有的人可能看到这则广告不止一次。这种方法只提供了一种平均率,但可提供在媒体中进行比较的标准数字。虽然一个高的 GRP 并不一定表明这个活动比那些 GRP 低的活动要好,因为这还要取决于其他因素。还要进行进一步的修改,这可以参考每个媒体的影响力,并用它们来进行权衡。可以用一个相对影响力得分乘以 GRP 进行修改而得。

媒体评估的另外一个因素当然是成本。常以千人成本(CPT)进行比较,这样媒体的影响范围就被考虑到了。虽然有现成的 CPT 数字,但它们常常是由媒体商提供的,所以活动策划者考虑这些数字时,应当根据目标公众而不是所接触到的总公众人数,这样做会更可靠些。计算只需将营销传播项目的成本除以所接触到的目标公众数,然后再用一千去乘。

影响范围、频率、影响力和成本等所有这些因素都应当在做媒体选择之前进行评估,但

---

① JICNARS—联合行业全国读者调查委员会;BARB—播音员的公众研究委员会;CAA—电影广告协会;TGI—目标群体指数;BRAD—英国广告商名录。

也应当形成在活动后进行媒体评估的基础。有必要考虑就影响范围和频率来讲,目标是否达到了,还要考虑媒体是否有期望的影响力。在这个基础上,才能决定是否选择了最好的媒体以及根据费用预算是否选择了最好的媒体组合。

测量活动效果

上面讨论的方法仅仅是跟评估所使用媒体有关。此外,也有必要衡量方法、媒体以及针对目标公众信息的联合效果。活动的整体效果可以用以下标准来衡量:

- 相关性(relevance)——信息恰当、目的明确吗?
- 清晰性(clarity)——信息连贯、容易理解吗?
- 可信性(credibility)——信息可信、可靠吗?
- 反响性(response)——信息显示的影响力如何?
- 满意度(satisfaction)——公众对传播满意吗?

一旦将其他竞争信息和环境影响这些外部因素考虑进活动效果,可使用的方法包括用焦点小组来进行计划完成后的有效性测试。这些能为调整好现有的活动以及增进未来发展提供有用、详细且丰富的数据。调查可得到一个在印象、认可、令人喜爱度以及行为意图等方面的快照。但如果能把调查结果与以前活动或测定基准收集到的标准数据进行比较,它们才是最有用的。

要进行"前后"纵向调查,在活动前、活动中以及活动后定期从专门小组收集数据,以便推断与传播效果相关的行为变化。这些对于提供投资回报以及描绘营销传播的长期效果是有用处的。尽管如此,它们在解释行为变化原因上的作用是有限的,因为它们并不能解释效果是如何产生的。因此,作为一个创造性过程的投入来讲,它们的作用是有限的,但是它们可以用来成功预测可能的行为效果。

跟踪研究也使用了纵向方法,但这种方法是采集样本而不是用专门小组。跟踪研究的焦点是活动引发的认知过程,以印象、信息内在化、品牌认识和态度以及购买意向来表达。这些研究需要很多资源,但为活动评估提供了最全面可靠的数据。为了只支付一些成本,一些机构提供企业联合的跟踪研究,这样成本可以由许多不同的参加组织来共同承担。

由于传播投资常常相对较大,确保在活动前、活动中以及活动后测试活动所有要素是很重要的。衡量传播有效性的各种方法总结在表 14.3 中。"喜爱度"测试开始成为一种重要并且最可靠的销售成功可能性预测工具(Fill, 2002),被用来衡量营销传播(广告、促销、网站和直复营销等),并不是指产品、品牌或组织的受人喜爱性。虽然传播的受人喜爱度和购买行为之间有很强的联系,但是产品的令人喜爱度和购买之间有更强的联系。有很多这样的例子,公众可能非常喜爱产品的广告,却不会考虑购买这种产品。所以需要将这种测试与对品牌形象、品牌偏好以及品牌嗜好的研究联合起来。

虽然评估一个完整活动中传播组合的各项组成部分也很重要,但是将这些组成部分的效果分开,即使不是不可能,也常常是很困难的。因此评估应当包括与传播目标相一致的活动的整体效果。如果传播目标没有达到或者超标达到,那么就可能调查每一个组成部分来试着找出特别的弱点或强项在什么地方。可以结合基于影响范围和基于投资回报(ROI)的方法来评估单个组成部分,还可以追踪长期的品牌效果(Mandese,2003)。尽管如此,需要明白的是,任何投资回报测量除了包括那些和行为变化有关的效果外,还要包括认知的、情感的以及渴望方面的效果。

海曼和舒尔茨(Hayman and Schultz,1998)建议从测量 ROI 上转移到关注 ROCI(顾客投资回报),评估目标公众或关键顾客群。他们建议用消费者事务委员会的方式来测量并收集多年的纵向数据。收集的这类数据应当包括态度的和行为方面的信息,这些信息转化成与得到的投资作比较的收益流转。结果是得到将传播投入和特定顾客群清晰联系起来的信息,并测量了投入对顾客行为的影响效果,因而最终得到关于组织利润方面的信息。这是个有用的方法,能专门解决将预算分配到目标顾客需要以及通过可量化的结果给传播支出以正当的理由。

阿彻和哈伯德(Archer and Hubbard,1996)推荐了一个营销传播研究的整体方法:将整体传播效果的追踪作为研究的焦点,这样就可以回答下面的问题:

- 目标公众的接触度如何? 参与度如何?
- 消费者接受到的有关品牌的信息是什么?
- 消费者在做什么?
- 他们会选择做什么?
- 他们为什么选择那样做?
- 什么会阻碍他们? 而什么会帮助他们?

一个整体系统不仅要衡量长期战略效果,还要衡量短期战术效果。所以要考虑进上述罗列的以及下文罗列的问题。通过调整一个相当标准化的作为重复追踪这些效果的调查,很多这些问题可以得到回答。一个营销传播研究机构(HI Europe,2004)提出,还应当包括以下方面:

- 选择问题
- 品牌资产问题
- 未受协助的以及受协助的品牌认识
- 使用和购买意向
- 对品牌的协助认识以及竞争品牌

- 复制品召回
- 品牌意象

专项传播评估和测量

尽管有很多测量和评估方法可用于大多数的传播方法,但还是有必要认识特别适用于某些特别传播方法的测量评估方法。表 14.3 对每个传播技术相关的这些方法中的一部分进行了概述。

比如,促销常常会包括一些导致直接反响或引起行动的机制。因此,通过直接可归因的增量销售、代金券赎回、提供购买率和参加率,测量这种传播的行为效果还是相对容易的。同样,由于直复营销方法的相互作用,它们可以具体表现出,比如领先客户数目、发展的关系质量或长度,或者一个直接的以订出的票数、获得的赞助或愿意再次接触的意愿为表现的行为响应的程度等。

广告效果不能这么容易地归因于行为,因此更常以影响范围、受人喜爱度以及普遍的认识和态度来衡量。在一个广告活动中发生的态度和行为变化可以被测量,但不必要与广告本身联系起来,因为活动的其他要素也会影响目标公众。

将商务接待作为一种传播工具来测量和评估其效果,与其相关的问题常常源于这种方法缺乏明确的目标。如果实际地做了目标设定,那么它们就可以测量了。例如,一个简单的测量可能是统计接受邀请的来宾人数。尽管如此,这并没有证明方法本身的有效性,只是说明了邀请的吸引力。由于商务接待常常是为了回报现有的顾客,加强关系,所以效果应当通过态度的研究来测量而不是通过行为研究来获得。

表 14.3　测量和评估技术概述

传播方法	测试前	测试中和测试后
广告	观念测试	调查测试
	焦点小组	印象测试
	消费者事务委员会	认可测试
	虚拟载体	追踪研究
	测试市场	喜爱度测试
	现场测试	复制品召回
	物理测量	
促销	观念测试	补救
	焦点小组	销售
	测试市场	调查

传播方法	测试前	测试中和测试后
	虚拟载体	领先客户
		直接反应
		收集的接触数据
直复营销	观念测试	调查
	方案测试	销售
		合同数目
		决定参与
		复制品召回
		继续
人员推销	方案测试	销售
	演练	每次拜访销售
		每领先客户销售
		投标次数
		投标邀请
赞助	品牌匹配测试	同等的媒体成本
	焦点小组	品牌认识改变
		品牌偏好
		品牌形象变化
		追踪研究
商务接待	观念测试	喜爱度
		公司形象变化
促销活动	观念测试	接触/进入机会
	焦点小组	出席者人数
	品牌匹配测试	销售
		试用
		媒体报道范围
		喜爱度
		品牌认识
		品牌偏好
		口碑
网站/在线	可用性测试	可用性
		点击、链接
		注册
		销售
		决定参与
公共关系	重点群体	新闻剪辑
	消费者事务委员会	同等的媒体成本
	记者审计	媒体评估
		追踪研究
		记者审计

随着一系列评价网站和其他在线营销技术的度量方法的发展，一个特殊的行业应运而生。大家的关注点不再是简单的用户行动的高数量测定，例如点击率(CTR)和每次点击的费用(CPC)，而是发展更多量化的技术，这从用户的角度来说可以估计出网站的有效性，而不是技术能力。如今，通过一些软件跟踪系统得到的量化数据价值需要以对态度、观念和动机的定性测量为补充。此外还需要更多的活动前测量来预测消费者行为，而不仅仅是当事情发生时才来测定(Goodwin，2004)。

许多营销活动的期望结果经常可以在活动中或活动一结束立即计算出来。这可以用出席率、参与率和愉悦度，或者更具体的与品牌相关的曝光次数、产品试用或相关的信息请求、网站访问以及促销参与来衡量。测量对参与者的长期效果需要跟踪研究，着眼于活动参与引起的态度和行为变化。

公共关系的有效性可以从两个层面来测定：首先，宣传数量产生的功能通常可以用同等的广告成本来衡量。但是，如第5章所述，这种计算方法有相当多缺点；其次，对利益相关者在公司形象的态度和认识上的影响应当能进行研究，这种影响直接将曝光与媒体评论以及对公司的态度联系起来，而且它可能是地方、国家或国际层面的。公关所需的较低投资经常导致对评估的忽略，但是这种方法的效果不容忽视。客观的测量很可能显示，一小点公关预算的增加能引起很多利益相关者态度和行为的很大好转。

对于举办事件的组织来说，衡量赞助效用加倍重要：第一，要衡量他们自己组织所赞助事件的效果；第二，更重要的可能是衡量赞助他们的赞助商的花费的有效性。此方面对给赞助商提供全面服务、显示赞助投资的回报、理解促销活动的可能性以及为未来赞助准备和谈判提供证据等都非常关键。赞助的效果可以从很多方面来衡量。许多公司试图将销售增长与赞助曝光联系起来。然而，当使用了其他传播手段时，将赞助效果剥离极有可能出现错误以及高估。一个简单而通用的方法是计算同等媒体价值的数目，但该方法由于不能准确测量对公众的影响而受到越来越多的批评。更合适的是通过认知的影响和用消费者认识测量传播效果的方法。这些效果可以采纳一次性测量方法，用纵向追踪研究更有用，它涉及了很多暗示的方面来清晰对赞助认识(Tripodi，2003)。

从以上讨论可看出，虽然有些态度和行为变化可直接与一个特定的传播方法联系起来，但很难将每个传播方法的效果隔离开来。因此，对于整合营销传播活动来说，测量对事件、组织和品牌的态度、对偏好和购买行为的影响，衡量整体效果会更合适。对单个组成部分的评估也不应当被忽略，但应当注重那些更易归因的对影响范围、接触面和影响力的测量。

控制

　　控制是利用营销传播战略和计划的测量和评估来监督,并在必要时采取纠正措施以保证传播目标实现的过程。

　　控制的原则是,大部分被发现的差异处都是由一些小方面引起的,而不是整个计划。因而控制应该集中在那些最有可能产生影响的方面。控制在采取行动时最为重要,因此管理者要有进行有效控制的手段:首先要有充足的数据;其次要有适当的权威和责任。

　　为了控制营销传播计划,详细阐述得到的反馈数据,利用最适当的方法采集数据,根据阶段性传播目标和分配的预算来评估数据并采取纠正措施等,都是非常必要的。因此,这个过程需要有持续的跟踪、监控和必要时对传播战略的重新评估和调整。控制分析的单位需要被进一步分解以保证问题出现的部分可以被准确查到,这也就意味着要保证每种传播方法和媒介都要被分开评估,同时也包括为每个目标公众、事件、分销渠道和场所而分解整体传播结果。

　　对营销传播计划的控制在很多层面都会出现。最高层是战略控制,即重点在检验组织是否在寻求其最佳机会。这就需要一边调查外部环境,一边监督传播实施的效果,同时还要愿意在新机遇出现时调整计划;效率控制集中在对预算的使用,以及评估支出是否被浪费或被更好地重新分配到其他地方;最后,有效性控制对于计划的评估应基于支出和行动是否得到了预期效果。案例分析 14.1 表明,只有当为营销传播设立的可测量目标被执行时,有效的控制才可能实现。

案例分析 14.1

巴恩斯展览

　　这个事件发生于 1994 年 9 月至 12 月之间,与后印象派最精华的收藏品在加拿大多伦多进行展出有关。收集品中有让·雷诺阿、塞尚、凡·高、毕加索还有莫奈的绘画作品。这些收藏品由享有盛名的巴恩斯基金会所有(巴恩斯基金由艾尔博特·巴恩斯设立)。展出地——加拿大安大略艺术馆(AGO),颇有信心的以预售 5 万张门票、共售 50 万张门票为目标,这样就发现了需要制定一个周密的传播计划。

态势分析

为确定门票价格、开展时间、预测到场人数以及影响购买动机的因素,进行了消费者调查。

调查显示,即便在宣传期间,巴恩斯博士和巴恩斯基金会在消费者中的知名度以及几位艺术家的知名度也很小。单独进行的 AGO 成员和非成员焦点小组调查也显示消费者对此基金了解很少,对展出的艺术家兴趣也不大。调查还显示,消费者怀疑是否有货真价实的艺术品会在展览中展出,并认为这种威胁来自艺术馆和作品本身。安大略艺术馆在多伦多也并非顶尖。

目标

可测量的目标为售出 50 万张门票,其中 10% 为活动举办前的预售票。另外,还有和政府的额外协定,须在多伦多市的宾馆中入住人数达到 4.2 万。

战略

颇具创造性的任务在于建立传播和交流来促进消费者的认识,并激发他们对安大略艺术馆、参展艺术家以及这个事件的关注。有 10 个月的时间来完成这项任务。

根据调查,门票价格被定为 15 加元,每天展出 11 个小时,展出时间为 1994 年 9 月 17 日至 12 月 31 日。

为简化信息,主办方把焦点放在事件上,把事件名称定为"巴恩斯展览"(The Barnes Exhibit)。名称很短,以适应平面广告、交通工具、电视媒体、直复营销和公关等多方面用途。对提前售出前 3 个月的 5 万张预售票还有进一步的控制。为评定展出情况,设计出了 4 步战略兼控制方面的要点如下:

● 教育普及阶段:激发兴趣,并使民众对此次活动、参展艺术家和巴恩斯博士在此次活动中的重要性有所意识。须营造一种紧迫感和"时间有限"效应。

● 开幕前期和开幕阶段:活动开始前有 4 周的紧密活动。通过口头传播来创造公众期望。

● 维持阶段:在活动期间,利用鉴定书来增进事件的经验。此外,在重要假期、星期天晚上和同一天门票促销上利用策略性广告宣传,并以此来抵抗门票已售罄的传闻。这个阶段对灵活性和回应有额外的要求。这样一来,就要求持续使用展会情况指示工具。

● 活动结束倒数阶段:将公众的热情持续到活动末尾。

预算为 100 万加元,其中 70% 是作为和安大略市政府的协议的一部分必须花费的,用于多伦多,以此来确保这是个全省范围内的活动。传播从以下几方面进行:

● 新闻媒体宣传:4 月、5 月、6 月和 7 月,一句话短小的广告语在主要报纸的各种板块列出,在《多伦多之星》(Toronto Star,非安大略艺术馆传统意义上的目标公众),《全球和邮件》(Globe and Mail,主要目标公众)上都能看见。3 个广告每周播出,但是每个插播的广告都有不同的标题和门票标号。广告效果可以通过门票数来显现。广告中并没有对某一具体作品进行描述,以此来消除隔阂,减轻调查中显示的顾虑。

● 交通工具和电视媒体的宣传:在广告中色彩和美术始终运用同一种设计来加强活动的视觉效果。这种宣传将从8月开始,贯穿开幕前和开幕阶段。

● 直复营销:这对于多伦多以外的宣传是一个重要的方面。主要目标是一天行程可到达的旅行社和宾馆(渥太华、伦敦、基奇纳、蒙特利尔、布法罗、锡拉库扎、底特律、芝加哥和克利夫兰市)。制作了一本手册,并发放给外地的艺术馆会员,在手册上提供了邮寄地址列表。

● 公关:以"不得不看"为主题,以展出周为核心。到这时,已售出25万张预售门票,超出了预期预售门票。但是,计划中的活动继续进行,来保持这种势头。

结果

"巴恩斯展览"成为了一个"不得不看"的展览,收入超出了其财政预算。共计售出59.7万张门票,超出预算的20%,实际预售票比原定目标超出4倍。额外的收益有人均12加元的商品消费。

展览后,根据安大略政府的调查,60%的参观者都来自多伦多以外,而且4.2万个宾馆房间的指标已经超额完成。

在这个案例中,树立可衡量的目标进行展览情况评估显示了其重要性。

资料来源:Addison et al. (1995)。

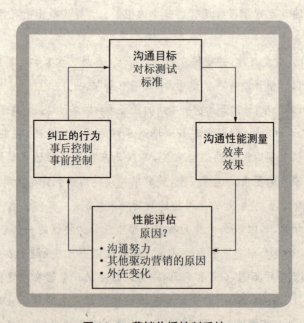

图14.4　营销传播控制系统

因此,在确保尽快发现设计应用不佳的方案并采取正确的措施方面,控制功能的作用是巨大的。这依赖于信息的持续流通。要依靠信息来评估方案计划在应对目标和外在环境变化时的成功性,并以此来调整方案的能力和权限。控制系统如图 14.4 所述。

本 章 小 结

可以看出,用以衡量和评估的信息,以及那些用来清晰界定目标的信息有助于巩固和支持营销传播计划中的预算、执行和控制。虽然这些并不是创造性的或者令人激动的活动传播要素,他们对成功仍然非常重要,不应当被忽略。时间和资源应当在早期计划阶段就分配给具体任务,以便确保他们得到适当的实行。

如果要使计划顺利有效地执行,内部营销和内部传播的使用非常重要,利用可得的资源和经验,保证所有相关人员明白自己的角色和责任以及整体目标和计划目标。

一旦进入执行过程,计划的整体效果以及传播计划的所有组成部分都要定期进行监控、测量及评估。然后这些评估结果可形成控制决定的基础,而控制决定可以引导对计划进行调整,因此建议需要内在灵活性以及认识到可能出现的意外情况。

问 题 讨 论

● 根据上一年 10% 总营业额或"目标—途径"方法来比较设定活动传播预算的合适性和可行性。
  ● 讨论适用于以下传播方法的评估方法和方式:
    ○ 开业庆典
    ○ 给去年展览参加者发送的提前预订折扣电子邮件
    ○ 在当地报纸上刊登的介绍社区节日细节的广告
    ○ 一家体育协会的网站
  ● 思考案例分析 14.1,总结巴恩斯展览的目标、执行、测量、评估以及控制之间的联系。

参考文献

Abatt, R. and Cowan, D. (1999) Client–agency perspectives of information needs for media planning. *Journal of Advertising Research*, November/December.

Addison, E., Comelia, F., Satterthwaite, A. et al. (1995) Art Gallery of Ontario: The Barnes Exhibit. www.warc.com (accessed 13 October, 2004).

Admap (2004) Choosing and using agencies. *Admap*, May (450), 19–20. Available from www.warc.com.

Archer and Hubbard (1996) Integrated tracking for integrated communications. *Admap*, February, 22–26. www.warc.com (accessed November, 2004).

Bonoma, T.V. (1984) Making your marketing strategy work. *Harvard Business Review*, 62, March–April, p. 72.

Dyson, P. (2002) Setting the communications budget. *Admap*, November (433), 39–42. Available from www.warc.com.

Eadie, D.R. and Kitchen, P.J. (1999) Measuring the success rate: evaluating the marketing communications process and marcom programmes. In *Marketing Communications: Principles and Practice*. International Thomson Business Press.

Fill, C. (2002) *Integrated Marketing Communications*. Butterworth-Heinemann.

Goodwin, T. (2004) Measuring the effectiveness of online marketing. *Journal of the Market Research Society*, 41 (4).

Gullen, P. (2003) 5 steps to effective budget setting. *Admap*, July (441), 22–24. Available from www.warc.com.

Hayman, D.W. and Schultz, D.E. (1998) Connecting the dots: From ROI to ROBI to ROCI. Measuring returns on marketing communication investments. *Advertising Research Foundation Workshop*, October. Available from www.warc.com.

HI Europe (2004) Marketing communications research. www.hieurope.com (accessed July, 2004).

Mandese, J. (2003) Media ink: Media planning's new crossroads. *Admap*, December (445), 8. Available from www.warc.com.

Shelton, D. and O'Gorman, R. (2004) Advertisers disappointed with marketing integration. *The Advertiser*, February, 48–51. Available from www.warc.com.

Tripodi, J.A. (2003) Cognitive evaluation. Prompts used to measure sponsorship awareness. *International Journal of Market Research*, 45 (4), 435–455.

第 15 章
趋势与预测

学习目标

■ 考虑节事产业当前与未来的发展趋势；

■ 观察市场发生的变化；

■ 了解营销传播方法及媒体的变化带来的影响。

引言

节事产业和营销渠道不断发生变化，节事产业中的营销传播也必须不断地演变。发生在节事产品、顾客偏好、竞争力、市场类型以及市场位置中的变化，与发生在诸如技术进步、经济波动等方面的变化共同构成了一个高度动态的经营环境。因此，节事组织在长期的计划中有必要去了解和考虑这些变化。

当然，预测未来从来就不是一门严格意义上的科学，各种对比方案只不过是由不同的专家、兴趣小组在不同的时间环境下提出的预测。但是，在诸多领域，通过过去的发展趋势和目前的迹象是可能得出相当精确的预测的，比如人口变化，大致的经济周期等。这些数据结合其他趋势的已知评估，能够为某个产业的长期成功创造优势。不管是在产品和服务上，还是在传播提供上，节事公司如果能成功地预测和预料未来顾客需求，并进行创新来迎合顾客的需求，它将会获得相当大的竞争优势，不论这种创新体现在它的产品和服务上，还是在其传播业务的方式中。

为了制定未来传播战略，认识一些发生在许多相关领域的趋势是有用的。本章集中讨论以下内容：节事产业（结构、规模和事件类型）；市场（消费者类型和偏好）；营销理论与实践的发展；营销传播的方法与媒介等方面的发展。

节事产业的发展趋势

消费者和企业营销中的主要趋势之一就是事件将朝着更小、更专业的方向发展。在展览业，过去的数据和当前的预测都表明这些事件正在变得更加专业化、多元化和目标化，这也意味着展会数量在不断增加。许多展会目标受众相同，内容互补，它们越来越趋向于一起经营或者相互帮助展览（Keynote，2204a）。这种趋势扩大了展览范围，同时也增加了场馆、组织者和展览者相互合作的机会。类似的趋势也在会议业发生：参加每场会议的人少了，但举行的会议和研讨会的数量在不断增加。

随着消费者社会变得越来越个性化，大众媒体逐渐不被视为创造或加强规范的社会行为的有效工具，目标市场会变得越来越分散。这已经在音乐品位、服装与娱乐选择上得到了体现。这或许也显示着过去10年曾红极一时的音乐表演和大型流行音乐演唱会在全球的影响力的消退。个性化将通过参与更小、更加专业的绘画、音乐，甚至是运动方面的事件或者大型的节日中得到展现。在大型节日中，个人可以从所提供的一系列娱乐活动中挑选活动，也可以混合这些娱乐活动。

但是，这些新增的事件需要仔细地去管理和确定目标，否则已经背负过多信息、决策的消费者将会进一步被选择的增加所困惑。在展览业中已经能看到此种现象了：单与制造商的产业相关的事件数量就会影响他们选择展会的决定。同样，在小型运动、锦标赛和竞赛中也能看到这种现象：这些活动的数量不断增加，导致参与者稀少、观众过多、场面混乱，最后大家都躲避这些活动。

这种提供专门服务的小公司数量的不断增加表明了一个现象：更多的服务外包将变得普遍；节事策划组织的角色将发展成为一个平等的独立代理机构。

节事策划朝更细方向发展，不仅仅是受个性化和客户化的驱使，这与社会上不断升级的焦虑、缺乏安全感和悲观情绪也可能有关联。这些由世界事件、社会结构改变和新闻报道而激发的感觉很可能增加在显著地点参加大事件的风险感。这可能是导致体育赛事观众出席率下降的原因之一，虽然更重要的原因是人们越来越方便在家通过媒体广播观看体育赛事。

这种通过居家或者其他私人方式来观看体育运动事件的行为已经有了显著的增长，并随着计费互动电视和因特网的出现而进一步增长。通过互动电视和因特网的观看方法，观众可以按照自己的喜好选择比赛、球员聚焦，甚至照相机角度，得到一个受他们自己控制的观看经历。毫无疑问，人们通过这些方法观看体育赛事的增长将会改变节事营销的施力方向，因为主要的观众不一定是那些真正到达现场的人，因此他们的体验也将需要用不同的方式来处理。虽然有这些变动，交互式电视也有其正面影响：为消费者提供选择；为观众提供平台；通过广告、赞助和销售规划创造收入（Mintel，2003）。

随着宽频技术的采用，互联网体育播放的覆盖面将增加，但是由于电视机数量远比计算机多，互联网体育播放不可能达到交互式电视一样的普及程度。随着技术的整合，通过家里客厅的电视访问互联网将是播放体育事件更加可行的手段。

"事件即产品和服务一起以各自的权利形式而存在"的定义变得更加难以把握，因为两者的传统区别变得模糊了。随着行业合并以及消费者和赞助者对事件经验的要求提高，这种差异淡化的现象盛行于很多领域。如今也已经出现了节事赞助者与组织者角色的合并，同时，消费者和供应者之间也有交叠。这些角色的确定曾经是基于供给、需求以及金融交易的，但目前更倾向于以互惠互利的伙伴关系为依据。通过提供空间，场馆可以得到一笔费用，或者它要向参展者付费。事件及其参与者可能会作为一种产品被电视节目制作者"购买"。这一趋势给事件组织带来的机遇多于威胁，但是如果要想充分利用这些机遇，传统的经营方式将需要改变，而且"产品"的定义范围也越来越宽泛。

而与这种差异淡化相关的、另一个更富有争议的问题就是以商业为目的的事件。这并不是一个新的现象，各个品牌都在努力寻求其他接触目标受众的方式，因此这种方法也变得越来越广泛。这些与自然形成的事件相对立的，以商业为目的而形成的事件已经出现在许多旅游业策略上，比如利用节日或者文化事件来增加游客数量、刺激商业旅游。不过，这些事件的长期效力还有待进一步证实。音乐产业也已经出现了赞助者数量的增加，商业的赞助者正在寻找更多有才能的人参与竞争。将来，在品牌建设的早期，就可能出现以商业为关注点，从而实现特定品牌形象的需要。同样，随着不断增多的产品定位，会出现越来越多的融入电视节目情节中的植入式广告。

全世界范围内音乐唱片销售量的下降已经导致唱片公司对艺术家巡回演出支持的减少，同时也将刺激创造更大品牌的举动（Mintel，2004a）。因此，唱片公司的经费将难以鼓动或支持巡演。这样，现场音乐业将依赖于提供赞助平台的商业性巡演。这种商业需求将打消之前艺术家抱怨赞助行为侵犯艺术完整性而采取的反对态度。

公司社会责任的增强以及相关的善因营销的增加也将导致企业中与音乐、艺术以及体育等领域机关部门的增加。这可以采取多种形式，例如：美洲虎汽车公司委托当地艺术家设计的一只美洲虎的雕刻品，Manolo Blahnik 鞋被展示于愿望博物馆的艺术空间，还有可口可乐创造的街头运动比赛等。尽管这对财务支持以及艺术或者运动形式的展示方面毫无疑问是有益的,但是也可以看做是合作伙伴想要获得切实回报而采取的过度控制方式。

然而,这些商业化事件的背后存在许多争议,重要是因为其可能损害艺术本身的完整性,以及背离"为艺术而创造艺术"的原则。不管这种事件是基于音乐、视觉艺术还是体育,从观众和参与者的角度来看,他们的核心产品都需要诚实。事件本是一种用以展示艺术才能、运动威力以及文化遗产的一种方式,但是过度的商业化可能会破坏自身的完整性。

与"差异淡化"相关的例子在零售部门也有发生。娱乐虽然并不是一个新的现象,但是却越来越发展壮大。这并不是由于零售商在库存商品的竞争,而是他们对所提供的经验方面的竞争。由于购物商场以及店铺成为一系列相当广泛的小事件的集散地,购物以及事件参与者的角色也逐渐重叠。零售和娱乐的重叠是为了与网上购物进行竞争,而且已经以水上乐园、主题公园以及其他形式出现在东南亚和中东地区的大型购物广场。正是有了这个领域,才可以在当别的行业努力去使消费者对自由时间感知减少的时候,事件行业却能获得切实的利益。例如车内娱乐发展系统、商场内餐饮以及商务旅游等。由于参与者想要最有效地利用他们的时间和金钱,会议和旅游行业也将出现把商务出差和旅游、假日等结合起来的趋势。这暗示着客户对于会议地点的选择可以不再严格拘于诸如费用、可接近程度以及便利等方面,而是注重把兴趣放在这些地点可能提供的娱乐方面。会议组织者因此尽己所能来提供这些附加的服务。

由博内茅斯大学 MICE 研究中心进行的研究(MICE Research Unit,2004)已经证实,英国的商会及会议行业如果想要在未来日益激烈的全球市场竞争中拥有较强的竞争力,也需要对这种挑战作出回应。他们建议改进会议场馆设施,另外在开发人力资源的同时也要投资新产品。这一行业同时也要迎接并利用新技术以使组织者更好地开展工作,保证会议的成功。这将成为一个极具竞争力的手段,同时这些组织者欢迎在线订购及注册制度,电子跟踪查询,追随与会者以及新的评价展览的方式,同时将会给与会者及展览方带来更多的利益。

由于行业国际化程度的加深以及东欧和亚洲新市场的开放,营销传播可能会更多地集中于英国海外会议行业的发展,需要游说政府参与并提供资金和投资。这就要求相互竞争的组织者应该形成合作组织、社团或联盟,创造英国的品牌并扩大海外市场,它们的目标是对于所有的非英国的企业,而不仅仅是关注自己的生意。这在旅游相关领域已经是很有效的一种战略了。

随着国际化竞争的加剧,越来越多的场地能够提供会议设施,例如许多体育和娱乐业的场所都被用来作为会议场地,从而更合理地利用它们的设施。尽管会议的数量可能在增长,但规模却在缩小。因此规模经济将更难实现,所以对举办方和参展方来说,能否得到赞助将变得很关键。这也适用于其他从大规模事件转移到许多小规模事件的组织者。

消费者发展的趋势

对节事产业产生冲击的消费者趋势包括人口老龄化、"Y 代人"（"千禧之子"）的新行为和家庭结构的变化等一系列的大范围问题,但不断增加的信息公开是最大的冲击因素。

随着不受时间和空间限制的传播新方法的出现,各种商业信息和其他信息来源方式将不断涌现。面对这么多的信息,老一代人可能会感到信息超载而难以应对,从而让他们产生简化以及返回过去熟悉的方式的想法。这在不断提高的品牌忠诚度和对信息媒体提供、预订和筛选信息的信赖上得到体现。这些信息媒体机构已经向那些无法处理信息超载的消费者提供专门的服务,例如 tripadvisor.com 在同一个网站上提供各类旅行信息,以及方便的在线航班和酒店的价格比较。消费者事件需在获得允许的基础上,通过清楚的交流来支持客户处理信息。这种使用在线服务代理机构出售票务而不是直接通过各自的网站出票的方式还可能增加。

年轻消费者和部分"Y 代人"成长在可以进行媒体选择时代,他们习惯于在家中掌握着信息的环境（Geraci and Nagy, 2004）。对于这一代人,主要问题不再是信息过载了,而是信息决策过载。在过去的 15 年里,这代人每年要接受超过 2 万条商业类信息,在生活中他们有着比以往任何一代人都要多得多的选择,也有多得多的可利用的资料为他们提供这些选择。然而,作决定需要花费很多的时间与精力,这导致人们越来越希望简化和躲避决策。在这种情况下,人们可能会产生少冒风险的心理,只有当风险降低了,新的经验才能够被人们所接受。这样,向消费者推荐其未尝试过的产品将更加依赖于同龄人、意见领袖和口碑流传。见多识广的营销者在了解了消费者遭受决定超载后,他们的营销传播工作将是说服他们作出自己的决定而不是说服他们应该买哪个品牌（Proctor and kitchen, 2002）。

信息时代深一层的影响是,无论年轻或年老消费者上报给组织机构的信息是不可靠的。对个人信息的过度使用和滥用已经造成了公众对信息使用的进一步猜疑,也更加清楚它对公司的价值。因此组织收集和使用顾客数据时,将需要根据数据使用带来的收益和价值为数据提供保证。

互联网的使用在大范围迅速增长,特别是网上购物。随着互联网渗透的增加以及顾客的安全进一步得到保障,这种增长将会持续。目前网上购物增长率最大的是英国（33％）,第二位是澳大利亚（25％）,第三位是美国（18％）和德国（18％）（Cook and Carter, 2004）。使用网上订票人数已经有了很大程度增加,随着更多的节事组织在他们的网站上或者通过电子代理机构提供订票功能,这种趋势也会得到延续。在线 B2B 购买虽然正在慢慢增长,但是在某些领域在最后决定阶段依然采用传统的方法。

随着"千禧之子"们逐渐开始成为消费者,对这类消费群体的解读也变得越来越重要,因为他们的特征将决定他们在未来 20 年的消费行为。斯勒特(Syrett)和拉米曼(Lammiman)在 2004 年总结出 18 岁至 24 岁之间的人的五个显著特点:亲密(通过互联网建立亲近的关系);忠诚(并非是对品牌和雇主,而是对人际关系的忠诚);明白(指对社会问题、诚实和开放,及识别伪善的认识);平衡(在工作与生活之间的平衡,24/7 之间生活方式)、冒险(勇于接受变动、开放、灵活和流动)。

这个年龄的群体已经并且将会继续产生对不必要干扰的厌恶。凭借他们对媒体的理解,他们自己选择时间去接触他们想接触的信息内容。要拉拢这个群体,传播方式必须是有趣的、娱乐性的或是相当直接的,而且需要在他们聚集的场所将信息带给他们,比如互联网、音乐会、滑雪比赛赛场或在大学里。"千禧之子"们倾向于反对全球化,他们对与所买的产品有关的社会问题和不公正越来越敏感。品牌动机将会变得日益重要,把品牌从不道德的事件中分离出来也刻不容缓。因此,事件需要传达"千禧之子"们所反对的和他们所支持与赞同的方面,然后选择持相同价值观的合作者和主办者。

这一代人是狂热的互联网用户,是 2003 年美国第一次互联网用户超过电视用户的主要背后支持者(Syrett and Lammiman, 2004)。正如计算机专家斯普容和斯通(Spero and Stone, 2004)所说,这些青年发展人际关系、娱乐、学习和消费活动几乎都是集中在数字领域内。他们的高超媒体技能使得他们可以做到多任务化,能同时使用多个媒体。但是,他们依然依赖传统的媒体作为网上活动的指示器,如访问时尚杂志和广播节目所推荐的网站。这代人视新媒体不仅仅是工具,同时也是形象美化器,并且避开上一代人使用这些媒体。

接触这代人并且与他们建立长期的关系,需要事件交流者去帮助他们,让他们通过他们所选择的新媒体去发现品牌。他们不应该被动地接受信息的"轰击",而应该按他们自己的条件去选择信息。这些缺乏经历、历时不长的年轻市场需要一种短暂、精明的传播,需要一种能提供一些不寻常或者超寻常的东西的传播,这样他们将能够对幽默、讽刺和基本的事实作出积极的反应。

事件交流需要仔细琢磨这些特点,懂得与"千禧之子"的交流将日益依赖于电子手段。为了增加可信度,信息源(组织或媒体)需要作为他们的个人关系网而被接受,这很大程度上得依赖"病毒"营销技术。在营销交流中,可利用这代人远距离上的结合力来创建他们与品牌联系,这一关系一旦确立将会得到长远的延续。

随着许多国家人口结构中过 55 岁的人数的增加,那些老一代的(或称为灰白一代)消费者将变为事件日益重要的目标市场。要知道,这部分人不是单一类型的一代人,而是由一些亚群体构成的,他们中的许多将会继续再工作一段时间,或者依然与成年的子女一块生活。随着更多的人对结婚、同居和生育年龄的推迟和单身族对财产的承担越来越困难,回家与父母同住正日益普遍,这就意味着这些老一代的消费者不再是曾经比较空闲的人了,他们的收入依然部分被用在对子女的支持上。许多人将会使用互联网去工作和休闲,为此,互联网将是接触这一目标群体的重要工具。但是,随着焦点转移到这些老年消费者时,将需要考虑视力、听力、灵巧性等问题,手机短信和其他手机技术未必就合适了。

这些以相对比较空闲的老年人为主的市场将会为各种事件提供潜在的市场增长。这代人关注那些对健康、活力和延长自己的生命的方法,所以他们会比以往更加积极地热衷于休闲和社会追求,参加各种各样的户外运动,而不是居家娱乐。这些老年消费者需要他们可以信赖的品牌,积极建立安心和可以委托的交流关系。

但是,瞄准老年人这个市场的事件必须同时知道这些客户是忠诚的,同时也是上了年纪的,比如说,像年轻观众不感兴趣的古典音乐的音乐会、歌剧和芭蕾将会提高他们的水准。在不疏远已经建立的核心市场基础上,这个市场需要通过改变产品、渠道和传播进行投入。

关于新消费者的观念,一个更加普遍的概括是"后现代主义"。后现代主义消费者被看成是"浮躁不安,玩世不恭,厌倦世俗,过分要求又即刻满足的自我享乐者,是寻求不断刺激和痴迷于电视而自我陶醉的低能者"(Lasch, 1978;Callinicos, 1989, cited in Brown, 1994:6),这些观点是不全面,它只不过是消费者重要趋势的一个方面。今日的消费者渴望新的和刺激的经历,却只有有限的时间去体验这些经历。媒体所认知的权利和信心允许他们变得更加个性主义,更少服从于社会。这些后现代消费者可以被正面地看作是被解放了的、自信的一代人。除非是那些具有娱乐的,开心的或者是在他们合适的时间和他们选定的时间上有教育意义的市场信息,否则他们将不会把有限的时间花费在这些信息上。

事件将需要被发展得更具有弹性,以便去迎合这些消费者在时间、地点和内容上的需要。随着观众对购物变得冲动,事前预先订票似乎已经是过去的事情了;通过在促销中为消费者提供价值,而不是通过实际的品牌使用,作为促销工具的事件将不断成为组织向消费者进行沟通的有效方式。

不断增长的社会忧虑感和有关社会衰落的感知也是值得注意的趋势。我们比过去更贫困这个想法虽然是种荒诞的说法(Cornish and Flatters, 2004),只是我们对"美好的过去"的向往,但通过回顾传统的价值观、家庭和一种更简单健康的生活,它仍可以被利用到信息传播中去。

布莱克本（Blackburn，2004）觉得基于对焦虑的处理，进一步的细分市场或群分意识是有效的。研究表明如果这些同意识的群体是易于焦虑，如果商业是受这些人影响的，他们就是事件最合适的观众。排在前四位属于这样的人群是：第一类是能独立面对忧虑或改变产生忧虑的原因的超级选择者，该群体对品牌忠诚度低，会频繁地改变品牌，针对该群体有效的方法是要先入为主和实行品牌为他们效劳，如通过 lastminute. com 订票是该类群体的典型行为；第二类是解决方案的寻求者，这个群体喜欢与他人一起避免和逃离忧虑，寻求积极的可信任的品牌，他们需要专注于熟悉、友好和家庭般形象的传播，他们还喜爱这样的事件：该事件引起关联的主题或一致的经历的事件原因是清晰的；第三类是"新狂暴者"，他们使用社会行为来对抗和改变引起焦虑的原因，这个群体不相信和拒绝传统的口头营销，对于他们参加的事件，一个拥有强大的社会责任的品牌形象是必须的，对该类群体最有效的工具是采用"病毒"营销和公关；最后一类是"单一化者"，他们也找到了自己避免或躲避焦虑的方式，那就是依赖于已知品牌，通过无情地滤除信息和即兴决定的刺激来简化抉择。此类群体对信息媒体筛选出来的信息也很有好感，对他们进行短而精的传播是最有效的。

营销发展趋势

市场营销领域里的许多发展已经反映出该领域所发生的变化。为满足消费者的不愿被动接受营销所提供的一切的需求，关系营销逐渐产生。关系营销通过建立和发展忠诚度、相互信任和最终的合作关系，在整个营销过程中为消费者提供参与的机会。在整个发展的过程中，这种合作的和紧密的营销关注点不再仅仅是发展买方/卖方的关系，而是努力与各个利益相关者建立和维持互惠互利的关系。特别是那些消费者与供应商没有明确界限的领域，这种营销方法能够得到更好的应用。例如，事件策划者与主办组织之间以及场地所有者与展览筹办者之间的关系都比较适合于合作营销。

现代消费者的特点也已经通过一系列的思想观念融入营销开发实践中（Brown，1993；van Raaij，1993；Firat and Ventakesh，1995）。消费者超现实的后现代倾向可以在人们所谓的"场所消费"的不同消费模式的创造中显示出来。具体表现在人们对于诸如主题公园，购物中心以及休闲场所的发展以及设计上，同时这种方式也可以轻而易举地融入各类事件中去。消费者还在寻找能更好地利用其地点及时间的现实设计。这可以类似于在西方购物中心的"东方集市"或在当地主要街道的加勒比海狂欢节景象。

"逆向生产和销售"思想是现代营销更深入的一个方面。这不仅表现在消费和品牌形象关联的增强,也表现在消费者参与市场营销这一现象中。在每个消费时刻,消费者都可被看作自我形象的定制者和生产者,当他们参与到组织的生产、创造和营销过程中时,他们的个性和授权将得到鼓励。

这种消费者个性也就意味着消费者会更可能经常通过转换产品来改变自身形象。这些产品要能够展示其形象,从而不让消费者厌倦,并满足其对于一致性的需求。由于消费者的性质是变化不定的,传统的细分标准也将不再适用。与特定的观众以及利益相关者的交流将会变得极其重要,而且将会使具有较高创造力的营销方式和使用信息和图片的公司传播成为必要(Proctor and Kitchen,2002)。

并置和模仿也已经出现在很多的营销交流和品牌上。这是为了满足消费者对不同寻常的经历,微妙的细节以及幽默的需求而产生的。不够清楚的或者故意模糊的广告以及反驳的应用将引导消费者按自己的方式去理解,从而使得虚构的消费者有参与的余地。

其他后现代化营销表现为,由于对传统的社会支柱缺少信任的反基础主义的作用下而产生的对社会责任感的和品牌忠诚度的降低。但是,他们对于开放程度或者坦率程度却都能作出较好的反应,而且对于具有上述品质的品牌和组织即使算不上忠诚也能长期保持喜爱。对于新的能够保持自身形象的形式、款式的期待,以及要求与品牌相关联的形象的持续动态的交流。在这种情况下,由于忠诚度可能改变,也很难保持一种稳定的品牌形象。这时需要的就是能够使整个业务保持最新形象的品牌的重视。从产品品牌到公司品牌战略应着眼于以下三个方面:品牌个性、身份以及形象。与年轻个性相关的品牌应该展现出乐观积极的性质。Virgin,Orange和耐克都成功地创造了乐观的品牌形象。这些或清楚或含蓄地展现出乐观前景的品牌,其魅力就在于它们给消费者展示出了未来生活中积极向上的一面(Landell-Mills,2004)。

布朗(Brown,2001)指出,现代的消费者实际上并不是想与某些组织建立联系,而是希望这些组织能够给他们带来惊喜。这可能是消费者由于超负荷的信息以及所要作出的决定所造成的持续的焦躁不安,使得他们更想从这个过程中退出,从而采取休息等待的态度。追溯营销是指按"过去的美好时代"的方法进行营销,但是同时也交织着营销者对消费者的烦扰、逗弄和折磨。这种营销趋势是消费者不想再被拉入某一种关联,而只是想享受营销的结果。但是,这也并不一定就会导致市场流通的停滞以及创新的停止。追溯营销的威力至少可以从产品也就是倒退到以前的时代这一表面形式展示出来。例如,甲壳虫车(Beetle)的再次流行、20世纪50年代款式的冰箱和20世纪70年代的足球运动服,同时还有诸如万事达(Master)系列的高尔夫和网球的追溯事件。然而,不仅仅在产品上"追溯",也要在营销方法上的"追溯"。布朗(Brown,2001)提出了 TEASE,因为消费者想营销人员使用"耍花招

(tricksterism)、娱乐性(entertainment)、造声势(amplification)、神秘感(secrecy)和独占性(exclusivity)"。他们想要享受营销的过程,而不是忍受这个过程。由于太多的信息和貌似无穷尽却又毫无差别的选择,追溯营销被消费者看作简化选择的方式。从某些程度上说,追溯营销是反对基于关系行销分析方法的信息的,它克服了一些消费者关于保密性和打扰的关心。由于 TEASE 方法全都是关于消费者参与和经历的,追溯营销也包括经验营销和使用病毒营销技术去给予保密的和排他性的需要。

这种传播方式在 Lush 化妆品公司(www.lush.com)运行得很成功。他们的直邮、目录、网站和标记都设计成能传递诚信,却给人一看到产品和公司就会爱不释手。采用经典字体,手画图例,产品好坏的评论创造了与神秘开放公司的形象始终联系的兴趣和嗜好。皇室(Ronseal)公司成功的电视广告中传递的"只做自己声称要做的事情"的简洁信息颇有追溯营销的味道。从斯诺克比赛到俱乐部之夜,这些瞄准青少年市场事件的海报和传单最近已经开始使用 20 世纪 50 年代的图画和字体了。

特别是像一些采用类似于使用过多的传单来达到传播增值的小型音乐会领域,事件传播如能采用这些技术,将会做得很好。同样,许多拥有久远的传统但观众却在减少的体育事件也能从这种传播活动中受益,比起国际奥林匹克委员会那么正式的组织,这种方式也许更加适合美国的全美篮球协会(NBA)、全美橄榄球联盟(NFL)和美国职业棒球大联盟(MLB)。当然,对追溯营销的向往被证明是一种短期的时尚,也许它不适合所有类型的事件和观众,但却是建立在一种消费者持久的信任基础上,这种信任认为旧时的东西比现在的好,这种信任还给未来不厌倦的顾客带来他们需要的诚信、公开和娱乐。它的确为促销事件和事件赞助打开了一扇门,让它们能借助这些技术去改善促销者的产品。例如,通过已经存在的或者构造出来的历史和文化事件,把过去更好的时代与品牌关联起来,这已经在通过请以前的明星进行的主要事件上取得了一定程度上的成功。

■ 传播发展趋势

事件在市场和营销实践中的变化将会为新的传播方法和媒体创造许多机会,同时也有助于对新的传播信息的再聚焦。

这些主要变化之一就是,作为一种在多层次上向不同受众进行传播的媒介,互联网持续增长着,一项欧洲互动广告协会(European Interactive Advertising Association)的研究表明,互联网现在占据了 10% 的欧洲媒体消费(Dobson,2004),杂志占据 8%,报纸占据 13%,电视以 42% 依然占据最大的份额。但是,随着人们将更多的时间花在互联网上,花在看电视上的时间正在减少。研究还发现互联网用户在互联网上做事,而只用电视来放松自己。而且,电视上充斥着各种广告。以此看来,在线促销增长似乎已成必然。

尽管事件客户对互联网的使用逐渐增加,事件网站的数量有所增长,网站的功能更加完善,但是实际在线广告的数量并没有像最初期望的那样增长。这要归咎于以下几方面:广告引起用户的反感;客户广告方法和技术的复杂多样;广告商对广告覆盖面的不确定以及目前缺乏创造性的使用(Keynote,2004b)。然而,互联网应该被看作一个提高品牌形象的更加微妙的媒介,而不是直接代替电视广告的。互联网广告需要适应消费者的需求,让消费者自由选择什么时候看广告,而不是在他们浏览网页时将广告强加给他们。而要做到这样,只有通过提高内容的趣味和价值,增强互动性来实现。

互联网不是唯一给传统的"非在线广告"使用带来改变的媒体。随着其他方法更适合未来消费者的需要,印刷品、电视和广播广告的重要程度很可能会降低。广告已被认为远远不及电子邮件、插花营销、赞助、直接邮寄、事件和展览那么有影响力了(Campaign,2003)。就时间来讲,靠广告支撑的媒体也逐渐减缓和衰退。但是,花费在这些类型媒体的时间依然在增加。另外,随着消费者日益多任务化,各类媒体现在又与更多的媒体竞争(Mandese,2004)。

电信业的发展和该产业与计算机和互联网的进一步结合将会带来更多营销传播的机遇。有这样一个预测,将来信息技术将允许数据像个人记忆那样被储存。这些多媒体记忆将作为日记或相册那样使用,通过移动电话和保密数据由用户创造,并在别处存储(Spero and Stone,2004)。这些数据可以被那些能够赢得未来消费者信任和忠诚的组织所支持和接入。

另一个增长的领域可能是出现在基于 IEEE 802.11b 标准的无线局域网的热点以及因此出现的新的赞助媒体供应。

电视、广播和出版物的数字化已经使得成本降低,并且催生出多种传播渠道。电视、出版、IT 和电信的汇合也将为交叉媒体配合创造机会。这些丰富的媒体机会已经意味着供应短缺不复存在了。空间也因此更加便宜,使得很小的节事组织也能够使用媒体,而这在传统上是超出他们能力范围的(Blackman,2004)。

与未来数字化和互联网有关的新营销传播模式包括以下几种:使用高目标化的数字电视投放微型广告;使用通过数字式设置上面的译码器投放一对一的个性广告;在 MSN、美国在线(AOL)以及雅虎这样的门户网站投放广告;使用其他网站推荐做会员广告;基于互联网的交互式本质进行交叉营销联盟,促销各品牌之间产品和服务;在产品的布置和赞助上插入事件促销;在人们搜索数字电视节目导航时插入广告(Keynote,2003),等等。

随着消费者习惯于使用互联网和交互式电视来请求事件和娱乐信息和直接买票订票,直接营销技术的成长将与这些媒体息息相关。这些技术将日益被用作可以触及全球顾客的工具。

虽然在未来,信息技术和电信在营销传播中继续拥有最大的影响力,通信产业却正在发生着一些其他的变化。与媒体类似,随着越来越多的媒体和专家的涌现,传播产业也将变得更加分散;同时也会有越来越多的专业机构成立来管理和整合这些外包资源的使用。这将导致在企业、创意和目标受众之间形成不同层次的复杂结构。而这种现象可能最终导致传播产业回归到简单的企业内部的传播。

已经能从媒体技术上看到趋势的青少年市场在将来会变成社会的一般特征。目标客户将不再是被动的信息接受者,而是主动的寻求信息、创造信息和体验信息的参与者。事件本身的形象很可能不仅仅依赖于它提供的服务,而是依赖于它在吸引事件顾客和投资者时对自身的形象和交流设计上的付出。

未来消费者的特征,媒体破碎的忧虑和日益激烈的竞争,将导致对许多传播技术的不信任、不关心甚至厌倦。从可信赖的信息源发出的有个性的信息将日益重要,比如说来自于同龄人的信息。这将导致一场使用病毒营销和经验营销手段的口碑运动。但是,明特(Mintel,2004b)发现57%被调查者对口头消息作为主要信息源尚持争论,地方报纸(54%)和互联网(37%)依然是重要信息的来源媒体。

在广告和娱乐交叉处,我们也能看到早期的"差异淡化",未来消费者关心的唯一营销传播,就是那些他们所选择的,所以营销者需要创造和拥有促销手段的内容,而不是采取"介入"的方式,即植入式广告、赞助和名人认可。这可以通过制作电视节目、电影、杂志、书籍和事件来达到,这方面的一个已经存在的例子就是真人秀和生活杂志,这些杂志是广告代理商为了显示委托人的产品的优点发展起来的,在音乐、体育和艺术事件中作为赞助者或相关的传播手段。这个趋势意味着拥有媒介的是客户的品牌,而不是媒介公司自己的品牌,只有这样才能提供源源不断的潜在额外收入。比如说,一个体育队可以创造和营销一个体育生活杂志作为商品促销的衍生品,以此对客户产生更大的影响。这不仅仅是一个爱好者杂志或社团杂志,也不仅仅比单独的品牌内容多了几个类别,而是通过品牌与杂志的结合来提升品牌。一个音乐节也许会带来一系列专门的音乐杂志,这些杂志通过符合许多目标客户的需要提升了价值。当然,这些也隐含着艺术的完整含义,只要商业介入到这些杂志中是可理解的和公开的,"Y代人"趋向于接受这些(Cheyfitz,2004)。

节事促销组织也会利用这个趋势扩充服务范围。但是如果不想让观众因为过分商业化自身经验而被疏远,该领域的任何发展情况需与事件内容相符合。

本章小结

以上论述表明,这些变化对节事产业和营销传播来说都是机遇。消费者趋势带动了这些变化,并正在导致事件产品在消费者市场和组织市场上朝大量细化事件方向发展的变化。

使用一系列借助于数字媒体、互联网和移动通信的媒体,这些更具有目标性的事件与目标顾客的传播将得到实现,只要客户知道使用病毒营销和经验营销的微妙方法的时机和四周媒体的用途,这反过来又会让他们需要选择访问时能访问到这些营销消息。要客户接受这些的关键是成为客户个人网络的一部分,这就要求注重信任的建立、正直和开放。

多产业汇合和事件作为一个促销工具使用的增长,将不可避免地给现存的事件组织者带来更加巨大的竞争,但是,这也为新产品的发展和最终在部门内的成长创造各种机会。

前途对于那些能与顾客同步并创造他们之间传播的事件行业者来说是光明的。

问题讨论。

- 选择一件大规模事件,讨论其未来趋势的迹象,并且给出你关于该事件如何克服困难和利用机遇的发展建议。

- 向 14 岁至 18 岁的后现代人推销一场滑雪比赛,什么样的营销传播方法和媒体是最适合的?

参考文献

Blackburn, D. (2004) Dealing with the decade of anxiety. *Market Research Society Conferences*. Available from www.warc.com.

Blackman, C. (2004) Paying the price: The future for Europe's media sector. *Foresight*, 6 (5), 292–301.

Brown, S. (1993) Postmodern marketing: Principles, practice and panaceas. *Irish Marketing Review*, 6, 91–100.

Brown, S. (1994) Marketing as multiplex: Screening postmodernism. *European*

Journal of Marketing, 28 (9), 27–51.

Brown, S. (2001) Torment your customers (they'll love it). *Harvard Business Review*, 79 (9), 82–88.

Campaign (2003) PR more influential than above-the-line ads. *Campaign*, 24 October.

Cheyfitz, K. (2004) Goodbye media commercial, hello commercial content. *Admap*, April (449). (Available from www.warc.com.)

Cooke, S. and Carter, P. (2004) Online shoppers around the world. *TGI Global Consumer Barometer*, October (9). (Available from www.warc.com.)

Cornish, C. and Flatters, P. (2004) Bringing reality to the dream – the myth of decline. *Market Research Society Conferences*. (Available from www.warc.com.)

Dobson, C. (2004) Changing fortunes for Internet advertising. *Admap*, March (448). (Available from www.warc.com.)

Firat, A.F. and Ventakesh, A. (1995) Liberatory postmodernism and the re-enchantment of consumption. *Journal of Consumer Research*, 22, 239–267.

Geraci, J.C. and Nagy, J. (2004) Millennials – the new generation. *International Journal of Advertising and Marketing to Children*, 5 (2). (Available from www.warc.com.)

Keynote (2003) *Advertising Agencies MA*. August.

Keynote (2004a) *Exhibitions and Conferences*. April.

Keynote (2004b) *Internet Advertising*. October.

Landell-Mills, W. (2004) What 'the future' means for brands. *Admap*, May (450). (Available from www.warc.com.) pp. 47–49.

Mandese, J. (2004) This is the end, my friend, the end-user. *Admap*, September (453). (Available from www.warc.com.)

MICE Research Unit (2004) Future trends and issues affecting the UK meetings and convention industry. Bournemouth University. //icthr.bournemouth.ac.uk/mice/pubs.htm (accessed November, 2004).

Mintel (2003) *Sport and the Media – UK*. May. Mintel International Group.

Mintel (2004a) *Music Concerts and Festivals – UK*. August. Mintel International Group.

Mintel (2004b) *Leisure Promotion – UK*. January. Mintel International Group.

Proctor, T. and Kitchen, P. (2002) Communication in postmodern integrated marketing. *Corporate Communications: An International Journal*, 7 (3), 144–154.

Spero, I. and Stone, M. (2004) Agents of change: How young consumers are changing the world of marketing. *Qualitative Market Research: An International Journal*, 7 (2), 1853–1859.

Syrett, M. and Lammiman, J. (2004) Advertising and the millennials. *Young Consumers*, 5 (4).

Van Raaij, W.F. (1993) Postmodern consumption. *Journal of Economic Psychology*, 14, 541–563.

图书在版编目(CIP)数据

节事营销传播 /（美）马斯特曼（Masterman，G.），
（英）伍德（Wood，E.H.）著；范徵等译.—上海：格致
出版社：上海人民出版社,2008
（节事管理译丛）
书名原文：Innovative Marketing Communications：
strategies for the events industry
ISBN 978-7-5432-1510-8

Ⅰ.节… Ⅱ.①马…②伍…③范… Ⅲ.展览会-市场营
销学 Ⅳ.G245

中国版本图书馆 CIP 数据核字(2008)第 113797 号

责任编辑 王 炜 吴蓉蓉
封面装帧 人马艺术工作室·储平

节事管理译丛
节事营销传播
[美]盖伊·马斯特曼 [英]艾玛·H.伍德 著
范徵 张骏 李杨 等译

出 版 世纪出版集团 格致出版社
www.ewen.cc www.hibooks.cn
上海人民出版社

（200001 上海福建中路193号24层）

编辑部热线 021-63914988
市场部热线 021-63914081

发	行	世纪出版集团发行中心
印	刷	上海商务联西印刷有限公司
开	本	787×1092 毫米 1/16
印	张	20.75
插	页	1
字	数	394,000
版	次	2008 年 10 月第 1 版
印	次	2008 年 10 月第 1 次印刷

ISBN 978-7-5432-1510-8/F·89
定 价 40.00 元